一门三首相

——安倍晋三家族与日本世袭政治

純血種の政治家

李大光 孙绍红 李玙璠 ◎著

台海出版社

图书在版编目（CIP）数据

一门三首相：安倍晋三家族与日本世袭政治/ 李大光，孙绍红，李玙璠著. —北京：台海出版社，2013.5
ISBN 978-7-5168-0135-2

Ⅰ．①一… Ⅱ．①李… ②孙… ③李… Ⅲ．①安倍晋三—家族—研究②政治制度史—研究—日本 Ⅳ．①K833.130.9 ②D731.39

中国版本图书馆 CIP 数据核字(2013)第 068284 号

一门三首相：安倍晋三家族与日本世袭政治

著　　者：李大光　孙绍红　李玙璠	
责任编辑：孙铁楠	
装帧设计：天下书装	版式设计：通联图文
责任校对：王　艳	责任印制：蔡　旭

出版发行：台海出版社
地　　址：北京市朝阳区劲松南路 1 号　　邮政编码：100021
电　　话：010－64041652（发行，邮购）
传　　真：010－84045799（总编室）
网　　址：www.taimeng.org.cn/thcbs/default.htm
E-mail：thcbs@126.com
经　销：全国各地新华书店
印　刷：北京高岭印刷有限公司
本书如有破损、缺页、装订错误，请与本社联系调换
开　本：720×1020　1/16
字　数：300 千字　　　　　　　　　印　张：22
版　次：2013 年 6 月第 1 版　　　　　印　次：2013 年 6 月第 1 次印刷
书　号：ISBN 978-7-5168-0135-2
定　价：39.80 元

版权所有　翻印必究

前言

2006年8月5日《环球时报》上发表了一篇题为《中国人为何不善研究日本》的文章。文章这样说道:"熟悉中日关系的人常有这样的感觉,为何几十年来,中国关于日本的著作很多,却没有出现过经典著作,非但没有一本能与美国学者本尼迪克特的《菊与刀》相比,就是民国时期戴季陶的《日本论》也恐怕没有人超越。这到底是什么原因?"[①] 对此,笔者也深有同感。由此产生了应该让国人更好地了解日本,了解日本的社会、日本的政治、日本的政党,并能理智地看待日本、对待日本领导人的言行,推进中日关系向健康稳定方向发展的想法。本书的撰写正是这一想法的具体行动。

2006年9月20日下午,日本自民党总裁选举中,日本现任内阁官房长官安倍晋三在总计703张选票中以464票的绝对优势获胜,当选自民党第21任新总裁,并在26日举行的临时国会上接受指名出任日本第90届内阁首相,组建日本新内阁。51岁的安倍成为首位第二次世界大战后出生的最年轻的自民党总裁和日本首相。而实际上,许多人对安倍晋三及其家族历史不甚了解。撰写本书的目的就是帮助国人解开这个疑团。同时通过本书,让国人更好地了解日本,特别是了解日本的政党政治、了解自民党、了解日本政坛上一些重要人物。

了解日本,必须要了解日本的民族特点。日本大和民族是一个特点非常明显的民族,奉行"用实力说话"的原则。大概是囿于孤岛的缘故,他

---

① 庚欣:《中国人为何不善研究日本》,《环球时报》,2006年8月5日。

们时时刻刻存着危机感，自强不息。他们善于学习，中国先进时学中国，西方先进时学西方。他们刻苦耐劳，办事认真，明治维新不到10年，国力就强大起来，并开始用实力向周边国家特别是中国说话了。

1874年，日军进攻台湾，虽然退出，却得到50万两白银的赔偿。1880年，参谋本部长官山县有朋向天皇呈了一篇《邻邦兵备略》，把中国东北作为日本的生命线，从1885年起订了个10年扩军计划。1894年，甲午战争爆发，次年订《马关条约》，中国赔偿白银2万万两，割让台湾及其附属岛屿。1900年，日、俄、美、英、德、法、意、奥匈八国联军1.9万人攻入北京，日本出兵最多，计8000人。1904年，日俄在东北交战，次年，日占旅大（今大连），继承了俄国在南满的特殊地位。1914年，欧战爆发，日本对德宣战，以攻德占青岛为名，远远地从龙口登陆，并占济南，控制了整个山东省，接着又向袁世凯提出了"二十一条"。1931年，挑起"九·一八"事变，侵占东三省。1937年，制造"七·七"事变，开始全面侵略，同年"八·一三"进攻上海，年底在南京屠城，把中国人民推入血海之中，但最终还是以战争失败告终。

二战后，日本用了不到20年的时间，又走向欣欣向荣。自20世纪70年代以来，日本的国力又强盛起来，一部分人也开始不安分起来了，并总是不忘拓展活动空间。特别是近年来，包括自民党和民主党在内的日本政界一些领导人，不顾受到其侵略的亚洲各国的反对，屡次三番地参拜供奉有甲级战犯的靖国神社、篡改历史教课书和发表否认侵略历史言论等，严重地影响与周边国家的友好关系。研究发现，多年来占据日本统治地位的是1955年形成的"五五年体制"——自民党"一党优势制"。然而，日本自民党内部派阀林立，如何利用自民党内部派阀斗争，推进中日关系向前发展则是我们必须关注和研究的问题。突破中日关系发展困境，需要我们认真研究日本的政治、经济、军事和社会，研究日本的政党、政党内部派阀斗争，并以此促进我们中日关系研究水平的提高。

本书通过介绍岸信介、佐藤荣作、安倍晋太郎、安倍晋三祖孙三代的世袭政治家庭，以人物传记的形式描写安倍晋三祖孙三代的人生历程，从中反映出日本政坛特别是自民党的世袭政治，以展现日本政党派阀沿袭的政治生态。本书的基本脉络是：介绍安倍晋三的外公——日本前首相岸信介生平情况；安倍晋三的外叔公——日本前首相佐藤荣作生平情况；安倍晋三的父亲——日本前外相安倍晋太郎生平情况；最后重点介绍日本现任首相——安倍晋三生平情况，展现日本世袭现象下的政治生态。之后，为使读者更好地了解自民党主宰日本政坛的现象，又进一步介绍日本自民党的产生、发展和壮大，自民党的政党政治状况和党内派阀斗争，并对自民党派阀脉络和派系图谱进行较系统的梳理，突出表现日本自民党各派阀之间纵横捭阖和尔虞我诈的政治斗争，以使国人对日本政治斗争特别是自民党内部政治有一个基本的了解，进而对日本世袭政治的产生、发展及其影响进行深度剖析。

  本书是以具有高中以上文化水平的读者为对象，同时兼顾学界研究的需要，故我们既考虑到全国广大读者群对知识普及性的需求，同时又兼顾相关学术研究领域的深度需要，在撰写过程中既有通俗的写作手法，又有专业学术的研究；既有考虑到普及相关知识的需要，又注重学术研究的价值。可以说，这是一本雅俗共赏的通俗性学术读物。总之，本书的写作思想就是希望尽可能多地照顾和满足全国广大读者群的不同需求，以让全国人民更多地了解日本。

李大光
2013 年 2 月 21 日于北京红山口

目录

上篇 安倍家族

第一章
安倍晋三外公——岸信介

一、初入仕途　崭露头角 …………………………… 4
二、满洲要员　积蓄实力 …………………………… 8
三、整肃复出　顺利问鼎 …………………………… 13
四、连任组阁　政涯巅峰 …………………………… 31
五、亲台疏华　政经分离 …………………………… 39
六、修改条约　孤注一掷 …………………………… 44
七、安度晚年　余辉不减 …………………………… 53

第二章
安倍晋三外叔公——佐藤荣作

一、时代宠儿　铁路佐藤 …………………………… 59
二、步入官场　称霸政坛 …………………………… 61
三、党政人事　整治金钱 …………………………… 62
四、经济现奇迹　伊奘诺景气 ……………………… 64
五、外交风云　收回冲绳 …………………………… 65

六、亲台反华 被美越顶 ………………………………… 67

第三章
安倍晋三父亲——安倍晋太郎

一、世家出身 入婿岸家 ………………………………… 75
二、初入政界 人脉绵密 ………………………………… 81
三、创新外交 提升日本 ………………………………… 86
四、重视对华 制定原则 ………………………………… 90
五、首相裁定 无缘问鼎 ………………………………… 93
六、利案牵连 悲剧候补 ………………………………… 101

第四章
安倍晋三——纯种政治家

一、家族熏陶 血统纯正 ………………………………… 112
二、子承父志 初战告捷 ………………………………… 120
三、大佬提携 平步政坛 ………………………………… 126
四、对朝强硬 人气蹿升 ………………………………… 136
五、身段柔软 内心强硬 ………………………………… 142
六、台湾情结 微妙对华 ………………………………… 147
七、国家主义 修宪至上 ………………………………… 152
八、角逐首相 独占鳌头 ………………………………… 156
九、布局造势 如愿问鼎 ………………………………… 170
十、安倍内阁 风雨前行 ………………………………… 177
十一、重掌政权 鹰派内阁 ……………………………… 192

下篇 日本世袭政治

第五章
自民党的政治生态——世袭政治
- 一、自民党的创建与发展 …………………………… 199
- 二、自民党政治概况 ………………………………… 221
- 三、自民党派阀发展与"世袭政治" ………………… 230

第六章
自民党保守主流派系——吉田派系
- 一、自民党保守主流派系概述 ……………………… 243
- 二、吉田派系的形成 ………………………………… 244
- 三、吉田派系的主要支流 …………………………… 251

第七章
自民党保守非主流派系——鸠山派系
- 一、自民党保守非主流派系概述 …………………… 299
- 二、鸠山派系的形成 ………………………………… 301
- 三、鸠山派系的主要支流 …………………………… 304

附　　表　日本历届内阁总理大臣一览表 ………… 331
参考文献 ……………………………………………… 336
后　　记 ……………………………………………… 338

上　篇

安倍家族

第一章
安倍晋三外公——岸信介

岸信介（1896～1987），日本政治家，1957年2月～1960年7月任日本第56、57任首相。岸信介是一个活跃日本政坛60多年的著名政治人物，被称为"昭和之妖"。他具有超人的坚强毅力和机关算尽的处世诀窍；在长达半个多世纪的政治生涯中，曾经数次渡过危险的"独木桥"；担任过战争时期东条内阁的商工大臣和军需省次官，却成功地逃脱了战犯的处罚。岸信介卸任首相后仍然野心勃勃，注视着世界、注视着日本，直到去世前一直是控制日本政局的后台老板。

岸信介

岸信介，作为二战前后持续活跃在日本政坛的一位著名政治家，以其坚定的信念、执着的性格和卓越的才干，在诡谲变幻的政治风浪中始终坚持自己的立场，建立了对日本政治格局影响深远的不凡业绩。这位政治强人不仅长期在日本政坛发挥着重要作用，同时，也开创了又一个日本政治家族在政坛上繁荣不衰的历史。岸信介是一个"善于盘算用一个行动而收到十倍效果"的人，因其活跃于昭和年代，故被日本政坛称为"昭和之妖"（在日本政坛有实力的政治活动家常常被冠之以"XX之妖"的称谓）。

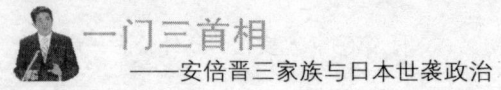

一门三首相
——安倍晋三家族与日本世袭政治

一、初入仕途　崭露头角

在日本最大的岛屿——本州岛的西南端，与海相伴的山口县风光秀丽。日本山口县人口约为百万，日本明治维新虽然推翻了幕府统治，但是在很大程度上却保留了封建制度，政治上的大家族制度便是其中最为显著的一例。日本的议员，正如民间所揶揄的那样，需要"地盘"、"招牌"和装钱的"皮包"，也就是说没有政治家族背景根本难以当选。

1896年11月13日，岸信介就出生在这片土地上。他的父亲佐藤秀助原姓岸，后来作了佐藤家的养子，就改姓佐藤，以酿酒为业。岸信介的曾祖父佐藤信宽在明治维新后做过岛根县令。诚如岸信介自己记忆的那样："不仅曾祖父和坪井九右卫门（曾祖父之舅），而且母亲（茂世）、舅舅松介（母亲之弟，小弟佐藤荣作继承了这个家业），都具备杰出的政治才能。"不言而喻，出身于这种政治世家，是岸信介一生的重要背景。

佐藤秀助一生以酿酒为业，生有三子，长子佐藤市郎、佐藤信介为次子、三子佐藤荣作。三子少年均聪慧过人，从小就有秀才之称。长子佐藤市郎在士兵学校、海军大学一直名列前茅，曾升至海军中将，后因病退役。三子佐藤荣作是继岸信介之后的内阁总理大臣。明治时代，日本社会在家族制度方面仍实行长子继承制，除长子以外的其他儿子常常过继给他人做养子。佐藤信介从小就过继给其父佐藤秀助的亲哥哥，即伯父岸信政，故名岸信介（实际上又回到父亲本家即岸姓），后与岸信政长女良子结为良缘，举行所谓亲上加亲的"堂兄妹婚"。

岸信介自幼天资聪颖，学习成绩优异。1915年，岸信介从山口中学毕业后，进入第一高等学校读书。当时，山口中学的学生大都有志参军，岸信介也希望将来成为一名军人。然而，由于身体单薄和体操成绩不佳的缘故，他却未能进入军营。1917年，岸信介从第一高等学校考进了东京帝国大学法学部。在大学读书的这段时间，正是第一次世界大战后的混乱年代，各种各样的社会思潮风起云涌。岸信介虽然一心埋头学业，但是，作为一名有志于成就一番事业的热血青年，也同样受到了影响。其中，极端国粹主义对他的影响尤深。

1920年4月，岸信介即将结束学业，走出校门，走向社会。当时，东京帝国大学法学部上杉慎吉教授曾邀请他作为宪法讲座这门课的接班人留校工作，然而，面对人生中的这个重要转折，岸信介婉言谢绝了老师的邀请。早在大学二年级时，他就通过了高等文官考试。他的志向也是要进入官场，成就一番事业。当时，东京帝国大学法学部的毕业生，一般都会选择进入日本政界，而且依照惯例，通常大藏省和内务省是这些毕业生的首选，因为这两个部门的发展前景更为可观，岸信介也不例外。然而，在究竟选择哪个政府部门时，这位曾被全班公认为才子的24岁的年轻人，却意外地选择了农商务省商务局，迈开了商工官僚的第一步。

比岸信介早两年从东大毕业的平岛敏夫，也是一位表现出众的人物，当时已是内务省书记官。他在谈到这件事时说："岸信介在东大就学期间有过相当高的才情。在我们这一辈人中，都盛传他和我妻荣君（我妻荣君：1897年～1976年，日本著名法律学家）是才子。当时的优等生一般都看中大藏省或内务省，而他却选中了农商务省。这大概是他认为坐办公桌还不如进农商务省，可以从事实际工作，更有前途。这是他非常聪明的地方。"平岛敏夫在东大读书时是曾获得过银表奖的优等生，当初在他毕业时，农商务省曾经拉过他，但他拒绝了，进了内务省。对于在学校里有着出色成绩的岸信介来说，毕业时他也可以自由选择，但是，在进入官场这个人生的出发点上，他却采取了与众不同的态度。而最终的事实证明，他的选择是成功的。

进入农商务省五年后，适逢机构改革，农商务省被一分为二。岸信介分到了商工省，由于做事勤勉、严谨与干练，在省内他始终是个出类拔萃的人物。从1920年进入农商务省，再入商工省干到1935年，岸信介一帆风顺，先后赴欧美各国考察，代理课长、工务局工政课长、兼任工业课长、大臣官房文书课长、事务官总管、工务局长等职，可谓青云直上。

在生活中，岸信介虽然有些大男子主义，但在夫妻关系上还属于惧内型的。那还是他当首相时候的事。一天晚上8点多种，他回到家里，正巧碰上全家吃寿司，他一进屋就想动手抓寿司吃。可是他的太太就申斥说："先去洗洗手吧。"岸信介就得先去洗手。洗完之后回来岸信介又想伸手去抓寿司，他太太又说："先去把澡洗了……"岸信介只好到浴室去了，结果就是没有及时吃上寿司。岸信介对自己的女儿洋子，视若掌上明珠。1928年的一个夏日，日本商工部官僚岸信介，在前往美国的太平洋客轮上收到了一封电报：女儿出生了。岸信介望着辽阔的太平洋激动不已："就叫她洋子吧。"洋子是岸家唯一的女儿。

从20世纪20年代中后期开始，岸信介就因在商工省中主张推行"产业合理化"而开始引起人们的关注。1926年，岸信介作为纪念美国独立150周年世界博览会的事务官员，首次访美，途经英、德，历时半年。当时，德国大力推行的国家统制化运动，给他留下了深刻印象。他怀着极大的兴趣进行了研究，并把结果和有关资料向工商大臣作了详细报告，但却没有引起重视。在1929年反对减薪运动中，已在官场上经受过历练的岸信介，初次显露身手便身价倍增。当年夏季，滨口雄幸内阁提出金融紧缩政策。10月15日，内阁会议通过了"官吏减薪一成"的决议。次日，东京的60名检察官立即决定"反对减薪"。这一行动波及到各省。岸信介当时是文书处首席事务官，很快就要当上处长。作为普通官的头面人物，他被选为代表。

在那个时代，官吏对上司稍有触犯，肯定会遭到解聘的命运。当时，所有参与反对政府减薪行动的人都无疑要面对这样的政治风险。因此，有一些被选上的官员就由于担心被解聘而不愿出面当代表。岸信介早已做好了这方面的思想准备，因此并没有退缩。岸信介作为代表人物，发表演讲，组织力量反对内阁的减薪运动，给许多人留下了深刻印象。一些同事后来回忆岸信介说："他给人的印象，已不再单纯是个才子，而是一个兼有统率能力、政治手腕和顽强性格的人物。给人印象特别深的是，他作为反对减薪运动的代表发表讲话时的情况。他虽然不是那么能言善辩，但是思路严整，口齿非常伶俐。"这场反对减薪的运动，后来由于商工大臣俵孙想出了一个先减薪再立即增薪的两全之计而使问题得到解决。

"反对减薪"运动初露头角，人们开始注意商工省内的岸信介这个人物了。这次事件不仅没有影响岸信介的仕途发展，相反还使他宛如一个政治明星在官场引起了人们的关注。整个官场都知道了岸信介的名字，都说

"商工省里有个岸信介"。

1930年,在临时产业审议会的答询报告中,岸信介强调了推行统制经济的必要性:"鉴于我国产业界目前处于极端无政府状态,当务之急是彻底贯彻此次企业统制。为实现对重要产业的统制,首先应该制定有关一般产业统制的法律。"岸信介的建议在商工省内得到了商工次官吉野信次的支持,很快便引起当时正苦苦寻找危机对策的滨口雄幸内阁的注意,滨口遂责成吉野信次和岸信介推行产业合理化。当年,岸信介再次赴德国考察。1931年,在吉野信次和岸信介的主持下,商工省迅速制定了一系列加强国家对产业秩序和企业经营进行管理的法律,如《重要产业统制法》、《工业组合法》、《中小企业组合法》等。这是日本政府制定的第一批有关经济统制的法律,它事实上构成了日本在战时推行统制经济的前提和基础。由此,岸信介成为主张实施"国家改造"、推行"统制经济"的代表人物,并作为新官僚中的佼佼者在政界崭露头角。

1936年2月26日,日本发生了由部分少壮派军官发动的国粹主义叛乱,带兵袭击首相官邸,杀害大臣的"二·二六事件",直到2月底才被镇压下去。此次事件过后,在商工省内炙手可热的"吉野—岸帮"开始出现问题。官署里开始集会,商量对策,吉野信次受到了攻击。吉野当了五年的商工省次官,掌握了商工省的中枢,自以为已把商工省牢牢控制在自己手里。然而,面临这次事件,他深感自己在省内的控制力失灵了。当时,岸信介已经被提升为最显贵的工务局长。在事件发生一个月后,商工大臣川崎卓吉突然去世,接任他的官员是小川乡太郎。原为京都大学教授的小川乡太郎,无法容忍商工省被"吉野—岸帮"所控制,一上任就采取了非常强硬的态度,立即着手清除"吉野—岸帮"。面对这种形势,吉野和岸信介也只有被迫辞职了。

虽然岸信介选择了辞职,但他并没有就此离开政界。从某种意义上说,这很有可能促使他下定了前往"伪满"的决心。在很久以前,他就开始关注"经营满洲"的问题,并作了周密的准备。早在1932年,岸信介就通过结识陆军省军事课支那班长铃木贞一和刚从中国东北回到日本的军部人士有末精三等人,与军部发生了联系。当岸信介得知石原莞尔("九

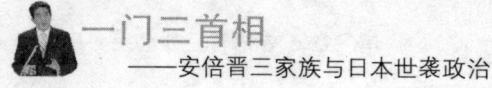

·一八"事变主谋）开始在"伪满洲国"进行统制经济试验时，便极力鼓动手下的年轻官员赴满洲，椎名悦三郎、美浓部洋次等人就是在岸信介的劝说下才前往满洲的，这可以看作是新官僚和军部走向同盟关系的重要一步。同时，岸信介在商工省的出色表现，也逐渐引起了军部方面的注意。因此，岸信介受到陆军省和关东军有关方面的重视，成为一个被寄予很大希望的人物。

作为新官僚代表人物的岸信介，当然希望能够在满洲这片新天地里，大展身手，实现他的统制经济的梦想。当时在东京，没有任何一个官员能像岸信介那样准确地掌握着满洲的知识和情报。因为由他派去的椎名悦三郎曾对"伪满"的资源进行了大规模的详尽调查，而所有调查结果都通报给岸信介。岸信介在向他的部下鸟谷寅雄微微透露了要去满洲的意图之后，自然就受到了军方的关注。于是，就在辞去商工省职务不久，岸信介怀着满腔抱负踏上了去施展自己更大才干的"伪满"大舞台。

二、满洲要员 积蓄实力

1931年9月18日，由日本关东军预谋发动了震惊中外的"九·一八事变"。次年7月，在关东军的主导下，建立了"伪满洲国"傀儡政府。这是当时全新的殖民地统治形态。关东军用"内部指导"形式，控制了这个"国家"的实权。然而，主要依靠当地日本人拼凑起来的行政机关，虽然满怀"建国理想"，但在行政能力方面是很有限的。关东军向政府各省要求提供人才，尤其需要财政和经济专家。岸信介无疑正是他们所看重的人员。

1936年10月，岸信介在军部方面的多次邀请下出任"伪满洲国"实业部次长，成为"伪满洲国"产业政策事实上的总负责人。这时候的岸信介面对新职显得踌躇满志，意气风发。在临行前，他公开表态说"在一张白纸上面做文章，对我来说真是有着极大的诱惑力"。早在岸信介前往"伪满"任职前，他的名字和他的才能就已经相当闻名了，一度成为了下级官吏谈论的话题。当时，不论是派出岸信介的日本还是等待着他去的满洲，都把经营满洲的重任寄托在了这个商工省出身的干才的身上。

岸信介去"伪满"时是39岁，是单身赴任的。他最初的头衔是"伪满洲国"政府的实业部总务司长，但很快就提升为实业部的次长。所谓实业部，相当于日本的通产和农林两个省。当时由总务、农务、林务、矿务、工务、商务、拓政七个司和商标局等六个局组成。次长就是日本的"次官"。岸信介的上面有个"伪满"政府大臣叫丁鉴修，但他不过是为了便于进行经营殖民地而设置的摆设。不仅是实业部，各个部都是次长掌握实权。也就是说，岸信介是作为产业行政的最高负责人而来到"伪满"的。当时，身材瘦长、相貌怪异的岸信介，第一次到达"伪满"时便给周围的人留下了深刻的印象，特别是他那颗突出的龅牙和消瘦的身材，是当年的职员回忆起第一次见到岸信介的情景，首先提及的话题。还有就是他那对十分显眼的大耳朵，跟他面对面时，感到他是一个爽朗的、通情达理的人。可是一旦离开他，又感到他却是一个很难捉摸的人。对此许多见证人谈及都有相同的看法。

由于"伪满"的各项事务基本上都在军部的掌控之下，所以，岸信介到达"伪满"后首先着手的工作之一就是加强与军部的沟通和联系。他首先前往关东军司令部面见了当时的参谋长板垣征四郎中将（后任陆军大臣，在远东军事法庭上被判处绞刑）。在与板垣征四郎第一次见面时，岸信介的谈话一开始就与众不同。他的谈话可谓咄咄逼人："我并不是在日本的政府里混不下去而跑到满洲来的。我很清楚，关东军对维持'满洲国'的治安负有重大的责任。但是，我认为经济、产业的问题应当让我们官吏来分担。因此，要求军人不要管这方面的事，希望起码要把经济、产业方面的事委托给我。"岸信介之所以胆敢首次在他与板垣征四郎的面谈中持强硬的态度，据说是因为他在军部另有更加强硬的后台。有一种说法是，岸信介向板垣作到任致辞时，曾用威胁的口吻说："我带来了陆军省兵务局长阿南惟几（后任陆军大臣，日本战败时自杀）的一封信。他说一切都委托给我了。"在表达了自己的强硬态度之后，岸信介话锋一转说："满洲'建国'的根本方针将遵从关东军的指示。不过，到这来一看，首先引起注目的是，商人们在司令部的走廊里出出进进。为了维护关东军的权威，我希望能把这一类的事也交给我去办。如果说这样做不行，不是由

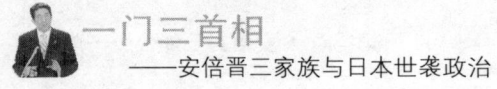
——安倍晋三家族与日本世袭政治

我,由别的适当的人来办也行。"板垣征四郎也向他表态说,"产业方面的问题就交给你了,好好干,军部坚决支持。"至此,新官僚和军部的同盟关系正式确立。

在取得陆军省上层实权人物支持的同时,岸信介也非常注意同关东军一些少壮军官加强交往。他每天晚上都和年轻军人们一起歌舞狂饮,在无拘无束、开怀畅饮中,巧妙地与关东军的军官们建立起了非常深厚的关系。这使得他在关东军内非常有人缘。这位在官场上久经历练的政客,通过他独特而又圆滑的手段在悄无声息中暗暗积蓄着力量。这一时期,他不仅与一般的少壮军官来往,更重要的是他攀上了关东军的实力派人物东条英机。这一时期岸信介与关东军的关系,特别是与东条以及后来爬上陆军中枢部门的参谋们的人事关系,确实成为他回国进行政治活动的巨大跳板。

军部的支持无疑为岸信介提供了强大的后援。在他赴任不到九个月,1937年7月,"伪满"政府进行了一次大的人事调整,决定由岸信介出任总务厅次长,协助总务长官星野直树工作。按照当时的情况,总务厅几乎掌握着全部"国政"大权。由于权力全都掌握在日本人的手里,因此,"伪满"的总务厅"简直就像国务院的参谋本部"。总务厅长官实际上就等于"总理大臣"。而荣任总务次长的岸信介,就是事实上的"副总理"。他所负责的工作,就是实施《满洲产业开发五年计划纲要》。这个《五年计划纲要》是宫崎正义和石原莞尔在原来的《满洲开发纲要》的基础上制定的。然而,由于各种原因,计划很难付诸实行。后来,从中选定了22个项目,拟拨款27亿日元。经过关东军的审批,从1937年春天开始,五年计划逐步实施。

岸信介在"伪满"三年的时间里,不仅与日本关东军和陆军部的一些实权人物建立了密切的关系,同时也培植了一批自己的亲信和势力,这为他以后在日本国内政坛的发展奠定了非常重要的基础。在"伪满"期间,被简称为"两基、三斯开"的五条人曾经主宰了"伪满洲"的命运。所谓"两基"是指东条英机和星野直树,他们两人名字的最后一个字在日文中读音都念"基"。"三斯开"则是指岸信介、松冈洋右和鲇川义介三人,他们名字的最后一个字都念"斯开"。如果说东条两人把持了政治的话,那么，岸信介三人则左右了"伪满"的经济、产业命脉。三人都是长州人，关系十分密切。特别是松冈洋右和岸信介还是近亲，松冈洋右总是把岸信介唤作"岸外甥"。而鲇川义介与松冈洋右又是同年生人，既是同学，又是远亲，从小就受到乡里长辈的另眼看待，后来又一起发迹。岸信介利用三人都长州人这一派系思想，大力施展个人手腕，在"伪满洲"如鱼得水，发展个人的势力和人脉。

当然，岸信介之所以在"伪满"能够左右逢源，呼风唤雨，所依靠的并不单纯是他的政治才干。人们有理由相信，他能够以一般官吏所没有的气势去经营"伪满"，并在那里建立了人事关系，是由于他有充足的资金作后盾。由于有松冈洋右和鲇川义介作为后台，岸信介在金钱上从来不缺乏。他在"伪满"期间，经常出入于高级酒店，出手阔绰，可以肯定的是他必然有巨款能够动用。对于岸信介与金钱的关系，在《细川护贞日记》一书的昭和19年（1944年）9月4日那天的记载里，有这样记载："岸在任中，曾接受数千万——夸大一点说，数以亿计——之巨款。而其同谋为鲇川（义介），星野（直树）亦参与策划。结果二人分利不均，遂成为（东条）内阁瓦解原因之一。藤原（银次郎）虽久经世故，谈及此事亦不胜惊讶。"细川护贞为何许人也？此公乃是为近卫文麿的女婿，并担任过近卫的秘书；东条内阁时，负责给高松宫殿下传递各方面的情报和意见。此日记是向高松宫殿下汇报政治情报的笔记。

由于岸信介拥有充足的资金，因此在为东条英机筹措政治资金方面，他动辄就能得到上千万日元。针对筹措政治资金问题，岸信介曾以介绍经验般地向人这样讲，"接受政治资金，必须要接受那种经过过滤器净化了的资金。一旦出了问题，过滤器便成了事件的承担者，而接受政治资金的政治家因喝的是干净水，就不至于受牵连。在政治资金上发生贪污受贿问题，都是因为过滤不周而造成的。"因此在"伪满"的三年多时间里，岸信介与财界建立了密切关系，同时又依靠这种关系笼络了一批人，为自己今后的发展积蓄了实力。而至于在他统治下的"伪满"，却由于实行了战时统制经济，就连棉花、棉布和粮食都要实行专卖，造成百业凋弊，人们生活困苦不堪的惨状。

一门三首相
——安倍晋三家族与日本世袭政治

岸信介在青年时代就已决心要当一个政治家了。在"伪满"时期，他曾不止一次地对人说过："将来我要当政治家，你也来干吧"的话。而在这样的言语背后，所蕴含着的是他内心的打算：在长州人中，我一定要成为总理大臣。在"伪满"时期，他所有的行动就已经是为着这一目标的实现而努力了。

1939年8月，岸信介因事到达东京。这是他离开"伪满"的前夕，为了扩大自己的影响，以向中央政界显示一下自己的存在。岸信介在杂志上发表的谈话中，将日本政界的现状贬得一文不值。他说："这次来日本痛切地感到，越是上层人物越像个评论家。这真叫人吃惊。处长比事务官爱发议论，次官比局长爱发议论，大臣比次官爱发议论，也许总理比一般的大臣还要爱发议论吧。""日本的会议是不作决议的会议。内阁会议作出了决议也不执行。企划院定下来的事情，各省又各自为政。满洲的会议是有议必决。为什么在这儿就决定不了呢？说来非常奇怪，有好多人不发言。在满洲不发言就是赞成，有意见就说。在日本，不发言的人是最不正派的家伙。总之，什么会议啦、委员会之类，都在贻误国政。"如果不了解内情，肯定会被他这番慷慨陈词给吓倒。其实，他之所以说这些话是有他的政治目的的：他知道由于东条英机的大力引荐，两个月后他就将荣升为商工省次官，因而要在这里向中央政界显示一下自己的存在。挑起争论，并以此作为垫脚石，伺机飞黄腾达——这是岸信介的惯用手段。通过在"伪满"的锻炼，他对这一种手段的使用是更加纯熟了。

东条英机

岸信介与东条英机之间有着非同寻常的关系，对此，据在商工省曾经提拔过岸信介的前辈吉野信次在战后一家杂志上回忆说："从一开始他就不是一个平庸的事务官。他清楚地看准了政界，所以才和军部勾搭在一起。结果陷得太深，不能自拔。东条与岸成了那样的关系，里面有着至死不能吐露的深刻内情。"从某种意义上来说，尽管岸信介与东条英机之间存在一定的经济利益瓜葛，但岸信介出众的能力无疑也是他赢得东条英机赏识的重要原因。因此，东条英机在关东军时阻挠了岸信介返回日本国内政坛，极力把他留在自己身边。而当他回到日本国内后，首先就想着要把岸信介带回去，让他辅佐自己。

岸信介在满洲仅仅待了三年，随后便作为商工省次官，被调回东京，这完全是由于东条的坚决主张。当时东条已是陆军的最高指挥官，居于中央要职，一手把持着满洲的人事。作为新官僚的首领，岸信介从战前就主张为了进行战争，必须实行彻底的经济、产业统治，在"伪满"他依然按照这一思想去行动，自然就赢得了东条英机的赏识。然而，以上这些只是公开或者说是表面上的原因，支撑他们关系的更深一层的理由则是金钱。这可能就是吉野所说的"至死不能吐露的深刻内情"吧。无论在"伪满"时期还是回到日本后，岸信介都曾给东条英机提供过强大的资金支持。特别是岸信介回到日本后，为东条筹集了大量的政治资金。据说，曾任"满业"总裁的鲇川义介应岸信介的要求，把日产的股票转为"伪满"投资证券时，挪出了7000万日元存放在鲇川的团体"义济会"里，从中抽出3000万日元给了东条。岸信介与关东军特别是与东条英机的密切关系，对他一生的政治道路具有非常有利的积极意义。

三、整肃复出 顺利问鼎

1939年10月，岸信介肩负军部和"革新派"的期待，回到日本担任商工省次官。此前两个月，苏德签订了互不侵犯条约，平沼内阁发表有名的"复杂奇怪"的声明后宣布辞职，阿部内阁上台。

随着德国入侵波兰，英法对德宣战，第二次世界大战爆发。此时，日本全面侵华战争已满两年，占领地区虽在不断扩大，但看不到解决的前景。这种情况迫切需要彻底改组日本经济——建立战时体制。岸信介作为这一任务的执行者，被召回国内。在不满两年的时间里，岸信介经历了三任内阁和三任商工大臣。在与第二届近卫内阁的商工大臣小林合作时，两人在新经济体制的建立问题上，意见严重对立，代表了"现状维持派"和"革新派"之间的对立。已被人们捧为"革新

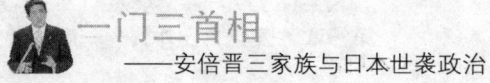

一门三首相
——安倍晋三家族与日本世袭政治

官吏"统帅的岸信介,和把"革新派"攻击为赤色分子的小林大臣之间的对立,使他们无法共事了,1941年1月,岸信介被迫选择了辞职。然而,岸信介辞职不仅没有成为他政治上的挫折,反而进一步提高了他在"革新派"内的声望。

辞掉商工次官后,岸信介去中国参观旅行了三个多月。这期间,国际形势发生了很大的变化。1940年9月,日德意三国同盟宣告成立。1941年4月,日苏缔结了中立条约。6月,苏德开战。日本乘德国席卷欧洲所造成的空白,把南进问题提上具体日程,开始呼吁建立"大东亚共荣圈"。由于美国废除了《日美通商航海条约》,使日本经济受到严重打击。以东条为代表的陆军不惜对美国开战,近卫则力图要使谈判达成某种妥协。双方经过激烈较量后,近卫败北下台。在木户内府的支持下,1941年4月成立了东条内阁。

东条英机

东条英机组阁时,考虑到万一发生战争,商工大臣是一个重要角色,必须保证军需生产,因此东条英机力邀岸信介担纲此重任。当岸信介接到东条打来的让其出任商工大臣的电话时,便问道:"现在日美关系日益恶化,而商工省同军需产业密切有关,不知道你真想对美开战呢,还是虽有困难,但仍要设法避免战争?未了解你的方针之前,我是难于遵命的。"东条给予岸信介的回答是,他组阁工作繁忙,至于所担心的开战问题,他根本无意进行,而是想调整日美关系,因此要岸信介现在不必以发生战争为前提来接受任命。同时东条还表示,当然谁也难于意料形势会怎么发展,到什么时候再考虑什么时候的对策。

由于当时日本处于四面包围之中,尤其是石油运输线将被切断,这样也就无法进行战争了。因此对如何处置战时经济,岸信介感到心中无数。正因为有这样的担忧,所以岸信介才问东条有无对美开战的意图。岸信介一上任,就召集局长以上干部开会。会上,岸信介说道:"现在处于非常时期，我是豁出性命来就职的。我的前辈或者同辈也许都愿意帮助我完成任务，但就我而言，对前辈或者同辈总会产生顾虑，所以决定请你们全部辞职，只让后辈跟着我干。这样，我将建立一个无需左顾右盼就能下命令的体制。"结果，有两个前辈和三个同辈就这样离开了商工省。当时岸信介才45岁，为内阁中最年轻的三个大臣之一。

东条英机内阁（前排中央者为东条，第二排左二为岸信介）

岸信介作为这一内阁的商工大臣再次大显身手。在扩充生产、调动物资、管理工厂、控制消费、统制物价等行政方面，拥有巨大的权力。1941年12月，东条内阁终于决心对美开战。商工大臣岸信介作为国务大臣也在宣战诏书上签了名。1942年4月举行的翼赞选举（东条内阁操纵的一次选举）中，岸信介以现职大臣的身份竞选并成为议员，这是他作为正式政治家的起点。以议会内的商工委员为基础，岸信介获得了政治上的支持势力。1943年11月，商工省、农林省、企画院和陆海军航空本部全面改组，成立了军需省和农商省，历来由商工省管辖的大部分业务移交给军需省。这次改组使本来战争色彩就很鲜明的商工行政，更明确地纳入战争轨道、进行组织军需生产这点上来了。这时，岸信介就任国务大臣兼军需次官（军需大臣由东条英机兼任），实际上成为军需行政的最高负责人。

然而，随着战争形势的发展，岸信介组织军需生产的压力越来越大，

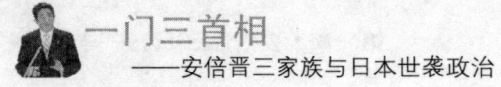

困难不断增多。这时,他和东条英机之间的矛盾也开始逐渐趋于恶化。东条英机当时身兼军需大臣一职,但却很少到军需省,平时一切都是由岸信介来干。由于许多部门都难以按计划生产,不是煤炭下降,就是钢铁不足,或者造船拖期。面对这种情况,东条打算在军需省内专设一个管理钢铁的大臣,并决定起用藤原银次郎。这种做法无疑是岸信介不能接受的。他立即写了辞职书,理由是,在一个省内,任命两三个大臣级的人物,是很难开展工作的。如果你认为藤原合适,就任命他当军需次官兼国务大臣吧。这样一来,就等于公开了岸信介和东条英机之间的矛盾。但是,东条英机没有批准岸信介辞职。

最终导致两人矛盾激化的,是两人在塞班岛问题上的意见分歧。那是1943年,岸信介当时是东条英机内阁的国务大臣兼军需省次官,他向东条英机进言说,塞班岛如被美国攻陷,美B—29飞机将会轰炸日本的军需工厂,使军需生产显著下降,应该结束战争。但被东条英机骂了一句"你们这些文官懂个屁!"。1944年,美日在塞班岛展开激战,最后美军获得了胜利。

事实上,塞班岛陷落后,美国的B—29型轰炸机频繁飞到日本本土,军需生产难以维持。岸信介认为,除了尽快结束战争,日本已经无路可走。战局的日趋恶化,本已使东条英机心浮气躁,岸信介的不配合态度最终激怒了他。他不仅拒绝采纳岸信介的建议,还决定要采取孤注一掷的做法,强迫岸信介辞职,重新改组内阁。然而,倔强的岸信介就是不辞职,哪怕是东条派出宪兵跟踪监视他,向他施加压力,他就是不屈服,并最终以"同归于尽"的形式推倒东条内阁。这件事虽然使岸信介与陆军的关系恶化了,但对战后的岸信介来说,却是一笔因祸得福的有益政治资本。正如星野直树所说的那样:"岸抢先做了一笔有利可图的买卖。"

虽然不能说岸信介打倒了东条内阁,但是,在东条内阁的垮台问题上,岸信介是有一定的贡献的。1944年以后,政界内部反东条的气氛已经相当强烈。一些有实力的亲军派议员认为,塞班岛陷落后,不能再靠东条内阁,他们召集志同道合的议员开会,作出了不信任东条内阁的决议。上层人士有的主张制造车祸,把东条英机撞死;有的主张枪杀他,但他们大部分人没有打倒东条内阁的决心。东条英机感到事情不妙，企图通过改组内阁来缓和或消除对自己的严重不满，以维持独裁政权。

1944年7月，东条英机拟定改组方案。在方案中，东条英机作了一些让步，他不再兼任参谋总长。为了加强内阁，他想使商工相岸信介辞职，邀请米内、阿步两重臣入阁。但岸信介不肯单独辞职，进而主张内阁实行总辞职。米内、阿步、广田三人也拒绝入阁。政界内部的反对，再加上战局的不利，最终导致了东条内阁的倒台。7月17日晚，重臣们在平沼的私邸举行集会，有若槻、冈田、广田、近卫、阿步和平沼等人参加。在这次会上得出了"东条早就应该下台"的结论。当天夜里，冈田就把这个决定送交木户，然后又转给天皇。东条英机得知这个消息后，终于放弃了改组内阁的企图，22日，实行了内阁总辞职。

1944年，日本战败投降的前一年，岸信介与另一个战争狂人东条英机闹起了"窝里斗"，一气之下带着女儿回到了山口县老家。就在山口县，他与后来的亲家、国会议员安倍宽相识了。与岸信介不同，安倍宽是一位著名的和平主义者，反对东条英机操纵的太平洋战争。反东条英机的共同使命，让这两个政治信条截然不同的老乡成了好友。

1945年9月11日，日本战败一个月后，岸信介和东条内阁的其他阁员一起，最先被指定为战犯嫌疑分子，逃避到故乡的岸信介被警察从山口收容到东京美军第八军宪兵司令部，并关押在横滨监狱。他估计自己再也

1946年，在远东国际军事法庭受审的25名日军甲级战犯

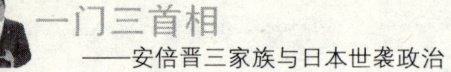

一门三首相
——安倍晋三家族与日本世袭政治

不可能出狱了。一个月后，岸信介等二十余人被转移到大森旧陆军俘房收容所。11月19日，荒木贞夫等11人被指定为甲级战犯嫌疑分子，其中的本庄繁大将自杀身亡，其余的被关进了巢鸭监狱。12月2日又指定52人，12月6日再指定包括近卫和木户幸一在内的9人为甲级战犯嫌疑分子。12月8日，岸信介等也从大森俘房收容所转到巢鸭。

东条英机受审

岸信介作为甲级战犯在巢鸭监狱关押了三年时间。诚如岸信介所说，在巢鸭监狱虽然无法展望未来，但饮食起居要比遍地饥荒的狱外强多了。1946年4月29日，东条等28人被起诉了，其中没有岸信介的名字。5月3日，远东国际军事法庭开庭。岸信介等未被起诉的人，以复杂的心情在狱中度日。1947年7月1日，鲇川义介、中岛知久平等23名嫌疑犯、财界的重要人物宣告释放。1948年1月，麦克阿瑟最终决定对天皇不予起诉。其间，远东国际军事法庭在东京的审判工作到4月16日全部结束，宣布休庭，等待判决。11月4日重新开庭，12日作了宣判：全体有罪。东条等7人判处死刑，16人无期徒刑，两人有期徒刑。这比预料的重得多。12月23日，7个死刑犯被处决。次日，岸信介等人则由于不起诉而获释。岸信介为何能够摆脱战犯罪名而获释，这是一个很大的谜。

当时都认为岸信介是有罪的。战胜国当然不会将战争时期的日本宠儿——岸信介从战犯的名单上除去。岸信介本人也意识到了这一点，至少他周围的人是这样认为的。曾在东条内阁任农林大臣的井野硕哉是和岸信介一起被捕的。他在战前比岸信介早四年进入农商务省，与岸信介的关系一度比较密切。他只在监狱里待了一年多，1946年秋就从巢鸭拘留所出来了。岸信介在监狱里曾对他说，"我只是干了我要干的事情，就是被处死也没有办法。"当时，他已经对前途不抱任何幻想了。岸信介的女儿洋子谈到1945年9月15日他从山口县家里被带走的情景时说："在他去巢鸭的时候，我们都以为他可能再也回不来了。父亲也好像有这样的思想准备。"

应该说，岸信介在战争结束之前与东条内阁的冲突从某种意义上来说，也帮助他逃脱了战犯的惩罚。岸信介打倒东条内阁是一次有名的事件。由于在塞班岛决战问题上岸信介和东条发生了尖锐冲突，而且岸信介拒绝接受辞职要求，东条内阁因意见不一致，不得不实行总辞职。以美国为主导的

巢鸭监狱

检察当局对于岸信介同战争的最高指挥官东条之间的冲突给予了较多的关注。东条内阁辞职后，岸信介回到家乡山口县，不顾东条派宪兵的盯梢，成立了"防长尊攘同志会"的组织，在县内四处游说。和东条内阁的决裂以及同志会的成立，到底是出于单纯的政治信念，还是因为预见到战争的失败，为逃脱战犯的罪名而采取的步骤，或者是两方面原因都有，这可能就是星野直树所说的"岸抢先做了一笔有利可图的买卖"的真实内涵吧。他的这些行动，后来在巢鸭监狱内被美国检察官详细问及，客观上产生了减轻他战犯嫌疑的效果。

其实，说到使岸信介免于战犯惩罚的深层原因，是与当时的国际形势变化分不开的。由于美苏间关系的对立，美国调整了其战略目标。在对待日本的问题上，逐渐由惩罚战犯转为复兴日本。这就需要保留一批对其有用的人。当时在巢鸭监狱里的岸信介凭着多年培养的政治敏感已经及时感觉到了这种变化。他曾对前去看望他的胞弟佐藤荣作说："我能不能出去，看来要取决于国际形势。美国和苏联关系密切的时候，我一直担心什么时候会被杀头；美苏关系恶化之后，就没有必要担这个心了。不仅如此，连我们的待遇，也有了很大的改善。"

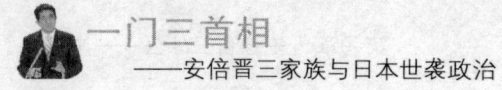

一门三首相
——安倍晋三家族与日本世袭政治

岸信介在谈及自己在监狱内的生活时，认为身体健康状况的改善可以说是一大意外收获。在入狱前，他本来肠胃很弱，并深以为苦。然而，在过了三年多有规律的监狱生活后，他的肠胃功能明显变好，体质也更加强壮。他说，在监狱里，每天早晨五点半起床，晚上八点半熄灯睡觉。早晨一起床就打扫房间、擦玻璃，每周还要参加一次大扫除，用肥皂水和金属刷子洗刷走廊的水泥地板。另外，每天散步两次，每次一小时，饮食也是八分饱，没有零食，更不让喝酒。如此一来，反倒使岸信介因祸得福，治好了多年宿疾。因祸得福，因战犯嫌疑而受到追究，却使得岸信介在肉体上重生了。也就是说，如果没有巢鸭的一段经历，恐怕也就没有"战后的岸信介"了。

在巢鸭监狱的第三年，在基本上确认自己不会被作为战犯起诉之后，岸信介就开始思谋自己的出路。毕竟，在当时被关押的嫌疑战犯里，他是最年轻的。然而，对于未来人生道路的选择，他曾陷入过苦恼的境地。一方面他觉得应该与政治一刀两断，隐居乡间，像出家和尚那样，去过一种与世隔绝的生活。另一方面，他又感到自己是把日本推向如此混乱局面的负责人之一，理应再当一次政治家，为重建日本贡献力量。经过一段时间的思考，他认识到与世隔绝是一种逃避。他说，我可能活不到松树苗长大成材，绿色满园的那一天，但把它培植到让人们放心的程度，还是我应尽的责任。他觉得虽然当时的政治状况不好，但关键在于从国民中组织向上的力量，因此，发动国民运动更为重要。也正是基于这样的考虑，他决定创建日本再建联盟。

1948年12月24日，在巢鸭监狱关押的岸信介终于重获自由。他在狱中穿的是美国士兵服，出狱时，换上了日本归国者穿的较破烂的服装和鞋子。监狱的人员当时问他到哪里去。他回答说，要去吉祥寺的弟弟佐藤荣作家里。佐藤那时在政府里担任内阁官房长官一职，官邸在永田町。狱方最终派车把岸信介送到了那里。当他到达官邸门口时，一个女佣人走了出来。岸信介问她："佐藤荣作在家吗？"女佣一见岸信介衣衫褴褛，尊容不整，满脸胡须，仔细打量一阵后，说声请稍等一等，之后，就再也没有出来。所幸的是佐藤荣作的警卫员在岸信介当大臣时认识他，这样才让他进了佐藤的官邸。时年18岁的洋子清楚地记得父亲获释回家时的情景："满脸胡子，如同老人。原本丰满的脸凹进去,看不到一点精神。"

岸信介出了巢鸭监狱后,很快就开始活动,重新走向政界。岸信介虽然出了监狱,但仍然处于解除公职期间。据说,那时他虽放弃了回乡务农的念头,但曾考虑过开饭馆、卖河豚鱼,以等待时机,重返政界。其间,在好友藤山爱一郎的帮助下,成为藤山经营的日东化学公司的负责人,还兼任东洋纸浆公司、东京钢材公司的工作。这些收入保证了他的生活。1949年12月,岸信介在交询室别馆七楼创设了"箕山社"。表面上,这是一家以营利为目的的股份公司,实际上是岸信介事务所。他过去的信徒们常常出入这里,显得很热闹。这里虽然不大,但却经常高朋满座,形成了一个拥立岸信介、组建新党派的活动中心。经过一段时间的身心调整和秣马砺兵,为岸信介重出江湖增强了信心。他还曾写过这样一首气魄雄伟而又通俗易懂的赋诗以言志:

郁郁三年意始伸,
还来今日万象新。
谁言邦国妖云蔽,
满目满耳总是春。

1952年,三好英之等一些被认为在战争期间是岸信介系统的旧民政党的政治家,撤销了解除公职处分,并组成新日本政治经济研究会,重新开始活动。1952年4月15日前后,内定撤销岸信介的解除公职处分,不知何故,稍稍推迟了十几天,直到4月29日,由于旧金山媾和条约生效,解除公职令自动失效后才实现。以此为契机,他把"箕山社"改组成文化团体"日本再建联盟",由三好担任理事长。人们把它看作是岸信介新党的主体。从某种意义上讲,"箕山社"是右翼人士、被剥夺公职者的聚会地。以这里为据点,逐渐地

1948年,岸信介出狱后在弟弟佐藤荣作家里

形成了岸信介的势力,形成了一个拥立岸信介、反对吉田茂势力的核心。

《旧金山和约》的生效,使日本形式上成了一个完全独立的国家。在这前后,政界进入正式改组的时期。在自民党内,吉田、鸠山的对立日趋激化。在刚刚成立的改进党内,革新派三木武夫、北村德太郎等人与从新政治俱乐部合并过来的大麻唯男、松村谦三之间的矛盾十分尖锐,一直为选择党首而进行争夺;社会党仍旧分裂为两派。从整个政界看,为岸信介的复出创造了有利的时机。他以再建联盟为据点,打出了刷新政治的口号,使其成为改组政界的核心。岸信介本想再度抬出重光葵,以利用其声誉,然而,后者虽然表面上答应了,却在关键时刻去当了新成立的保守党——改进党的总裁。岸信介闻讯暴跳如雷,当即打电话给重光葵,发表"绝交宣言"说:"今后我在任何重大问题上,都决不同你合作!"

岸信介就任再建联盟会长后,提出了再建联盟的五大政策。这五大政策体现了他的基本政治主张。其中尤其突出的有三条:排除共产主义侵略,坚持自主外交,以期建设和平的国家;加强日美的经济合作,密切同亚洲各国的贸易,以期产业经济的繁荣;根据全体国民的意志,修改宪法,健全作为独立国家的体制。这三项构成了岸信介后来的政治路线和外交路线的基础。据说,围绕着是否提出修改宪法的问题,联盟内部一直争论得很激烈,最后还是岸信介作出决断说:"总之,关于修改时机成熟的问题,我们之间已没有争论的余地。我们不能为一时的得失而贻误国民运动的前途。如果说有必要,那就应该现在提出来。"

《旧金山和约》生效前后,撤销解除公职处分的许多旧政治家涌向政界。他们不仅在改进党内拥有力量,在自由党内也有推动鸠山一郎、三木武吉当党首的反主流派。他们都反对战后的吉田体制,力争取得占领结束后新的政治体制的领导权。岸信介等人的行动,也是其中的一部分。

就在1952年8月26日召开了日本的第十届国会,28日突然宣布解散,10月1日举行大选。三好英之等人在当初建立"日本再建联盟"时,本是准备迎接即将到来的大选,及时转变为政党的。岸信介当时虽反对这样做,但最终向有关当局提出联盟是一个政治团体的申请。该团体由岸信介当会长,三好当理事长。然而,在10月的大选中,再建联盟提出的16

名候选人中，只有爱媛县的武知勇记一个人当选。尽管岸信介本人没有出马竞选，但是，这对他来说无疑是一次沉重的打击。这次惨败，使岸信介彻底断绝了通过再建联盟来建立新党的念头，转而决定要加入自由党。

实际上岸信介一复出就想加入自由党，但由于受到吉田的阻碍未能如愿。吉田意识到岸信介的复出对自己的首相位置构成极大的威胁，因此极力阻止岸信介加入自由党，劝其进入参议院。那是1953年1月，岸信介在胞弟佐藤荣作的引荐下到目黑的外相官邸拜会吉田首相。当时吉田说道："今年4月份参议院要改选，你参加参议院的竞选吧？"岸信介回答说："不，我不是进参议院的那种上等人。我的名声不好，准备参加众议院的选举，这次参议院竞选就不参加了。"吉田一听大为生气，高声说道："你也被剥夺公职冲昏脑袋了。正因为名声不好，才让你参加参议院竞选嘛。今天的参议院比众议院名声更不好啊。"岸信介仍不同意，会见不欢而散。不久，岸信介决定去德国考察三个月，目的是想亲眼看看战后以德国为中心的欧洲形势，了解一些战后德国的复兴情况。在战前，他曾在德国住过三个月，对那里怀有较深的感情。他与当时的德国领导人艾哈德进行了较为深入的交谈，并从中获益良多。

1953年2月7日，飞机从羽田机场起飞。当飞机越过伊朗上空时，陪同岸信介出访的川部智美雄问岸信介对日本未来的看法时，岸信介说道："川部君呀，日本现在不是谈论分配问题的时候。我并不完全否定社会主义，如果社会主义对日本有利，我也可以赞成。但你看看日本的现状吧，打了败仗，生产力下降，此刻谈论分配问题没有任何意义。今天，至关紧要的是振兴日本经济，增加物质生产。此刻谈论分配，还不是十个人抢夺三份东西。与其这样，不如再生产七份，保证每人都有一份。现在正是经济复兴的时代，所以我才去西德，看看他们是怎么搞的。"

然而，就在他访问期间，日本国内发生了意外事件，即所谓"混帐，解散！"的吉田茂在国会议事堂辱骂国会议员事件。其实，第四届吉田内阁在执政期间就已出现崩溃的征兆。自由党在议会内的优势地位已风光不再，自由党与改进党、左右社会党等在野党的议会席位相差不足两位数。党内鸠山派早有不臣之心，随时准备取而代之。

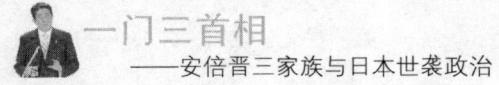

一门三首相
——安倍晋三家族与日本世袭政治

2月28日，在众议院预算委员会，心绪不佳的吉田首相正在应付各在野党议员的质询。右派社会党议员西村荣一向吉田提出质询："关于国际形势，想请日本总理大臣进行答辩。"傲慢的吉田轻蔑地回绝道："不得无礼。"受到羞辱的西村议员十分气愤，高声质问："什么叫无礼？"吉田像一头被激怒的狮子，对西村议员破口大骂。堂堂内阁总理大臣，在众目睽睽之下，在国会议事堂辱骂国会议员，不但有失政治家的风度和水准，而且也极大地激怒了在野党议员。

当晚，右派社会党向议会提出弹劾吉田首相的临时动议。自由党和各在野党之间围绕着这一动议，展开了激烈的斗争。二十多名鸠山派的自由党议员采取缺席的方法，希望借此机会搞垮吉田；而以大麻唯男为首的改进党内保守派都采取了支持吉田的做法，准备不参加表决。一时间，弹劾派和反弹劾派旗鼓相当、难分高下。在事关吉田前途命运的关键时刻，素有"政界慧里"之称的广川弘禅，突然临阵倒戈，率本派系三十余名自由党议员缺席投票，使弹劾吉田首相案以微弱多数通过了。吉田首相对广川弘禅的背叛行为异常恼怒，根据宪法第69条规定利用首相特权，解除了广川农林大臣的职务。

在野党认为吉田首相是滥用职权排斥异己，又对他提出了不信任案。3月14日，不信任案被列入议会日程。上午，鸠山一郎、三木武夫、石桥湛山等二十多人，宣布退出自由党，成立鸠山自由党。晚上，议会以229票赞成、218票反对的11票之差通过了对吉田内阁的不信任案。然而，老奸巨猾的吉田不会轻易将政权易手，在资深幕僚松野鹤平的谋划下，以合乎宪法的理由和程序，宣布解散众议院。吉田首相与前外交官重光葵在镰仓毛里逊公馆密谈后，决定由自由党同重光葵的改进党保守派进行联合，重新获得了首相提名，组成了第五届吉田内阁。

3月12日，正当岸信介在海德堡访问时，突然接到了波恩联络事务所打来的电话，说是从东京发来两三份电报，要他火速回国。电报是他的弟弟佐藤荣作和三好英之打的，说是由于吉田骂国会议员"混帐"而招致国会解散，要重新选举国会议员。基于国内政治形势发生较大变化，岸信介还在西德访问期间，佐藤荣作、三好英之等替岸信介办了参加自由党的手续，准备竞选。岸信介在接到要他马上回国的电报后，于3月21日回到日本，并于4月19日的大选中获胜当选为议员。这是岸信介战后首次当选国会议员。当时担任自由党总裁的吉田茂在岸信介当选为议员后，曾专门找过他，希望他能够担任宪法调查会的会长一职。岸信介在巢鸭监狱时就是一个修改新宪法论者，现在吉田茂让他担任这一职务，并向他表态说自己也不喜欢新宪法，他可以按照自己的意志行事。在这种情况下，岸信介同意出任会长职务。

重返政坛后的岸信介，很快就成为了政界引人注意的中心人物，并成为鸠山派反吉田的急先锋。岸信介之所以拼命地反对吉田茂，主要是因为他重返政界后的最大政治目标就是修改《日美安全保障条约》和修改宪法。为了达到这一政治目标，就必须实现保守政党的合并。而吉田的存在是保守势力联合的障碍。从个人感情上讲，岸信介并不讨厌吉田；比起鸠山一郎、重光葵、松村谦三等人，他甚至更尊敬吉田，对吉田抱有亲近感。但政治是无情的，私人感情同政治相比，就显得微不足道了。在谈到与吉田茂的关系时，岸信介曾说过："我和吉田有过一段奇妙的缘分。昭和初期，他的长女和我表弟（吉田宽）结婚。我们就是在那次婚礼上第一次见面的。后来我又随表弟去吉田家吃过几次饭。不管怎么说，他总是前辈；所以1953年我出访德国前，曾去向他辞行。"

岸信介认为，为了搞好民主政治，两大政党制是最理想的形式，就像英国的保守党和工党那样。作为鸠山派的重量级人物，岸信介是推动保守派政党合并最为活跃的人物。1953年5月份，他在《改造》杂志上发表题为"新保守党论"的文章，全面阐述新保守政党的理想和改组保守势力的必要性。他在文中写道："很多有识之士都痛感有建立保守稳定势力的必要。但现实中的政治家却不懂得这一点。见到一些地位相当高的政治家，常和他们谈起这件事，他们都说应该这样做。但据说问题在于由谁来提出。再一点就是保守势力联合后，推谁当头头，即领袖问题。不过，我认为谁当领袖都行，先要联合起来，然后再考虑领袖问题。以往的政党不是按照政策活动，不识别其本质，而是因人行事。考虑的只是什么吉田的党、鸠山的党、重光的党，这样不行。应该把党的本质放在政策的根本上

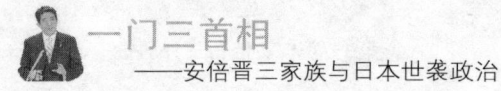

来考虑,在最后5分钟来决定领袖,领袖问题应放在最后。只有这样才能实现联合。"

为了能将这一政治理想变成现实,岸信介进行了积极的努力。他利用自由党宪法调查会会长的职位,在党内开展保守政党合并论的宣传。此外,他又与自由党的池田勇人、改进党的三木武夫多次会谈,但双方都无合并的诚意,只是互相刺探彼此的意图,结果会谈破裂。在新党成立前夕,因所谓"攻击吉田"的罪名,岸信介和石桥湛山一起被自由党开除党籍,后来又有十几个人被开除,其中也有追随岸信介的福田赳夫。

1954年9月19日,鸠山一郎与岸信介、重光葵、三木武吉、河野一郎、石桥湛山等6人在鸠山宅邸举行会谈,一致同意建立以新领导、新组织、新政策为宗旨的反吉田新党。同属保守政党的日本改进党党首重光葵有意同自由党内的鸠山派联手推翻吉田政权。在何时结成新党问题上,反吉田派内部尚有分歧。但具有"昭和之妖"之称的岸信介认为:"如果在吉田首相回国以前成立新党,参加的人必然很少。因此不宜马上建立新党。"而改进党内的大麻唯男、三木武夫等人则态度强硬,主张"排除吉田势力,在吉田回国以前组成救国新党"。石桥湛山、三木武吉、河野一郎都赞成大麻等人的见解。日本财界各主要团体针对保守党聚散离合的复杂局势,也纷纷发表声明要求稳定政局,建立"清新有力的"统一新党。

就在这时,吉田首相在国外期间发表的一些言论,极大地刺激了国内反吉田派政治家的神经。10月12日,吉田首相在巴黎会见记者时说:"回国之后也不会马上隐退;由于鸠山健康上的原由,不准备把政权交给他;在临时国会上,决心解散国会,以与反吉田势力针锋相对。"他还说:"下届政权的继承人将从绪方竹虎、池田勇人、佐藤荣作三人中选一位。"吉田的谈话传回东京后,石桥、三木、河野、重光等人大为光火,下决心成立新党向吉田派摊派。主张成立新党的石桥、三木等人迅速提出了组成新党的代表名单:自由党有鸠山一郎、岸信介、石桥湛山、金光庸夫、星岛二郎、田中万逸、安藤正纯;改进党有芦田均、苫米地义三、千叶三郎。参议院有三好英之。闻知鸠山等人欲重组新党,自由党内吉田派成员强烈表示反对。10月20日,鸠山等人在永田町的体育饭店举行新党扩大会议。

岸信介提议将金光、岸、石桥、芦田、鸠山等人选为新党代表时，吉田派人士立即高喊反对，鸠山派成员则高呼赞成，会场内一片大乱。新党派成员在混乱中退出会场，而吉田派成员则完全占据了会场，并将高桥圆三郎推选为议长、作出"代表委员的选举延期举行"的决定。会议发表声明称："岸信介的提议和决议是违反民主程序的，是无效的。"

尽管吉田派的反对态度十分强硬，但鸠山派成立新党的步伐丝毫没有减慢。11月15日，鸠山就任"新党创立委员会"委员长。22日，鸠山、岸、安藤等35位参众两院议员宣布脱离自由党。随后，脱离党的人犹如滚雪球一样越来越多。24日，以大团结为宗旨的日本民主党成立大会，在东京日比谷礼堂正式召开，民主党领导阵容颇为强大——总裁为鸠山一郎、副总裁为重光葵、干事长为岸信介、总务会长为三木武吉、政调会长为松村谦三、最高委员为芦田均、石桥湛山、大麻唯男。民主党成为仅次于自由党的第二大党。

11月30日，民主党在临时国会上对吉田内阁提出不信任案，并最终导致吉田茂于12月7日宣布内阁部辞职。战后以来先后五届执政约达7年2个月之久的吉田时代就此宣告结束。1954年12月9日晚，在日本国会议事堂，众议院全体议员对内阁总理大臣人选进行提名，民主党总裁鸠山一郎以257票对自由党总裁绪方竹虎的191票当选内阁总理大臣。岸信介没有入阁，考虑到要保守势力联合的需要，决意继续留任干事长。

鸠山内阁一开始就带有选举管理内阁色彩。1955年2月，这个内阁主持大选。民主党虽未能够取得过半数，但成为第一大党。岸信介作为干事长，直接指挥了这次选举，因而加强了他在党内的地位。但是，在3月举行的第22届特别国会上，由于和自由党发生对立，遭遇到许多困难，使他吃了不少苦头，这也更进一步加深了岸信介对保守联合的热情。

绪方竹虎

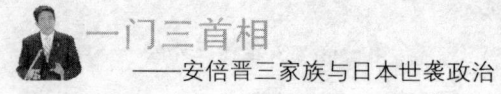

4月12日,民主党总务会长三木武吉发出呼吁,希望保守党摈弃感情对立实现联合,并扬言:"如果鸠山首相的存在妨碍联合,那么内阁可以总辞职。"池田勇人的原首席秘书官伊藤昌哉回忆说:"那个时期,三木武吉一直主张改组政界,而完成三木武吉这一设想的恐怕还是岸信介先生。在保守政党合并的问题上,似乎是三木搞微分,岸先生搞积分。岸先生干的跟他在满洲时干的一样。"为促使保守两党的合并,善用权谋的岸信介还通过自己的朋友三轮寿壮,去做社会党左右两派的工作,目的是给保守政党施加压力,增强其危机感。

6月4日,民主党总裁鸠山和自由党总裁绪方终于坐到了一起举行首脑会谈。二人在实现两党联合以谋求政局稳定上达成共识。随即,两党干事长、总务会长三木武吉、岸信介、大野伴睦、石井光次郎四人举行事务性会谈。双方达成如下协议:在1956年4月第2次党代表大会公选新总裁之前,由鸠山、绪方、三木、大野四人担任代行委员,鸠山分工负责政务,绪方负责党务。新党的干事长将由岸信介担任。

当岸信介、三木武吉等人为两党合并而多方奔走呼号之时,自由党内的吉田派成员是合并的坚决反对派。吉田的得意门生佐藤荣作认为三木武吉和岸信介是反对吉田先生最卖力的人,他们现在要求同吉田茂领导过的自由党联合,一定是别有用心。1955年7月1日,佐藤荣作召集党内吉田派成员在自己的府邸集会,要求绪方总裁采取强硬态度,以鸠山辞去首相职位作为合并的先决条件。但此时吉田派的势力已今非昔比,根本无力阻止合并的进程。

1955年11月15日,民主、自由两党在位于东京神田的中央大学会堂举行了联合大会,正式宣布成立自由民主党(简称自民党)。党的领导机构采用代行委员会制,鸠山一郎、绪方竹虎、三木武吉、大野伴睦任委员;岸信介任干事长,石井光次郎任总务会长,水田三喜男任政调会长。吉田茂和自己的亲信弟子池田勇人、佐藤荣作、桥本登美三郎拒绝与会。据说,保守政党合并时有过一个密约。其内容是说民主党的鸠山向自由党的绪方口头保证说,1956年4月,鸠山辞去总理,让位给绪方。当时,岸信介也在暗中瞄着总理的位置,想要与绪方竹虎争夺。然而谁也没想到,绪方竹虎没能等到4月，就于1月28日突然去世了。这一突发事件，使岸信介迅速地接近了政权。这是他继免除战犯处分之后的第二次走运。

岸信介曾就此说："那时我曾想，如果绪方先生健在，情况将会是怎样呢？也许立刻就当总理，或许一年后当总理。在通常情况下，至少要干三四年。这样，石桥内阁是否能成立还是个疑问，我的内阁将会大大地推迟。"岸信介认识到了一个实力人物的死会带来多么大的影响。而就在绪方死后半年，7月4日岸信介的后盾三木武吉也死去了。由于保守联合后建立的自民党，内部派系林立，主流派和反主流派尖锐对立，三木武吉则是战后保守党内为数不多挺岸庇护者。三木武吉之死表明，在起调和作用方面，岸信介失去了一个可以援助自己的实力人物。正如岸信介自己所说，他必须真正"自立"了。

1956年石桥湛山内阁
（前排中央者为石桥湛山，前排左一为岸信介）

岸信介为继任首相的新内阁

1956年秋天，鸠山引退已经成为一个既定事实，政界开始议论纷纷。在此前的8月11日，在日苏谈判的最后阶段，鸠山在轻井泽的会谈中非正式地表示将退出政界。根据河野、三木等人的意图，决定把完成鸠山的日苏谈判的宿愿作为鸠山退出政界的交换条件。9月3日出版的《新潮周刊》杂志，发表了一篇题为《明天的宰相梦，七名下届总理候选人》的文章。这七人就是重光葵、石桥湛山、高碕达之助、岸信介、大野伴睦、石井光次郎和松村谦三。文章把下届总裁选举比作赛马,认为最有可能的优胜马是岸信介、对抗马是石井光次郎、出冷门的马是石桥湛山、大冷门马是松村谦三。被视作最有可能的优胜者岸信介,在《文艺春秋》12月号上,以总裁候选人的身份表示,保守党要年轻化(岸在七人中年纪最小,是唯一不满六十的人),有清洁感,通过改善对美关系(结束占领体制),进一步使两国关系密切化。

12月24日,自民党进行了第一次具有历史意义的总裁正式公选。选举前提出了对立的候选人,真正投了票,创造了自民党一直延续到今天的派系和总裁选举(尽管具体做法有了若干变化)的模式。岸信介、石桥、石井三人为候选人。出席者包括河野一郎、大野伴睦、三木武夫等实力人物。然而在选举中,最有可能的优胜者岸信介在第一轮投票中获223票,石桥湛山获151票,石井光次郎获137票。因三人均未过半数,故还需要进行第二轮的决战投票。然而,在决战投票中,石桥湛山与石井光次郎联合,一举击败了在第一轮获票第一位的岸信介。因此,岸信介在第一轮选举中虽然取得了第一位,但在第二轮选举中却败于第二、三位联合的高招之下,岸信介以251票对石桥的258票,以7票之差输给了石桥湛山而落选,交上了反胜为败的恶运。

1957年2月,当时的新任首相、安倍晋三的外祖父岸信介抱着安倍晋三(前排右)和安倍晋三的哥哥安倍宽信(前排左)。后排左一是安倍晋三的母亲。

石桥内阁成立之际，岸信介以近半数的支持为背景，否定了第二、三位联合时达成的默契——石井担任副总理的方案，自己就任副总理级的外务大臣。岸信介这位份量很重的外相走进了外务省，确实要想在外交方面大干一场。《中央公论》杂志1957年3月号刊登的题为《飞越长空的外相》对谈，介绍了岸信介积极地谈论他在外交方面的抱负。然而，石桥内阁成立仅仅一个月，石桥湛山便因病不能理政。

1957年1月31日，岸信介代理当临时总理大臣，并应付了第26届国会施政演说。这期间，其在答《朝日周刊》杂志记者问中，应记者请求，谈到过对石桥的看法。他说："石桥为人淡泊，作为一个政治家，甚至觉得他韧性不足。"2月22日，石桥健康恢复不佳，决心辞职。自民党首脑顺应这一颇为自然的趋势，内定指名岸信介当下届首相，并在24日的国会上得到通过。这样，以岸信介为继任首相的新内阁，于2月25日正式组成。

事后有记者问石井："石桥先生不到一个月就倒下了，你要是入阁当副首相的话，说不定继任首相就是你的了。"石井回答说："那样的事情是碰运气，看来还是岸君一向运气好。"确实如此，岸信介重返日本政治舞台后，真是一路走运。另外，当时那种特殊时期日本的政局发展确实也出人意料。在岸信介的政治生涯中，这几个月的变化是仅次于修订《日美安全条约》的激烈动荡年代最富有戏剧性的时期。岸信介回到政界四年多，就这样顺利地登上了首相的宝座。

四、连任组阁 政涯巅峰

3月21日，在自民党大会上，岸信介在投票总数476票中获得471票，出任了自民党第三任总裁。虽说是第三任总裁，但第一任鸠山可以说是"临时总裁"，第二任石桥又是如此短命，所以从某种意义上说，岸信介是自民党的首任总裁似也不为过。而且，在岸信介任总裁的三年半时间里，基本上确定了自民党的政治方向。岸信介在保守党合并以及自民党走向方面，应该说是发挥了重要作用。

第一届岸信介内阁，除增加石井光次郎为副总理外，石桥内阁的原班

一门三首相
——安倍晋三家族与日本世袭政治

岸信介

人马都保留下来，岸信介兼任外相。从个人经历来看，岸信介与石桥湛山完全是两种类型的人。岸信介自知个人历史不光彩，所以上任时不得不谨言慎行，一方面保留石桥内阁原班人马，一方面声称要继承前内阁的方针政策，采取所谓低姿态。组阁时他表示："我和国务大臣，大都是石桥内阁的阁僚，所以新内阁的施政方针与前内阁无异……我希望与日本社会党创造更多的对话机会，以使国政大局不出差错。"

岸信介当上首相不久，5月20日国会一结束，他就第一次出访东南亚各国，11月，又第二次出访东南亚各国。在两次出访之间的6月，岸信介又前往美国做了访问。之所以作这样的安排，是因为他想在前往美国访问之前，先做好准备。这样，在与美国谈判时，他不但可以代表日本，同时也代表了亚洲，可以为谈判增加筹码。在访问美国前后，岸信介的两次东南亚之行共访问了15个国家。作为战后首次出访的日本首相，虽然每到一个国家，他都说在战争中给他们添了麻烦，表示道歉，同时，还表达了日本愿与各国携起手来，共同走向和平与繁荣道路的愿望，但是，除了在印度尼西亚收到了一点反应之外，大多数国家都对他表示了反感，其中，在澳大利亚的经历给岸信介留下了极其深刻的印象。岸信介乘专机到达悉尼机场时，留意到那里的仪仗队有所不同。后来，他才知道，由于澳大利亚的退伍军人跑到机场闹事，说是要把岸信介赶回去，政府不得已调派了其他部队来保卫岸信介的安全。对于岸信介提出的要去参拜无名英雄墓地的要求，澳国会进行了好一番争论后才算同意。在墓地里，一位妇女要求岸信介读有关她的儿子在战场上丢掉性命的文字，这无疑让其颇为尴尬。

1957年6月，岸信介作为日本的总理大臣，第一次出访美国。对于此次访问，他抱有三个目的：一是建立日美新时代，也就是使日美关系在一切领域里都实现对等；二是劝诱美国在亚洲采取行动，并同日本合作进行；三是为了确立日美间长久的密切关系，力争在两国间举行定期部长会议。到达美国的当天,岸信介到白宫拜会了艾森豪威尔。在上午致词时,也许看出了岸信介的紧张情绪,艾森豪威尔主动提议下午去华盛顿的沃宁托古里高尔夫球场打高尔夫球。在比赛中,岸信介与美国的舍纳塔·布什一组,艾森豪威尔和英语说得非常流利的松元泷藏议员搭配,比赛结果双方不分上下,非常富于外交性。这场比赛不仅消除了岸信介的紧张情绪,也使双方的关系变得融洽。

在这次出访中,岸信介分别与美国总统艾森豪威尔和国务卿杜勒斯进行了会谈,发表了联合声明。其中有一条是关于成立修改安全条约的委员会的,这和后来修改安全条约直接有关。声明还规定,1958年撤走美国的陆军部队,后来实际上也实现了。对于岸信介来说,这次出访可以说取得了不小的成功。

随着自己的统治基础有所巩固,岸信介便于访美归来后的7月10日,对内阁进行了大幅度改组。其目的在于,以访美成果为背景,把从石桥内阁那里原封不动接过来的班子,改变成接近于自己的特点的内阁。在谈到采取这种做法的原因时,岸信介说,到那时为止,虽说是岸内阁,实际上是石桥内阁。如果只是更换一部分大臣,容易给人造成一种他们不称职的误解,为了避开这种嫌疑,就采取了大换班的办法。这在战后是比较少见的。

1957年7月,访美回来的岸信介给两个外孙带回玩具和新衣服

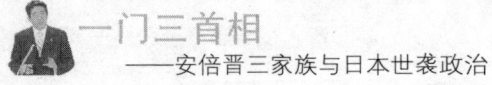
一门三首相
——安倍晋三家族与日本世袭政治

岸信介任命大野伴睦为自民党副总裁，干事长由岸信介派的川岛正次郎取代三木武夫。在阁僚方面，增设副总理职位，由石井光次郎出任。任命党外人士、日本商工会议所首脑藤山爱一郎为外务大臣。藤山是岸信介的老朋友，财界资深人士，在资金方面对岸信介给予了有力的支持。岸信介启用藤山的目的一是为了在政治资金方面寻找靠山，二是为了在外交政策方面能自由贯彻自己的主张。通过改组内阁，佐藤荣作派和河野一郎派的势力明显增强，而原大藏大臣池田勇人和干事长三木武夫受到冷遇，因此，作为石桥内阁的池田派和三木派被置于反主流派的地位。

岸信介在组织了自己的内阁后，提出了根绝暴力、贪污与贫困的"根绝三恶"口号，以期能够获得民众的支持。根据岸信介的介绍，之所以提出这样的口号，主要有如下考虑：根绝暴力，是为了对当时过于频繁的示威游行活动加以约束，以免无关平民百姓的生活受到影响；根绝贪污，是为了提高公务人员的思想道德境界，加大惩罚力度；根绝贫困，则是要通过保持经济的稳定与发展使国民的生活水平得到提高。在1957年年底的国会上，除了同"根绝三恶"有关的法律外，还通过了同道路有关的三个法案，开始执行"道路整备五年计划"，这些措施的实施共同构成了岸信介内阁的显眼成果，为他赢得了民众。

改组内阁以后，岸信介所标榜的"独立自主"路线尚没有充分体现出来，所以他的下一个目标，是第28次大选之后的第二届岸内阁。自从1955年2月举行了第27次大选后，日本内阁经历了第二、三届鸠山内阁、石桥内阁和岸内阁的更迭，政党方面经历了保守党合并和社会党统一等重大变动。所以，应相机解散国会的呼声日益高涨。对岸信介来说，更希望通过大选进一步巩固党内基础，只是由于党内反对派的抵制，解散国会才有所推迟。

1958年年度预算通过以后，解散国会、举行大选的时机已经基本成熟。4月18日，岸信介首相在内阁会议上宣布："25日以后随时解散国会。"至于具体解散时间，由自民党总裁岸信介与社会党委员长铃木茂三协商决定。采取这种"协商解散"的形式在日本还是没有先例的。

很快，岸信介解散国会，5月22日举行大选。这次大选实际上是自民、社会两大政党进行首次较量的大选。自民党在这次选举中获得287个议席，虽然比解散时的290席减少3席，但无所属当选者几乎都在国会召开前加入自民党，所以包括这"追加公认"的11个议席共298席，超过解散前的议席总数。社会党也获得166票，比解散时增加8席，但比原来预计的要少。此次选举，是"五五年体制"形成以后的第一次众议院选举，在这次选举中，自民党成功地抑制了社会党的发展，巩固了其长期政权的基础，所以对自民党来说是一次极其重要的选举。

第二届岸信介内阁阁僚

6月10日，召开第29次特别国会，12日通过了岸信介组阁协议。众议院投票结果是：岸信介得290票，社会党的铃木茂三郎得162票；参议院的投票结果是，岸信介得132票，后者74票。当日，立即成立第二届岸内阁。内阁主要成员是：外务大臣藤山爱一郎、大藏大臣佐藤荣作、通产大臣高碕达之助等，从此确立了所谓"岸体制"。

在第一届岸内阁时，岸信介采取了低姿态，谨言慎行，低调处理国内问题和与社会党的关系。但是，通过这次选举，岸信介感到自民党的江山已经稳固，增强了信心，所以态度为之一变，改为强硬姿态。首先，在第29次特别国会上，岸信介决定，议长、副议长、常任委员长等所有国会重要职位全部由自民党独占。根据惯例，副议长和部分常任委员长由社会党担任，因此，岸信介的做法引起了社会党的强烈不满，国会出现混乱局面，但最后自民党还是全部霸占了这些重要职位。其次，在第二届岸内阁的组阁问题上，也可以看出岸信介的霸气。他决定，这次组阁的方针是，除外相藤山爱一郎留任外，其余阁僚全部换成新人，副总理职位空缺。这

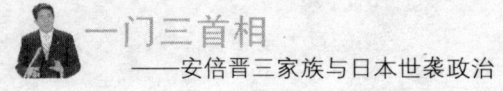

样，石井光次郎被排除在内阁之外，大藏大臣由他的胞弟佐藤荣作占据，在19名内阁成员中，岸、河野、大野、佐藤等派别便占据了14名。反对派池田勇人和三木武夫也都被纳入内阁，目的是便于控制反对派。由于佐藤荣作担任内阁中重要的大藏大臣一职，而佐藤荣作又是岸信介的胞弟，因此第二届岸内阁也就有了"兄弟内阁"的说法。

在第29次特别国会上，岸信介发表了施政方针演说，其要点包括：拥护民主政治；维护外交三原则（以联合国为中心、协调与自由阵营的关系、坚持作为亚洲一员的立场）；适时采取经济正常化的措施；减税与建立国民退休金制度。尤其是关于拥护民主政治，岸信介谈到："为了谋求我国民主政治的健康发展，必须抑制极左和极右活动。最近，有些人公然无视法律秩序，或受到集团的压力，出现不当掣肘国会活动的倾向，这是令人遗憾的。对这种非民主的活动，要以断然态度对待之。"这些言论明确表示出岸信介对"极右和极左"针锋相对的姿态，实际上，他是针对革新政党和人民群众运动的。

从自民党派阀的角度来分析，通过1958年大选后，旧自由党系统的佐藤、池田和大野派获胜，旧民主党系统的岸、河野和石桥派失败。这和上次选举中民主党乘"鸠山热"大胜，自由党大败的情况正好相反。由此可见，自民党已经恢复了元气。岸政权的这种强硬姿态，在特别国会上引起在野党的强烈不满，导致执政党与在野党之间的激烈冲突。其中，围绕教师考核制度以及修改警职法所引发的冲突在社会上产生的强烈反响，使岸内阁经受了严峻考验。

此后，岸内阁决定在全国全面实施考核的方针。12月22日，"日本教职员组合"召开临时大会，提出"坚决反对考核、与岸内阁针锋相对"的斗争口号，全国各地都相继举行了"日本教职员组合"的集会、静坐和游行。到1959年年底以前，"日本教职员组合"共组织了5次全国性阻止考核统一行动。但最终结果，全国除京都府以外的所有道府县，都推行了政府规定的教师考核制度。

修改《警官职务执行法》是岸信介政府为修改《日美安保条约》所做的准备之一。修改《日美安保条约》是岸内阁的既定目标，但又预料到必然要引起社会党、共产党和"总评"以及广大日本人民的反抗，所以在与美国开始谈判修改安全条约4天之后的1958年10月8日，岸内阁突然向第30次临时国会提交了《警官职务执行法修改法案》。13日，以社会党和"总评"为中心的65个团体组成"反对修改警职法国民会议"。10月中旬以后，在44个都道府县相继建立起反对警职法的共同斗争组织。25日以后，"反对修改警职法国民会议"连续组织全国统一行动，开展集会、游行和罢工等行动。11月15日，全国1500多万工人、农民、学生、妇女和市民举行统一行动，规模巨大，气势磅礴。

　　四面楚歌的岸信介被迫同意修改《警官职务执行法》以"审议未完"收场。11月21日，自民、社会两党举行会谈，达成以下协议：同意"警职法修改案"以"审议未完"结束；同意众议院自然休会；同意参议院审议补充预算后休会。另外，为使国会工作正常化，还决定由社会党人出任众议院副议长。社会党在阻止修改警职法上取得了成功。

　　这一斗争打乱了岸信介推行的从修改《警官职务执行法》到修改《日美安保条约》，而后再修改宪法的时间表，使日美两国政府预定在1959年1月签署新《日美安全条约》的计划落了空。同时，岸信介在修改《警官职务执行法》问题上的失败，使自民党内派系斗争加剧，要求追究岸信介责任、刷新党政领导机构的呼声高涨起来。反对派阁僚池田勇人（国务大臣）、三木武夫（经济企划厅长官）和滩尾弘吉（文部大臣）于1958年12月27日提出辞呈，挂冠而去，成立了反对派联合俱乐部——"刷新恳谈会"，要求刷新党的人事，党内斗争趋于表面化。

　　1959年1月12日，在反对派的强大攻势下，岸信介不得不对内阁进行改组，这表明岸政权在党内的支持基础在不断动摇。而且，河野一郎和大野伴睦与岸信介也有矛盾，如果他们也出来反对，岸内阁便会马上垮台。为了维持政权，有必要进一步加强派系的团结。于是，岸信介对河野和大野两派进行了收买和拉拢。为此，岸不得不与他们订立了"密约"。1月16日，岸介信与副总裁大野、总务会长河野、大藏大臣佐藤在帝国饭店举行四人会晤，席间，岸信介立下书面字据如下：

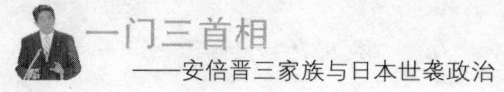

一门三首相
——安倍晋三家族与日本世袭政治

誓约书

昭和34年1月16日,立誓约如下:我们发誓一致协力实现在获原、永田、儿玉三君见证之下约定的事项。

誓约书的日期为1月16日,署名人为岸、大野、河野、佐藤四人,在岸和佐藤的署名下有画押。所谓"约定的事项",简单说来就是在岸之后,按大野、河野、佐藤的顺序私下相互授受政权。据说除了这份誓约书外,还用另一张纸写出了这一更迭顺序。

在此次会晤之前,岸信介就约见大野,以恳切的语气对他说:"请您帮一帮岸内阁。我要充实地度过这短暂的一生。我并不想永远对政权恋恋不舍,但现在下台,人们会说岸内阁一事无成,被世人耻笑。我只想在岸政权的历史上留下一件事,那就是修订安保条约。如果修订安保条约大功告成,我立即下野。在推举谁做后继人的问题上,我认为您大野君最为合适,我肯定推举您为后继总裁……"

大野虽然并非总理之材,但送上门来的东西没有人不接受的。"密约"的效果立即显现出来,大野和河野开始为岸的连任而去努力统一党内意见。在1月24日的党大会上,经过公选,岸信介以320票再次当选总裁,反对派推选的松村只得166票而落选。上述"密约"可以说使岸信介暂时避免了党内危机,但在四派的团结问题上在参议院选举之后再次出现裂痕。

1959年6月2日,举行第五届参议院议员通常选举,选举结果,自民党在127个改选议席中获得71席,取得压倒性胜利。这次胜利恢复了岸信介的自信,于是开始了更换党的主要干部和改组内阁的工作。在内阁方面,除了外相藤山爱一郎和藏相佐藤荣作外,对其他阁僚进行了大换班。这次改组,实际上也可以说是成立第三届岸内阁。在这次改组中,最引人注目的是一直扮演重要角色的河野一郎既没有入阁,也没有成为党的三要员之一(干事长、总务会长和政调会长),而成为反对派。而一向处于反对派角色的池田勇人在高中时代同学佐藤荣作的鼓动下,作为通产相入了阁,与岸、佐藤两派一起结成联盟执政派。河野自1955年9月与岸结盟以来,便一直支持岸,所以河野一直认为,岸决不能中途换马甩掉他而去启用池田，但最后看到岸不再依靠他，也不想让出政权，便拒绝入阁，而要求按照原先的"密约"出任将来最有可能获得政权的干事长，结果未能如愿。

岸信介一直主张修改日本宪法。在创建"日本再建同盟"时，他便把改宪主张写入同盟纲领之中。担任自由党宪法调查会会长时，他一再主张"改宪论"。组阁以后，便把鸠山内阁时制定的《宪法调查会议设置法》付诸实施，于1957年8月正式成立了宪法调查会，为改宪做准备。岸信介的主要目标，是修改宪法第九条中关于放弃战争和军备的内容，为重建军备扫清道路。1958年8月，岸信介在记者招待会上公然声称："废除日本宪法第九条的时代已经到来。"本来，成立宪法调查会的最终目的是为了修改宪法，但修改宪法必须得到议会中三分之二以上议员的同意。而议会中社会党等反对修改宪法的议员始终占据三分之一以上的议席，所以岸信介的主张一直没有实现。

宪法修改不成，只好退而求其次，在现行宪法的解释上做文章，以达到扩充军备的目的，这就是所谓"事实上的改宪论"。1957年5月15日，岸信介在会见记者时说："为了自卫，即使在现行宪法下也允许持有核武器。"6月14日，岸信介内阁公布了《防卫力量整备目标》，这就是《第一次防卫力量整备计划》。《第一次防卫力量整备计划》规定，在1958～1960年的三年内，使陆上自卫队达到18万人；海上自卫队舰艇吨位达到12.4万吨，飞机约200架；航空自卫队飞机达到1300架。1957年12月决定购买空对空导弹，1958年进口地对空导弹，使自卫队的导弹装置向前大大推进一步。

五、亲台疏华 政经分离

按照鸠山内阁的计划，日苏邦交正常化以后，恢复日中邦交理应提到日本外交的议事日程。然而，岸信介内阁执政后，承袭日本反华派的衣钵，与美国保持同一步调，采取敌视中国的政策，上台后就多次表示无意与新中国复交。在两次访问东南亚过程中，都跑到台湾与蒋介石会谈，发表攻击中国政府的言论。

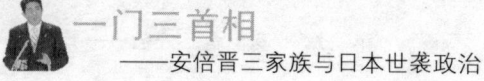

一门三首相
——安倍晋三家族与日本世袭政治

岸信介支持台湾反攻大陆。在第二次世界大战结束后的中日关系史上，第一个最不光彩的角色恐怕要算是日本前首相岸信介了。1957年2月，岸信介一上台，就推行随美亲蒋、敌视新中国的反共反华政策，使日本"台湾帮"很快在执政的自民党中形成一股势力。吉田内阁时期，在美国指导下，日本选择的媾和对象（1952年缔结和约），不是中华人民共和国，而是逃往台湾的蒋介石的"中华民国"；并且同美国签署了《日美安全条约》。岸信介政府上任仅半个月，就于3月12日同台湾成立合作委员会；3个月后，岸信介继访问东南亚各国进行反共反华宣传之后，又首访台湾。在台期间，岸信介始终称"中华民国"和"蒋总统"是"反共"和"自由"的守护神，并强调要加强"日台提携"，共同抵制"大陆的共产主义威胁"。

岸信介（中）访台与蒋介石（左）和宋美龄

访台期间，岸信介与蒋介石进行了三次会谈。在会谈中，岸信介说："日本的保守党绝不采取容共或中立的立场……在某种意义上说，如果收复大陆，对我们来说是非常好的。"岸信介不仅在政治上公开表明反华反共的立场，而且还屈从美国的压力和迎合台湾国民党当局的意图，为中日第四次民间贸易协定的签订设置重重障碍。岸信介本来是想打着在政治上不承认新中国、在贸易上捞取实惠的"政经分离"的如意算盘，与新中国进行非官方贸易往来。然而，纵然如此，仍然遭到台湾当局的激烈反对，同时也引起美国的不满。

岸信介上台后，极力推行反华亲台政策，导致日本的"台湾帮"在政界形成气候。战后，在日本政坛上形成了一股以亲台著称的"台湾帮"，这股亲台势力是由一些旧官僚、右翼分子以及一批军国主义分子组成的。他们对中国台湾抱有很深的殖民情结，与台湾当局建立了千丝万缕的联系，并进行各种幕后活动，以阻碍中日关系正常发展。促成岸信介和蒋介石走到一起的主要渠道,是旧日军(关东军)的关系网。岸信介的关东军关系网,是他在"伪满洲国"任职的三年间建立起来的。其主要成员是军国主义代表人物板垣征四郎和东条英机等。

虽然日本政府保守势力阻碍中日关系发展,但中日的民间往来却没有间断,而且还呈现上升的势头。中华人民共和国成立后,尽管美国"遏制中国"的政策和禁运措施为中日之间最初的贸易往来设置了种种障碍,但由于日本各界有识之士的努力以及企业界迫切寻求海外市场的实际需要,从20世纪50年代初开始就出现中日民间贸易往来的迹象。1952年6月1日,双方签署了《第一次中日民间贸易协定》;1953年10月和1955年5月,又分别签署了第二次和第三次中日民间贸易协定。这些贸易协定,在鸠山内阁时期,比较顺利地得以实施,但第三次贸易协定1957年6月期满(协定延长一年)以后,又出现了无协定的状态,对中日贸易产生了不利的影响,导致同年新中国对日本的出口由上年的8384万美元急剧减少到803万美元。因此,缔结新的贸易协定已迫在眉睫。正在此关键时刻,日本政局发生了变化,主张扩大中日贸易的石桥内阁因首相生病而辞职,敌视新中国的岸信介上台组阁。岸信介极力阻挠第四次贸易协定的签订,并百般刁难来日参加中国商品展览会的中方代表,迫使商品展览会无限期延期。

8月,日中友好协会在东京召开了为期3天的第七届全国代表大会,要求日本政府立即以诚意来对待第四次民间贸易协定的缔结,并呼吁发起一个国民运动,为加速恢复邦交正常化而努力。9月,中日双方终于开始举行会谈,商讨第四次协定的签订问题。在谈判过程中,由于岸信介政府在新中国贸易代表团人数、新中国贸易机构在日本悬挂新中国国旗等问题上无理纠缠,谈判曾一度中断。从1957年11月到1958年1月,日本召开了要求立即缔结第四次中日民间贸易协定的全国企业家大会。1958年2月26日,新中国矿产公司和新中国五金进出口公司同日本钢铁代表团签订了长期民间贸易协定,"双方同意,在1958年到1962年的五年内,每方出口金额为1亿英镑"。为了促进协定的早日签订,日本广大人民也开展了声势浩大的活动。在几十个市、町、村会议上都做出了促进签订协定的决议，开展了全民性的签名运动，250个经济团体举行大会，通过决议，热烈要求早日缔结第四次贸易协定。

1958年3月5日，经过日方有识之士和工商界的努力，日中贸易促进议员联盟、日中进出口组合、日本国际贸易促进协会和中国国际贸易促进委员会终于在北京缔结了第四次日中民间贸易协定。协定规定，中方贸易办事处"有权在其建筑物悬挂本国国旗"，并给予其他外交特权的准外交机构待遇。13日，台湾"外交部"以"日当局未澄清对该协定态度"为由，宣布中止正在台北举行的日台贸易会谈。15日，国民党台湾当局驻日"大使"直接向日本政府提出抗议，并把蒋介石指责悬挂国旗的亲笔信送交给首相岸信介和外相藤山爱一郎。19日，宣布中止对日贸易。同一天，美国则以调停日台纷争为名，表明了反对的态度并派商务部副部长维利阿姆兹赴日公开表示反对这一协定。在美蒋的压力下，岸信介于4月1日亲自给蒋介石写信表示，订立第四次中日民间贸易协定并不意味着承认中共政府，按照日本的国际法，不能阻止悬挂国旗，但并不等于承认悬挂国旗代表国家权利。

4月3日，"中国邮票剪纸展览会"在长崎百货公司"浜屋"隆重举行，会场悬挂着鲜艳的五星红旗，广大华侨和日本人民对五星红旗尤感亲切，纷纷前往参观，产生了很大影响。蒋介石得此消息，即命台湾驻日本"大使馆"和驻长崎"领事馆"，向日本外务省和长崎市政府提出抗议。日本外务省屈服于台湾当局的压力，当即通知长崎市政府和中日友好协会，不要在展览会悬挂新中国国旗。对此，中日友好协会置之不理，长崎市政府也认为外务省和地方政府没有隶属关系，外务省的通知不是命令，而且市政府没有干涉民间团体的权力，便采取拖延观望态度。台湾"驻日"人员沉不住气了，勾结日本右翼势力，派两个暴徒冲进展览会会场，公然撕毁五星红旗，造成侮辱新中国尊严的政治事件。事后，岸信介不但没处理，反而说，对无外交关系国家的国旗进行侮辱，不能构成刑事案件，公然包庇罪犯，说什么既然日本政府没有承认中华人民共和国，五星红旗就不视为国旗，认为肇事者只是"损坏一般器物罪"，拒不接受中国政府提出的合理要求。

针对岸信介内阁极端敌视新中国，破坏中日贸易的行为，新中国外长陈毅于5月9日就中日关系发表谈话，严正指出："岸信介破坏中日贸易，纵容暴徒侮辱我国国旗，必将自食其果。"同日，新中中国国际贸促会分别拍电报给日本贸易三团体，严重抗议日本政府在长崎纵容暴徒污辱新中国国旗事件。但岸信介政府依然故我。因此，第四次民间贸易协定已失去了实施的基础，中日民间贸易已无法继续进行。新中国政府被迫通知日方：废除刚刚签字的《中日钢铁贸易长期协定》，中止正在进行的中日钢铁贸易合同的谈判，不再延长为期一年的渔业协定。至此，艰难行进中的中日民间贸易之舟由于日方的破坏而搁浅，中日关系恶化到战后以来的最低点。

20世纪60年代初，日本在大力发展与台经济、政治关系的同时，还通过与美国签订新《日美安全条约》，进一步将台湾纳入其防卫范围。1960年2月26日，岸信介在众院安全条约特别委员会上提出了日本政府的"统一见解"，即："远东条款"的适用范围"大体是菲律宾以北和日本及其周围地区，韩国及中华民国统治下的地区也包括在内"。甚至扬言，新中国如果解放台湾，根据"远东条款"，日本"不能无动于衷"。由于岸信介坚持"不承认共产党中国，但将设法扩大和共产党中国的贸易"的"政经分离"原则，岸信介内阁时期的中日关系基本上陷入全面中断。

早在四十年前，当岸信介怂恿蒋介石将"中华民国"改用"台湾共和国"名义留在联合国时，坚决不搞"台独"的蒋介石就非常气愤，严词拒绝。据日本一家媒体《产经新闻》报道，在台湾1971年10月被驱逐出联合国前的1969年，已经从政权宝座上下来的日本前首相岸信介在极端秘密的状态下访问了台湾，劝说蒋介石考虑让台湾"独立"以便能留在联合国内。如果中华人民共和国加入联合国，蒋介石政府早晚会被驱逐。也许岸信介认为，台湾应该放弃在安理会内的中华民国席位，作为一般的成员国保持议席。据"台湾独立建国联盟"主席黄昭堂介绍，他从晚年的岸信介那里获知，岸信介在联合国的"中国代表权问题"出现动摇的1969年，决定秘密访问台湾，与蒋介石进行直接谈判。岸信介到台湾以后，对蒋介石表示："台湾离开联合国安理会，作为一般成员国怎么样呢？"但是，蒋

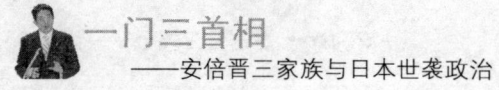

介石的反应却非常严厉。"他的脸色一下子变了,我认识到不能再说'下面的话'(试探独立的可能性)了。"劝说蒋介石失败后,岸信介并没有放弃。他找到台湾的"前总统府资政"、曾在陈水扁手下曾担任"总统府"资政的辜宽敏,建言:"就算以台湾共和国的名义加入也没关系,总之当时希望台湾能够留在联合国。"

六、修改条约 孤注一掷

岸信介上台时,正赶上"神武景气"时期(即前所未有的经济景气)。按照石桥内阁既定的"积极财政"方针,岸信介主持制定了1957年度国家财政预算。这个战后以来最为庞大的预算,导致设备投资和技术引进规模急剧扩大,引起收支不平衡,日本经济由"神武景气"转入"锅底萧条"。

为了改变收支恶化局面,岸内阁于1957年6月制定了《综合紧急对策纲要》,采取了削减财政投资15%、限制进口振兴出口、拯救中小企业等综合治理对策。1957年年底又推出了《新长期经济计划》,提出自1958年后的五年内,实现6.5%的经济增长率。但实际执行结果,经济增长速度大大超过政府的预料,1959年,日本经济又出现"岩户景气"(即日本经济前所未有的长期繁荣,历时长达42个月之久)。可以说,岸信介时期日本经济的发展,是日本经济高速增长的起飞期,为其后任池田勇人内阁制定的"国民收入倍增计划"并实现经济高速增长奠定了基础。

然而,对政治中心主义者的岸信介来说,发展经济只不过是谋求政治"自立"的必要前提和资本,他的工作重心一直放在外交方面。岸信介上台不久,便展开积极的外交活动。岸信介外交的基本方针是"自主外交",其着眼点就是修改《日美安保条约》,协调与美国的关系,实现日本的"自主",并在日美安全体制下,封锁、敌视新中国,改善同韩国的关系,向东南亚国家渗透、扩张,从而达到做亚洲盟主的目的。为此,岸信介组阁后不久,便于1957年5月第一次访问的所谓"东南亚六国",是缅甸、印度、巴基斯坦、斯里兰卡、泰国和中国的台湾。这些国家和地区实际上包括东南亚、南亚和远东。从严格的意义上讲,只有缅甸和泰国属于东南亚。11月18日至12月8日，岸信介又访问了南越、柬埔寨、老挝、新加坡、马来西亚、印度尼西亚、澳大利亚、新西兰和菲律宾9个国家。这是战后日本总理大臣首次访问亚洲各国。

如果说岸信介在内政方面的最大宿愿是修改宪法，那么他在外交方面的最大课题是修改《日美安保条约》。岸信介修改《日美安保条约》的目的，是想在日本经济恢复并开始起飞的基础上，改变条约的不平等性，缔结更平等的条约，实现"完全独立"，与美国在平等的地位上进行政治、经济以及军事方面的合作，借以提高日本的国际地位。

岸信介曾在一篇公开发表的文章中谈了自己对这一问题的看法：战后，日本的一般国民对国防和防卫一类问题毫不关心。这种现象在世界各国是没有的。要着手修改《日美安全条约》，各方面的议论就会沸腾而起。在修改过程中，我的根本看法是，通过这件事，提高对国防问题的关心，让国民懂得，作为一个独立国家，保卫自己国家的防卫和安全保障问题具有多么重要的意义……我既然在这个意义上着手搞了这件事，不管发生任何情况，都不能半途而废；即使以自己的政治生命和人身生命为代价，也一定要使条约得到通过。我认为，从内容上讲，修改后的《日美安全条约》比旧的条约要好得多，我坚信它有利于日本和亚洲的安全。后来，我觉察到，再作讨论也无济于事，即使采取强制性的手段，也务必使条约得到通过。条约通过后，自己的使命也就完成了。

在1957年岸信介访美前夕，吉田在《每日新闻》上发表了一篇题为《对访美的岸首相的期待》的文章，对岸信介冷嘲热讽。他文章中说："现在似乎出现了一些要修改安全条约、行政协定的意见。但我确信丝毫没有必要去触动这些条约。照以前那样下去毫无妨碍。既然缔结了条约，那就应当互守信义，这样才能称为国际条约。……条约有对等的，也有不对等的，只要缔结它对国家有利，那我就乐于缔结它。靠在学生宿舍里讲的法律理论是搞不了政治的。"岸信介对前首相吉田的批评不予理睬，以修改安保条约为赌注，视其为自己在外交领域的丰碑。在自我欣赏这一点上，他同吉田完全一致，甚至观点和语言都极为相似。他说过："要对修订安全条约作出恰如其分的评价，需要50年。"

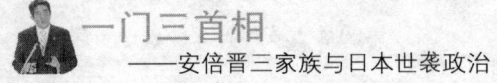

一门三首相
——安倍晋三家族与日本世袭政治

6月，岸信介打着"日美新时代"的旗号访美，同艾森豪威尔总统和杜勒斯国务卿进行了会谈，再次提出修改《日美安保条约》的要求。岸信介提出，日美新时代不应该只是表现在联合宣言的文字上，而必须在日美对等的基础上，互相信任，通力合作，不符合这一原则的都应加以修正。安全条约就必须搞成互助条约。岸信介当面向杜勒斯国务卿提出了修订《日美安保条约》的要求。他说："安全条约是在日本没有自卫能力的时候缔结的。现在日本已经逐渐具备了相应的自卫能力。日美之间已经相互承认了对等的原则，迎来了新时代。我认为在这种意义上也应该重新研究讨论安全条约。而且从条约的内容看，在期限、美军基地以及同联合国宪章的关系等方面，日本对很多地方都不满意。"杜勒斯对此并未明确表态，倒是艾森豪威尔作出了积极的回应。他说，《日美安全条约》是在日本当时处于无防务的状况下缔结的，成了美国单方面的援助关系，后来日本也作了许多努力，建立了一定程度的防卫力量，将来还要不断加强，这样就要把条约修改一下，但事关军事和国防，所以必须充分听一听国防部和第一线司令官的看法，不是光靠政治讨论就能决定的问题。鉴于岸信介首相的强烈要求和艾氏的这种态度，双方遂商定成立一个委员会，以研究处理由安保条约所产生的种种问题。

这个被称为"日美安全保障委员会"的机构主要由四人组成，分别是美方派出的的太平洋舰队司令和美国驻日大使麦克阿瑟与日本的外务大臣和防卫厅长官。他们四人研究一年后，基本上决定了应该修改的要点。1958年8月，驻日大使麦克阿瑟拟订一新条约草案，该草案就条约的"相互性"这一难点问题，提出可以采取"美国保护日本，日本保护驻日美军"这一形式来解决。8月15日，岸信介表示"只要排除困难，真正的日美新时代就会到来"，表明要修改条约的决心。9月，日本外相藤山爱一郎访美，重新提起修改安保条约时，美国表现出意外积极的态度。

对于修改安保条约一事，藤山外相在后来的回忆录中这样写道："岸先生在（昭和）32年6月以首相身份初访美时，成功地将'现行的安保条约是暂时的'这句话加进了日美共同声明。其后，我就任外相一个月后，开始了使'日美安全保障委员会'具体化的谈判，并于8月6日发表了共同声明。接着，在9月14日，我和美国驻日大使戴维·麦克阿瑟在《关于安保条约与联合国宪章的关系》的换文上签字。这一切在表面上是我履行了手续，实际上是岸先生访美的成果……岸先生的想法是：在他执政期间解决作为全民的悬案的安保条约改订问题，做出'日美新时代'的实际成绩；请艾克（艾森豪威尔的爱称）来日参加签字，实现美国现任总统首次访日，以证实日美合作体制；再以这些成果为基础，保持政权长期存在。可以说他就是为一伟大构想布棋，而考虑改订安保条约的。"

美国改变态度的原因，首先是由于国际形势发生了变化。1957年8月，苏联洲际弹道导弹试验成功；10月，又成功发射了第一颗人造地球卫星。这标志着美国核优势行将丧失。同时，50年代中期以后，在亚洲、非洲和拉丁美洲，民族解放运动蓬勃兴起，也给美国企图称霸世界的全球战略以沉重打击。在这种形势下，美国政府认为有必要提高日本的国际地位，使日本尽快建立起自卫体系，实现其"亚洲人打亚洲人"的策略。为此，必须对现行《日美安保条约》进行修改。其次，日本国内反对美军基地的斗争不断扩大，美国担心如果发展下去，反美情绪会日益高涨，所以有必要对条约进行修改。美国政府态度的变化，增强了岸内阁修改条约的信心。岸内阁提出如下具体修改方针：明确该条约与联合国宪章的关系；在明确表示美国对日防卫义务的同时，也应表明日本在宪法范围内所应承担的义务；驻日美军在日本领域以外采取作战行动时，要事先同日本政府协商；取消允许美军镇压日本国内暴动及内乱的条款；规定条约期限。

日美之间修改安保条约的正式谈判开始以后，日本国内反对新安保条约的斗争便如火如荼地展开。在这场运动中发挥领导作用的是"阻止修改日美安保条约国民会议。"1959年3月28日，以社会党和"总评"等为首的134个团体联合召开了"阻止修改日美安保条约国民会议"，通过了"以国民力量阻止修改安保条约，争取废除安保条约"的中心口号，同时指出，日本"不得参加任何军事集团和军事同盟"，"只有保持中立才是真正保证日本安全的道路"。"国民会议"自成立之后，在一年多的时间里，共举行了23次包括集会、游行和罢工等全国性的统一行动。到了当年的秋季，双方经过25次正式会谈，日美之间的谈判基本达成一致意见，双方拟定将于1960年年初签署新安保条约。为此，日本的反安保斗争也进入一个新阶段。11月27日，"国民会议"举行第八次统一行动，据说游行队伍有两万多人冲入了国会院内。

1960年1月在《日美安保条约》签约仪式上岸信介与艾森豪威尔

1960年1月，岸信介将率团前往美国签署条约，"国民会议"原准备在羽田机场发起阻止岸赴美的活动，因意见不一致而被取消。但日本学生组织"全国学生联合会"，于1月16日岸信介赴美这一天，组织了700多名学生到羽田机场静坐，阻止岸信介一行去美国签署新条约和新协定，同警官队发生了冲突。岸信介在严密的防范措施下离开日本。三天后1月19日，新安保条约和新行政协定在华盛顿签字。日本政府于1月30日把它提交给第34届通常国会，国会就相互防卫义务、事前磋商、条约适用区域、自卫力渐增义务等展开了论战。2月5日，岸内阁将新安保条约提交国会。反安保斗争也从阻止签订进入到阻止批准的新阶段。新安保条约在国会审议阶段，朝野政党之间争论的焦点是"远东范围"条款问题。岸信介内阁在国会答辩时表达政府统一见解认为"菲律宾以北，日本及其周围地区"，中国台湾、韩国以及苏联的沿海州"也包括在内"。这更激起了日本民众的不安。

在"日美安保条约特别委员会"上，经过37次审议，直到5月19日才强行通过。这是一次十分反常的强行表决。19日中午召开的议院运营委员会理事会,对可否延长会期的问题争论不休,而于下午四时半散会,但几名自民党委员在争论中没有得到统一结论的情况下,就自行召开运营委员会,在一片混乱中强行表决延长会期的决定。当晚,岸内阁在没有同自民党议员商量的情况下,就强行延长国会会期,由众议院表决新条约、新协定和有关法案。因为岸信介需要在艾森豪威尔总统来日访问之前(预定在6月19日)完成新条约的批准手续。政府和自民党也提出动议,主张只用两分钟的质疑时间,就表决《要求承认新条约之议案》、《要求承认新协定之议案》和《新条约和新协定的有关法令整理法》三项议案。当时,会场秩序极端混乱。几十位社会党议员坐在会场门口抵制。众议院议长清濑一郎的一段讲话在会场里播送了几十次:"本日下午五点起,众议院内秩序极度混乱,致使正常的议事活动陷入无法进行的状态。为此,议长将下最大决心,采取适当措施。恳切希望大家考虑和反省。"即使如此,持反对立场的社会党议员仍然堆起椅子和桌子,构筑了临时路障。清濑议长为了能使会议开下去,自主决定调集500名警察开进院内,将静坐在议长室前阻止会议正式开会的社会党议员和秘书们一个一个强行拉走。在这种情况下,双方发生一些肢体冲突,议员和警察都出现了负伤者,议长的脚也扭伤了,被担架抬走。这成为日本政治史上前所未有的著名事件。

1960年1月,首相岸信介在白宫签署《日美安保条约》,右边美国总统艾森豪威尔

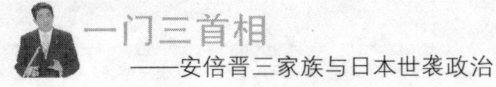

一门三首相
——安倍晋三家族与日本世袭政治

当夜 11 时 49 分，会议正式开始。由于社会党等在野党议员拒绝出席参加表决，由自民党议员单独表决将会期延长 50 天，随即在 20 日零时 6 分再次开会，对新安保条约和有关法案进行表决。结果共用了 12 分钟就全部通过。表决过程中，不仅在野党没有出席，自民党也有石桥、河野等 26 人缺席或中途退场。在院外，有 3 万多名冒雨示威的群众包围了议事堂。20 日早晨，日本各报均刊出抨击这种强行表决的社论。《朝日新闻》说："无论怎么说，这也是一次没有辩解余地的非民主的行动。"

岸信介在修改安保条约问题上采取的孤注一掷的行动，更激发了日本人民的反岸情绪。许多群众团体纷纷发表反对声明，连日举行游行静坐示威，要求岸信介下台。但岸信介态度强硬，他在 5 月 23 日对自民党三要员表示决心说："在新安保批准之前，既不总辞职，也不解散众议院。"并在记者面前辩解说："日本是实行议会政治的国家。在议会中占绝对多数的自民党议员，大多数参加了安保条约的表决。因此，从法律上讲，这次表决是没有错误的。"众议院强行通过新安保后，反安保斗争更推向了一个新的高潮。5 月 31 日开始开展第 17 次统一行动。6 月 4 日，举行了以"国铁"工会和动力车工会为中心的政治大罢工。在此之前，日本提出过明确政治目标的罢工只有两次，一次是 1952 年的"劳斗"罢工，另一次是 1958 年反对把警职法改得更坏的罢工。这次罢工是战后规模最大的罢工，据说有 76 个行业工会和 460 万人参加。

岸信介的亲美行为，引发了日本大规模的"反安保"运动。原本宁静的"岸公邸"前，成了游行示威的海洋，每天都有全国各地的人，跑到岸家大门口扔石头。"岸公邸"的邻居们叫苦不迭，家家户户都在门口贴上了醒目的纸条：这不是岸家。那段时间，困守家中的洋子，经常悄悄打开后门，送父亲去上班。每次她都会往父亲口袋里塞一块巧克力糖，怕父亲被抗议队伍围困时饿肚子。1960 年，"反安保"运动最激烈之时，洋子郑重地对父亲说："不要考虑目前的得失，要相信历史会给'日美安保条约'一个公正的评价。"但她哪里知道，父亲的施政理念，正在使日本成为美国的附庸，也将把日本人拴在美国的战车上。但洋子的这句话，促使岸信介下定了决心——要在国会强行通过《新日美安保条约》，即使承担导致社会动荡的责任、辞去首相职务,也在所不惜。

6月10日,美国总统特使哈格蒂为安排艾森豪威尔总统访日来到东京,他刚到羽田机场,乘车准备离开时,就被上万人的游行队伍包围。后来,在日本警察的帮助下,哈格蒂勉强脱身,乘直升机逃进美驻日使馆,被迫于翌日离开日本。事件发生时,岸信介刚好同池田勇人约定在一起吃饭。池田晚到了一个多小时。他一到就说,哈格蒂虽然是新闻秘书,但等于日本大臣一级的人物,这一类严重的侮辱事件,绝不能听之任之,而应召开临时内阁会议,加以处置。直到这时,岸信介才对接待艾氏访问日本感到有些棘手。

6月12日,艾森豪威尔开始了包括访日在内的远东之行。6月14日,美国参议院批准了《新日美安保条约》。消息传到日本的第二天,日本全国110个工会、560万人举行第二轮大罢工。游行队伍在国会前同警察和右翼分子发生冲突,造成东京大学学生桦美智子死亡、百余名学生被捕和千余人负伤的流血惨案,激起了人民群众的更大愤慨,也轰动了世界。

岸信介内阁不惜代价通过新安保条约,本来是想作为艾森豪威尔6月20日访日的见面礼。但是,形势的发展却让他的目的越来越难以实现。5月25日,社会党代表会见麦克阿瑟大使,递交了要求艾森豪威尔延期访日的公开信。学者和知识分子团体也发表了许多要求艾森豪威尔延期访日的声明。另外,自民党内部和财界对艾森豪威尔访日也发生了动摇。总务会长石井光次郎向岸信介建议延期,内阁成员中不少人也主张延期,经济同友会也提出类似要求。在此期间,岸信介曾多次要求防卫厅长官和国家公安委员长出面收拾局面,维护治安,以实现艾森豪威尔访日,但均被以警备力量不宜过多干预政治为由而拒绝。在强大的压力下,岸内阁不得不在16日夜召开紧急内阁会议,决定推迟艾森豪威尔访日。

岸信介表示,最终促使他作出推迟艾氏访日的根本原因,还是对警备问题难以放心。当时的警察队伍已经处于疲惫不堪的程度,机动队的人数很少,装备低劣,而且没有进行过专门的训练。曾有人不甘心地向岸信介建议动用自卫队来加强警备。岸介信为此找了当时的防卫厅长官赤城宗德。赤城认为,那种骚动,既不是内乱,也不是革命,命令自卫队动用枪

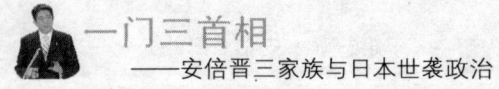

炮,威力固然很大,但那样只能使自卫队威信扫地;如果不动用枪炮,自卫队还不如警察有经验,这样一来自卫队又落得毫无用途之名。警备工作还是要依靠警察,他们才是专家,因此,不能采用出动自卫队的办法。

6月19日零时,新安保条约自动生效。岸信介在回忆录中对当时的情景作了如下描述:"最近发生的事情,现在回想起来,都使我感慨无量。从6月18日到19日早晨,我是在永田町的首相官邸度过的。到了18日晚间,我让聚集在官邸的各位阁僚回到各自的机关去了。这是因为官邸有被暴徒袭击的危险……只有我的弟弟佐藤荣作留下了……我已下定决心,只要完成了安保条约的修改工作,被人杀了也没有关系。死在首相官邸反而可以瞑目。因此,我在想,如果要杀的话,杀我一个人好了。但是,弟弟说:'不能把哥哥一个人留在这里',于是,就两个人困守在官邸里了。当19日零时自动通过的时刻到来的时候,这才真正松了一口气。"

6月20日至23日期间,仍有数十万工人和学生上街游行示威。22日,"总评"等工会组织620万人举行了大罢工。"国铁"有近1100次列车停驶或晚开,东海道干线处于全线瘫痪状态,这种局面还是有"国铁"以来的第一次。23日,日美双方在极其严密的防范措施下交换了批准文书,新安保条约生效。以修改《日美安保条约》为政治赌注的岸信介内阁终于完成了其政治使命,在交换批准文书的当天正式宣布辞职。大约一个月后,自民党召开大会,石井光次郎、藤山爱一郎、池田勇人三人竞选总裁,池田勇人当选。7月14日下午,岸信介刚刚在他的花园里举行了祝贺池田勇人当选执政党总裁的庆祝会以后,走到他的餐厅时被人用刀刺伤。刺杀岸信介的是属于日本战前最有势力的右翼团体"大化会"的一个65岁的老右翼分子荒牧退助。行刺者当场被捕。他在回答警察的讯问时说:"由于在竞选总裁问题上对岸信介抱有反感才刺他的。"他说:"如果让岸信介就那么不清楚地辞职了事,国民可就扫兴了,要闹一下,就是这么一回事。"

从1957年2月15日成立到1960年7月15日辞职,历时三年多的岸信介政权就此结束。岸信介是第二次世界大战以前培养起来的官僚、政治家,所以战后复出以后,他还是靠政治官僚的老一套办法行事。战前的日本,官僚政治得以顺利推行的前提是法西斯式的所谓"灭私奉公"的原则，所谓"公"无非就是官僚的意志。在岸信介看来，与战前官僚统治格格不入的新生政治势力，诸如社会党、"总评"、"日教组"等，都是社会秩序混乱的元凶，是扰乱社会治安的万恶之源。但是，历史在发展，时代在进步，经历了战后改革的日本，民主化思想已经深入人心，岸信介的强权政治和"政治中心主义"理所当然地遭到国民的抵制和反抗。作为战前官僚政治家的岸信介看不到时代的这种变化，这就注定了他失败的命运。

七、安度晚年 余辉不减

能够把接力棒顺利交接到自己选定的接班人手上，岸信介也可谓得偿所愿了。在接班人的问题上，岸信介是选择了池田勇人。因为在整个修改安保条约的风波中，池田的立场非常坚定，始终站在岸信介这一方。不过，在自民党庆祝池田勇人当选总裁的那天，岸信介却发生了意外。一位名叫荒牧退助的男子，突然对岸信介实施了刺杀，所幸没有伤到要害部位。

然而，在池田勇人组阁后，岸信介与池田的关系并没有如外界想象的那般亲密。岸信介曾对池田说："我根据自己的经验，在想到应该怎样处理某个问题时，就会向你提出建议，希望你虚心坦诚地听取，但是否采纳，这得根据你作为总理大臣的见识行事，你不照我说的办，我也决不会骂街。"在池田担任总理大臣期间，岸信介只向他提过几次建议。池田勇人后来因病辞职，佐藤荣作接替他组成了自己的内阁班底。佐藤内阁是战后执政时间最长的内阁。在佐藤任内，先后解决了日韩邦交正常化、归还冲绳等不少难题。另外，他执政的60年代是日本战后条件最优越的年代，日本经济处于高速发展时期。这使得佐藤连续三次赢得竞选。

在佐藤执政时期，岸信介作为胞兄，为其提供了不少意见和建议。然而，岸信介与胞弟佐藤荣作的性格却迥然不同。这在他们兄弟俩办一样的事情上就可以反映出来。求他们兄弟俩办一件难以办到的事，如果找到岸信介，若当时旁边还有外人，岸信介就会当场立即答应说："行。我明白了。"当你在回去的路上想到，求他办这种事，会给他增添麻烦会不好，于是你立即返回来对他说："岸老，刚才求您的那件事就算了吧。"而他会

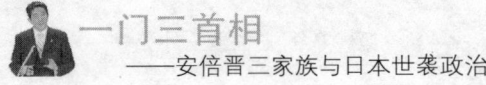

一门三首相
——安倍晋三家族与日本世袭政治

若无其事地说："啊，那件事吗，我已经打电话处理了。"其实，他当时根本没有给对方去过电话。而佐藤荣作则不然。拜托他办什么事，如果有旁人在场，他准会摆一摆架子，不高兴地把脸扭到一边，一口回绝说："办不到。"你即使说他："太不近人情了。"他还是推托说："你说我不近人情，但是我办不到的就是办不到嘛！"可是当你回家一看，他早就给你家人打来电话了，并且他会在电话里说："刚才，XX君生气走了。他说的事我都明白。请转告他我一定给他办，让他放心好了。"兄弟二人同样都是答应给办了，可是性格和表现却截然不同。

岸信介

作为一位经验丰富的政治家，岸信介依然在政界发挥着不可忽视的作用。在田中内阁、三木内阁甚或福田内阁执政时期，多多少少都还能够让人感受到岸信介的影响。岸信介虽然是以修改《日美安保条约》而下台的，但在他辞职后的活动中，却有相当一部分精力花在了日美关系方面。在吉田去世后，岸信介接替了日美协会会长职务。他在尼克松参政期间最不顺利的时候，曾邀请对方访问日本，与之建立了良好的私人关系。1969年艾森豪威尔国葬时，岸信介以政府特使身份访问美国，与已经当上总统的尼克松举行了会谈。经过岸信介的努力，尼克松同意尽早解决归还冲绳问题。两年后，岸信介为解决日美间产生的矛盾，再度赴美，与尼克松进行会谈。然而，由于日本政府没有能够很好地解决这一问题，最终导致尼克松政权对佐藤内阁失去了好感。

除了日美协会会长职务之外，岸信介还担任着亚洲国家议员联合会日本议员团的团长一职。这是一个既非政府级，也不是民间性质的组织，参加成员主要是东南亚的一些国家。会议每年召开一次，以加深相互的了解，对各国政府间和民众间出现的各种问题，与会的国会议员们聚集一堂商讨解决的办法。其中，大多数成员国都希望日本能够积极地提供经济援助和技术援助。岸信介有着多年的产业经济管理经验，与日本一些大型企业又建立了深厚的关系，在他的努力下，促成了不少对外援助。这无疑对改善日本与东南亚国家的关系起到了积极作用。

在亚洲各国中，中国和韩国受到日本的伤害可谓是最深的。如何改善与恢复日中与日韩之间的关系，是日本政府面临的一个重要问题。岸信介不仅担任着日韩合作委员会的会长职务，也是日华合作委员会最大的实力派。在建立与韩国的关系方面，经过一定的努力，双方相互间加深了理解，能够相对深入地探讨一些问题。但在与中国的关系问题上，岸信介一直也是想有所作为的，但由于其对台湾问题处理不当，特别是岸信介的手下利用其名义不断加强同台湾当局的联系，结果使岸信介的想法始终无法取得有价值的成果。正如岸信介在"伪满洲"时期的部下古海忠之所说的那样："依我看，是岸先生的手下人利用了岸先生的招牌，与台湾勾结起来，干了种种的事情。是头头被手下人拖着走了。"

后来，岸信介对于访华事宜也曾试着努力几次。一次是1977年1月初，当时正准备访华的社会党众议员八百板正访问了在东京西新桥日石大厦三楼的岸信介办事处。八百板正说："我最近要访华，打算顺便向中国方面询问一下是否愿意接受您访华。您看如何？"

岸信介担心地问道："能接受吗？"

八百板正回答道："不清楚。"

岸信介就说："有意思，试试看吧！"

后来，八百板正作为日中农业农民交流协会访华团团长，从1月9日到20日访问了中国。回国后，八百板正又来到了岸信介办事处，向他报告说："向廖承志转达了。廖说：'当然可以。我们也不是没有考虑过。只是现在还不是时候。'"

3月17日，宇都宫德马（无党派俱乐部）与众议员鸠山邦夫（无党派俱乐部）夫妇一起访问了中国。动身前两天的晚上，在新大谷饭店旁边的饭庄"福田家"搞了一聚会，岸信介参加了聚会。席间，岸信介流露出想去北京的意愿。

据说宇都宫访华时对廖承志说："岸信介说他也想来。"

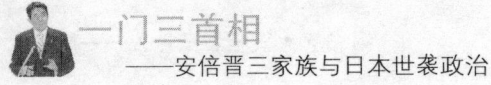

一门三首相
——安倍晋三家族与日本世袭政治

廖听到这个消息之后说:"啊,岸先生……真的吗?"

后来,有记者问岸信介:"外面有一些传闻,说岸先生要访问中国。"岸信介否认说:"不,我曾在满洲待过,以后又去过中国;还有在目前的形势下去中国究竟是否合适的问题,而且对方也不大欢迎,自己硬是要去,未免……如果有适当机会的话……"

还有一次是1980年,那是在华国锋访日后不久,时事评论家细川隆一郎问岸信介:"听说您也要去中国?"岸信介说道:"还没有决定下来……当前我正打算抓好修改宪法和人口问题,而明年秋天,联合国又预定在北京举行人口问题的会议。我考虑前往出席,并想见见华国锋、邓小平。"然而,后来因为种种原因均未能成行。

多年的政坛历练,培养了岸信介的民族与国家意识。这种意识和观念使他在纷繁的事务中,总能够辨别出哪些是事关国家和民族前途命运的大事件。

晚年的岸信介

岸信介在不当议员之后,担任了人口问题议员联盟会长和联合国人口问题委员。据岸信介讲,促使他关注并致力于人口问题的有两个人。一位是山额夫人,另一位是加藤静江女士。加藤女士在山额夫人之后,负责人口问题的专门性和技术性的一个侧面,山额夫人则想以联合国为中心,国际性地解决人口问题。岸信介受她们的启发,试图把她们两方结合在一起。他认为,如果像过去那样,把人口问题只交给慈善家和人口学者,是无法解决的。应由各国国会把它作为一个国际性政治问题提上日程,必须在议员中开展一个国际性的合作运动。

正是基于这种认识，1974年，日本在世界上首次建立了一个超党派的人口问题议员联盟，并大力在国际上开展活动。在日本的带动下，美国、加拿大、德国、英国、法国等也相继建立了这类议员联盟组织，共同探讨人口问题的解决办法。

随着对人口问题的深入了解，岸信介认识到，相对发达国家人口增长的比例来说，发展中国家的人口出生率过高，这样就势必导致这些国家贫困问题的进一步加剧。而要解决这个问题，必须依赖国际性的合作。发展中国家存在着人口的高出生率和高死亡率现象，造成这种现象的原因有两个方面，一是营养不良，二是寄生虫多。相较于其他国家来说，日本当时已经很少有专职的寄生虫医生，只有农村里留下少数治疗寄生虫病的医生。正是这些人能够专门从事驱除发展中国家寄生虫的工作。他们创造出的把驱除寄生虫和避孕相结合的方法，受到了高度评价。在"家庭计划国际合作财团"的支持下，日本向东南亚国家派出许多保健妇，让这些国家的人服用驱除寄生虫的药物。一些面黄肌瘦的孩子很快又恢复了健康。由于减少了孩子由寄生虫病死亡的可能，在教育做父母的尽量少生孩子时就得到了他们的认可。对于日本自身来说，也同样存在人口问题。战后，日本曾一度提出多生孩子，后来，逐渐认识到人口过分增长会给社会带来一系列的问题。由于岸信介对人口问题的卓有贡献，于1979年8月获得联合国和平奖。

除了人口问题，岸信介还给予很大关注并付出相当精力的是能源问题。作为一个岛国，日本的发展时刻受到能源问题的制约。二战期间，岸信介在塞班岛问题上之所以与东条英机闹翻，就是因为他深知能源对于日本的重要性。1965年和1970年，岸信介曾两次前往中东访问，试图加强日本与伊朗、沙特阿拉伯的关系，以确保日本能够获得稳定的石油供应。1972年，他又为着同样的目标，前往墨西哥进行了访问。

为了确保能源供应，岸信介时刻关注着能源领域的细微变化。他有一位名叫千叶三郎的朋友，担任着"国际木薯资源开发协会"会长职务。此人一生在巴西培植一种名叫木薯的芋类植物，并从中提炼酒精。千叶计划在亚马逊河流域一块大面积的土地上种植木薯，后来不幸去世。继千叶之

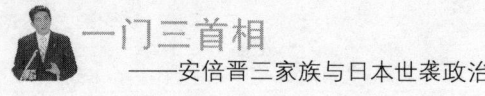
一门三首相
——安倍晋三家族与日本世袭政治

后，岸信介担任了该协会的会长职务。同时，对木薯的培植与开发利用产生了浓厚的兴趣。木薯不仅种植技术简单，产量高，可以食用，而且适合于制造酒精。当然，最为吸引岸信介的地方是，用它提炼出的酒精，可以作为燃料使用。当时，巴西政府已经强制规定，汽油中必须要掺百分之二十的酒精。岸信介了解到，从木薯淀粉中提炼酒精的技术，日本的协和发酵公司在世界居于领先地位。只要能够大量种植、加工，它就能作为石油燃料的补充品。

1987年8月7日，岸信介以91岁的高龄辞世。日本各大报在报道这位在日本官场政坛中活跃了六十年的历史人物时，无不突出其"波动的生涯"的三大阶段与政见：一是战争、甲级战犯及其国粹主义思想；二是力促战后保守势力的统一；三是修订《日美安保条约》。

第二章
安倍晋三外叔公——佐藤荣作

佐藤荣作（1901年3月27日～1975年6月3日），日本政治家，是日本第61任、62任、63任首相（1964年11月～1972年7月），日本战后第十位首相，给人留下许多特殊印象。他与岸信介一起，是日本实行内阁制以来唯一的一对兄弟首相；岸信介在石桥湛山病退时，顺势上台执政，佐藤也是池田首相病退后，未经国会推选便登上首相宝座；他连续执政时间长达7年8个月，创日本战后历届首相连任期限最长记录；他任期内日本经济高速增长，收回了冲绳，他还因为提出无核三原则而获得1974年的诺贝尔和平奖，他是迄今为止唯一获得过此奖的日本首相。

一、时代宠儿 铁路佐藤

佐藤荣作，1901年3月27日出生于山口县。他在三兄弟中排行第三，其二哥便是前首相岸信介。佐藤出生于政治世家，曾祖父佐藤信宽，曾担任过根岛县令，其父也曾在山口县政府任职。另外，佐藤的曾祖父之舅坪井九右卫门、母亲茂世、舅舅松介，都具备杰出的政治才能。可以说，从小就在政治氛围的熏陶下成长。因此，佐藤荣作能够走上政治之途，其成长环境是产生了很大影响的。

佐藤荣作

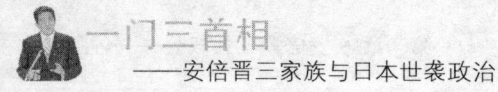
一门三首相
—— 安倍晋三家族与日本世袭政治

佐藤的性格与岸信介恰好相反,从小少言寡语长于心计。山口中学毕业后,考入熊本第五高中,与池田勇人是同窗和好友。但他不像池田那样放荡不羁、好酒如命,而是经常带领一帮同学,去爬学校附近的龙田山,召开演讲会,还是一个叫"卧龙窟"的小组织的头头。高中毕业后,考入东京帝国大学法学院。有意思的是,与岸信介一样,佐藤也做了倒插门女婿,妻子便是他舅舅的长女宽子,结姑表之亲。1926年佐藤荣作和佐藤宽子结婚,生有两子,次子佐藤信二曾为参议员。而他的妻舅,便是甲级战犯松冈洋右。

1924年,从东京帝国大学法学院毕业后,佐藤选择在铁道部门工作。首先是一年多的实习期,随后历任二目市站长、下关运输事务所营业主任、门司铁道局庶务课文书负责人。起初的政治之途并非意气风发。十年期间,平平常常,没有什么惊人之举,以至于松冈洋右大失所望,说他"真是个没出息的"外甥女婿。直到1934年,佐藤得到机会,以铁道部国外研究生名义被派往欧美进行了为期两年的考察。回国后不久,即被调任铁道部监督局业务课,担任陆运管理官,从此时来运转,开始平步青云。1938年,他两次被派往中国,筹划开设铁道公司,其间担任过监督局铁道科长、监督局长、监理局长、汽车局长、大阪铁道局长。日本战败后,他继续在铁道部门工作,升任铁道总局长官、运输省次官,开始了与池田勇人一起被喻为"铁道的佐藤、大藏的池田"的时代。

佐藤和岸信介同生活在一个家庭中,作为兄长的岸信介对弟弟的影响也最为深刻。两人在战后都担任过首相一职,这在战后日本的内阁史上也是绝无仅有的。1956年11月,鸠山一郎在完成日苏复交使命后,功成名就声明引退。岸信介、石桥湛山、石井光次郎随即开始了自民党总裁和首相宝座的争夺战,佐藤荣作在此时积极为自己的兄长出谋划策,为自己积累经验。在第二届岸内阁中,佐藤顺利入阁担任藏相,组成了"兄弟内阁"。并帮助岸信介加强与自民党内部各派系的联系,稳固岸信介的执政地位。在岸内阁时期,岸信介敌视新中国,多次声称无意恢复中日邦交,发表大量反华言论。不仅如此,岸内阁还阻碍中日民间贸易协定的续签,中国邮票展览会在长崎举行时,发生撕毁中国国旗的恶性事件,最终导致两国关系恶化到战后最低点。作为第二届岸内阁的藏相,佐藤是岸内阁各项政策的重要参与者与制定者。因此,岸信介的政治观点和岸内阁的政治举措在佐藤执政时期也均有所继承和体现。

二、步入官场 称霸政坛

佐藤像三级跳运动员一样,由战前的省属课局级官僚,一跃而成为战后的省级次官,立即引起各种党派政治势力的注意,尤其是得到当时的首相自由党总裁吉田茂的赏识。1948年,佐藤在吉田邀请下加入自由党(自民党的前身之一),历任政务调查会长、干事长、国会对策委员会委员长等职。1949年起连续11次当选众议院议员。

在吉田茂任首相时,吉田大量开除党人派,官僚派得势,特别是佐藤和池田勇人多番获得提拔。佐藤与池田一起,被公认为吉田茂的左膀右臂、吉田学校的优秀生,为吉田长期执掌日本政治大权立下汗马功劳。1954年造船丑闻事件中,幸得吉田茂首相要求犬养健法务大臣发动检察指挥权,免于被捕,但吉田内阁因此倒台。

鸠山一郎在战后创建了自由党,并首任该党总裁,后因被占领当局革除公职,将总裁一职让给吉田茂,使吉田继币原重喜郎后担任了首相。鸠山恢复公职后,吉田茂撕毁当初的君子协定,拒绝把大权归还鸠山,激化了自由党内的权力斗争。鸠山一怒之下,于1954年10月从自由党中拉出鸠山派,继而成立民主党,并于当年11月,继吉田之后出任首相。1955年11月,自由党和民主党实行合并,成立自由民主党。吉田茂被鸠山的举动搞得措手不及,下台后拒绝加入自民党。当时,在吉田的得意学生中,只有佐藤忠贞不渝,追随老师当了逍遥派。

鸠山下台后的1957年,佐藤加入自民党,任党内总务会长、选举对策委员会副委员长。1958年,任岸信介内阁大藏大臣,1960年起任池田内阁通产大臣、北海道开发厅长官、科学技术厅长官和原子能委员会委员长等职。此间,他在党内急剧扩大自己的势力,虽然在池田内阁末期的总裁选举中败北,但已成为自民党内除池田外最有实力的人物。1964年10月25日,二次组阁的池田首相,突然得了癌症一病不起,不得不辞去首

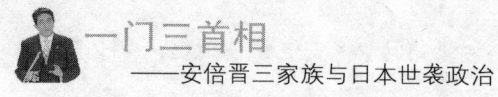

一门三首相
—— 安倍晋三家族与日本世袭政治

相一职。于是，新一轮的首相即位争夺之战拉开。

在池田首相因病明确表明自己将辞去首相一职后，佐藤开始与河野一郎和藤山爱一郎角逐首相一职。佐藤荣作不仅是自民党中佐藤派的领导者，在池田阁中也担任要职，为池田内阁立下汗马功劳。因此，在继任病退的池田首相的位置上有着绝对的优势，另外佐藤还得到了财界的支持，最终佐藤继任首相，没有采取以往的由执政党选出总裁、再经国会推选承认的办法，而是经党内各派协商之后，由池田首相提名产生。结果，佐藤被提名。国会中，众议院和参议院都一致提名佐藤为首相。但是，由竞选对手河野一郎和藤山爱一郎组成的反佐藤联合阵线，也给佐藤继任发起了激烈的挑战与冲击。1964年11月8日迎来推选总裁的最后一幕，在皇宫饭店召开四领导会议。9日，川岛和三木最终推荐了佐藤为后任者。最终，佐藤政权产生。

佐藤成为池田的继承人，于1964年11月9日继任首相一职组阁，直到1972年7月下台，共担任了三届首相，成为战后日本执政时间最长的人。田中角荣、福田赳夫、桥本和保利茂成为了佐藤内阁的四根支柱，而他的竞争对手相继病故，这都为佐藤长期执政提供了条件。佐藤的长期执政，对中日关系的发展产生了重要的影响。

佐藤所以能长期掌握政权，很大程度上得惠于时代的恩赐和机遇。鸠山、岸信介在任时，通过恢复日苏邦交，日本加入联合国以及签订新安保条约，基本解决了战后日本政治、外交上的最大悬案。池田时代日本经济的飞速发展，也为继任政府进行统治奠定了雄厚的物质基础。佐藤尽享了历届政府的成果，在国内外局势相对稳定的情况下，得以维持长期政权。另外，佐藤上任不久，自民党内最大派别的领袖和总裁职位的有力竞争者大野伴睦、河野一郎、池田勇人等相继死去，客观上进一步突出了佐藤的主导地位，而极大的削弱了党内的反抗势力。如此等等，佐藤的确是时代的幸运儿。

三、党政人事 整治金钱

但是，只靠幸运，还不以与维持长期统治。佐藤的政治秘诀，是善于见机行事,长于"人事和金钱"。佐藤内阁成立之初,为了站稳脚跟,除了官房长官铃木善幸认为应该和首相保持高度一致而辞职外,基本继承了池田内阁的原班人马,并宣布"继承池田路线,实行协商和调和的政治"。佐藤鉴于本派势力不够强大,完全接受了池田前首相的让位条件,几乎原封不动的保留了前内阁所有成员,还声称继承前内阁的既定方针。因此,佐藤内阁成立后的一年左右的时间里,人们几乎看不出新内阁有哪些特色,因而被称为"幻影内阁。"

但是,佐藤并不是那种政治上得过且过的人。1964年12月1日,佐藤在第15次临时党代表大会上正式被选举为总裁。半年后,佐藤开始了人事改革,组成了"自己"的内阁,实力人物基本上得到妥善安置,曾和自己竞争过的河野也被佐藤踢出了内阁。而这一届内阁同样是保守党正统思想占主导地位。在对华政策上,具有战前统治阶级的政治思想,但又不同与岸信介那样坚决反华,在某种程度上适应战后的新变化,没有像池田那样的积极性。

担任首相时的佐藤荣作

随着统治基础的加强,他开始动手改组政府和党内人事,其中对内阁的大幅度改组,前后共达八次之多。他把频繁调整党政人事,作为有效控制党内派系势力消长的筹码,并在确保本派势力优势前提下,使其他派系都从属于自己。此外,由于经常更换内阁成员,佐藤一再摆脱政权危机。在他执政期间,先后有五位内阁成员因疑案、失言等事件受到社会谴责和国会弹劾,但因佐藤行使罢免权,总是不等大火烧到自己身上,便使事态平息,像"蜥蜴断尾巴"一样,一次次脱离险境。

"人事的佐藤"如此有效的操纵政权,多得助于他布下的庞大情报网。有人说佐藤耳目之多,消息之灵通,以至于无论在自民党内还是在野党内,"只要发生像一根针落地那样的声响,他马上就会听到。"此外,佐藤一向沉默寡言,内心的想法从来密不授人,每次人事变动,常令对手猝不及防,从而增加了这种"政权操纵法"的有效性。

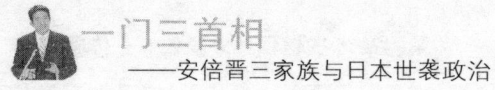

掌握充足的政治资金，是维持长期政权的又一秘诀。佐藤本人有超群的聚财能力，办法之一是通过身边的助手的亲信，与财届人士保持密切的联系，以各种名义，定期和不定期的与财界人士聚会，如长荣会、心道会、三水会、月一会、旧制五高同窗会、首相周围亲戚会等，参加者不外是财界各方面的实力人物。佐藤在任的1965年，自民党收到的政治献金达48亿日元，相当于池田在任四年总和的一倍半，创历史记录。由于有如此充裕的资金，使自民党在历次大选中处于主动地位，金钱的力量转化为政权的力量。

四、经济现奇迹 伊奘诺景气

池田执政时，日本经济出现高速增长。但在佐藤接任时，经济景气有所变冷。表现在国际收支状况好转和民间投资者增加的同时，企业收益明显下降，国民生产增长速度减慢，即所谓"宏观景气，微观萧条"。另一方面，一般群众急切希望政府在抑制物价上涨、加强社会保障及保护中小企业方面采取对策。

佐藤荣作

佐藤最关心的当然是经济增长速度。当时在政府内部，围绕着如何刺激经济，出现了日本银行主张的金融缓和论和大藏省坚持的金融紧缩论两种对立路线。佐藤采纳了日银的意见，在1965年1月至6月间，三次降低公定利率。结果表明，单纯靠调整金融政策的方法，已不能收到刺激经济高度景气的预期效果。1965年上半年，日本经济萧条，政府实行以下政策以助经济：发行国债、增加财政融资、扩大公共事业投资、减税、增强出口，经济迅速转好。

从1966年起，趋于消沉的日本经济，出现了堪于池田时代媲美的"超高速增长"。1966年后，经济景气持续畅旺。期间有不少大企业合并，而私家车和彩色电视亦快速普及。日本国民收入水平快速提高，当时有所谓的"新三神器"（即汽车、空调、彩色电视机）。1968年，是日本明治维新100周年之际，日本的GNP便达1419亿美元，超过了西德（1322亿美元），跃居于仅次于美国的世界第二。日本自明治维新时起，便梦寐以求争做世界强国100年的努力，终于实现了。尤为重要的是，是通过生产，而不是通过战争，予以实现的。一轮长达57个月的繁荣与高速增长，直至1970年7月。这期间，日本银行向山一证券提供的融资，原计划十年归还，结果，仅四年便全部偿还了。对这轮新增长，日本人称为"伊奘诺景气"。1966年至1970年五年间，国民生产总值由1026亿美元增长到1977亿美元，实现了年均11.7％的实际增长率。国民生产总值在资本主义国家中的地位，也由1966年时的第五位，一跃而成1968年的第二位，仅次于美国，成为名副其实的"经济大国"。

日本经济的高速发展趋势，没有被1965年间那次短期萧条拖垮，一般认为，是两个正确因素所致：一是日本政府及时采取了发行国债为支柱的积极财政政策；二是强化出口政策、加大出口力度。由"国民收入倍增计划"开始的日本经济高速发展，使日本进入了世界经济强国的行列。日本经济的高速增长，使日本的教育也同时飞速发展：1955年，高中的升学率为52％，大学大专升学率为10％；而到1975年，高中升学率就提高为92％，大学大专升学率为43％。

五、外交风云 收回冲绳

佐藤在任时亲自进行的外交活动，是一次访问韩国，两次访问东南亚各国，四次

时任日本前首相佐藤荣作及前美国总统约翰逊

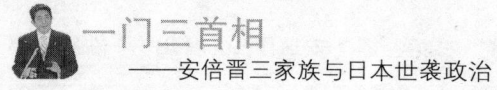

一门三首相
——安倍晋三家族与日本世袭政治

访问美国。从访问的国家和次数上也可以看出，佐藤外交仍以维持日美关系为轴心。就日韩关系长期悬而未决的问题，从1952年起，日本在美国的督促下，与韩国当局共进行了六次谈判。由于历史问题和韩国政局动荡，都以谈判破裂告吹。

佐藤上台时，美国正陷入越南战争的泥潭，迫切希望日本代替自己在亚洲，特别是韩国发挥作用。日本则因近年来经济迅猛发展，急需扩大资本市场。于是日韩间举行第七次会谈，并很快达成协议，1965年6月，在东京正式签订《日韩条约》及其他协定。

佐藤两次出访东南亚，是在美国侵越战争升级情况下进行的。每次他都跑到南越，表明追随美国的立场。

归还冲绳、小笠原群岛，被认为是佐藤在任时值得一提的政绩。美军撤出日本本土后，仍赖在冲绳、小笠原群岛等地不走，并以侵越战争基地为由，不断扩大军事设施，冲绳民众从20世纪50年代初开始就展开回归祖国运动。1960年4月28日成立"冲绳县复归祖国协议会"。1963年4月28日，开展"冲绳复归祖国日"活动。日本本土也配合冲绳人民举行长达100天的海上、陆上大型示威活动。在日本民众斗争的压力下，日美两国政府开始商讨冲绳归还问题。

在舆论的强烈要求下，佐藤上任后，即宣布收复冲绳、小笠原群岛是新政府的主要外交任务之一，并许下"不归还冲绳，战后不算结束"的诺言。1967年11月首次访问美国时，他与美国林登·贝恩斯·约翰逊政府达成一年后首先归还小笠原群岛的协议。在与时任美国国防部长的罗伯特·麦克纳马拉会谈时，佐藤说，日本虽有核开发能力，但不打算制造核武器。不过，日本一旦与他国爆发战争，希望美国能立刻实施包括先发制人在内的核打击。佐藤还默许美军携带核武器进入日本。佐藤荣作后来于1968年1月明确提出"不制造、不拥有、不引进核武器"的无核三原则，成为日本政府关于核武器的基本政策。

在佐藤荣作逝世的前一年，即1974年10月，诺贝尔奖金评选委员会决定把1974年的诺贝尔和平奖授予爱尔兰的肖恩·麦克布赖德和日本的佐藤荣作。该委员会的文件说，佐藤荣作是和解政策的主要代表之一，这种政策已大大有助于稳定太平洋地区的情况。因此，佐藤主张日本不应获得自己的核武器。他在任首相期间签署了不扩散核武器协定。正当更多的国家获得自己的核武器的危险很大的时候，这一点是特别重要的。

归还冲绳的日美谈判，焦点集中在归还当地行政政权后，驻冲绳美军是否拥有核武器问题上。包括部分内阁成员在内的社会舆论，强烈要求"归还无核冲绳，使其与本土一样，适用于'无核三原则'"。但最初佐藤却认为这些要求是一种片面的认识，直到后来才改变了腔调。

为防止归还冲绳及实现安保条约到期自动延长时出现以往那样的反政府运动，佐藤事先做了各种精心准备。典型的例子是他一意孤行，强令国会通过旨在限制大学介入政治运动的《大学法》（内容包括国立和公立大学发生动乱时，校长有权停止有关科系和研究所的工作，执行期间只发给有关教职工70%的工资）。

根据1969年11月佐藤访美时于尼克松总统达成的协议，1970年6月，实现了《日美安全保障条约》的自动延长。1971年6月17日，归还冲绳协定签字仪式在东京和华盛顿同时举行。协定在冲绳归还后是否撤走核武器问题上含糊其辞，未作任何保证（实际上据美国解密文件，双方在会谈中一致同意，经事先协商，美方可在日本或者远东其他地区出现紧急情况时将核武器运入冲绳）；美军仍保留主要军事基地，只拆除部分军事设施；此外还残留着一些悬而未决的问题。1972年5月15日，这个协定在日本国内外舆论的强烈反对下生效。

六、亲台反华　被美越顶

佐藤荣作与其兄岸信介一样，也采取敌视新中国的立场，上台后不久，就多次拒绝中华人民共和国代表访日，并阻碍双方贸易关系发展，推行亲美亲台反华方针，使日中关系走进了死胡同。

1965年1月，佐藤荣作对美国进行了组阁后的首次访问。在他同当时的约翰逊总统的会谈中，美方污蔑新中国好战，要日本支持台湾

佐藤荣作

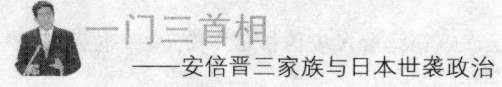

一门三首相
—— 安倍晋三家族与日本世袭政治

蒋介石集团，佐藤当即表示要坚持与蒋介石集团的"正规外交关系"，"对中共实行政经分离的政策"，并说："我们对于中国的侵略倾向，甚至比美国更加感到不安……日本充分理解美国采取的防止中国在其接壤地区进行军事行动的政策，并赞同这一政策。"1965年贷款1亿5千万美元予台湾。1967年9月7日访问台湾。1969年11月21日，与美国总统尼克松签署联合公报，提出了台湾对日本安全是重要因素。

佐藤政府上台伊始，就曾狂妄地叫嚣"台湾归属未定"。日本财阀更赤裸裸地提出"新征台论"，叫嚷台湾是日本的"防波堤"，决不能"放弃"台湾，"不能把台湾的地位和日本分开"等等。1967年9月，佐藤一到台湾就大肆叫嚣，要使日本同台湾的"谅解和友谊""更为密切"，加强所谓"亲善关系"。他放肆地诽谤新中国是对"和平的威胁"，并且宣称，要在联合国继续支持蒋介石当局。佐藤到台湾，是为了同台湾在政治、经济、军事上加紧全面勾结，强化矛头针对新中国的"东北亚军事同盟"。

佐藤政府上台后，一直追随美国，拼凑反华的政治军事同盟，甚至拟订了一系列以新中国为假想敌的军事进攻蓝图，并且大搞"两个中国"的阴谋，狂热地推行反华政策。

佐藤荣作在1964年11月出任日本首相前后，在对华政策上讲了不少漂亮话。1964年5月，时任北海道开发厅长官的佐藤荣作，特意同访问日本的中国贸易促进委员会主席南汉宸会晤，郑重其事地表示："如果我掌握政权，将为改善日中关系尽最大的努力。"当年秋天，佐藤还向自民党国会议员久野忠次表示，希望安排他与周恩来总理在缅甸的仰光会谈，他是主张政治经济不分离原则的。对于佐藤的对华积极姿态，当时就有人指出，这是他在为竞选自民党总裁做准备。佐藤在组阁后的首次记者招待会上表示，对日中关系要采取"向前看"的态度。他说："中国问题是日本当前外交的基本问题，也是佐藤内阁面临的重要问题。"佐藤说，他要根据全体国民的意愿来制定以中国问题为中心的外交政策。佐藤在上台前后就日中关系发表的讲话，曾在日本政坛引起好评。日本某些人甚至议论在法国于1964年初承认中华人民共和国和建立外交关系以后，佐藤荣作会不会成为"亚洲的戴高乐"。

但是，佐藤就任首相后，很快就转变了对华态度。他在第一次施政演说中，明显地推行"两个中国"的政策。他说："政府将一面维持迄今同中华民国政府之间的正规外交关系，一面以政经分离的原则同中国大陆之间继续民间贸易以及其他事实上的接触。"此后，佐藤及其内阁外务大臣，一直在中国问题上玩弄"两个中国"或"一中一台"的手法，阻挠和破坏日中关系发展。其一，他推行"两个中国"政策，大谈台湾"归属未定论"，公然插手台湾事务，干涉中国内政。在佐藤政府的怂恿下，日本右翼分子到廖承志驻东京联络处门前挑衅，叫嚷"台湾不是中国的"等口号。其二，阻挠中日往来。佐藤上台后做的第一件事，就是拒绝彭真率领的代表团入境。1966年，佐藤又拒绝670名日本青年代表来华参加中日青年大联欢。其三，联合美国，阻碍中国恢复在联合国的合法席位。1971年，正当新中国在联合国的合法席位就要恢复之时，佐藤政府与美国提出所谓的修正案，阻挠联合国驱除台湾国民党政权代表的行动。因此，在他执政的7年8个月之中，中日关系依然原地踏步，没有任何进展。

佐藤荣作主张对新中国用"核"。佐藤与麦克纳马拉1965年1月13日的会谈中关于新中国核试验问题，对美防长"未来两三年内，事态如何发展值得关注，日本今后有无核研发打算"的提问，佐藤答道："日本无论如何反对拥有和使用核武器"，重申了置身于美核保护伞之下的立场。同时佐藤强调说："至于核武器引进的问题，在安保条约中有所规定，所以关于陆上引进的问题，还望在发言时加以注意。"但话题一转佐藤又说："不过，如果（与新中国）发生战争的话，另当别论——我们期待美国能在第一时间以核武器进行报复。届时，虽然构筑陆上核设施不是简单的事情，但如果海上的话，可即刻启动。"对此，麦克纳马拉回答说："技术上没有任何问题。"这段谈话，可以看成是以1960年1月《日美安全保障条约》修正时，两国之间达成的"密约"为前提的承诺。根据此"密约"，核武器在日本国内的贮藏、装备，需日美间的事先协议；但如果是装载有核武器的美舰船或航空器的临时靠港、领空通过的话，可无需事先协议。2000年，美政府解密文档已证实"密约"存在，但日本政府惧于国内的舆论压力至今矢口否认。

一门三首相
——安倍晋三家族与日本世袭政治

在与麦克纳马拉会谈的前一天,佐藤与约翰逊总统先行会谈。会谈中佐藤说:"无论中共有核武装与否,日本不会研发核武装,只有依存于与美国的安全保障条约。因此,我们需得到美国会切实保护日本的保证。"约翰逊答道:"我们保证。"1998年,美解密文档证实在这次谈话中,佐藤曾有言"如果中共拥有核的话,日本考虑也应当拥有"。但此番公开的日方解密文档中,却未发现。不过佐藤对麦克纳马拉说,"当然,从技术上说,我们是可以制造核弹的";"我们正在生产用于宇宙开发的推进装置,如有必要的话,也可转为军用"。这就是说,佐藤试图向美方表明:尽管日本拥有制造核武装的能力但却不打算将其物化,而是期待美国的核保护。

佐藤提出"核打击"有其独特的历史背景。尽管战后在美国帮助下,日本经济建设取得恢复性发展,很多经济指标超过了中国。但1964年10月,中国原子弹试爆成功,带给美日两国强烈刺激。在这种情况下,麦克纳马拉认为新中国"今后两三年内会如何发展值得关注",佐

时任首相的佐藤荣作

藤则提出"核打击"。佐藤荣作的表态反映出日本精英阶层对华的深深不信任感以及根深蒂固的"核遏制信仰"。日本共同社报道说,佐藤曾在1966年12月6日致美国驻日大使馆的电文中称,中国拥有核武器为"狂人持刀",对新中国抱有强烈的不信任感。这就是其一系列发言中所暗藏的根本认识。

访美三年后,佐藤荣作在国会演说中正式打出了"无核三原则"方针。而后,进一步阐明了包括"三原则"在内的核政策的"四个支柱",即"无核三原则"、核弃绝核裁军、对美核威慑的依存及核能的和平利用。佐藤其人也因倡导"无核三原则"之功而荣获1974年度诺贝尔和平奖。应该说,"无核三原则"是在日本国民异常强烈的反核感情的背景下,基于拥有核反而不利于日本的安全,以及维系日美安保的结论之上的战略选择,走到这一步其实经历了一个过程。无论是美方解密文档中披露的所谓"如果中共拥有核的话,日本考虑也应当拥有"的表态,还是佐藤上台之

初,对美驻日大使所作的"如果对方(新中国)拥有核的话,那么自己拥有也是常识"的暗示,都表明日本最终选择不拥有核无非是利弊权衡后的权益考虑。

  1969年11月,时任美国总统的理查德·尼克松与时任日本首相的佐藤荣作在华盛顿举行美日领导人会谈。在此期间,两人亲自签署了一件绝密的"谈判备忘录",一式两份,一份保存在白宫,一份保存在日本首相官邸。这份英文备忘录共两页,纸张顶部和底部都印有"TOP SECRET"(绝密)的字样。备忘录的基本内容是:美国总统表示,在美国向日本移交冲绳的管理权后,美国政府将从冲绳撤走核武器。但是,在出现"重大紧急事态"的情况下,美国在与日本进行事先协商的基础上,可再次向冲绳运进核武器以及让核武器通过冲绳。日本首相表示对美国政府的做法充分理解,并承诺一旦美国与日本进行这样的事先协商,将毫不迟疑的答应美方的要求。备忘录还确定,为了能够充分发挥核武器作用,美国政府将把冲绳的嘉手纳、那霸和边野古等核武器储藏设施保持在随时可用的状态。可能是由于知道这份文件关系重大,因此虽然原本安排双方领导人在签字时都只签姓名首字母,但尼克松和佐藤在最终签字时,都签上了自己的全名。

  不知道出于何种考虑,佐藤荣作在卸任时,并未按照"备忘录"规定的那样,将这份文件留在首相官邸,而是将文件带回了自己的私宅。此后,他从来没有对家人提到过这份文件的存在。1975年,在佐藤荣作去世后,其亲友在整理他书房办公桌时,在抽屉内发现了这份两页纸组成的备忘录。此后,他的家人一直保存着这份文件,但并没有公开。40年后,佐藤荣作的次子佐藤信二公开了这份绝密的备忘录。佐藤信二也曾经担任过参议员和通产大臣,他公开这份文件的原因,一方面是因为近年来已有多名日本外务省的退休局级官员确认过核密约的存在,另一方面也是受政权更迭的推动。他说:"……我不清楚父亲是怎么思考的,但重要的是,应当留下真实的历史。"

  佐藤执政末期,因美国改变对华政策受到巨大冲击。1971年7月15日上午,日本首相佐藤荣作开完内阁会议,刚要走出会议室,他的秘书把

一门三首相
——安倍晋三家族与日本世袭政治

一份备忘录送到他面前。佐藤看完备忘录后，脸色顿时变了，只见上面写道："基辛格博士于7月9日至11日访问了中华人民共和国。尼克松总统将于明年5月以前访华。（尼克松访华公报）发表时间为日本时间上午11时半。"佐藤连忙看手表，11时27分，离发表仅剩3分钟。这则消息对他来说简直是"晴天霹雳"，打得佐藤荣作晕头转向。他绝对没想到尼克松会把日本撇在一边，事先既不联系也不商量便密派基辛格作为其特使访华，并决定自己也亲自前往中国访问。

佐藤荣作的愤怒不是没有来由的。仅在八个月前的1970年10月，佐藤出访美国拜会尼克松，他们在谈到中国问题时，尼克松还向他保证："关于对华政策将来的发展，将继续与贵国密切联系和协商。"可实际上，美国人悄悄地做着改善同新中国关系的事情，把对日本的保证抛在脑后，事先既未联系也没商量，佐藤完全被蒙在鼓里。日本外务省对美国搞"越顶外交"，没有把基辛格到北京一事通报日本，"强烈地感到遗憾"。有人甚至愤怒地说"华盛顿把日本抛弃了，使日本成了孤儿"。佐藤赴美访问时，尼克松这种撇开日本决定访华的做法使佐藤政府陷入尴尬境地。

1972年2月21日，尼克松访华的实况，通过电视卫星传播到世界各地。在日本，记者们纷纷前往首相佐藤荣作的官邸，采访首相收看尼克松访华的情况。当屏幕上尼克松在周恩来的陪同下，检阅中国人民解放军三军仪仗队时，佐藤荣作的太阳穴不停地跳动着。在场的记者不失时机地按下了照相机的快门，迅速记录下了佐藤首相微妙的表情变化。记者们还紧追不舍，非要首相谈一下感受。佐藤荣作终于不加掩饰地说："（尼克松）他自己不是说了吗？这是本世纪的伟大事业。他自己说了别人还说什么！"尼克松访问新中国并签署了中美《上海公报》，美国事先未通告日本便改变对华政策，使佐藤及日本政府不知所措，乱了手脚。美国转变对中华人民共和

时任日本首相佐藤荣作和美国总统尼克松会面

国的态度，使一向支持台湾当局的日本失利。日本政界一批有识之士以此为契机，强烈要求日本当局迅速开展自主和平外交，改善日中关系。尼克松刚离开新中国，佐藤荣作便派人给新中国捎信，要求亲自访华。但立即被周恩来总理拒绝，中方认为佐藤荣作说话不算数，新中国不以他为谈判对手。

毛泽东主席会见尼克松总统

历史的发展已经提出了新的任务，而佐藤在完成归还冲绳的使命后，已无力承担新的责任。

周恩来回绝佐藤的试探，并非表示新中国不愿与日本复交，而是因为日本政府承认蒋介石政权并与之缔结非法和约。日本在野党借此东风，纷纷猛烈抨击佐藤内阁顽固坚持敌视新中国的政策，并要求佐藤政府改变对华政策。抢在美国之前与新中国复交，成了日本政要经常思考的问题。自从尼克松访华以来，日本人唯恐落后于形势，搭不上最后一班车。1972年7月7日，在中国问题上一筹莫展的佐藤荣作在一片反对声中，被迫辞去首相职务。在发表辞职的电视讲话时，还演出了蛮横赶走新闻记者一幕。

1972年9月，周恩来和田中角荣会谈

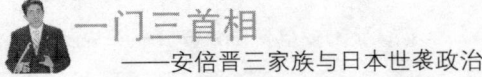

一门三首相
——安倍晋三家族与日本世袭政治

尼克松总统访华后，形势的发展有利于解决中日历史上遗留的问题，因此毛泽东曾明确指出：中日恢复邦交问题"应该采取积极的态度，谈得成也好，谈不成也好，总之，现在到了火候，要抓紧。"6月17日，佐藤荣作内阁被迫下台，7月7日，田中角荣内阁登场。田中在就职当天便表示了要与新中国恢复邦交的愿望。对此周恩来于7月9日迅速作出了反应，他在欢迎也门民主共和国政府代表团的宴会上专门加了一句："田中内阁7日成立，在外交方面声明要加紧实现中日邦交正常化，这是值得欢迎的。"随即又让中日友协副秘书长孙平化借率领上海舞剧团在东京访问演出之机，转告田中："只要田中首相能到北京当面谈，一切问题都好商量。"1972年9月25日至9月30日，日本首相田中角荣访问中国，9月29日，中华人民共和国政府和日本国政府签署《中日邦交正常化联合声明》。

毛泽东主席和周恩来总理会见田中角荣首相

佐藤在任时，虽然实现了经济持续高速增长，但与之俱来的物价上涨、环境危害、城乡人口过密过稀等问题已日趋严重，影响日美关系的日美经济摩擦也已发生。特别是恢复中日邦交正常化，已成为亟待解决的外交课题。这些只能委于下届内阁去完成。1975年6月3日，佐藤荣作因患脑溢血病逝，终年74岁。

第三章
安倍晋三父亲——安倍晋太郎

安倍晋太郎（1924年～1991年），日本政治家，曾任自民党前干事长，中曾根康弘内阁的外相。他是岸信介一手培养起来的保守政治家，在自民党内原属岸派，后转为福田派，并由福田派转为安倍派，成为该派领袖。安倍任中曾根内阁外务大臣时提出了"创造性外交"新理念，使日本的国际地位得到较大提升。安倍晋太郎非常重视发展中日关系，提出了发展中日关系"四项原则"，从而使中日关系得到健康发展。

安倍晋太郎中曾是自民党的实力人物之一。安倍晋太郎为安倍派首脑、"清合会"会长，历任自民党的政调会长、总务会长、干事长和官房长官、外务大臣等职。安倍晋太郎在中曾根康弘内阁任三年八个月的外务大臣，期间奉行中曾根国际外交的战略，即两轮外交：以日美同盟为一轮，又以日本为重点展开亚洲外交为另一轮，全面开展在全世界的和平外交。他所提出"创造性外交"为日本走向世界、提升国

安倍晋太郎

际地位发挥了重要作用。离首相宝座只有一步之遥时因病去世，成为"悲剧的首相候补"。

一、世家出身 入婿岸家

安倍家族的祖辈们曾在日本政坛显赫一时，为平安时代陆奥国的豪

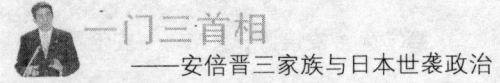

一门三首相
——安倍晋三家族与日本世袭政治

门，后因战败移居现今的山口县，是该地区代代相传的财主，酿造酒和酱油的大户。到了安倍晋太郎父辈这一代，安倍家族已经败落了。1894年，安倍晋太郎的父亲安倍宽出生。为了复兴家业，安倍宽的大伯安倍慎太郎一直致力于进军政坛，并被选为县议员，可惜年仅32岁就带着满腔遗憾去世了。安倍宽为了继承大伯的遗志，学习很努力，并考入东京帝国大学政治学科。后来，他对做生意产生了浓厚的兴趣。

大学毕业后，安倍宽从岳父等亲戚朋友那里借钱到东京做生意。但由于经济不景气，生意不但没有做成反而负债累累，最终因1923年9月关东大地震而倒闭。这时，妻子静子已经怀上了安倍晋太郎。后来，由于借债纠纷，安倍宽与静子娘家的关系恶化，终于导致他们不得不离婚，最后约定孩子生出后交给安倍家。在这种不幸的情况下，1924年4月29日，安倍晋太郎在东京新宿日赤医院出生了。生下后不久，安倍就被大姊接回山口县，和父亲一起住在大津郡日置村的亲戚家。之后他再也没有见到过母亲。这样，安倍晋太郎在缺少母亲关爱的复杂家族环境里长大成人。1928年2月，年满33岁的安倍宽作为众议院议员候选人与后来成为政友会总裁的久原房之助竞争众议员，结果因实力不济而未能成功。

1931年4月，安倍晋太郎进入本地的立石原小学学习。他虽然学习并不很用功，但事事好强，经常在学校拿第一，还当了六年班长。他从小时候开始就对政治感兴趣了。当时的小孩都想将来成为军人，但晋太郎却想"初中毕业后上高中，再像父亲那样上东京大学成为政治家"。每当父亲跟他讲起与久原房之助选举争斗的事情他都很兴奋，感觉"比战争的事情有意思"。

1933年3月，父亲安倍宽成为日置村村长，1935年又当选为县议员。1937年4月他与前首相三木武夫同时当选为众议员，他们因反对日本进行战争而被称为"反战人士"。他们在东京设立"国政研究会"，批判东条英机的战争政策。也在这一年，晋太郎在父亲的强烈推荐下，离开家乡日置村，进入山口县中学，开始过宿舍生活。随着成长，晋太郎越来越想念生母，特别是到了初中放假时，感觉更强烈。为了排除这种寂寞感，他特别喜欢交友，每天都叫一大帮朋友玩。

1943年，安倍宽发起成立了"木曜会"，要求东条英机下台，发起反对战争、结束战争的运动，被称为"反骨政治家"。这一年4月，安倍晋太郎成功地考入冈山第六高等学校文科甲类。他还加入了剑道俱乐部，通过练习他学会了在激烈对抗中不断进取，他以实力在俱乐部赢得第一。同时，他不断寻访母亲的消息，还到姥爷家去询问。他们给他看了母亲的照片，他发现自己很像母亲。在他的坚持询问下，一个亲戚终于告诉他，"你母亲住在东京新宿附近"。他瞒着父亲，多次去新宿寻找母亲。

1944年10月，就在晋太郎要提前毕业被推荐送入东京帝国大学时，他作为第15期学生兵被强征进入海军滋贺航空队。晋太郎想"反正也是死，还不如索性加入特攻队"。回家后他跟躺在病床上的父亲说了自己志愿加入特攻队的想法。父亲马上就明白儿子的心意了，父子俩就国家的未来谈了好长时间的话。父亲也终于第一次跟他说起母亲静子，"实际上，你母亲已经去世了。"母亲静子于1936年年仅31岁去世，晋太郎受到很大的打击。后来直到1979年他才知道母亲静子和西村谦三结婚了，他们的儿子就是后来成为日本兴业银行董事长的西村正雄。

晋太郎战前受父亲安倍宽反战思想的影响，反对战争。1945年8月，日本宣布无条件投降，战争结束。由于安倍宽一直不屈服于军方的压力，一贯反对军国主义、反对战争，所以安倍宽的时代终于到来了，他的支持者越来越多。他雄心勃勃地忙于准备定于第二年4月举行的战后首次大选。晋太郎这时也回到了家乡，父亲让他去帮忙。

1945年11月，安倍宽和273名志同道合者成立日本进步党。可惜的是1946年1月他因病去世。晋太郎父母双亡，无比悲痛。他本想接父亲的班，但他才22岁，还没有被选举权，只得回东京帝国大学法学部复学。他一边继续学业，一边考虑到自己不久要参加选举，因此经常回家乡联络感情，争取支持者。由于在东京和山口间往来频繁，他也得到结核病，在东京帝国大学医院住了半年。1949年4月大学毕业后，考虑到以后的从政需要，他进入《每日新闻》报社。该报社的新职员一般都被分配到社会部，半年多后晋太郎终于如偿所愿地进入了报社政治部。

在日本，出身和人脉关系是立足政坛的重要条件。没有政治世家的出身和前辈留下的人脉关系，很难立足日本政坛。因此，立志从政的安倍晋太郎，开始寻找跻身于政界的靠山，这与岸信介要寻找自己的政治继承人不期而遇。岸信介看到自己的长子岸信和不愿继承自己衣钵从政，因此决

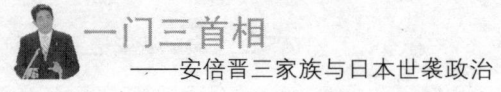
一门三首相
——安倍晋三家族与日本世袭政治

定寻找一个女婿继承自己的政治衣钵。

1950年，洋子22岁了。美丽丰腴的她性格独立，喜欢发表个人见解，被不少日本上层社会人士视为"异类"。岸信介想来想去，觉得只有找个新闻记者当女婿，才能"镇"住这个宝贝女儿。于是，安倍晋太郎的照片和简历被送到岸信介的手中——每日新闻社记者，27岁，东京帝国大学法学系毕业，童年时父母离异，亲人去世后成为孤儿，在邻居的收养下长大，生性勤奋又懂得感恩……岸信介一看，高兴得手舞足蹈："我就是要找一个吃苦耐劳的女婿。"后来一打听，这个安倍晋太郎正是自己落难时的盟友安倍宽的儿子。有了这层关系，岸信介更喜欢安倍晋太郎了。不久，岸信介便把自己的长女洋子介绍给了晋太郎。

洋子答应父亲去相亲。在东京都涩谷的一家餐厅里，两个青年男女见了面。洋子一看，吓了一跳：安倍晋太郎怎么如此瘦小?! 但这个瘦小的男人显然很有智慧，对于洋子各类刁钻古怪的问题，都能准确地应答。慢慢地，洋子发现，自己对他好像有了点兴趣。安倍晋太郎与洋子认识后，双方都非常满意，很快坠入爱河，并于1951年5月5日在东京举行了隆重的婚礼。这一年5月，岸家可谓双喜临门：洋子和安倍晋太郎结婚，岸信介重新出任公职。欣喜若狂的岸信介一激动，跑到女儿相亲的餐厅，把附近的土地全都买下来，建了一座"岸公邸"住了进去。

岸信介把自己的女儿洋子嫁给晋太郎，希望他能继承自己的政治遗产。虽然当时岸信介处于被放逐公职之中，但安倍晋太郎并不在乎岸信介的罪犯身份。安倍晋太郎的父母很早过世，他和岸信介的长女洋子结婚的时候，已是孑然一身，因此，外人总以为晋太郎是入赘到了岸家。对此，晋太郎曾经气愤地说："我没有入赘到岸家，我是安倍家的，我的父亲是安倍宽。"无论在政治观点还是私人关系上，安倍晋太郎和岸信介都分得很清楚。

多年前，刚从东京帝国大学毕业的安倍晋太郎到每日新闻社求职时，面试官问他："你一生中最大的目标是什么？"他毫不犹豫地答道："像父亲一样成为一名和平主义政治家。"正因如此，婚后的安倍晋太郎一直不愿生活在岳父的政治阴影下。他提出要竞选国会议员，岸信介断然反对："你太年轻，缺乏资历！"但是，安倍晋太郎心意已决："那么，我情愿与洋子离婚，这样就不会影响岸家的声誉了。"晋太郎的决心感动了洋子。

她带上几个孩子,与丈夫一起离开东京,回到老家山口县,开始参加竞选。岸信介辞职以后,洋子的政治才华,悉数用在了丈夫的事业上。

在东京,提起洋子,人们会脱口而出:哦,岸信介首相的女儿,佐藤荣作首相的侄女,安倍晋太郎外相的太太,安倍晋三首相的母亲。这实际上是对她一生的概括。对于洋子来说,她拥有一个首相父亲,还拥有一个首相叔叔。以后的命运更证明,这位奇女子的一生,与日本首相宝座紧密相连。她亲历了日本政治、社会的巨变,但从来只是一位"家庭主妇"。婚后,洋子很忙碌。岸信介参与组建了日本自民党,并出任第二号人物——自民党干事长,接着就成了日本外务大臣;安倍晋太郎做了岸信介的秘书官;家里添了三个小安倍,又哭又闹,但洋子似乎累不垮,依然精神勃发地给父亲抄文件、写讲演稿。安倍晋太郎惊讶地发现,太太的文字功底丝毫不亚于自己。

1952年,他们有了第一个儿子宽信,"宽信"由祖父安倍宽和外祖父岸信介的名字中各取一个字得名。两年后的1954年,第二子安倍晋三出生。"晋三"的"晋"是由晋太郎崇拜的伟大维新志士高杉晋作的名字而来,"三"是"传承"的意思,安倍晋太郎对高杉晋作推崇有加,希望晋三能够把他作为学习的榜样,继承高杉晋作的精神。

安倍晋三早年的家庭照片。安倍晋三(前排右三)坐在外祖父岸信介的腿上,旁边是他的父亲安倍晋太郎(右一)

1958年,洋子又怀了第三个孩子。岸信介的长子信和还没有孩子,他着急了,如果这样下去的话不但没人继承他的事业,岸家也就无后了。他想:这个孩子如果是男孩,我就向晋太郎和洋子要过来。1959年4月,晋

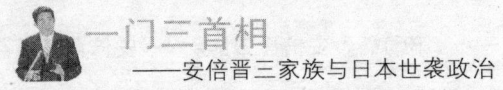

一门三首相
——安倍晋三家族与日本世袭政治

太郎的第三个孩子信夫出生了,在岸信介要求下,信和终于得偿所愿,信夫成了长子信和夫妇的养子。后来,安倍晋三的这位弟弟岸信夫也弃商从政,参加了山口县选区的参议员选举。

此时,岸信介正在积极推进修改《日美安保条约》。面对国内外的严峻形式,身为首相秘书的安倍晋太郎,建议岸信介把重点放在经济等方面,不要碰这个"火药桶"。但政治中心主义者的岸信介,还是坚持强行修改《日美安保条约》,由此引起国内外的强烈反对,最终导致岸信介内阁于1960年7月被迫下台。

安倍晋太郎工作繁忙,加上他认为应该给孩子一个自由、宽松的环境,因此很少管教孩子。安倍晋太郎跟岸信介不一样,从来不主动询问孩子的生活和在学校的学习情况,也很少跟孩子说政治方面的事情,只说"不要麻烦别人"、"不要说别人的坏话"、"不要骗人"之类教育的话。平时,安倍晋太郎很少管孩子的事,也很少有时间陪孩子玩,有时难得在家一次,晋三和宽信都很新奇地看着父亲,会问为什么父亲在家。听到儿子们这样说,安倍晋太郎的表情很复杂,深感在家陪孩子们的时间太少了。

因洋子给孩子们请了家教,晋太郎倒是对家教老师非常关心。有时从山口县回来还会请老师吃饭。晋太郎就是这样,对外人很好,他的这种政治家难得的好心有时会给他带来损害。大家都觉得安倍晋太郎温和亲切,很多人都到他那里请愿、寻求帮助,他一般都承担下来。安倍晋三后来在安倍晋太郎追悼集《晋太郎光辉的政治生涯》中这样写到,"父亲非常不擅于表达对我们的爱,但他却有这种不合常理的好心。这种好心在政界可能是弱点,但没有这种坚强与好心就没有我的父亲。"

安倍晋三上高中后,有时回来得晚。晋太郎偶而回来得早,就跟洋子说晋三他们回来得太晚了。洋子说,孩子回来的晚是因为你没有跟他们好好说。洋子理解丈夫也想找机会跟孩子在一起的心情,她说:"我即使跟他们发火,他们也不听我的。你有时也要严厉地说说他们啊。"见到晚回来的晋三后,洋子以为他会批评孩子,但是他没有一点儿生气的样子,憋了半天跟孩子说了一句:"零花钱够不够啊?"由此可见,安倍晋太郎的爱子之心和跟孩子缺乏交流的实际情况。晋太郎没有特意想把孩子培养成政治家,他心里虽然希望有一个孩子能够继承他的事业,但是他认为每个人都有适合的、不适合的,他不想强迫孩子成为政治家,所以他一般不跟孩子谈政治方面的事情。

二、初入政界 人脉绵密

安倍晋太郎在著名右翼首相岸信介的培养和提携下,逐渐步入政坛,慢慢地就走上领导岗位,成为"福田派王子"、安倍派首脑。安倍晋太郎同财界人的关系,既有从岸信介和福田赳夫两人继承下来的老关系,也有在他担任党的领导和内阁大臣期间建立的新关系。

1955年11月,在岸信介等人的活动下,自由党和民主党合并成自由民主党,他担任自民党首任干事长。1956年11月,鸠山一郎首相引退,岸信介和石桥湛山、石井光次郎激烈争夺自民党总裁和首相的宝座。安倍晋太郎多次拜访接替父亲安倍宽选举地盘的周东英雄,试图说服他支持岸信介。但周东英雄属于池田派,支持石井光次郎,任安倍晋太郎怎么劝说都不肯改变立场。最终岸信介以7票之差输给石桥湛山,晋太郎气得直发抖,决定自己亲自参加下届大选。他到周东英雄的事务所跟他宣告:"本来打算你在位的时候我不参加竞选。但是这次总裁选举,我们的关系已经破裂了。我要出马参加下届大选。"石桥内阁成立后,岸信介入阁担任外相,安倍晋太郎也从报社辞职,担任岳父的专职秘书。石桥因病执政仅两个月便宣布辞职,岸信介于1957年2月接手组阁,安倍晋太郎就成为岸信介首相的首任秘书。

眼前的变化让安倍晋太郎吃惊,仅仅不到三个月的时间,日本政坛就发生如此翻天覆地的变化。同时安倍晋太郎也看到了政界的幕后交易、政治家患病的可怕和运气的重要,这给他上了一堂生动的"政治课"。

1958年,岸信介为了稳定政权,解散众议院,重新大选。安倍晋太郎跟岸信介说:"请让我参加这次选举。"但是,由于岸信介的胞弟佐藤荣作已有别的合适人选,另外自民党内强烈反对安倍晋太郎参选,岸信介便跟晋太郎说:"我非常理解你的心情。我一定会把你推上政界。但是现在太早。你再等一下吧。"但是,安倍晋太郎非常倔强,丝毫不让地说:"那不行。如果由于我出选而影响到父亲的话,我就把洋子还给父亲。"说到要和女儿离婚,岸信介很吃惊,无言以对。岸信介终于投降了,他把女婿的

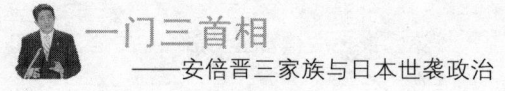

决心告诉了佐藤荣作。结果，佐藤荣作只好让那名候选人不出选，安倍晋太郎也终于得到了自民党的承认。安倍晋太郎开始马不停蹄地准备大选，乘选举车在选区内到处发表演说，夫人洋子也一直帮忙助选。

作为现任首相的女儿，洋子的出现吸引了不少眼球。岸信介身为首相不能为安倍个人出面支援，他私下让山口县的实力人物帮助安倍晋太郎。同时，作为声援自民党所有候选人的一环，来到山口县下关市为安倍举行声援演说，以首相的身份希望大家能支持安倍。虽然他并没有因为安倍是自己的女婿而特意在演说中说什么，但他的到来还是大大提高了安倍的支持率。

5月22日，安倍晋太郎以70814票，在选区得票第二而顺利当选，从此正式步入日本政界。按照惯例，刚当选的议员坐在众议院最前面的位置上。坐在安倍旁边的是岛根县选区的属于佐藤派的竹下登。两个人虽然性格不同，但由于是一年当选，年龄相同，成为非常好的朋友。竹下登看到有那么多比自己资历老的议员，跟安倍开玩笑说："一步步往上走真不容易啊。到我们争夺首相宝座时，我们用猜拳来定吧。"安倍也附和道："猜拳啊，好啊。"他们没想到以后他们虽然成立了"安竹同盟"，但还是为了首相宝座争夺起来。

多年以后，洋子在《我的安倍晋太郎》一书中，深情地回忆道：一早就要安顿好孩子，并准备好大量的演讲资料，然后陪着晋太郎一起去码头、大街、商店。口讲干了，向街坊借一口水喝，又继续讲。一天下来，腿又酸又痛，但是还要给孩子们做饭。1958年，在众议院大选中，安倍晋太郎以高票当选为议员。30岁的洋子，从政治家的女儿变成了政治家的妻子。此后，安倍晋太郎官运亨通，相继出任农林水产大臣、内阁官房长官、通产商业大臣、外务大臣和自民党干事长，成为日本二十世纪七八十年代最重要的政治家之一。在洋子看来，丈夫延续父亲首相之路的时机成熟了。

岸信介下台后，为了扶持岸派参加首相竞争，于1962年秋突然解散岸派，并让年轻的福田赳夫继承自己的派系，原岸派系的川岛正次郎则率领着十几个议员成立川岛派，还有一部分加入早已脱离岸派出去的藤山（爱一郎）派。福田赳夫成立福田派，安倍晋太郎当然加入这个岸派嫡系。福田是反池田勇人的"急先锋"，极力活动扶植岸信介的胞弟佐藤荣作上台。1963年7月，池田改造内阁，想让安倍晋太郎担任运输政务次官，这是一个很抢手的职位。福田也强烈推荐晋太郎在这个时候要接受这一职务,但安倍晋太郎断然拒绝了,他说道:"我们正在以少壮派为中心致力于创造佐藤政权。这时我怎么能担任池田内阁的要职呢?"晋太郎就是这么倔强。这在某种程度上导致了他接下来众议员选举的失败。

1963年11月他第三次参加大选。大家都认为他肯定会头票当选,洋子也觉得第二次当选的难关都过了,第三次应该没有问题了。岸信介也非常放心,没有来给安倍声援。但实际上支持安倍晋太郎的人有一部分就是冲着他曾当过首相的岳父岸信介,他们并不是从心里支持安倍,因此这部分票源转向别的候选人。最终安倍晋太郎落选了。

从山口回到东京的家后,安倍晋太郎非常疲惫,坚强的他也终于当着两个孩子的面流泪了。他也只能在自己的家里伤心。安倍晋太郎接下来一两个月的时间一直在家闷在卧室里,白天也不从屋里出来,有时还用被子蒙着头。洋子也给丈夫树立信心,让他准备下次大选。岸信介安慰道:"政治家,什么情况都会发生。"后来,岸信介召集家族大会正式表明,支持晋太郎再次参加下次大选。然而,直到他重新当选的三年多时间内,安倍晋太郎的车从来不从国会门口走,他的司机想方设法给他绕路。

这次落选对他产生了很大的影响。他后来跟自己的儿子安倍晋三说,那次落选让他成为"真正的独立的政治家"。还有,因为与他同期的竹下登顺利当选,安倍就比竹下少当选一次,在论资排辈的日本政界他也少了三年多的从政经验,这给以后判定他俩谁当首相的"中曾根裁定"带来了巨大的影响。从某种意义上说,也为后来成为"悲剧的首相候补"埋下伏笔。安倍晋太郎的这次失败,也给后来成为政治家的安倍晋三一个经验,就是不管在什么情况、在什么职位下,都不要忘了巩固自己的选区。

众议员落选后,安倍晋太郎反而更忙了,每月他有一半时间要回到选区争取大家的支持。比他大三岁的日置村老乡奥田齐1965年也辞掉警察工作,作为秘书帮助安倍。安倍晋太郎开始不满意大家说他是岸信介的女婿。他跟奥田说:"我不是岸的养子。我是安倍宽的儿子。"由于感觉到下次选举时间太长了,洋子曾到当首相的叔叔佐藤荣作那里请求,让他早点解散众议院重新大选。可见安倍夫妇的焦急程度。1967年1月,安倍晋太郎终于盼来了时隔三年的大选。他积极应战,终于获得98771票,以头票

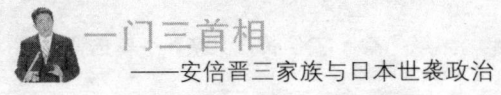
一门三首相
——安倍晋三家族与日本世袭政治

成功再次当选，得以重返政界。

安倍晋太郎是岸信介一手培养起来的保守派政治家，在自民党内原属岸派，岸下台后岸派转为福田派，安倍晋太郎属福田派嫡系，被视为福田派的"王子"、福田的接班人。1976年12月，福田派首领福田赳夫接替三木武夫出任首相，安排安倍晋太郎担任国会对策委员长。1977年11月福田首相改组内阁时，又安排安倍晋太郎为内阁官房长官，1979年11月，安倍晋太郎又出任自民党政务调查会长；1986年第三届中曾根内阁时，安倍晋太郎担任自民党总务会长。

福田因长期受到岸信介的"恩惠"，一直设法为安倍晋太郎早日登上总裁首相宝座创造条件，为给安倍晋太郎树立威信，先让晋太郎担任福田派派会"清和会"代理会长。1986年众参两院同时选举自民党获胜后，福田派又是各派中第一个由元老向下一代交班的派系。福田宣布将首让位给安倍晋太郎，于同年7月4日将福田派改名为安倍派，由安倍晋太郎正式任"清和会"会长。福田派改名为"安倍派"，安倍晋太郎成为该派的首领。从此，安倍晋太郎开始积聚势力，准备冲击首相宝座。

安倍晋太郎也非常注意培养本派系的接班人，尤其是注重对森喜朗等人的培养。森喜朗自加入福田派后，深受派系首脑福田赳夫的重视，并得到安倍晋太郎的赏识，成为"安倍派亲信中的亲信"。1975年12月，森喜朗被任命为总理府总务副长官，1976年12月，福田赳夫接替三木武夫出任自民党总裁，内阁首相，安排其亲信安倍晋太郎为国会对策委员长，晋太郎将森喜朗安排在手下任副委员长。1977年11月，安倍晋太郎出任福田内阁官房长官时，晋太郎为扶植森喜朗，在派内已拟定好副官房长官人选的情况下，硬是经过疏通挤掉原定人选，把森喜朗安排在自己手下任副官房长官。从此，森喜朗在众议院常任委员会、党领导机构和内阁中多次任职。1979年11月，安倍晋太郎出任自民党政务调查会长，森喜朗被安排为副会长。1986年第三届中曾根内阁时，安倍晋太郎出任自民党总务会长，森喜朗又被安排为副总务会长，安倍晋太郎始终让森喜朗跟随其左右，作其助手加以培养。与此同时，在安倍晋太郎同竹下登及宫泽喜一争夺党总裁的斗争中，森喜朗也始终为安倍晋太郎卖力。

安倍晋太郎在财界也有很深的人脉关系。其主要财界关系有银行、房地产、化学、机械和食品等行业。支持安倍的财界人"会"有三个。一是"六晋会",是由已故前日本经营者团体联盟会长樱田武和前日本商工会议所会头永野重雄等倡议成立的,该会由富士银行顾问松泽卓二主持,成员均是日本商界重量级人物,如稻井好广(三菱金属公司董事长)、石上立夫(日本国土开发公司总经理)、佐佐木定道(富士重工业公司董事长)、松岛练(日铁企业公司董事长)、河合晃二(札幌啤酒公司董事长)、野崎二夫(前东京铺装工业公司总经理)、牧野耕二(住友信托银行顾问)、石井清兵卫(前丸红公司顾问)、原田鼎(日铁商事公司顾问)、池田一郎(日本旅行公司顾问)、田边政美(德永产业公司总经理)、松崎芳伸(日本经营者团体联盟特别顾问)、前原丸一(东京广播公司经理室顾问)、守屋学治(三菱重工业公司顾问)、建内保兴(日本石油公司总经理)、岸本泰延(昭和电工公司董事长)、龟井正夫(住友电气工业公司董事长)、江尻宏一郎(三井物产公司总经理)、小松康(住友银行总经理)等人,都是"六晋会"的重要成员。二是"操晋会",主要是由安倍母校、旧制第六高等学校战后毕业生组成的安倍后援会,代表干事为楠本昌(住友建设公司总经理)、岩井邦雄(神奈川朝野水泥公司总经理)。三是"总晋会",是安倍晋太郎家乡山口县成立的安倍后援会,会长为林兼产业公司总经理中部一次郎。另外,安倍晋太郎同牛尾电机公司总经理牛尾治朗和森永果品公司总经理松崎昭雄两人又为儿女亲家。

1965年,牛尾电机会长牛尾治朗经过别人介绍认识了安倍晋太郎。当时安倍虽然众议员落选,但牛尾认为他思路清楚,将来必有出息,两人关系亲密起来。牛尾治朗和经济同友会的松元诚也组织日本青年会议所和经济同友会的十四五个少壮派财界人士组成了安倍晋太郎的后援会,因为"要把安倍晋太郎推上总理大臣宝座",所以名为"总晋会"。"总晋会"一年在东京召开八次左右的例会,虽然政治捐款一年只有二三十万日元,但他们还就政策方面发表自己的看法。安倍晋太郎事务所专门派伊藤五十男来负责这方面。1987年5月23日,安倍晋太郎的长子宽信和牛尾电机会长牛尾治朗的长女幸子在东京新大谷饭店举行婚礼。索尼会长盛田昭夫夫妇做媒人,前首相福田赳夫和时任首相中曾根康弘做主要发言。自民党干事长竹下登、大藏大臣宫泽喜一、三菱商事会长三村庸平、日产汽车会长

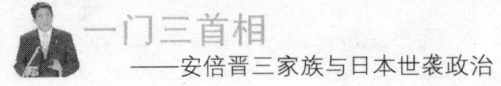

石原俊等 700 多名政界、财界人士参加了婚礼。两周之后，6 月 9 日，次子安倍晋三和森永果品公司总经理松崎昭雄的长女昭惠在东京赤坂举行婚礼，并同时在东京和山口县下关市两地举办婚宴。在东京港区新高轮王子饭店大约有 860 人参加了婚宴，其中包括前首相福田等重量级人物在内的 90 多名国会议员参加。在下关市设的两处婚宴，有大约 5600 多人参加。由此可见安倍家当时的势力和影响力。

三、创新外交 提升日本

安倍晋太郎长期受到岸信介的栽培和影响，加上派内"鹰派"人物较多，但他在政策思想方面有着自己的适应形势发展的主张。安倍重视"中庸和平衡"的处事哲学，对事物有着"冷静"的判断力。在具体执行中曾根外交战略的过程中，安倍晋太郎将其外交活动称为"创造性外交"。在"创造性外交"的旗帜下，里根和中曾根康弘的紧密日美同盟关系增强，"里—康"关系享名日美；当时中国改革偏重推行的是"日本模式"的改革；同时又积极调解伊朗、伊拉克的"两伊战争"；另外又与苏联建立了良好关系，与戈尔巴乔夫就日本北方四岛归还问题谈判开了头。

1982 年 11 月 26 日，中曾根康弘内阁成立，安倍晋太郎担任中曾根内阁的外务大臣。中曾根认为，安倍晋太郎诚实、无杂心、热心工作、非常忠诚，值得信赖，因此在其任首相的第一二届内阁期间，一直任用安倍晋太郎为外相。安倍晋太郎任外相时，外务省的官僚非常仰慕他的人格，外相和外务官僚们齐心协力，日本的外交取得很大成果，在国际上地位不断提高，中曾根内阁的支持率也一直居高不下。

1983 年 2 月 6 日，时任的日本首相中曾根和外相安倍分别在国会发表的演说中阐述了日本的外交政策，提出要把日本建成一个"国际国家"，在经济和政治等领域发挥国际作用；强调今后仍将作为"西方的一员"，立足于亚太地区，开展广泛的"自主积极外交"；并表示在军事上维护日美安保体制，坚持专守防卫和"无核三原则"，不做给近邻国家造成威胁的军事大国。安倍晋太郎在中曾根第二任内阁任外相的就职演说中，提出将"创造性的和平外交"作为日本的外交姿态，这表明了为保护日本国家利益而带着创意主动开展外交的精神。他的"创造性的和平外交"论，强调"日本的外交应由被动转为主动",不应"只是追随在美国的后面",而要开展"日本独特的外交","要为世界和平和繁荣作出积极的贡献"。安倍的"创造性的和平外交"论的具体内容主要包括五方面内容:加强同西方世界的合作与团结关系;增强同亚太国家或地区的友好合作关系;通过双方的对话建立相互信赖关系;通过经济交流搞活发展中国家的经济;为裁军和缓和紧张局势作出外交努力。

1983年8月,安倍晋太郎还成功地访问了处于战争状态的伊朗和伊拉克,向两国首脑呼吁不要扩大战争,尽早实现和平,并成功地把当时处于两伊战争状态的双方外长分别邀请到日本,由中曾根首相向他们呼吁停止战争。当时得到国际社会很高的评价。9月2日当媒体问到日本的外交政策时,安倍晋太郎表示,随着日本国力的增强,日本对整个国际形势正在发生不小的影响的情况下,日本应起的作用已不单停留在经济方面,而要涉及包括政治在内的广泛领域。日本将为"建立世界的和平与安定作出贡献",也将为亚洲的和平和繁荣作出贡献。日本将从独立自主的立场出发,扩大与世界各国的政治对话,增进广泛的友好合作关系,开展"和平外交"。

安倍晋太郎在联合国会议上也有所出色的表现。二战结束以后,日本人留给世界的印象是,参加国际活动或联合国会议时缺少独自性,总是跟随美国之后随声附和。安倍晋太郎担任日本外相期间注意改变日本的这种形象。1985年第40届联大会议上,针对联合国面临的严重财政危机,日本外相安倍晋太郎提出成立高级专家会议研讨解决方案的建议(亦称"贤人会议"),被大会通过。这是日本加入联合国以来首次独立提出议案并获得通过。1986年"贤人会议"提交了改革报告书,提出改革建议达72项,其中包括联合国职员总数在三年内削减15%(其中副秘书长、助理副秘书长等高级官员削减20%),精简秘书处,合并重复机构,减少经费开支等内容。报告经大会长时间的审议,最后获得通过,使联合国的财政改革向前迈进了一大步。安倍晋太郎改变了日本人以往那种缺少独自性的印象。

积极将日本推向国际社会。为将日本充分推向国际社会,安倍晋太郎明确提出对各国及各地区的政策主张:在与亚洲关系上,日本作为亚洲国家的一员,推进对亚洲地区国家的合作是重要的。安倍晋太郎主张,超越

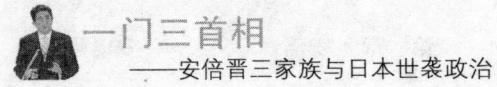

社会制度的不同,与不同社会制度国家扩大对话也是重要的。安倍晋太郎在1986年参加东盟国家外长扩大会议上发言说道:"最近二十年间亚洲的特点是在经济上取得了惊人的发展","亚洲各国在国际政治方面发挥的作用也在切实增大","亚洲具有无可估量的潜力,它能够进一步取得发展","我确信,只要把亚洲的聪明才智充分发挥出来,就没有解决不了的问题。"安倍晋太郎在讲话中还提出对亚洲外交的三个基本方针,即日本作为一个和平国家作出贡献;通过不间断的对话和开诚布公的交往,促进相互理解和建立互相信任关系;建立同东盟国的合作关系。安倍晋太郎强调:"东盟国家和日本要为亚洲的和平与繁荣加强创造性的合作关系。"并在竞选总裁时提出"要在亚洲太平洋地区确立相互信赖关系"。

在双边关系方面,安倍晋太郎强调日本的外交以日美关系为基轴,在巩固西方国家团结的同时,重视与亚洲各国的关系;发展与第三世界国家的合作。在对美关系上,安倍晋太郎认为,"以日美安全保障体制为基础的日美友好合作关系是日本外交的基础"。今后也要进一步"在国际事务中推进日美两国的合作","必须防止日美经济摩擦发展为政治摩擦"。并强调:"日美两国合作关系,不仅对日本的安全和繁荣有着决定性意义,而且是世界和平发展不可缺少的因素,日本要进一步对美开放市场",加强"日美安全保障合作关系"。对当时的日美关系,安倍外相认为日美之间"密切的同盟关系"是非常良好的。对于日美经济摩擦、防卫问题等有待解决的问题,日美两国政府从"不损害日美关系基本格局出发,一贯认为需要冷静、现实、合理地对待"。

安倍外相认为,日苏关系是日本外交中最薄弱和冷淡的环节,若想改善日苏关系,必须从根本上解决两国存在领土问题,即北方四岛问题。北方四岛是二战后遗留下来的历史问题,为苏联所占有。苏联不但在北方四岛建立军事基地,而且在远东地区集结强大的军事力量。安倍外相认为,苏联也是日本邻国,日本要尽可能地与其保持对话,改善关系,但如果领土问题不解决,真正的友好关系便不能建立。安倍晋太郎坚持在解决北方领土后再缔结和平条约。安倍晋太郎强调:"日苏关系不能抛开北方领土问题而发展贸易,以政经一体的方式处理才能确立真正的日苏友好关系","解决领土问题是改善日苏关系的大前提"。对当时的日苏关系,安倍外相认为现在的日苏关系仍处于严峻的局面。北方领土问题依然没有解决，对于苏联在这一地区增强军事力量以及军事干涉阿富汗等行动，日本将采取该说的就说的立场，同时要通过不间断的对话，增进相互理解，解决各种悬案。日本也期待着苏联以具有诚意的行动作出反应。

1986年5月29～31日，为了改善日苏关系，安倍晋太郎作为日本外相亲赴苏联，对苏联进行为期三天的访问。安倍外相同苏联外长谢瓦尔德纳泽就双边关系和国际形势举行了三轮会谈，会谈涉及多年来一直阻碍两国关系发展的北方领土问题和日本人到北方四岛扫墓等问题。安倍外相要求苏联方面同意日本人免除签证去四岛扫墓。访问期间，安倍晋太郎还会见了苏联领导人戈尔巴乔夫，并同苏联方面签订一项文化合作协定。31日，安倍在结束同苏联外长谢瓦尔德纳泽会谈后举行的记者招待会上说，他同苏联领导人戈尔巴乔夫和外长谢瓦尔德纳泽的会谈是"有内容和有益的"，访问的"初步目的已经达到"。同时他又说，日本认为解决日本北方领土问题"具有最重要的意义"，然而，苏联政府在这个问题上的立场仍然是"强硬的"，对此他表示遗憾。安倍说，他向苏联方面详尽、明确地表明了日本对北方领土问题的立场，同苏联方面进行了"不止一次的激烈谈话"。虽然双方有很大分歧，日本方面还将就包括领土问题在内的签订和约问题继续同苏联进行谈判。另外，安倍对日本人去北方领土扫墓问题强调，希望日本人到北方四岛扫墓的愿望能及早实现。

1990年1月13～16日，安倍晋太郎卸任外相后还率自民党代表团对苏联进行了友好访问。访问期间，正忙于处理国内问题的戈尔巴乔夫，在推迟了其他一些外交日程安排的情况下，特意挤出时间于15日在苏共中央办公大楼会见了日本自民党代表团团长安倍晋太郎。在会谈时，安倍晋太郎提出了发展日苏经济、科技、文化、教育和人员交流的八点建议，戈尔巴乔夫表示将对此作出积极反应，以改变两国关系"落后于时代要求的不正常状态"。安倍这次访苏的目的是为了推进日苏两国的双边关系。对于此次安倍晋太郎的苏联之行，正在波兰访问的海部首相发表谈话说，安倍晋太郎访苏"确认了戈尔巴乔夫1991年访日，对推进今后的日苏关系具有重大的意义"。日本报纸也就此评论，认为阻碍日苏关系发展的北方领土问题，也因这次访问出现某种进展。

四、重视对华 制定原则

在发展对华关系上，虽然安倍晋太郎曾参加过"日华（台）议员恳谈会"，同台湾关系密切，但在中日邦交正常化前，便参加了"恢复日中邦交议员联盟"。中日建交后，随着福田内阁对华态度的变化，安倍晋太郎对华的态度也有所变化，特别是出任外务大臣后，对中国态度更为明确。在任外相期间，安倍晋太郎多次对中国进行友好访问，受到邓小平等中国党和国家领导人的多次接见。

1982年12月29日，新任日本外相的安倍晋太郎在东京外国记者俱乐部发表谈话说："今年是日本和中华人民共和国邦交正常化十周年，两国之间的关系极为良好。在从明年开始的第二个十年里，我们必须为进一步发展和邻邦中国的良好而稳定的关系作出努力。"他强调说，在日本的外交中，"中国是很重要的"，这一点"我和首相的意见完全一致"。1983年2月6日，日本首相中曾根和外相安倍分别在国会发表的演说中表示，日中两国要在四项原则的基础上加强友好合作关系，子子孙孙不再兵戎相见。安倍外相在代表政府所作的外交演说中表示，日中两国已经打下了稳定发展两国关系的坚实基础，日本政府今后仍将在发展日中关系的四项原则的基础上，持续在广泛的领域致力于发展两国友好合作关系，并继续对中国的现代化建设进行合作。

8月1日，日本外相安倍晋太郎在外务省会见中国商业代表团时说，日中邦交正常化已经11年了，现在日中关系是最稳定的时期。他说，现在中国的经济建设取得了很大的成功。9月，在第三次中日政府成员北京会议举行之前，安倍晋太郎外相在日本对日本媒体说，日中邦交正常化以后十年来，两国的关系是良好的。我们要为今后"新的十年"进一步扩大和加强经济、文化、科技等领域里的合作和交流奠定坚实的基础。安倍外相在谈话中指出，日中邦交正常化以来，两国在"和平友好、平等互利、长期稳定"的三项原则的基础上发展友好合作关系，体现了日中两国人民的共同愿望，它有助于亚洲和世界的和平与稳定。

1984年3月21日，即将陪同中曾根首相访华的日本外相安倍晋太郎说，日中关系目前处于两国关系史上最稳定和最好的时期。这次访华对日中关系朝着21世纪更加稳定、更加丰富多彩的方向发展具有重要意义。安倍外相在外务省回答日本记者提问时说，日中两国之间没有悬而未决的问题，日中经济合作对亚洲的和平与稳定具有重大意义。28日，日本外相安倍晋太郎在日本内阁会议上谈到中曾根首相访华问题时说，日中双方确认了要使两国关系朝着21世纪长期稳定地发展。双方就共同关心的问题坦率地交换了意见，这对亚洲的和平与稳定具有重要意义。安倍要求内阁有关成员要为建立毫不动摇的日中关系进一步作出努力。

为纪念中曾根首相访华，日本政府还出版了中日两种文本的特刊。特刊以《日本和中国——为了向着21世纪的友好》为题，回顾了日中恢复邦交正常化以来两国关系的发展，展望如何向着21世纪发展日中友好关系。特刊在展望"向着21世纪的友好"时说，12年前日中两国实现邦交正常化时，日中关系还处于幼小树苗那样的状态，此后由于两国广大群众用双手精心培育，很快长成日中友好的粗壮树木。尤其在1978年缔结了日中和平友好条约，这棵树更是长得枝繁叶茂，格外茁壮。文章最后提出，"我们应该使旺盛生长起来的日中友好的树木更加粗壮起来，并很好地把它传给我们的子孙后代。这样一来，21世纪的日中友好关系必将成长为一株撼动不了的大树"。

安倍晋太郎在他的《日本外交的指针——谋求和平与繁荣》一书中谈及发展日中关系的重要意义时指出，"亚洲、太平洋地区，目前被认为是世界上最稳定的地区"，出现这种形势的"重大因素之一是中国的变化"。中国下决心推行对外开放政策，并正在克服困难，进一步贯彻这项政策。安倍外相说："中国的这种路线，对包括日本在内的西方国家来说，是值得欢迎的"，日本应进一步开展对中国的合作。"中国进一步稳定，将会进一步增加亚洲、太平洋地区的稳定程度。"今后不仅要加强日中两国在经济方面的合作，而且有必要充实日中其他方面的关系。日中两国不仅就双边关系，而且就国际形势交换意见，并就可能的领域或问题进行合作与协调，将会成为世界上巨大的稳定因素。安倍外相在《日本外交的指针》一书中，阐明了国际形势、日本的"创造性外交"、日本同西方国家、东南亚国家联盟各国、东方国家、发展中国家的关系以及印度支那形势等。

对于日本发动的那场侵华战争，安倍外相明确表示是一场错误的战争。

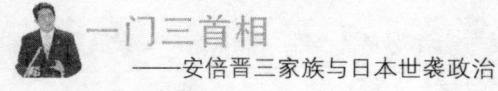

一门三首相
——安倍晋三家族与日本世袭政治

1983年3月4日，日本外相安倍晋太郎在外务省会见由中国来东京寻找亲属的日本战争孤儿时说到：日本发动侵略战争是一个错误，由于这场不幸的战争，使你们在中国生活了38年，对此，表示同情。他说："我们对中国养父母们表示感谢和敬意。"他表示要为孤儿们寻找亲属继续作出努力。

1985年7月30～31日，历时两天的第四次中日政府成员会议在东京圆满结束。会议期间，中国国务委员兼外交部长吴学谦和日本外相安倍晋太郎分别代表两国政府正式签署了和平利用核能协定和1985年度日元贷款的换文。会议结束前，安倍外相与谷牧国务委员分别作了总结发言，会后又就双边经济合作问题深入交换了意见。中日双方联合举行了记者招待会，谷牧国务委员和安倍外相分别发表讲话，并回答了问题。安倍外相说，在这次会议上，双方就国际形势特别就亚洲形势交换了看法，并对中日关系的现状进行了总结。他还说，两国关系日益密切，自然会随之发生各种问题，这就需要坦率交换意见，沟通思想，进行合作；发展长期的日中合作，要深入细致，关键在于经济交流和合作。

1985年10月10日，安倍晋太郎应吴学谦外长邀请参加中日外长定期协商时，安倍外相对今后的中日关系提出了"四项原则"：两国关系应以日中联合声明、日中和平友好条约和日中友好四原则为准则；按照反省过去的战争这一联合声明的精神，（日本）不会再次进行战争，要走和平国家的道路；不再走军国主义的道路；日本决不轻视过去的教训，决心同中国进一步发展友好关系。11日，中共中央顾问委员会主任邓小平在人民大会堂会见了日本外务大臣安倍晋太郎，同他就中日关系问题交换了意见。邓小平说，13年前，中日两国邦交实现正常化，随后两国缔结了和平友好条约。我们对中日关系的发展总的来说是满意的，但也不够满意。我们感到满意的是两国关系的发展是正常的，而且还在逐步发展，我们感到不够满意的是，两国在经济、政治方面都还存在一些不足。邓小平强调指出，中日两国政治、经济关系和人民友好往来应该继续发展，同时双方应该努力避免出现伤害人民感情的事情。

安倍晋太郎说，对过去战争给中国人民带来的损害，我们要进行深刻的反省，而且永远不能忘记。日本人民要求同中国友好的愿望是强烈的。我们将严格按照日中联合声明、日中和平友好条约和日中关系四原则的精神,努力发展两国关系,对解决两国贸易方面的问题也愿意作出积极努力。安倍外相说,日本与中国的关系,现在处于历史上最好的时期。这是我们两国的前辈们在战后脚踏实地、不懈努力的结果。我们十分珍视这种关系,要传到子孙后代;特别是面向 21 世纪,日中关系还要继续不断发展下去。安倍外相认为,日中两国需要在政治、经济、文化及人员交往等各个领域扩大交流。他说,中国现在正致力于国家的现代化建设,中国在经济上实现现代化将是稳定世界的最重要的力量,日本对于中国的现代化建设将积极地进行合作和支持。

五、首相裁定 无缘问鼎

1986 年 7 月,安倍晋太郎辞去外相职务,后担任自民党三首领之一的总务会长(干事长、总务会长、政调会长为自民党三首领)。身受岸信介恩惠的前首相福田赳夫借机把福田派派会——"清和会"会长的职位交给"福田派王子"安倍晋太郎,为他登上首相宝座创造条件。安倍继承了"岸派嫡系"福田派,成立了"安倍派",并与竹下登、宫泽喜一并称为"新三领袖"。随着执政五年的自民党中曾根政权任期的届满,自民党下届总裁的竞选活动逐渐开始,呼声最高的是三位号称自民党新领袖的竹下登、安倍晋太郎、宫泽喜一。

竹下登

宫泽喜一

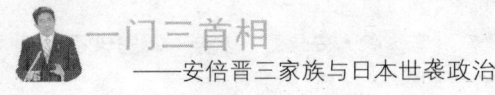
一门三首相
——安倍晋三家族与日本世袭政治

10月8日,决定由谁执掌下届政权的自民党总裁选举活动正式开始。中曾根之后,最有希望登上总裁宝座的自民党干事长竹下登、总务会长安倍晋太郎和内阁藏相宫泽喜一,分属自民党的三个最大派系——田中派、福田派、铃木派。论资历与能力三人各有千秋,相差无几。在派阀的新老交替中,安倍和宫泽都顺利地当上本派的领袖,作为下届总裁的后选人已基本得到本派的承认,并为竞选总裁作好组织准备。相比之下,竹下却遇到了特殊麻烦。竹下登树起了"创政会"旗帜,尽管在派内遭到了二阶堂进等派内重要人士的激烈反对,但仍然夺走了田中派约三分之二的力量,已具备了与宫泽、安倍相匹敌的实力。从当时的态势看,他们三人上台可能性的大小顺序为:安倍晋太郎、竹下登、宫泽喜一,虽然有序但差别不大。由于三者势均力敌,因而首相中曾根对下届首相人选就起着关键的作用,并对下届政权仍能维持一定的影响力。

自民党选举法规定,在总裁选举中如果有四人以上出马竞选,要首先在全国的自民党党员、党友中举行预选;如不足四人,则直接由自民党中的国会议员举行直接选举。此前一天的10月7日下午,原计划参加竞选的前副总裁二阶堂进宣布退出竞选,因此参加竞选总裁的候选人就只剩下安倍晋太郎、竹下登和宫泽喜一所谓自民党新三领袖了。在选举初期,竹下派、安倍派和宫泽派呈鼎足之势,各派都在采取合纵连横的战略,以期取得多数。派系人数居首位的竹下派力图通过与安倍派结盟,联合河本派的力量取得过半数,一举成功;安倍晋太郎为了提高自己派系的地位,自1987年自民党总裁选举中便与竹下派建立了"安竹联盟",拉住河本派,同时又采取与其他各派修好的全方位战术;宫泽则在尽力拆散"安竹联盟"的同时,期待通过协商,依靠中曾根派的力量获得现任总裁指名,实现和平接班;而站在圈外的中曾根派,为在选举之后保持强大的影响力,持"引而不发"的立场;河本派则明确支持"安竹联盟"。

在这种态势下,安、竹、河三派联合的动向引人注目。如果安倍派和竹下派能够通过协商决定执政的先后顺序,再加上河本派的力量取得过半数,下任总裁就会在安倍晋太郎、竹下登中产生;如果安倍派、竹下派二者协商不成,各派之间的合纵连横将更趋激烈。为避免自民党内出现严重对立,安倍晋太郎、竹下登、宫泽喜一已经表示,选举开始后三派将进行协商。如各方争执不下，或由铃木前首相、福田前首相等元老人物出面调停，或由中曾根首相接受各候选人的"委托"，行使指名权。但如果最终各种调停、协商全告失败，便只能通过正式选举决一胜负。当第一次投票均不过半数，第二次"决战投票"时还可能出现新的派系组合。

宣布竞选总裁的候选人均已发表了各自的执政政策纲领，但各家纲领缺少政策论争，多属异曲同工。此外，宫泽喜一、竹下登等表示要继承"中曾根政治"，显然想借助中曾根派的力量。虽然各候选人都宣称要以政策纲领取胜，但在自民党以人数取胜的传统面前，要谋取总裁、首相的宝座，谁都不会放弃"合纵连横，争取多数"的幕后活动。总之，此次自民党总裁选举，可变性因素很多。尽管竹下派在实力上居首位，但宫泽派在财界较得人心，安倍派则有当过外相的外交经验资本，加之各派力量互相制约以及日本国内外形势诸因素，究竟鹿死谁手，尚需拭目以待。

随着中曾根总裁卸任日近，各派的活动愈加频繁。到1987年5月，田中派内的竹下集团几乎夜以继日地聚会。田中派会长二阶堂进对于竹下登意在竞选总裁的动向耿耿于怀。田中派的内讧使安倍派和宫泽派窃喜。因为，如果拥有141名议员的田中派一致推出一名候选人，再联合一个较大的派阀就可稳操胜券。因此，安倍、宫泽两派都巴不得田中派分裂。于是，安倍派力促竹下独立；宫泽派则猛拉二阶堂进。5月初，宫泽派的干部转弯抹角地怂恿二阶堂进说："如果你……我们便全面支持。"并且放风说："与二阶堂同乡的九州岛出身的议员已默认支持二阶堂。"5月11日，宫泽派元老铃木甚至亲自同二阶堂进进行了密谈，最终导致田中派分裂，竹下派正式从田中派分离出来。

从田中派内分裂出来的竹下派拥有113名议员，仍然不失为自民党内的最大派阀。但是，距离自民党议员（445人）的过半数（223人）仍相差甚远。因此，若想问鼎总裁宝座，必须要在各派之间展开"合纵连横"，这是竞选胜败的关键。竹下登同安倍晋太郎在政治生涯上是"同期樱花"，同于1924年出生，同于1958年当上众议员。在政治活动中两人互相鼓励，互相帮助，一直保持着在日本政界中罕见的友谊。在"合纵连横"的混战中，两人心有灵犀一点通，双方都有联合之意。竹下登的长女嫁给了副首相金丸信的长子金丸康信。金丸信在这次总裁竞选中充当了竹下登的后台

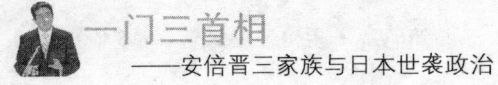
一门三首相
——安倍晋三家族与日本世袭政治

老板。金丸信同总务会长安倍晋太郎关系密切,竹下战略的第一环,就是让金丸信斡旋"竹安联合"。然后再拉上河本派,三派议员的人数就超过了自民党议员的过半数。这样就可以奠定取得政权的坚实基础。

安倍派认为,有了"安竹联盟",既可以挤掉宫泽,又可以封锁住中曾根派。因此,安倍派干部对河本说:"你作为'安(倍)竹(下)河(本)联盟'的粘着剂,可左右这次总裁选举。"河本派虽是小派,只有32名议员,在这次总裁竞选中也没有候选人,但是,在各派的"合纵连横"中却突然显示出特殊的重要性。因为,不管是安倍、竹下两派联合,还是宫泽、中曾根和二阶堂三派联合,都不能达到过半数,而只要加上河本派就会起质的变化。这种形势使河本派的身价大为提高。河本派自三木内阁以后,十多年来一直坐冷板凳,因此在这次总裁竞选中,无论如何也要"骑胜马"。就是说,洞察形势进展,看准谁能取胜,便与谁联合,以便在下届政权中获得优厚待遇。宫泽派的战略是促使田中派分裂后,以宫泽派和中曾根派联合为基轴,再拉住河本派与田中派二阶堂系。其战略的核心是取悦中曾根首相,以促使中曾根把政权"禅让"给宫泽。

在派系林立的自民党中,竹下、安倍、宫泽为寻找盟友而殚思竭虑,致使"合纵连横"的局面花样翻新,真似走马灯一般。在错综复杂的"合纵连横"中,安倍、竹下、河本三派终于在9月9日公开表示,要坚持信赖关系,这使宫泽派陷入被动。在激烈的角逐下,竹下、安倍和宫泽三派都把中曾根派议员作为争取的对象,因而中曾根派的动向具有举足轻重的影响。中曾根首相本人更有雄才大略。他力图实现由他一手指定下届总裁人选的宏愿,以便对下届政权施加最大限度的影响,并避免中曾根派在选举中因议员支持不同的候选人而分裂。

中曾根执政已近五年,在日本政界颇具影响。特别是1986年夏天,中曾根力排

中曾根康弘在东京的办公室

众议，冒着风险，断然举行了众参两院同日选举，取得了自民党建党以来从未有过的胜利，从而延长了一年的总裁任期。但是，中曾根仍企图在下届政权中发挥自己的影响力。竹下、安倍和宫泽三位自民党新领导人，为了争夺下届总裁宝座，早已跃跃欲试，彼此成了竞争的对手。中曾根的精明之处就在于，把三位新领导人都安插在同等重要的岗位上，使他们构成鼎足之势，相互掣肘。谁对首相表示忠诚，中曾根便对谁表示好感，致使三位新领导人后来争相讨好首相。这种态势维持到竞选活动开始以后。这便为中曾根左右竞选形势创造了条件。但是，在错综复杂的争斗中，最终要实现中曾根裁定，仍是一件极难之事。在总裁角逐中，竹、安、河三派联合之势逐渐明朗。中曾根对这种动向从开始便视为眼中钉。正像竹、安两派在联席会议上所鼓吹的那样："竹、安、河三派联合便封住了首相的影响力。"对此，中曾根的一位亲信恼怒地说："如果竹、安、河坐上一辆汽车不理中曾根派，那么，我们就安排另一辆汽车！"

到了1987年10月，安倍晋太郎和竹下登、宫泽喜一争夺首相职位仍然不分上下。如果安倍晋太郎和竹下登能够通过协商决定执政的先后顺序，下任总裁就会在安倍晋太郎、竹下登中产生。中曾根为了实现其由自己指定下届总裁的心愿，同他的"军师"佐藤孝行反复设计各种方案，最终决定使用"挑担计"。此计的机关是，把安倍放在中心，把竹下和宫泽放在两侧，以形成"挑担"之势。设定此计的背景是，在这次总裁竞选中，竹下登和宫泽喜一誓不两立，而安倍晋太郎既要维持竹、安、河联合以挤掉宫泽喜一，又幻想拉住宫泽派以同竹下派讨价还价，因此安倍晋太郎正好处于中间支点上。在这种微妙的平衡中，中曾根作为砝码，其重量便很容易显示出来。另外，中曾根首相通过各种渠道不断让三位候选人以为自己可能当选，以便诱导形势的发展。因此，这次总裁选举充满了扣人心弦的高超智斗。

10月18日，离选举日只剩下两天了。中曾根首相在西多摩郡的别墅"日出山庄"里，正光着膀子整理庭院。中午，河本派的议员北川石松到访，中曾根拒见。下午，他去游泳池游泳。记者问他："政局前景如何？"首相仰望晴空："什么也看不见。"记者问："首相调整是否有进展？"首相饶有风趣地说："人家不委托，如果指定，岂非越权。"

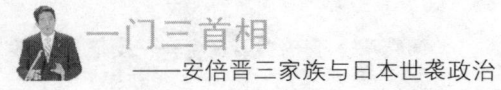

一门三首相
——安倍晋三家族与日本世袭政治

这一天，安倍、竹下和宫泽，都在进行着紧张的活动。下午，竹下的对头二阶堂进紧急走访宫泽派元老铃木："为了阻止实现竹下政权，应该支持安倍。"铃木充耳不闻。二阶堂进旋即又找安倍派的福田："要切断竹、安联合，河本是关键。你应去作河本的工作。"福田见了河本，但未得到任何许诺。夜里，宫泽派的一位干部突然听说"首相可能指名安倍"，赶紧找到宫泽，对宫泽说："现在你应该急流勇退，转而支持安倍。我们还可在下届政权中增加分量。"宫泽喜一斩钉截铁地说："首相不可能指定安倍和竹下！"

19日，总裁选举的前一天，竹下登、安倍晋太郎和宫泽喜一的角逐到了关键时刻。那天一早，中曾根首相悄然闪进首都官邸，谢绝一切来客，静观局势发展。蹲在首相官邸的记者，像热锅上的蚂蚁。早晨，财界盛传首相要指名宫泽。9时40分，宫泽喜一在本派全体会议上说："我认为，已经能够避免以投票的形式决定胜负。我们一直为此努力，现在可以感到骄傲了。"

中午时分，在东京赤坂王子饭店里，竹下和安倍一面共进午餐，一面开始了八个半小时的马拉松会谈。安倍说："竹下君，你不是总是说'让我先当（首相）'吗？所以我想得到你的支持，建立安倍政权。就是你现在担任的（自民党）干事长，也是金丸说服我才让给你的。金丸那时说，干事长在下期政权中要起到协调作用，让竹下做吧。所以我就让给你了。但是，怎么了，现在怎么话又全变了？"竹下只是听着。安倍又接着说："我被金丸利用了，为什么？因为他想推你当首相，这次我绝对不后退。"竹下登脸色苍白，安倍说的是真的，但他也不能后退。他说："安倍，经世会（竹下派会）如果是100人以下，我让给你，支持你。但是，经世会有114人。加上其他支持我的议员有130人。我也不能后退。正因为我要当总裁，才会有这么多人聚集过来。安倍君，如果你站在我的立场上会明白我吧？"安倍晋太郎不退步地说道："在日本目前的形势下，你虽然有最大派系的支持，但我在这四年的时间里和美国、欧洲、亚洲建立起的良好的国际关系，会引导日本走向正确的道路。那是更好的路。所以这次你要支持我！而且你不顾田中的重压强行自成一派。还没过多长时间，你跟二阶堂他们为敌，宫泽派也'绝不让竹下上台'，（如果你坚持的话）自民党就不能举党一致了。"但竹下登最终也没有做出让步。

此时，中曾根首相正要去小食堂进午餐，记者们蜂拥而上。但首相只有一句话："三位候选人正在会谈，我现在插嘴乃是越权行为。"下午 7 时 20 分，首相再去小食堂吃饭，又被记者包围，首相若无其事地说："仍是白纸一张。"在竹下、安倍会谈的过程中，与首相关系密切的堤义明打电话给竹下派事务总长小渊惠三："如果让首相指名，百分之百地会指定宫泽！"堤义明为了强调他的情报准确，这位有名的"世界首富"宁愿以他的全部财产作担保。此话立刻传到赤坂王子饭店。竹下登立刻把亲家副首相金丸信叫来。

两天没睡好觉的金丸赶到王子饭店，拿起电话，直拨首相官邸："我是金丸。我要见首相！"

电话里说："首相说，谁也不见。"

金丸气得暴跳如雷，要求同首相通话。首相接了电话。金丸说："听说你要指定宫泽当总裁，这是怎么搞的！"

首相慢条斯理地说："我还没有受权指名，怎能指定宫泽？如果有人说了那样的话，你把他带到这里来。"

晚上，中曾根派的稻叶修在安倍派面前嘟哝："夜里 9 时，首相将决定指名安倍，还不赶快无条件委托首相裁定？"王子饭店里，竹下登和安倍晋太郎还在会谈。竹下登向安倍晋太郎施加压力说："如果进行选举，您就要落到第三位了。"

安倍晋太郎思前想后，终于同竹下登一起同意由首相指名。在走出房间时，安倍晋太郎累得差点跌倒。晚上 9 时 12 分，内阁官房副长官渡边秀央向首相报告："安、竹、宫一致同意由中曾根裁定。"至此，日本政局风云突变，"三雄"最终听命于首相裁定。

中曾根首相如获至宝，立即走到办公桌前，抄起一支最廉价的"签名笔"，在"内阁用笺"上疾书裁定文稿。此时，中曾根首相早已胸有成竹了。当首相写到第三项时，已是晚上 9 时 40 分。中曾根按时前往自民党本部，出席精心安排的自民党五位主要领导人会议。

会上，首相对竹下、安倍和宫泽三位候选人在竞选中所作的努力深表敬意。在重新确认三位候选人同意由首相裁定后，中曾根竟让他们提出辞

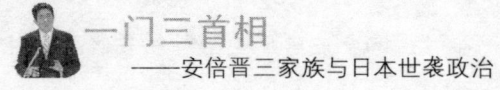
一门三首相
——安倍晋三家族与日本世袭政治

退候选人资格的报告。中曾根使出这一招儿，便堵死了事后不服裁定者的退路。由于"三雄"都认准了首相会指定自己当总裁，当即表示同意。首相严肃地说："请诸位稍候，裁定就在今夜做出。"

首相让"三雄"退出，火速传元老议事。安倍派的老前辈、前首相福田赳夫，宫泽派的老前辈、前首相铃木善幸，原田中派（竹下派前身）会长、前副总裁二阶堂进，先后前来。在首相面前，福田力举安倍晋太郎，说他最懂外交；铃木苦荐宫泽喜一，说他精通政策；竹下登的死对头二阶堂进坚持表示：除了竹下谁都可以。中曾根佯装洗耳恭听，并无明显表示。中曾根回到首相官邸，便在裁定文稿上一锤定音："……经过深思熟虑，决定让竹下登充当总裁候选人……"

10月20日凌晨零时5分，自民党政调会长伊东正义拿到"中曾根裁定"，直取自民党本部。"三雄"早已在那里恭候。伊东把复印的三份文稿分发给他们后，便照本宣科。竹下登打开文稿，立刻翻到第三页，看到"竹下登"三字，便闭上了眼睛；宫泽喜一一看到竹下登的名字，脸上立时涨得通红，站起身来对竹下说："祝贺你！"安倍晋太郎随着伊东的读速往下看，当看到竹下登的名字时，也坐在原处对竹下登说："祝贺你！"俩人还伸出手来与竹下登握手，竹下登却半晌未反应过来。

"中曾根裁定"实现之后，中曾根首相对来到首相官邸的本派议员自我欣赏地说："顺利地收拾了这个局面，好极了！"10月21日夜，中曾根的"军师"佐藤孝行心满意足地说："事情的发展，符合预想的图式。"这个所谓的图式，据说就是他与中曾根密谈时设计的。几名候选人一致无条件地恭请首相指名。而且由首相一手裁定，在32年的自民党历史上是空前的。

中曾根为什么指定竹下登为下届总裁？实际上，"中曾根裁定"仍然是自民党内的重视人数因素原则。的确，竹下登是自民党内最大的派阀，指定他为总裁，容易实现举党体制。然而，中曾根推出竹下登还另有原因。五年前，中曾根是靠田中角荣上台的。他在执政的过程中，也得到了田中派的大力支持。现在，田中派的议员绝大部分归到竹下派内，推出竹下政权，也算还了这笔人情债。在安倍晋太郎的背后，有中曾根的老对头福田赳夫；在宫泽喜一的背后，有曾经要把中曾根拉下马的铃木善幸；而竹下登背后的田中角荣,则已经病倒在床,而且二人的关系已经不睦。中曾根想对下届政权施加影响,由竹下登当政显然是最方便的。而且,以此把福田和铃木"束之高阁",也痛痛快快地出了一口气。

安倍晋太郎和宫泽喜一兴致勃勃地要求中曾根裁定,但裁定的结果却使他们挨了闷棍。安倍派懊悔地说:"又上了中曾根的当!"他们如梦初醒地说:"来自首相方面的传说,原来是诱导安倍晋太郎同意首相指名的谋略广播。"20日下午,安倍晋太郎到首相官邸见到中曾根时自嘲地说:"归根到底我们三个人都被你抓在手心里捉弄了。"人们认为,安倍晋太郎最大的失策是同竹下登之间未推出统一的候选人。另外,没有硬起腰杆同宫泽喜一联合。

1987年10月20日,日本以"中曾根裁定"的方式,实现了政权更迭。"中曾根裁定"一举结束了群雄对总裁宝座之争,巧妙地推出竹下政权,在日本历史上留下奇妙的一幕。竹下登被中曾根首相指名为其接班人,10月31日自民党召开第48届临时党大会,选举竹下登为党总裁,11月6日,竹下登又在临时国会会议上被选举为内阁首相。竹下登当选党总裁后,任命安倍派首脑安倍晋太郎为党的干事长,宫泽派元老伊东正义为总务会长、渡边派首脑渡边美智雄为政务调查会长,同时,竹下登将桥本龙太郎作为竹下派代表任命为干事长代理,负责在各派出任的副干事长之间的协调工作。

六、利案牵连 悲剧候补

1988年8月,日本"利库路特贿赂案"被揭露,举国为之哗然。该案虽系"中曾根时的舞弊事件",但涉嫌此案的有竹下政权中一大批显赫要员,时任自民党干事长的安倍晋太郎也因此案受到了牵连。

利库路特公司原是一个不知名的"大学新闻广告社"。1960年由刚从东京大学教育系毕业、年仅23岁的江副浩正创办,开始只雇了两名社员、六名临时工。他们收集企业招聘广告,出版《企业介绍》(后改称《利库路特手册》)等刊物,向应届高中、大学毕业生出售,以谋生计。创业时,一无房产,二无雄厚资金,加之同业竞争激烈,经营颇为艰难。三员兵将不分高低,每月只能分得9000日元生活费,连大企业普通工人平均工资

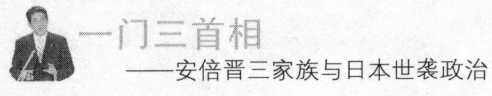

的一半都不到。

然而，20世纪60年代到70年代初日本经济的持续高速增长和"招工难"、70年代末期以来的情报化潮流，使这个小小广告社走上红运，杂志畅销、财路渐开，成为令人刮目相看的暴发户。一个60年代的小企业，70年代成长为中型企业，80年代跨入大企业行列。1984年，该社正式取名为利库路特公司（英文recruit，征募之意）。该公司在1988年拥有27个子公司，6200多名职工，经营广告、不动产、旅游、饭店、农业、计算机通讯服务等多种业务。1987年销售额达1839亿日元，申报收益达305亿日元，名列日本企业的第130位。1984年，江副浩正加入经济同友会，两年后被选为该会干事，其间该公司也加入了日本最大经济团体——经团联。

经营上的突飞猛进，使江副这个只埋头做生意的企业家也学会了拉拢收买政界要人和社会名流的关系学。这也许是扩大企业的社会影响、不断开拓生财之路所必需的。据估算，80年代该公司每年支付的"社交费"多达10亿日元，八年间开销80亿日元。公司部长级干部每年的社交费达1500万日元，江副等高级领导人的社交费达上亿日元。行贿的办法是多种多样的：请客吃饭、招待高尔夫球、钓鱼之类不过是"小意思"；竞选议员，分头去送捐款，一送就是200万日元；出任大臣，"车马费"送100万日元；政治家为搜刮资金办宴会，少则几十，多则上千张的认购宴会券；请政客、官僚到公司讲演，每次付酬一二百万日元；加入政治家们开办的这个会那个会，定期捐款；为政界要人的子女安排工作、介绍职业等等，不一而足。不过，江副的关系学不算太精明。他是广种薄收，不怕花冤枉钱。据说，有一次一位财界干部死了，他就送香火钱多达100万日元。不仅没有得到赞赏，反而成了人们的笑料。

转让股票是江副拉拢政界要人的新花样。据《朝日新闻》的不完全统计，利库路特公司通过转让股票、捐款、认购宴会券及其他各种形式，先后向60多位国会议员行贿，其数额达13.3亿多日元。当然，这个数据是不完全的，有人甚至估计被该公司收买的国会议员可达200名之多。1984年12月和1986年9月两次股票转让对象多达155人，其中多为政治家、政府官员、财界、新闻界和教育界的名人。这些人以每股1200～3000日元的低价接受股票，购买股票的资金又是由该公司系统的金融机构贷款垫付。他们在1986年10月底股票正式上市后看其价格上涨抛售，上市时达每股5000日元，翌年4月上涨到7000日元，坐收渔利。从表面上看，股票的买与卖合理合法，但从实质上看，该公司把投机赚钱的机会和手段拱手捧给特定的权贵们，实属行贿和受贿，在合法的外衣下隐藏着权力和金钱之间的肮脏交易。

利库路特公司向政界大量行贿，是在中曾根当政时期。这不是偶然的巧合。在中曾根执政的五年（1982年~1987年）里，日本为了实现从"经济大国"向"政治大国"迈进，加强在国际事务中的发言权，着手调整内外政策，改组国内政治力量，保守党的政治家们表现出异乎寻常的"活力"和雄心勃勃的战略抱负。当政的中曾根首相自不待言，准备上台的"新领袖"、欲展宏图的"下一代新领袖"们，都忙于扩充自己的实力，挖掘新财源。江副看准了这样的时机和投资对象，给他们雪中送炭。他在选择转让股票的对象时曾对身边的人说，要选择"到21世纪也能交往的先生们"。

中曾根通过其秘书共接受了2.9万股即将上市的股票，其中股票上市后立即抛售2.3万股，收益6385万日元，另加各种捐款45~75万日元，一共从利库路特公司获得1.1亿日元的政治资金。在中曾根执政时期，安倍晋太郎、竹下登、宫泽喜一等3人，被人们公认为是接管中曾恨政权的"新领袖"，而他们之间为了争先夺取权力宝座进行了明争暗斗。利库路特公司为了拉拢新领袖，乘机大行贿赂。竹下自1985年至1987年，以其秘书、亲属的名义从该公司接受股票1.2万股，倒卖收益2400万日元，捐款4500万日元，发售宴会券收入8000万日元，另外其秘书向该公司"借款"5000万日元，共达2亿日元，令人惊讶。另外两位"新领袖"安倍和宫泽分别从该公司接受股票近万股，政治捐款各5000万日元。

川崎市人口仅50万，却以钢都和海港驰名国内外。根据日本国土开发厅的最新规划，这里属于"东京的高科技开发区"，自然受到许多企业家的青睐。80年代利库路特公司也不甘人后，在这里购地建房，开辟了电讯电话及情报服务业务。里案内幕正是从这里开始曝光的。1988年3月，当利库路特公司在川崎的情报服务大楼张灯结彩，欢庆新楼竣工的时候，

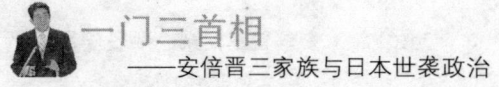

一门三首相
——安倍晋三家族与日本世袭政治

神奈川县警察局接到了指控川崎市市长助理小松秀熙的举报,说他在利库路特公司在川崎市火车站西口购地建大楼时,利用他当时担任计划调整局局长指挥开发工作的职权,为该公司提供诸多便利,并于1984年12月接受利库路特宇宙公司尚未上市的股票3万股,在1986年10月底该股票上市后转手倒卖,获利1亿多日元。县警察局和横滨市地方检察厅受理此案,决定只做内部侦查,但其态度谨慎,封锁消息,似乎无意深入调查。

警察当局的举动,一般人自然无法知晓,但躲不过新闻记者的嗅觉。此事被《朝日新闻》川崎分社年轻副社长山本发现。山本从学校毕业不久,年轻气盛、雄心勃勃,有初生牛犊不怕虎的胆识,欲干一番大事业。他认定这其中必有蹊跷,便带领几名青年记者,开始了跟踪调查。幸好,那时利库路特公司对来访的记者没有多少戒意,提供了该公司向小松转让股票的材料。不过这些材料需要由小松本人来供认,同时需要证明转让股票与小松业务之间的交换关系,否则就没有新闻价值。然而,当记者登门采访小松时却受到了种种刁难,没有得到任何有价值的新闻。

正在调查搁浅的时候,喜从天降,一位不愿公开身份的人向山本提供了重要情报。此人在一天晚上给山本打电话,约山本在东京新宿区一家小咖啡馆见面。第二天,山本如约来到咖啡馆,一位身穿和服的中年人朝山本走来,从怀里掏出一份打印的材料让山本从速过目。材料中写道:1984年12月,利库路特公司将其未上市股票转让给76名政界、财界要人及社会名流,其中包括3名国会议员,并开列了这76人的名单及股票数额。由于人数多,且有不少陌生人物,只凭脑子无法全部记下来。但证实了小松秀熙接受股票的事实,并了解到前文部大臣森喜朗等重要人物涉嫌此案的重要情报,受益匪浅。不一会儿,那人离席而去。山本无可奈何地目送这位神秘的人物远去,消失在大街的滚滚人流之中。此人究竟是谁?一说是检察当局的人,一说是利库路特公司的人,但都是猜测,并无材料证实。不过,这个人是知情者这一点却是无可置疑的。

1988年6月18日,《朝日新闻》社会版头条发表了山本记者从多方调查获得的有关小松秀熙受贿的情况,引起了社会的强烈反响。6月20日,川崎市市政府免除了小松的职务。日本经济新闻社长森田因获8000万日元股利辞职。以川崎市市长助理小松秀熙受股被揭露为开端,日本列岛又激起"利库路特疑案"的轩然大波。见到报道产生的社会效应，《朝日新闻》决定向政界顶峰突破。

6月25日，《朝日新闻》刊登了前文部省大臣森喜朗接受利库路特公司股票一事；6月30日，刊登了自民党政调会长渡边美智雄、前防卫厅长官加藤纮一、前农村水产大臣加藤都接受过利库路特公司未上市的股票，还公布了股票买卖和获利的具体数字；7月6日，《朝日新闻》头版报道了自民党干事长安倍晋太郎、大藏省大臣宫泽喜一和前首相中曾根康弘的助手接受过利库路特公司的股票；7月7日，该报头版头条刊登利库路特公司董事长江副浩正因股票丑闻败露而辞职和竹下登首相涉嫌之疑。有关利库路特公司行贿的报道越来越多。

在新闻媒介、在野党、司检部门的调查揭露下，涉嫌"利库路特案"的人和事逐渐曝光，位于事件核心的江副浩正总裁被迫辞职；为隐藏真相向知情者行贿的利库路特宇宙公司总经理助理松原弘被逮捕；慑于在野党压力，自民党不得不决定在众院设立"利案特别调查会"，并于11月21日举行了第一次国会听证。

特别值得一提的是，东京地方检察院组成了由25名检察员构成的"里案特搜部"。据称，"特搜部"以"不让巨恶安稳"为宗旨，将侦查的重点转向涉嫌"利库路特案"的政府要人。由于此案涉及政界、财界和新闻界要人达76人之多，为此东京检察厅将立案进一步追查。"利库路特案"东窗事发，牵动了日本朝野和全国国民的神经。

日本各大报纸竞相报道一些政界要人以其秘书和亲属名义接受股票的情况。这些政界要人迫于舆论压力，交代了部分事实，但都避重就轻，吞吞吐吐，把事情推给秘书或亲属，更不肯承认其中有违法行为。自民党政调会长渡边甚至倒打一耙地说，"股票交易合理合法，无可非议，批评者不过是看别人得到好处眼红，才说三道四。"

6月中旬至8月底，虽说在野党议员在国会强烈要求彻底查清此案，各大报纸也相继揭露了一些内幕，但没有更多、更确凿的材料证明，因此舆论攻势由强变弱，给人们以小题大做的印象。东京地方检察厅虽从7月份着手调查，但没有采取强有力的措施，只不过装装样子而已。这种形势使不少在野党议员们感到，要把此案彻底揭露出来，只靠舆论攻势是不够

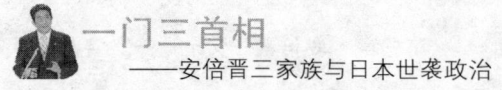

的，必须依靠自己的力量紧追不舍地跟踪调查，掌握确凿的罪证。于是，社会党、日共党等在野党分别组成调查班子，深入追查。而社民联议员楢崎弥之助则单枪匹马地进行调查，只让他的秘书和儿子做帮手。

在各方调查的同时，利库路特公司也采取了一系列反调查措施。6月中旬，《朝日新闻》公布小松受贿情况后，江副浩正等公司领导人表面上若无其事，内心却是惶恐不安，如坐针毡。江副等人对1984年12月向76人转让股票（共124.6万股）的内情被泄露感到恼火。但真正害怕的还不是这一笔，而是行贿嫌疑更重的1986年9月向79名政界、财界要人和社会名流转让的一笔（共76万股）。这是因为，前者离股票上市差不多有两年间隔，股票正式上市后其价格涨落并无确实把握，投机嫌疑不大，而且接受股票者多是该公司的老关系户。这种转让在日本司空见惯，不一定把它看作是行贿受贿。但后者则不然，转让对象几乎都是政界、财界要人，转让时间又是股票上市前夕，投机性很浓，该股票一旦上市肯定会随地价的上涨而上涨，持股者不费吹灰之力可坐收渔利。充分说明，这是地地道道的行贿受贿。因此，江副等人十分害怕这一笔勾当暴露出去。万一事情败露，公司的名义受损还是小事，更重要的是会直接殃及自民党的声誉和竹下内阁。因此，为了防止事态扩大，尽快平息方兴未艾的这场风波，该公司秘密组织了以江副为首的"危机管理班子"，四处活动。他们相信金钱的力量，以为它能使鬼推磨，殊不知世上还有不吃这一套的人。

利库路特公司的危机管理班子遇到楢崎弥之助这位刚直不阿、见利不动心的议员，不仅没有达到目的，反而搬起石头砸了自己的脚，楢崎通过调查发现了1986年9月利库路特公司向政界、财界要人转让股票的蛛丝马迹。他把调查的结果一一公布出来，这给利库路特公司造成了致命的威胁。

于是，该公司派其子公司宇宙公司社长办公室主任松原弘多次登门拜访楢崎，企图以重金封住他的嘴。楢崎一眼看穿了松原的意图，事先与电视台联系，在他家里会客厅安装了摄像机。把松原将一包点心和内装500万日元的红包递给他，他当场回绝的场面及对话全部拍了下来，录了音。1988年9月5日，楢崎在国会举行记者招待会，向社会公布此事，当晚日本电视新闻节目中播放了录像资料。这样，曾一度平息的里案风波又起，社会舆论再度纷纷谴责利库路特公司的卑劣行径，要求彻底查清此案的呼声日益高涨。

"利库路特疑案"的出现是利库路特公司的经营野心与日本政界盛行"金权政治"结合的产物。该公司采取直接转让和通过第三者（五家皮包公司）迂回转让的隐蔽方式向各界要人转让股票，说明此案是精心策划的，超出了一般商业行为的范围。

"利库路特疑案"核心人物利库路特公司总裁江副浩正身兼任中曾根设立的税制、教育、土地、行政四个改革委员会的委员，这一切都说明利库特公司与政界有着特殊的关系。据报道，江副向政界、财界大批要人散发股票，是对利库路特公司发迹的"报答"和着眼未来发展的"投资"。1976年，田中角荣涉嫌"洛克希德事件"遭逮捕曾给政界以震动，但由此开始的所谓十年"田中时代"（田中以操纵庞大的田中派控制政坛的时代）给日本的政治家以这样的信条：权力靠人力、人力靠财力。在"金权政治"横行的日本政坛，拜金狂辈出，政客们的政治资金与年俱增，而自民党一党超长期执政使政府官员与财界"粘着关系"变得牢不可破。

1988年10月中旬，东京地方检察院介入，并组织特别调查部和四个调查小组，立案侦查股票丑闻事件，并配备精兵强将分头进行侦查工作。经过半年多的调查取证，东京地方检察院于1989年2月中旬开始逮捕涉嫌人，其中包括利库路特公司前董事长江副浩正、日本电信电话公司前董事长真藤恒、前文部省事务次官高石邦男和前劳动省事务次官加藤孝元等13人。4月11日，在新闻界的穷追猛打下，时任日本首相的竹下登在众议院预算委员会上作出说明，公开承认从利库路特公司得到政治献金1.5亿日元。众院"利案特别调查会"公布了利库路特公司提供的政府官员在1984年12月和1986年9月两次接受股票的名单，名单公布后即受到在野党和舆论界的指责，认为它仅仅是对迄今揭露材料的追认，缺乏可信性，在大量隐姓匿名的所谓"公司职员"名下，肯定会有政府官员，因而要求公开全部"公司职员"的真名实姓。另据《每日新闻》掌握利库特公司的内部材料，1985年4月，江副浩正总裁曾直接向多名政界人士转让近20万股未上市股票。无怪乎舆论界称"利库路特疑案"是一起"无底无边的疑案"。

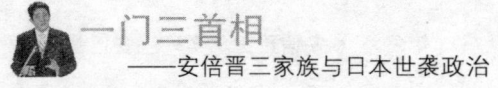
一门三首相
——安倍晋三家族与日本世袭政治

然而,即便仅以利库路特公开的名单看,说"利库路特疑案"是一起"远远超出洛案的政权舞弊案"(社会党见解),也不过分。在155名受股者中,以本人、秘书、亲属等名义受股的政界人士达26人之多,其中,国会议员16人,次官级官僚2人,除共产党、"社会民主联合"外,日本主要政党几乎无不卷入。但是,问题的严重性在于,处于执政地位的自民党卷入之深令人瞠目,这些涉嫌者大多处于自民党政权的中枢。

在12名自民党议员中,有前首相中曾根、现首相竹下;有被视为"竹下之后"首相继承人的安倍晋太郎、宫泽喜一、渡边美智雄;有被誉为政坛新星、世纪末自民党领袖的藤波孝生、加藤纮一、森喜朗等。这种状况,在自民党党史上尚属罕见。

所谓祸不单行,正当自民党因"利库路特疑案"搞得声名狼藉,需要自民党内有强人支撑之时,安倍晋太郎身体却不行了。1989年4月,安倍晋太郎对洋子说胃不好,之后到顺天堂医院接受精密检查,认定是"总胆管结石",医生和身边的人建议他做手术,因为工作直到5月15日安倍晋太郎才动了手术。术后医生告诉安倍晋三和他母亲洋子(晋三的哥哥宽信在加拿大)晋太郎得的是胰脏癌很难治好,但情况好的话也能活好几年。按照医生的建议,家人对晋太郎隐瞒了病情。此时竹下登由于受到"利库路特贿赂案"的牵连,4月25表明了辞职的意向。晋太郎身为干事长和安倍派首领因为住院不但自己不能继任首相,也失去了对后继人选的发言权,其内心的痛苦可想而知。

竹下登辞职后,很多人主张桥本龙太郎出来接班。但竹下登和竹下派派会"经世会"会长金丸信担心桥本上台会切断各派首领竞选总裁的去路,因此提出反对。6月2日宇野宗佑接替竹下登成为首相,后因性丑闻名誉受损,导致自民党参议院选举惨败,因此7月24日声明下台。7月25日,安倍晋太郎从顺天堂医院出院,马上开始活动。因涉嫌利库路特案问题,安倍晋太郎无法出马竞选自民党总裁。他急需一次大选的洗礼来消除利库路特丑闻的影响。他跟"经世会"会长金丸信秘密会谈,积极活动解散众议院,重新进行大选。宇野下台后,竹下登还是想留机会让自己的盟友安倍晋太郎接任,因此他和安倍晋太郎推举跟安倍当选议员次数一样的海部俊树接任。8月10日海部俊树内阁成立。

安倍晋太郎想通过出访苏联为复出创造有利条件。12月14日，安倍晋太郎争夺首相的最大竞争对手宫泽喜一访问美国，并同布什总统会谈。宫泽喜一也跟安倍晋太郎一样受"利库路特贿赂案"的影响不能在日本大张旗鼓地活动，因此到美国活动。安倍晋太郎着急了。在各方努力下，1990年1月15日安倍晋太郎终于率领代表团出访苏联，和戈尔巴乔夫在克里姆林宫举行会谈，访问取得了完满成功。

桥本龙太郎

安倍晋太郎高兴地对一直同行的儿子晋三说："和戈尔巴乔夫的会谈总算成功了。北方领土问题也取得了前所未有的进展。在下次大选中我们要宣称苏联选定自民党作为谈判对象，而且是选定了安倍晋太郎。我们要表明今后还是有实力者的时代，派系的首领还是很必要的。"安倍晋太郎把所有的希望都放在重新大选上。

1990年2月日本重新进行大选，安倍晋太郎忘掉病痛，斗志昂扬地投入选战之中。"安倍派"四大金刚之一的森喜朗为安倍晋太郎助选。安倍晋三虽然担心父亲的身体，但他理解父亲的心情，想让他做他想做的事情。在这次选举中"安倍派"有22位新议员当选，创造了自民党新记录。但7个月之后安倍晋太郎病情恶化又住进顺天堂医院。1991年5月15日，由于病情恶化，离首相只有一步之遥的安倍晋太郎带着深深的遗憾离开人世，终年67岁。

性格温和、谈话中规中矩的岸信介女婿眼看着就要坐上"总理大臣"之位时，却因癌病在东京一家医院去世，成为一个"悲剧的首相候补"。安倍晋太郎去世前，把儿子们叫到一起。他对自己的秘书、次子安倍晋三说："我的人生道路是自己走出来的，你的路也要自己走。"安倍晋三含泪点了点头。

5月16日，5000人参加安倍晋太郎的"通夜"，17日8000人参加他的葬礼。人们普遍对他的去世感到遗憾。中曾根康弘出席葬礼时遗憾地说："应该让他当一次首相。"安倍晋太郎的盟友竹下登在他去

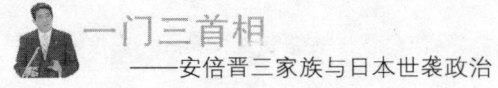
一门三首相
—— 安倍晋三家族与日本世袭政治

世前去探望，悔恨地说，"早知道这样先让安倍当首相就好了。"后来，他去山口县给安倍扫墓时流着泪对洋子说："我从没背叛过安倍晋太郎。所以不管发生什么事，我都支持安倍晋三。为了晋三我可以支持十次。"他又说："我来这（扫墓）是因为我跟安倍晋太郎的友情而不是派阀的关系。"森喜朗在悼念时回忆说："我与安倍先生的结识是在当选众议员后。在我党选众议员时，安倍岳父岸信介已是七十高龄的老人，他不顾年老从韩国访问一回来的第二天，就乘车赶到我的选区为我助选，在小松市的数个人大会上发表党内演讲，帮了我很大的忙。我当选后又介绍我参加福田派，他的女婿安倍晋太郎已是福田派的'王子'，对我很关照，我一定要进行报答。"

安倍故去后，安倍派内"四大金刚"分为两大阵营，加藤方面极力推举盐川，理由是"盐川虽然身体欠佳，但资格老，曾九次当选众议员，由他坐镇，安倍派内将不会出现对立面"。支持加藤的有原运输大臣石原慎太郎、原劳动大臣大野明、原自治大臣吹田愰；另一方面，"四大金刚"之一的森喜朗及原厚生大臣小泉纯一郎提名由事务总长三冢博任清和会会长，这一提名得到派内半数以上的骨干和年轻议员的支持。经过一个多月派内协调工作，双方虽互不相让，但一致同意老资格众议员安倍派座长长谷川峻作为斡旋人，长谷川峻反复征求派内元老及各方意见，最后于6月29日在安倍派联席会议上宣布，由三冢博任第三届清和会会长。从此，安倍派正式改为"三冢派"。

第四章
安倍晋三——纯种政治家

安倍晋三（1954～），二战后出生的日本政治家。他出生于显赫的政治世家，是日本政坛上的一个"纯种政治人物"。从1982年给担任外务大臣的父亲当政务秘书开始，安倍晋三就踏上了从政之路，先后得到前首相福田赳夫、竹下登、森喜朗和小泉纯一郎等日本政坛要人的扶助和照顾，并于2006年9月26日出任日本第90届内阁首相，成为自民党最年轻的总裁和首位战后出生的首相。

安倍晋三出生于显赫的政治世家，有"纯种政治家"之称。他的外祖父岸信介和外叔祖父佐藤荣作都曾担任日本首相，父亲安倍晋太郎曾任外相，祖父安倍宽为众议院议员。在这几位长辈之中，对安倍晋三影响最大的要数他的外祖父、日本前著名"鹰派"首相岸信介。由于有祖辈遗留下来的政治资本和日本政坛上的人脉，二战后出生的安倍晋三仅用不到14年的的时间就荣登日本第90届、第57位内阁首相，由此可见日本政坛世袭现象之一斑。

安倍晋三

一门三首相
——安倍晋三家族与日本世袭政治

一、家族熏陶 血统纯正

1954年9月21日，安倍晋三在东京呱呱落地。虽然他排行老二，但父亲给他起名"晋三"，其实这和三思而行、三顾茅庐等词汇中的"三"一样，具有"反复"、"传承"的意思。"晋"是父亲名字安倍晋太郎中的"晋"是对日本幕府末期长州地区（今日本山口县西部、北部一带）的维新志士高杉晋作（高杉晋作是日本幕末维新时期著名政治家和军事家，长州讨幕派领袖之一）的致敬。安倍晋太郎给他起名"晋三"就是希望他能够继承高杉晋作的精神。

幼年时的安倍晋三为外祖父、时任日本首相的岸信介祝寿

由于父亲工作繁忙，安倍晋三的童年基本上是跟随母亲洋子，在外祖父岸信介的身边度过的。安倍晋三深受母亲影响，非常崇拜外祖父岸信介，因而受岸信介的影响也是最大的。安倍晋三经常这样说："我的政治基因更多的是来自母系。"1956年12月23日岸信介担任石桥内阁外相后，母亲洋子仍然经常带着刚满两岁的晋三与四岁的宽信到位于东京港区目白台的外务大臣公邸玩。

1957年2月25日岸信介就任首相后，晋三和哥哥更是经常到东京都涩谷区南平台的外祖父家玩。岸信介虽然工作繁忙但经常抽空到箱根的奈良屋旅馆度周末,这时他经常对洋子说:"马上把我的外孙带来。"外祖母良子对外孙们要求严格,而岸信介却非常和蔼,经常娇惯他们。岸信介一个"辩论高手",非常擅谈,因此安倍哥俩非常喜欢听外公讲故事。岸信介经常给安倍晋三哥俩讲《浦岛太郎》、《桃太郎》等日本古老的传说,还给他们讲吉田松阴、高杉晋作等长州地区诞生的伟人的故事。岸信介讲道,"吉田松阴先生很伟大。在学习时蚊子咬他的胳膊,他想如果打蚊子就是因私事而浪费公家的时间,因些不顾蚊子叮咬继续学习。"晋三曾天真地想到"那样的事,真能做到吗?"但不知不觉地吉田松阴、高杉晋作等伟大人物的影响逐渐渗透到晋三的头脑中了。

五岁半时,安倍晋三亲眼目睹了反对修改《日美安保条约》的游行示威队伍围攻外祖父官邸的情景。当时,官邸周围连日被游行队伍包围着,游行队伍喊着口号,一边向家里扔石头、垃圾等,连周围邻居也受到波及,有的只好在家外面挂出条幅写着这里不是岸信介官邸。年幼的安倍晋三感觉这种"反安保"游行特别热闹,像过节似的,也学着游行队伍跟着喊道:"安保、反对!安保、反对!"母亲洋子看到后,叱责道:"晋三,你喊什么。要喊就喊'安保、赞成!'"

岸信介只是在旁边微笑着看着。安倍晋三不解地问外祖父:"外公,什么是安保啊?"岸信介和蔼地解释说:"是日本让美国保护的条约,真不知道为什么大家要反对。"由于收到了威胁他们安全的恐吓信,安倍晋三和哥哥外出都有人保护。家人对他俩说:"游行的人都是坏人。你们的外祖父是一心为日本考虑。"两人从心里相信他们的外祖父是一心为了日本。后来,岸信介因为受到强烈反对,最终被迫下台。这个经历使安倍晋三终生难忘。他后来回忆说:"面对如此激烈的反对,外公坚持了自己的立场,作为他的家庭成员,我为此感到骄傲。""我长大后明白了外祖父促成安保条约修改的政治意义。我越发地尊敬坚持信念的外祖父,政治家就应该具有这种品格。幼年时所看到的外祖父形象,成为我作为政治家的原点。"

由于受外祖父岸信介的影响较深,安倍晋三常说自己继承了"岸信介的DNA"。安倍一直把岸信介视为榜样,从小就怀有从政愿望。他在作文

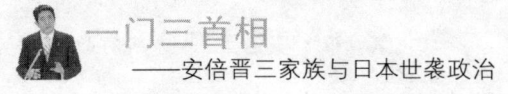

一门三首相
——安倍晋三家族与日本世袭政治

中写道:"我的梦想是做实业家兼政治家。"

安倍的母亲洋子说:"晋三政策像外祖父岸信介,性格像父亲晋太郎。"安倍晋三的性格就是像父亲一样,不觉得自己做错的时候绝不低头,这种倔强有时让大人都吃惊。安倍晋三从小就表现出很固执的性格。在安倍晋三三岁时候,有一天父亲找不到自己要找的东西,以为是孩子淘气弄丢的,便厉声斥责两个孩子。哥哥安倍宽信由于父亲突然发怒,吓愣了一言不发都快哭了。安倍晋三却毫不示弱,一言不发地瞪着父亲。父子俩对视了一会儿,最终是父亲"投降"了,感叹道:"这孩子(晋三)真倔强。"

1957年6月,安倍晋太郎随岸信介出访美国,安倍晋三和哥哥去机场送行。岸信介的秘书久保对第一次到机场的安倍晋三说:"要抓住我的手,不要放开!"然而,由于满眼都是新奇的东西,受好奇心驱使,安倍晋三最终还是松了手走向了自己感兴趣的方向。当久保找到安倍晋三时担心他会哭,但他却一滴眼泪没掉,只是担心地观察久保的脸色,怕受到他的责骂。

1959年4月,安倍晋三的弟弟信夫出生了,因岸信介的请求,他成了岸信介的儿子岸信和的养子。安倍晋三坚强地说:"长大后我会告诉他'你是我弟弟'。"一天安倍晋三自己在家,一个流浪汉从大门溜进来,要偷父亲挂在门口的大衣。刚好被安倍晋三看到,就大喊一声,那人被吓跑了。晚上父亲回来后,安倍晋三骄傲地向父亲汇报自己的勇敢行为,以为父亲会表扬他。但父亲却说:"真可怜,大衣可以给他啊",好像安倍晋三做了错事一般,安倍晋三很失望。这个事情安倍晋三长大后都很难忘掉。

开始,安倍晋太郎并没想把安倍晋三培养成政治家,只是让其自由成长。但母亲洋子却一心想让孩子作一个像她父亲岸信介那样的政治家,走从政之路。据说,日本人大多不喜欢安倍的母亲洋子。因为岸信介被称为"昭和之妖",所以洋子就是"妖怪之女"了。据安倍晋三的哥哥安倍宽信讲,在他和安倍晋三小的时候,洋子就着意将他们培养成政治家,"男人就要做政治家"是她的口头禅。尽管安倍晋太郎认为,"孩子只要有自己的志向,无论做什么事情都可以"。但安倍宽信说:"母亲认为要当政治家就应该成为首相。母亲对生育出政治家有非常执着的信念。"安倍宽信眼中的母亲平时不苟言笑，也很少说话，但却总是在关键的时候说非常关键的话。为了让儿子们成为出人头地的政治家，洋子可谓不遗余力。她将岸信介留下的豪宅卖掉，为小儿子岸信夫筹集竞选经费。在一次竞选集会上，因为后援会干部的疏忽，当岸信夫从讲坛上下来跟群众握手时，观众大多已经退场。岸信夫十分尴尬。洋子不顾记者在场，对后援会干部大声斥责，可怜的后援会干部们"恍惚间感到是岸信介在训斥，至今说起来都有点后怕"。

到孩子该上小学的年龄，洋子就开始操心孩子上哪所学校。正好她有个亲戚在东京吉祥寺附近的成蹊学园教书，向她介绍过这个从小学到大学16年一贯制教育的贵族学校的情况。夫妻俩比较赞同成蹊学园重视素质的教育方针，于是决定先让孩子上成蹊小学，等他们长大后再根据自己的意志选择学校。"成蹊"出自司马迁《史记·李将军列传》中的"桃李不言，下自成蹊"。其意为：为人真诚、严于律己，自然会感动别人，从而受到人们的敬仰。其创立者中村认为"贵人"子弟在第二三代就败落了太可惜，因此要以"锻炼主义"的教育方法把他们培养成坚强的人。成蹊学园重视素质教育和身体素质锻炼，每年暑假都要让学生远离父母到神奈川县的箱根等地过集体生活，以锻炼孩子们的自立精神。学校租借当地简陋的校舍，搭起帐篷，日出前就让学生起床，然后登山去看太阳升起，以感受大自然的伟大。到五六年级还要到千叶县馆山游泳学校学习游泳，并制定标准，五年级要游一千米，六年级要游三千米。五年级还到雪山滑雪等等，学校通过组织丰富多彩的课外活动锻炼学生的意志品质。

1961年4月，安倍晋三进入成蹊小学。在成蹊学园可以从小学一直上到大学，没有参加高考的压力，学校重视素质教育，不一味强调学习。这使安倍晋三缺乏竞争意识，他学习不用功，成绩一般。上课时很少主动举手发言，但他理解力很好，偶而被老师点名，也能对答自如。安倍晋三没有像一般日本孩子那样上私塾，而是从小学开始聘请家庭教师。家庭教师也没经过严格挑选，是从东京大学招聘来的。安倍晋三觉得学校培养个性、磨练人格、注重体验和实效的校风很适合自己，他后来回忆道："没

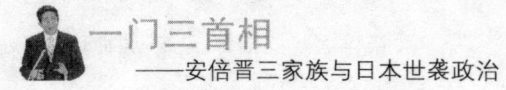

一门三首相
——安倍晋三家族与日本世袭政治

有刻苦地去学习。自己也不知道这样好不好,也许有时需要刻苦学习。但当时觉得自己缺少强烈的竞争心。"

安倍晋三爱好广泛,对书本以外的广阔世界有强烈的好奇心。他积极参加学校组织的集体宿营、游泳、滑雪等活动,这时他的眼睛闪耀着欢乐的光芒。这些活动极大地锻炼了安倍晋三的身心,也让他交到了很多朋友。安倍晋三喜欢音乐,学过钢琴,但讨厌练习钢琴,老师一叫练习他就想方设法地逃走,最终没有坚持多久。他也喜欢表演,在小学校庆时多次登台演出,有什么庆典活动他总是率先登台。安倍晋三放学后经常到慈爱的外祖父家玩。小学二年级的时候,岸信介特意去观看了外孙的运动会。岸信介坐在体育场一角高兴地看着安倍晋三在运动会上拼搏。午休时,他耐心地给围到身边的孩子们签名。安倍晋三假期里经常跟着父亲去他的选区山口县,这也是养育父亲的地方。父亲每次都跟他说:"这是你的故乡。"安倍晋三慢慢记住了,开始说自己是山口县人。

由于成蹊学园没有升学压力,母亲洋子担心孩子在这样的学校里学习过于轻松。因此,在升初中前,洋子找丈夫商量给晋三转个学校,但安倍晋太郎对孩子的事一般不发表意见,于是洋子就跟父亲岸信介商量。岸信介认为成蹊学园一贯制教育是它的优点,不要转来转去。安信晋三在 1967 年 4 月升入成蹊中学、1970 年 4 月进入成蹊高中。高中暑假时,同学谷井洋二郎等几个朋友跟着安倍晋三一起到山口县去玩。他详细询问了朋友们的愿望,安排日程时不漏掉主要景点,又向他们大力推荐去看高杉晋作的墓。晚上,有时当地渔业组织的头头听说安倍晋太郎的二儿子来了,便到旅店拜访,请他们吃饭。安倍晋三给这些支持他父亲的人们斟酒,谈笑自如。谷井洋二郎感到,安倍晋三这人不简单,以后肯定会步入政界。

成蹊学园重视素质教育的学风,使得安倍晋三能够有时间和精力涉猎课本以外的知识,因此其经历也较之很多同龄人要丰富得多。这为安倍晋三成长为政治家提供了良好土壤。当父亲在第三次竞选议员落选后,看到忙于准备下次选举的父母,安倍晋三也想为父亲出力,他向母亲洋子说:"我转到山口的学校吧。因为那样我就会在山口交到朋友,这对父亲的选举有好处。"因此,一有机会,无论是在学校组织活动,还是到山口去,安倍晋三就拿着扩音筒向人们喊道:"请大家支持安倍晋太郎。"

在母亲洋子的眼中,安倍晋三受岸信介的影响从小就对政治关心。如果母亲背着他出去,他就会问洋子:"妈妈,我没听说你要出去啊。"如果母亲回家晚了他也会生气。安倍晋三就是这样从小就把自己的想法清楚地说出来的。母亲虽然觉得安倍晋三管得太多,但她觉得安倍晋三这种性格适合以后做政治家。洋子曾在著作中提到过安倍晋三幼时的一个情景:"他似乎对政治很感兴趣。去郊游时大家轮流拿着麦克风唱歌,晋三说的是'请支持安倍晋太郎'。"

最先预言安倍晋三能成为政治家的是外祖父岸信介。1970年,岸信介搬到静冈县御殿场住,经常去女儿家看外孙。一天,岸信介从女儿家回来高兴地说:"最先过来喊我外公的肯定是晋三。他一定对政治感兴趣。"岸信介已经看清了两个外孙的性格秉性,说道:"哥哥可能不会从事政治,还是晋三适合从事政治。"秘书久保便问晋三:"阿晋,你想走父亲的路吗?"安倍晋三明确地回答道:"是的。我要走爸爸走的路。"岸信介听说了很高兴,他虽然没有直接对外孙说"成为政治家",但心里希望两个外孙中能有一个继承他的事业,成为政治家。

1973年4月,安倍晋三升入成蹊大学法学部政治学系。据安倍自己回忆,在大学期间,"没有如饥似渴学习过",他自己说,"在人生某个阶段,也许不需要拼命学习。"后来,安倍晋三一改慵懒作风,参加了学校的西洋箭术俱乐部。俱乐部训练很严格,锻炼了安倍晋三的毅力、注意力和平静的心态,培养了他的自信。据安倍晋三大学时代朋友说,安倍大学时喜欢读科幻小说家星新一的作品,有人在安倍的书架上发现星新一所著的《任性的机器人》。在大学时代,安倍晋三每月从家里拿到5000日元零花钱,这对一个富裕家庭不算什么。当然,在零花钱不够的时候,安倍晋三也去打工。他曾在一家调查公司打工,还曾在吉祥寺近铁百货商店东京分店开业时,为该店派过纪念品。

大学期间,安倍晋三也喜欢看政治方面的书,经常到书店买自己喜欢的书。在安倍晋三房间的书架上摆满了《艾森豪威尔回想录》等与政治有关的书。他进入政治学者佐藤竺的研究班,但却拒绝了其师的指导。佐藤

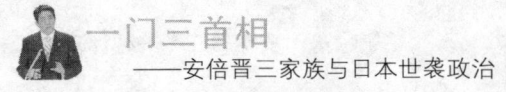
一门三首相
——安倍晋三家族与日本世袭政治

主张，日本应削减自卫队的经费，补助那些贫困家庭，而当时安倍却继承其家族的观点，主张日本应加强自卫队，将其建成军队。他认为，国家就是保护国民生命和财产安全的。从根本上讲，福利确实很重要，但增加防卫预算让日本在国际社会生存下去更加重要。安倍还跟同学讲："大家说外祖父岸信介修改安保条约是追从美国。但是，外祖父并不是为追随美国而修改的。他是想把（美国和日本）从占领者和被占领者的关系向前推进一步，成为接近平等的关系。"

在大学里，基于共同的爱好，安倍晋三与同样对政治感兴趣的秋保浩次关系很好，两人经常一起上课、一起参加学校里的各种政治活动。一天安倍晋三对秋保说："山口县从明治时代开始出了很多首相，那里的人都向往权力。他们只想上东京大学。"确实，山口县出了伊藤博文、山县有朋、桂太郎、寺内正毅、田中毅一、岸信介、佐藤荣作七位日本首相。其中，岸信介和佐藤荣作分别是安倍晋三的外祖父和外叔祖父。山口县在近代涌现出一大批政治家，他们又通过血脉一代代流传下来，形成一张巨大无比的关系网，盘根错节始终在日本政坛占据重要地位。近代山口政治家中伊藤家族后人已经退出政界，专门从事实业。现在山口地区的选票，基本上都被岸、佐藤、安倍三大家族牢牢地把持着，而这三大家族又相互通婚联姻，或是互赠养子，形成了一张"你中有我，我中有你"的政治关系网。

秋保问道："那你为什么上成蹊大学不上东京大学呢？"

"外祖父岸信介说在东京大学第一和在其他大学第一都一样。如果在东京大学第十名的话就不如在别的大学第一。所以我上了成蹊大学。"

秋保接着说："那你必须在成蹊拿第一了。"

安倍晋三笑道："那倒也是。"但从他脸上看不出一点儿压力。安倍晋三的同学邀请他和秋保为其父亲东京都议员的选举打工。由于该议员不属于自民党，安倍晋三在得到父亲许可后才答应去帮助选举。在演讲中，穿着学生服的安倍晋三一点儿也不紧张。秋保心想，安倍晋三继承了岸信介、安倍宽的血统，他当政治家不会只以议员满足，而是要登上权力的顶峰，当上日本首相，或者至少要入阁当大臣。

毕业前考虑去向时，安倍晋三想先在社会上体验一下，并不想直接进入政界。他想："为了拓展视野，先去别的国家生活一段时间吧。"在大学资料室的宣传单里，他选定了去美国加利福尼亚州立大学。1977年3月大学毕业后，安倍晋三远赴美国加利福尼亚州立大学学习。

据说当年他初到美国，患上思乡病，每天都给家里打电话。他妈妈洋子感到这样下去不行，让他寄宿在一个老妇人家。前两年日本有媒体称安倍讨厌中国人，他出来澄清道，"我非常喜欢中国人"。有媒体说，他说的非常喜欢的中国人，是指那个老妇人，她是华裔美国人。在安倍的一本传记中，记载其在美国留学期间，其父母去看望安倍晋三，他们发现安倍晋三在房东家的餐桌上变了人样儿的，侃侃而谈，不禁十分惊讶。另外，他的英语水平和与人沟通的能力都得到了极大的提高。在美国的学习和生活让他更加体会到了，如果不把自己的想法清楚地表达出来，自己就会被埋没。

1979年3月，安倍回到日本，同年进入神户制钢公司。安倍晋三知道，这只不过是做政治家之前的一段修行。神户制钢所建在山口县下关市长府地区。长府地区是安倍晋太郎的势力一直进不了的地区，是他的软肋。自民党田中派议员林义郎一直和晋太郎在山口县选区竞争。长府制造所用了林义郎父亲的一部分地皮，因此长府制造所的一千多员工支持林义郎。安倍晋太郎将来要竞争首相有必要在自己的选区以得票第一当选。因此他希望得到神户长府制钢所的支持。安倍晋三到神户制钢所工作，不但会对父亲的选举有帮助，而且将来他继承父亲事业时，神户制钢所的员工也会支持他。通过父亲的安排，1979年4月安倍晋三到神户制钢所报到。

同年5月1日，他赴神户制钢纽约事务所，住在曼哈顿。那时事务所的人都记得，他总是停车违规被罚款，而罚款全部入账。1980年5月1日，安倍晋三从纽约回到位于兵库县的加古川制铁所工程课工作。5月19日，大平正芳首相解散众议院重新大选，安倍晋太郎身为自民党政调会长要统筹全国选情，不能亲临选区，因此让晋三请假帮自己拉票。结果安倍晋太郎以生涯第二多的高票当选，其中长府制造所的员工出力不少。1981年2月安倍晋三回总公司，到钢铁销售本部钢铁出口部冷延钢板出口课任职。

父亲安倍晋太郎任外相，安倍晋三顺理成章地成为父亲的政治秘书。

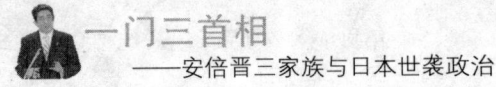

一门三首相
——安倍晋三家族与日本世袭政治

1982年11月27日，安倍晋太郎成为中曾根内阁的外务大臣。为了让晋三跟着自己学习活生生的日本政治，用以积累经验、承袭人脉，晋太郎决定让儿子辞职，做自己的全职政务秘书。对此，安倍晋三却感觉有些不妥，他认为突然辞职对公司不好。父亲则劝道："当年我做秘书时，一告诉我没用一天就从报社辞了。"但倔强的安倍晋三还是不同意就这样突然地辞职。后来父亲派秘书到公司上层做工作，在领导的劝说下，安倍晋三终于同意辞职。12月6日安倍晋三开始给父亲做秘书，从此开始涉足政界，进入人生的主车道。

二、子承父志 初战告捷

安倍晋三上任秘书后，父亲安倍晋太郎马上在他熟悉的地盘为晋三拓展人脉，为以后选举作准备。出于将来考虑，父亲特意安排晋三做一些对他有益的工作，并且经常对身边的秘书说："对不起啊，今天叫晋三去做吧。"秘书也深深地感到了晋太郎身为人父的良苦用心。在此后的3年8个月，安倍晋三作为秘书跟随父亲跑了20多个国家。

当时晋太郎在自民党权高位重，财界人士发起成立了"总晋会"，旨在把他送上首相宝座。安倍晋太郎带儿子参加"总晋会"例会，高兴地向大家推出安倍晋三。此后安倍晋三便一直参加该会的例会。安倍晋太郎做了3年8个月的外相，期间出访39次，安倍晋三有20次同行，外交时时都需要决断，安倍晋三跟父亲学到了很多。安倍晋太郎对工作要求很严，但对人都非常温和亲切。当发现安倍晋三有时对来客敷衍了事时，父亲就会严厉批评他："不管对方是什么样的社会地位，你都要站在他的立场上来考虑。"安倍晋三对这样的父亲充满敬爱但又不太赞同他的做法，他对大学好友秋保浩次说："我的父亲人太好了，容易被蒙骗。"有数不清的人到晋太郎那里请愿，他都承担下来。晋三接着说："那样虽然一个人受益了，但对国家国民没有好处。"晋三跟着父亲参加各种政治活动，积累了一定的政治经验和丰厚的人脉资源。

安倍晋三30岁时仍然独身一人，父母开始为儿子婚事着急了。1985年，安倍晋三在《山口新闻》报社工作的朋友浜冈，将比安倍小八岁的松崎昭惠介绍给安倍认识。松崎昭惠是森永制果公司总经理松崎昭雄的长女，在日本著名广告公司电通任职。昭惠在回忆这第一次见面的情景时说："我那时并不觉得他长得帅，比起我周围广告界的男士们，他的穿着也很土……因此，我在那次相亲后没有再想过要和他保持联系……可是，好心为我们牵线的人却不死心，总要实现我们的第一次约会……后来，是他给我打了电话……之后，我们就每两周见一次，恋爱了两年多。"

对政治毫无兴趣的昭惠，在和安倍交往后，开始拿起报纸看政治新闻。当安倍向她求婚时，她也担心着是否承担得起嫁到一个政治名门。她追述："我问安倍，我真的行吗？安倍回答，当然没问题。可是，我后来才知道，原来是他爸爸（前外长安倍晋太郎）告诉他，就是骗，你也要给我骗个媳妇回来。两人感情发展很顺利，1987年6月9日，安倍家宣布在东京港区赤坂举行婚礼，同时在东京和山口县下关市两地举办婚宴。在东京都港区新高轮王

安倍晋三的夫人安倍昭惠

子饭店大约有860人参加了婚宴，其中有90多名国会议员。前首相福田赳夫夫妇作为媒人出席。与安倍晋太郎建立"安竹同盟"的时任自民党干事长竹下登也特地到场祝贺，并写祝词说："安倍从小就有做政治家的雄心，要好好向你父亲学习，如有不顺之处，就来找我竹下登。"在下关市设两处婚宴，在市中心的结婚会场有600人参加，在海边酒店的会场，有大约5000人参加。由此可见安倍家当时的势力和影响力。

1987年5月，安倍派山口县选区参议员江岛淳去世，安倍晋太郎的秘书奥田、清和会及自民党山口县联合会都支持安倍晋三参加补选。因病住院的岸信介也连忙把外孙叫到身边，以虚弱的声音说："参加参议院选举。这种机会不会常有。"后来由于江岛淳的儿子江岛洁寻求安倍晋太郎的帮助希望继承父业，安倍晋太郎便牺牲了儿子，没让晋三参选。安倍晋三觉得父亲是自民党总务会长，自己6月9日又刚结婚，现在参加竞选会给父

一门三首相
——安倍晋三家族与日本世袭政治

1987 年安倍与昭惠结婚

亲添麻烦，所以也表示理解。岸信介听说后很失望。他经常对身边人说，希望自己活着时能看到自己的女婿安倍晋太郎当上首相、外孙安倍晋三当选议员。但他都没有看到，8月7日这位一直对日本政坛有着重要影响的前首相病逝。

1987年10月，安倍晋太郎、竹下登、宫泽喜一三人争夺首相之位不分上下，最终时任首相中曾根裁定竹下登接任。竹下登上台后，任命盟友安倍晋太郎担任自民党干事长，于是安倍晋三又成了干事长秘书。1988年"利库路特贿赂案"败露，安倍晋太郎的秘书收受了未上市股票，洋子也在不知情的情况下接受了利库路特公司每月30万日元的顾问费，安倍晋太郎因此受到牵连。安倍晋三向父亲建议，因为并没有犯罪，应该把事实说出来。父亲接受了他的建议，尽力协助调查。

1989年4月，安倍晋太郎被顺天堂医院检查出胰脏癌。1991年5月的一天，安倍晋太郎自知将不久于人世了，他把安倍晋三叫到床前说："成为政治家不容易。你必须要有心理准备。但是只要拼命去做就会有出路。"安倍晋三虽然两年前就知道父亲的病情但没想到父亲这么快就去世，因此只是忙于父亲的工作,丧失了跟父亲好好交流的机会。5月15日,离首相只有一步之遥的安倍晋太郎,带着深深的遗憾离开人世。

安倍晋三从政治家庭成员的身上学到了作为政治家要达到目标必须执着、直率。早在20世纪60年代,幼小的安倍晋三就亲眼目睹了反安保游行队伍包围了外祖父家那一幕。当时,外祖父正陪着晋三他们兄弟玩,看到包围上来的人群镇定自若,一点儿也不慌张。这对安倍晋三坚毅性格的影响是非常大的。后来安倍晋三想到,外祖父之所以能够那样,是因为他有不可动摇的信念,他相信自己做的事情没有错,因此即使受到舆论批评、世人指责也毫不动摇。安倍晋三从外祖父身上学到了,做自己认为对的事情的时候,绝不能动摇。父亲晚年把自己的政治生命压在与苏联协商归还北方领土上,因此安倍晋太郎以病弱的身躯对苏联进行了访问,使"创造性外交"取得了前所未有的成果。这些对安倍晋三政治性格的塑造都产生了积极的影响。

在安倍晋太郎的39次出访中,安倍晋三随同出访达20次。特别是访问美苏,安倍晋三目睹了外交风云与运作的技巧,建立了许多国际的人脉关系。安倍晋太郎因病去世,据安倍晋三说,他从父亲那儿得到的最宝贵的教示是:政治家,为了实现自己的目标是不能甘于淡泊的。换言之,要努力猛进!另一个政治遗产是安倍在其担任父亲秘书期间,与日本被朝鲜绑架者家属建立了信任关系,成为自民党内对朝鲜问题的政策集团头头。

1991年7月8日,安倍晋三正式宣布,将在山口县一区参加下届大选。山口一区一共四个议席。其他三人是七次当选的宫泽派林义郎、福田派元老田中龙夫的继承人河村建夫和社会党的小川信。让安倍晋三想不到的是,古

安倍晋三

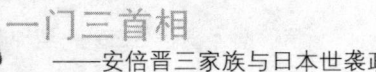

一门三首相
——安倍晋三家族与日本世袭政治

贺敬章也要出马参选。古贺是安倍派的县议员,也是安倍晋三哥哥宽信的朋友,他父亲是山口县三大建筑公司之一的老板,是安倍晋太郎的支持者和赞助者。而且前参议员江岛淳的儿子江岛洁也要参加竞选。

在日本国内有一种说法,议员选举需要三"ban",即"地盘"(日语音Jiban)、"招牌"(Kanban)和"钱包"(Kaban)。父亲死了,儿子披挂上阵,选区内的人习惯地把他们的票投向第二代。不管他是否有能力,能为国家造福,选民不想那么多。习惯势力就是那么顽强。安倍晋三继承了祖辈的地域影响、人际关系和政治资金来源,受到父亲建立的后援会的大力支持。安倍晋三在给父亲当秘书后不久,就以安倍晋太郎后援会的青年部为中心,成立了支持安倍晋三的"晋荣同志会"。其本部设在山口县下关市,之后不断在各地设立支部,增大影响。安倍晋三扎实地开展备选活动,在选区奔走拉票,在父亲的家乡大津郡油谷町更是一家不漏的拜访。因为这次选举是以晋三为中心,母亲洋子尽量不出面,只是在背后帮忙。她心里开始有些担心第一次帮助竞选的儿媳安倍昭惠。

安倍晋三在首相选举前的宣传海报

为了帮助安倍竞选,初次参加助选的安倍昭惠确实非常辛苦。出生于日本著名糖果厂商森永家,向来娇生惯养的她必须到选区的农村地带拜票。她说:"陪着安倍站台时,轮到我拿着麦克风讲话,总是紧张得流泪……到养牛的农家拜票时,还没进门,就先在牛棚前发呆,连对那没有投票权的牛,都低头拜票。好就好在,我的酒量比他好,乡亲父老对我又疼又爱。"不过,在婆婆洋子的鼓励下,安倍昭惠逐渐进入角色,喜欢喝酒的昭惠帮了不能喝酒的安倍晋三不少忙,拉到了不少选票。不过,安倍昭惠也有一个难以启口的隐衷。面对着目前生育率日渐下滑的日本,昭惠感到"美中不足"的是,与安倍结婚多年,膝下无一儿半女。为消除周围好奇的眼光,她亲自告白:"我是一个'不孕的女人',但是我有更多的时间服务人群。"

1993年,安倍晋三要去竞选议员了。洋子又一次回到山口县,像当年陪着丈夫一样,亲自为儿子助选。然而,第一次参加竞选活动的儿媳妇安倍昭惠,却紧张得不知所措。洋子走到她的身边,轻声传授经验:"不要在意会不会成功,你只要把自己想说的说出来。"结果,昭惠一口气说完了自己和安倍晋三的爱情故事,使山口县的选民们备受感动。

在自民党下野的一年间,安倍晋三说,他学到很多东西,自民党的蜕变再生过程也使他本人经历了一次精神的洗礼。安倍认为,对政治家来说,只要信念坚定,那么批判与指责应在你的意料之中。1993年,又是日本政坛发生天翻地覆变化之年,执政38年的自民党第一次失去了执政地位。6月18日,宫泽喜一首相解散众议院重新大选,7月4日公布了候选人,山口县一区八人参加竞选。

选举期间,超过70多人的政界、财界和文化艺术界人士到山口县声援安倍晋三。由"安倍派"衍变而来的"三冢派"中,有通产大臣森喜朗、邮政大臣小泉纯一郎、原运输大臣石原慎太郎等大人物前来声援。竹下登由于受到"东京佐川急便"丑闻事件的影响不便前去,便让亲信小渊惠三代替自己前去声援。神户制钢所社长龟高

安倍及夫人

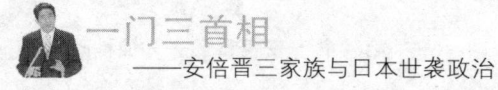
一门三首相
——安倍晋三家族与日本世袭政治

素吉也对他的员工大力支持。安倍晋太郎的弟弟、日本兴业银行副行长西村正雄列出了选区内客户名单,领着安倍晋三挨家挨户拜访。安倍晋三的叔叔西村正雄这样评价侄子:"人不错,但正因为人太好,容易被别人利用。小晋还很年轻,没经历过劳苦,身边也没有有能力的秘书辅佐,在晋三的周围看不见能帮他做事的人。""现在有这么多人支持,但我看其中至少有一半是因为他的人气。"西村把自己比作《国王的新衣》中戳破谎言的小孩,提醒安倍晋三不要被现在高人气冲昏头脑。

由于以前经常代替父亲演讲,安倍晋三在这次选举中已经能很好演说。他就日本自民党出现的分裂状态表示,要重建自民党,需要换新人;他就地方分权说,现在日本的经济政策集中在东京一个地方,今后要改变这个状态,改善地方的基础设施;他还特意重点就安全保障问题说,现在联合国维和活动受到关注,日本当然要做出国际贡献,等等。7月18日,由于个人的出色表现和得到各方的大力支持,安倍晋三以选区得票第一的97647票当选众议员,从此正式踏入日本政坛,承袭了父亲未竟之业。

三、大佬提携 平步政坛

安倍晋三在政途上从来不缺显贵之人的帮助。借助家族背景和声望,以及前首相福田赳夫、竹下登等多位政界大佬的扶持,安倍晋三的政治道路可谓一帆风顺,迅速成长为日本政坛的一颗新星。安倍晋三在自民党内深得森喜朗和小泉纯一郎的赏识提拔,先后担任内阁副官房长官、自民党干事长、干事长代理和内阁官房长官等要职。

当选众议员后,由于对父亲擅长的外交和外祖父擅长的安保问题比较熟悉,安倍晋三为自己制定了重点从事外交和安保的目标。他和同为"三家派"的荒井广幸成立了超党派的东北亚议员论坛(NEAR),主要研究东北亚问题,安倍是代表,荒井是干事长。1994年《SAPIO》杂志组织安倍和荒井在韩国首都与韩国议员辩论有关日韩关系的问题。就细川护熙首相在1993年8月上台后的首次记者招待会上承认太平洋战争是日本发动的侵略战争一事,安倍认为细川首相的发言是明显错误的。太平洋战争应该把日本在东亚的战争和对欧美各国的战争区分开来。就亚洲来说,日本确实造成了很大麻烦，跟韩国虽然有条约的合法形式，但明显是侵略性的、殖民地化的。关于随军慰安妇问题，他说慰安妇问题应该在1965年的日韩条约中已经解决了。他认为当时随军慰安妇制度并没有对朝鲜人有什么特殊规定，日本人的随军慰安妇也是一样的。不仅日本，世界各国战争时都有相同的制度。

1994年8月，"三冢派"卫藤晟一就任自民党社会部会会长，他对安倍说，今后没做过社会保障的人就不能胜任首相，你当我的副部会长吧。这样由卫藤指名，安倍成为自民党社会部会副部会长，掌握了福利保障方面的情况，也了解了后来日本国民非常关心的退休金问题。

1995年8月，宫泽派的河野洋平与小渊派的桥本龙太郎争夺自民党总裁。"三冢派"会长三冢博支持河野连任，准备全派一致予以支持。但是安倍晋三表示反对河野连任，他觉得河野会误国。因为1993年河野洋平担任宫泽内阁官房长官时发表了"关于慰安妇问题的政府见解"，基于政府对遗留文件的调查，承认日本存在强征随军慰安妇的问题。这后来成为中学教科书记述日本强征随军慰安妇的依据。安倍晋三觉得这些记述是错误的。"三冢派"实力人物小泉纯一郎劝说安倍晋三，因为是会长决定的必须遵从，最后安倍晋三还是同意了。由于桥本占据了明显优势，河野怕选举失败而断送自己的政治生命，因此于8月28日宣布退出竞选。作为陪衬，小泉纯一郎出马与桥本龙太郎竞争自民党总裁，安倍晋三决定支持小泉。纯一郎小泉虽然竞争失败了，但他的知名度却得以大大提高，为他日后成为首相打下了基础。

1996年11月，第二届桥本内阁成立，安倍就任自民党青年局长。1997年春开始采用的中学生历史教科书中，都有关于"强征随军慰安妇"的记载，对此安倍抱有疑问，他认为，还没有一个证据能够证明军队是有组织地强征慰安妇的。安倍晋三强调，当时虽然有慰安所，有恶劣的军人，但那不是国家、军队有组织地进行强征的证据。他觉得，教育应该是让学生对自己的国家抱有自豪感，中学教科书不应记载这样内容。安倍晋三和中川昭一决定成立研究这一问题的学习会。

2月27日，在自民党本部成立了"思考日本前途和历史教育国会年轻

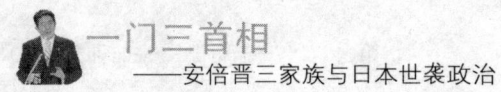
一门三首相
——安倍晋三家族与日本世袭政治

议员会",并举行了第一次学习会,有 87 名当选四届以下的众参两院议员参加。座长是自见庄三郎、代表是中川昭一、干事长是卫藤晟一,安倍晋三任事务局长。在安倍晋三等人的资助下,他们请有关方面的老师前来讲课,并在 1997 年 12 月出版了《对历史教科书的疑问》一书。经过十次学习会的讨论,他们证明"强征随军慰安妇"的记述是"错误"的。该议员会还向文部科学省施加压力,在教科书审定和通过过程中,对"新历史教科书编撰会"主编、扶桑社出版的历史教科书的审定进行政治干预,使该教科书在 2005 年 8 月获得文部科学省的审定通过,获得地方教育部门采用。

1997 年年底,安倍就任自民党国会对策副委员长,这对年轻议员来说,是个出名的职位。1998 年 7 月自民党总裁选举,安倍晋三作为年轻议员代表支持厚生大臣小泉纯一郎参加竞选,三冢派也决定支持小泉,但后来却是小渊惠三当选总裁和首相。由于龟井静香等人选举时没有支持小泉,三冢派分裂了,森喜朗经过努力成立以自己为首的"森派"。

森喜朗素与安倍家关系密切。森喜朗 1969 年 4 月在家乡石川县参加众议员选举时由于候选人过多,没有得到自民党公认,只得以无党派身份参加。媒体认为森喜朗的希望不大,家人也劝其退出选举。这时森喜朗想到了一线希望,他曾为今松治郎当过秘书,今松属于岸(信介)派,他想"只有请岸信介先生来了"。他求岸信介的秘书中村长芳帮忙,没想到岸信介很爽快地答应了。当时岸信介日程很忙,他出访回来第二天凌晨就坐火车赶往石川为森喜朗助选。有 5000 多人来听岸信介的演讲,他以前自民党总裁和现任自民党总裁佐藤荣作的兄长的身份极力称赞森喜朗,希望听众投森喜朗的票。岸信介的声援给予森喜朗以极大的帮助,也鼓舞了后援会的士气,森喜朗在 12 月 27 日顺利以选区得票第一当选。出于感恩,他加入被称为"岸派嫡系"的福田派,并受到重视和培养。继承"福田派"衣钵的安倍晋太郎对森喜朗也很赏识并有意加以培养,始终让森喜朗跟随左右,人们将森喜朗看成是安倍晋太郎亲信中的亲信,是"安倍派"四大金刚之一。

1999 年 10 月小渊首相改组内阁,森喜朗任自民党干事长,卫藤晟一的恩师龟井静香就任政调会会长,卫藤成为副会长。卫藤请求龟井让安倍晋三任社会部会会长。这是一个很有人气的职位,卫藤所属的"江藤—龟井"派也有很多人希望得到这一职位,但卫藤还是推荐属森派的安倍晋三担任部会长。安倍晋三很高兴,干劲十足,顺利解决了养老保险制度改革、医疗保险支付给医疗机构的治疗报酬改革等难题,受到党内好评。

2000 年 4 月 5 日,森喜朗成为日本第 85 届首相。同年 7 月 4 日,森喜朗第二次组阁,中川秀直任官房长官。在日本的政治体制下,在内阁改组或党内职务分配这样的关键时刻,一名党内实权大佬的推荐比什么都更有用。中川也曾受过安倍晋太郎的恩惠,是"福田派王子"安倍晋太郎邀请他加入自民党并进入了福田派。官房长官中川和首相森喜朗一致决定,提拔安倍晋三出任内阁官房副长官。后来森喜朗由于发表"日本是神的国家"等言论,支持率下降,11 月,加藤纮一和山崎拓一起发动"加藤之乱",企图让森首相下台。12 月 5 日,官房长官中川辞职,森喜朗和森派会长小泉纯一郎商量,决定让前首相福田赳夫的儿子福田康夫担任官房长官。2001 年 2 月在夏威夷海域发生了美核动力潜艇撞沉日本实习船事件,由于森喜朗应对迟缓,受到国民强烈批评,森内阁风雨飘摇、众叛亲离,身为官房副长官的安倍拼命支持森喜朗。

2001 年 4 月,小泉纯一郎再次出马竞争自民党总裁,他的最大对手是自民党最大派系桥本派的首领桥本龙太郎。小泉在国民中人气很高,在选举中他经常走上街头演说。安倍晋三奇怪地问道:"做街头演说,也不知道听众里有几个自民党员,还不如在党员集会上演讲啊。"小泉摇头说道:"那不一样。街头演说的气氛不是一般的热烈啊。"针对日本国民对自民党日益增长的失望与不满,小泉提出"改变自民党,改变日本"的竞选口号,大胆标榜激进竞选纲领,因而得到了国民大力支持。最终国民的支持动摇了自民党员,在地方党员投票中小泉取得了压倒性胜利,在 47 个都道府县中有 41 个居于压倒

小泉纯一郎

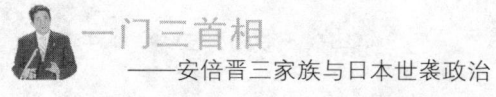
一门三首相
——安倍晋三家族与日本世袭政治

优势,桥本龙太郎仅在自己家乡冈山县等5个县占优势,而龟井静香只拿下了广岛县。这种形势也影响到了国会议员。

在自民党的总裁选举中,参选人要获胜,必须获得自民党籍议员的议员票和47个自民党地方党部的党员票中的过半数。由于这次总裁选举,地方都道府县的投票权从1票扩大成3票,所以小泉即使议员票输给桥本,也有可能以多数党员票取得最终胜利。但是为了确保胜利,还是需要取得多数议员的支持。安倍晋三想道:"龟井静香本来是清和会的,和小泉同属一个派系,所以只有他能和小泉合作。"安倍晋三一边劝说小泉与龟井合作,一边通过朝日啤酒名誉会长樋口广太郎等财界人士做龟井的工作。在安倍晋三的周旋下,4月22日晚,小泉纯一郎和龟井静香在东京港区赤坂全日空酒店秘密见面,24日上午,在国会议员投票当天两人又一次秘密会面。结果龟井退出竞选,转而支持小泉。结果小泉以地方票123票、国会议员票175票,合计298票第一轮就过半数,赢得了总裁选举的胜利。26日小泉接替森喜朗成为日本第87届首相,安倍晋三留任内阁官房副长官。

小泉纯一郎的胜出,从某种意义上讲是自民党基层党员对领导层"造反"的结果,是自民党基层组织和党员在选择下任总裁的问题上第一次发挥了决定性作用。日本政坛延续数十年的权力机构出现深刻变化,标志着自民党传统的依靠各级组织和支持团体吸引选票的做法已经过时。它要求自民党再也不能无视广大国民要求改革的呼声,由少数实力人物左右政坛的时代已经成为过去。安倍晋三也强烈地感觉到时代这种新变化,以前是

日本内阁官房长官安倍晋三(右二)、首相小泉纯一郎(左二)、财务大臣谷垣祯一(右一)和外务大臣麻生太郎在选举结果公布后握手合影

政治家们选举总裁，但如今不受国民欢迎的人肯定当不了总裁。

安倍晋三认为，之所以会出现这种变化，很在程度上因为众议院选举制度的改革。自民党选举，在中选区制度的情况下，获得15%～20%的票数就可能当选，所以候选人可以尽自己的力量获取选民信任，再加上强力后援会的支持就能当选。候选人所属的政党的形象所起的作用不大，所以不论党首是谁都影响不大。但是在只能选一人的小选区制度下，必须获得接近50%的票数才能当选。这已经远远超出了候选人个人的能力，于是党的形象的重要性就凸现出来了，而党的形象也就要看党首的形象。所以为了能使自己当选，他们当然会选形象好的做党首。同时，安倍晋三深刻地体会到，伴随信息化社会的发展，利用国民关心的重大问题在电视、网络媒体上展示自己，迎合民心，将显得更为重要。这成了安倍晋三之后注重民意、借重媒体提高自己支持率从而获得政治资本的重要思想基础。

以日本首相小泉纯一郎（前左三）为首的新内阁成员在东京首相官邸合影

2002年8月，以日本东海旅客铁路社长葛西敬之为首的经济界人士成立了"四季会"。该组织主要以支持前通产大臣与谢野馨和安倍晋三为目的，以支持安倍晋三为中心，其中会员大多是代表日本大企业的领导者，会员年龄大多60岁刚出头。"四季会"三个月举行一次例会，成立后会员

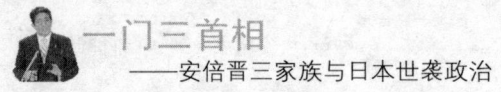
一门三首相
——安倍晋三家族与日本世袭政治

越来越多。安倍晋三非常重视"四季会",工作再忙也特意安排时间参加例会。

2002年10月,安倍晋三在第二届小泉内阁继续担任内阁官房副长官。在任官房副长官期间,安倍晋三几乎整天待在首相官邸,不离小泉左右,全力支持小泉的内外政策,成为小泉最得力的助手之一,因而有意无意中增加了曝光率。他比小泉更高大的身材、更端正的面孔,使很多外国人也能很快地记住他的名字。安倍后来回想担任内阁官房副长官的经历,觉得官邸一直处于权力中心,要处理各种政策和危机,自己学到了不少东西。

2003年9月,小泉原打算让自己的盟友山崎拓继续担任自民党干事长,但小泉原来所属的自民党森派首领、前首相森喜朗以及竹下登的继承人、参议院干事长青木干雄以"山崎拓无法实现全党团结"为由,强烈要求换掉出现性丑闻的山崎拓。在这种形势下,小泉打破常规,破格提拔年轻的安倍晋三出任干事长,成为首相小泉纯一郎的得力助手,同时增设副总裁一职给山崎拓。干事长与总务会长、政调会长并重,是自民党领导层三个重要职务之一,掌管着党务、组织、人事、财务等重任,是党内仅次于总裁的第二号职位。安倍晋三的外祖父岸信介是自民党第一任干事长,父亲安倍晋太郎也任过干事长,一家祖孙三代都出任过这一重要职务,简直成了日本政坛的"神话",不同的是,儿子当上自民党干事长的时间比父亲整整提早了14年。

担任干事长后,安倍晋三既听取党内元老的声音,也给予有才华的年轻人发展的空间,让年轻议员感到"新的时代来到了"。在安倍推动下,2003年12月,自民党成立了"党改革验证·推进委员会",安倍晋三自任委员长。在第一次会议上,安倍晋三就强调说:"小泉总裁表明了改革自民党、实现让国民信赖的政治的方针。我们要全力推进党的改革,建设开放的、有活性的、得到国民广泛支持的崭新的自民党。"12月8日,为了迎接2005年自民党建党50周年,安倍设立了干事长咨询机构——"建党50年计划基本理念委员会"。前通产大臣与谢野馨任委员长,小野晋也任事务局长,成员以年轻议员为主,目的是研究日本发展的目标和自民党的路线,制定"自民党宣言"等等。2004年9月,由于自民党在参议院选举中失利，安倍晋三一度引咎辞职。小泉首相多次挽留无果后，对其"降格"使用，任命他为自民党代理干事长兼自民党改革推进部部长，仍将他留在决策层。

安倍晋三参加竞选集会

2005年10月31日，小泉首相又将安倍晋三提升为内阁官房长官。这是一个仅次于首相的内阁第二号职务，此举为安倍晋三顺利接任下届首相创造有利条件。小泉也因为提拔年轻的安倍晋三被部分势力吹捧为"政坛之伯乐，日本之希望"，支持率大幅上升。

在2001年之前，安倍晋三和其他许多同龄的世袭议员一样，并没有什么显耀的记录。在"老人成堆"的日本政坛，论资历安倍晋三绝对是"小字辈"，他仅当选过三次议员，并且尚未担任过内阁大臣，少有政绩建树，从政经历和政治经验远不算丰富。按照自民党"论资排辈"的传统，初次当选的议员只能在自民党各部会里当委员，当选两次才能担任自民党各部会的副部会长和内阁的政务次官，当选三次可以当自民党的副干事长和国会对策委员会的副委员长，当选五六次以后才有资格出任大臣。过去，出任自民党干事长的人，多是自民党资深政治家，当选议员次数至少

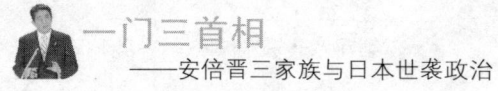
一门三首相
——安倍晋三家族与日本世袭政治

在六次以上,还必须有多次出任内阁大臣的经历。如担任干事长代理的久间章生、第一副干事长甘利明、总务局长町村信孝等人都比他年龄大、从政时间长。在按资排辈的日本政界,他连入阁的资格都不足,但却能平步青云,参政仅十余年就从一个普通议员迅速成长为自民党干事长,后以出任小泉内阁官房长官,崛起为日本政坛举足轻重的人物,可谓一步登天。安倍晋三为什么在如此短的时间里就成为急剧升值的"绩优股",成为距首相宝座最近的政治明星呢?

首先,这得益于小泉的大力提携。安倍晋三的父亲安倍晋太郎是小泉的政治恩师,且安倍晋三与小泉的政策很接近。小泉因而视其为最佳接班人,有意将他培养成自民党的新招牌,继续维持他现行的政策。森喜朗2001年下台后,安倍被小泉留任内阁官房副长官。2003年,安倍晋三出任自民党干事长——在自民党内地位仅次于小泉的这一要职,更是让人大跌眼镜。过去出任自民党干事长的人,多是资深政治家,因此,若无小泉纯一郎的着力扶持,恐怕难以在短短几年时间里迅速崛起为日本政坛举足轻重的人物。安倍晋三如此受小泉纯一郎器重,据说还有一个报恩的桥段。

1972年小泉纯一郎当选众议员,隶属福田赳夫派,而福田派的前身正是岸信介派,该派是自民党内的激进派。福田赳夫带小泉到选区内拜访选民,并对他关怀备至,多方为他寻求支持。因此,可以说小泉也是安倍晋三外祖父岸信介所在的自民党岸信介派系继承者。安倍晋三的父亲安倍晋太郎更是小泉纯一郎初踏政坛时的政治恩师。1988年,日本前首相竹下登改组内阁,在安倍晋太郎的大力推荐下,小泉得以初次入阁,从此在政界崭露头角,并逐步登顶政坛。日本的人情文化中有着报恩的传统,作为对这位恩人的报答,小泉多次提拔安倍晋三,为他当选首相铺路是理所当然的事情。

早在2005年10月宣布内阁成员名单的当天,小泉就在记者招待会上表示了对安倍的赞赏和期望,称"即使从长远来看,安倍也适合官房长官一职……积累的经验能成为政治家从政史上的一笔巨大财富"。此后,小泉又数次在公开场合表达了对安倍晋三继承其衣钵的期待。在解释支持安倍晋三的理由时，小泉说，他执政以来把安倍先后提拔到官房副长官、自民党干事长、官房长官等要职，"安倍本人通过努力，很好地履行了这些职务。他在小泉内阁中最接近我，帮助我推进改革。"

面对小泉的信任，安倍则用"忠诚"作为回报。从担任自民党副秘书长及出任内阁官房副长官开始，安倍就一直在各种场合为小泉的种种政策摇旗呐喊。在他的谈话中，经常谨慎地使用"和小泉首相一样……"或者"与小泉首相一起……"等措辞。而一旦小泉的内外政策受到批评，率先站出来为小泉辩护的总是安倍晋三，其竞选纲领也基本沿袭小泉既定路线。

其次，在朝鲜问题上的借题发挥，使安倍晋三的身价迅速升值。他最初在日本政坛浮出水面，是在2002年9月小泉首次访问朝鲜期间。当时，身为内阁官房副长官的安倍晋三紧随小泉身后，在电视画面上反复出现，其知名度因而在全世界范围内陡然提高。此后，日朝双方在"朝鲜绑架日本人质"问题上激烈交锋。安倍主张日本必须同朝鲜进行"坚定的谈判"，并声称："如果他们（朝方）不真诚回应，我们必须考虑采取各种措施。"其激烈言辞颇得日本媒体的追捧。2006年7月10日，在朝鲜试射导弹之后，安倍晋三公开称，日本有必要考虑拥有"攻击敌方基地的能力"。美国《纽约时报》说，安倍晋三的"先发制人论"，是迄今为止日本政界公开发表的最强硬的对朝言论。

再有，利用大众媒体，经常就国民关心的问题或敏感问题慷慨陈词，给人以直率、快人快语的印象。安倍晋三曾在早稻田大学发表演说时称，"使用核武器不违背宪法"，"（拥有）原子弹在宪法上不成为问题"，"使用远程弹道导弹在宪法上也不是问题"……这一系列表演得到了日本"鹰派"和右翼势力的拍手喝彩。日本前首相中曾根康弘便对其赞不绝口，称其"不愧是岸信介的后代"。可以说，"鹰派"言论成了安倍晋三成名的重要"秘诀"。几年来，他的言论越激烈，支持率就越高。于是他干脆说："只管叫我鹰派好了，我毫不介意！"

此外，"国家利益优先"是安倍挂在嘴边的一句话，他标榜的新保守主义"国家观"，明显带有岸信介的"鹰派强国论"色彩。他力主修改宪

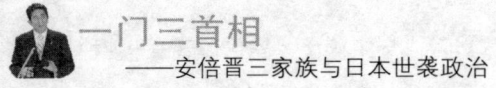

法，实行集体自卫权，主张改变日本的战败国形象——既不受"和平宪法"的束缚，也不背历史包袱。就连他自己都承认："相比较而言，我继承外祖父的DNA要比父亲的多。"安倍强硬的"维护国家利益"的鹰派姿态，迎合了一部分日本国民特别是年轻人的民族主义情绪，因此，他在日本国民中的支持率"水涨船高"。

与过去自民党总裁上台主要靠资历、业绩和派系实力相比，安倍在仕途上采用了一种与众不同的手法：靠敏感话题赢得媒体好感——媒体报道增多——知名度提高——民意调查排名攀升——党内各派争坐他的"顺风车"——赢得党内多数支持——竞选总裁取胜——成为日本首相。

四、对朝强硬 人气蹿升

安倍晋三从政后，虽说仕途一帆风顺，但直到2002年的所谓"朝鲜绑架日本人质"事件，安倍的政治光彩才得以"爆发"，并由此浮出日本政坛。安倍晋三的"鹰派强国论"，以及他在很多方面的做法，使其人气在日本国内迅速蹿升。

2002年9月，小泉首相访问了朝鲜，两国首脑以"绑架日本人"问题为中心议题举行了会谈。时任官房副长官的安倍晋三陪同小泉参加了双方首脑会谈。当时朝鲜向日本提供了被绑架日本人的情况，安倍向小泉建议："朝鲜向我们提供受害者整体的情况，虽然说是我们没预想到的成果，但被绑架的人中有八人死亡，这是一个非常严重的事情。如果金正日不道歉并作清楚解释，我们就应该重新考虑签署共同宣言。"小泉接受了他的建议，并在首脑会谈中要求金正日道歉。此后，日朝双方在"朝鲜绑架日本人质"问题上激烈交锋，最后，日本在金正日承认绑架事实并道歉后才签署《平壤宣言》、重开邦交正常化谈判。

访问期间，安倍晋三紧随小泉身后，及时提供情报和建议的画面在电视上反复出现，其知名度在日本陡然提高，其激烈言辞也得到日本媒体的追捧。日本国民认为，朝鲜承认绑架事实，与安倍晋三在官房副长官位置上发挥的重要作用有关。此后，绑架问题开始成为日本人关注的焦点问题，解决绑架问题成为实现邦交正常化的前提条件。在访问中，对朝强硬、回国后大讲朝鲜问题的安倍晋三，一跃成为媒体的宠儿，频繁在日本电视屏幕露面，人气顿时蹿升。

其实，早在1988年安倍晋三就开始关注"朝鲜绑架日本人质"问题。10月，当时作为父亲的秘书，安倍晋三就听取了被绑架人质有本惠子的父母前来控诉。随后，安倍晋三又进行了调查，最后相信确有其事，因此便开始关注绑架问题。当选国会议员后，他为解决绑架问题积极行动，但只得到自民党卫藤晟一、平泽胜荣和新进党西村真悟等几个人的响应。他们的活动受到各方的压力，动作不大。

1997年1月，"拯救被朝鲜绑架日本人质会"成立时，安倍晋三与该会常任副会长西冈力接上了头，后来该组织发展成"拯救被朝鲜绑架日本人全国协议会"（简称拯救会）。2月，横田惠被绑架的事实披露之后，3月以安倍晋三为中心成立了"被朝鲜绑架受害者家族联络会"（简称家族会），4月15日成立了

安倍晋三

超党派的"支持被朝鲜绑架日本人议员联盟"（后改为"救援被朝鲜绑架日本人议员联盟"）。出于资历方面的考虑，前中曾根派的中山正晖任会长，安倍晋三担任事务局次长。安倍晋三在众议院外务委员会上指责日本政府和媒体没有正视朝鲜绑架日本人问题，他倡议更多议员加入"救援被朝鲜绑架日本人议员联盟"。安倍晋三主张对朝强硬，强烈反对日本政府1997年10月通过联合国粮食计划署向朝鲜提供2700万美元和67万吨的粮食援助，反对向国际红十字会提供9400万日元的医疗援助。安倍晋三积极活动让"家族会"和"拯救会"的人拜见外相小渊惠三。他厉声批评外务省官僚道："我从父亲当干事长时就开始关注绑架问题，外务省可是什么都没有做啊。"以西冈力为首的"拯救会"和"家庭会"开始信任安

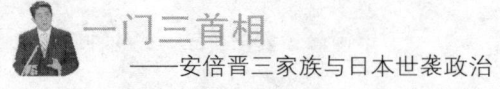

倍晋三，并逐渐将他看成政府中唯一站在他们立场上的人。这种信任关系为安倍晋三在朝鲜绑架日本人问题上提供了更大的发言权和活动空间。

安倍还积极活动，推动在众议院外务委员会下成立"日朝问题委员会"，自己任事务局长，铃木俊一任小委员长。1997年10月21日，在自民党本部召开了"日朝问题委员会"第一次会议，有28名众议员、11名参议员参加了会议。但在加藤纮一干事长、山崎拓政调会长等的压力下，只召开了五次会议。

1999年2月5日，安倍晋三和小渊派石破茂、森派参议员山本一太等超党派议员一起成立了"思考对朝鲜战略性外交之会"，目的是使受害者家族把绑架问题做为重大"人权侵害"提出诉讼，使之成为联合国人权委员会的议题。5月，安倍晋三和山本一太、宫泽派铃木正孝参议员、民主党浅见庆一郎一起访问韩国，参观了1998年12月被韩国击沉的朝鲜潜艇，发现其约有二成零件是日本制造的。安倍晋三便和志同道合者一起提出汇款修正案，以使日本能够阻止向朝鲜的汇款。

2002年3月19日，日本政府成立了以安倍晋三为中心的包括外务省、法务省、国土交通省副大臣在内的"关于绑架问题的项目小组"。4月众参两院通过了"寻求早期解决绑架问题的决议"。9月陪同小泉访朝回来后，安倍就马上前往会见"拯救会"和"家族会"的成员，向他们介绍情况，显示自己的存在。"家族会"向安倍要求在政府内部设立跨省厅的联络会，安倍满口答应。在他的活动下，9月26日日本在内阁会议下设立"支持对策室"，作为专门处理绑架问题的干事会。该会主要致力于调查绑架事件全部真相、建立政府应对机制、研究对受害家族的援助政策等等，安倍晋三亲自就任会长。

2002年10月15日，五名"被绑架者"乘坐日本政府的包机重返日本探亲。按照计划，他们还要返回朝鲜，他们的孩子都留在平壤。但安倍晋三表示，要考虑被绑架者本人的意思，并派内阁官房参与中山恭子去询问他们及家人的意见。由于情报显示莲池熏、佑木子夫妇想回朝鲜，中山就没见他们。当时因为朝鲜进行核开发，日本国民对其不信任感达到顶点，官房副长官安倍晋三表示，"无视国际条约继续核开发的国家不能信任"、

"五个人把孩子留在朝鲜，所以他们不敢说想说的话"。中山主张，应该以国家的意志让五人永久留在日本。他们俩和外务省亚洲大洋洲局参事官斋木昭隆等都是对朝强硬派，主张不把五人送回朝鲜。但是，官房长官福田康夫和外务省亚洲大洋洲局局长田中均等主张，如果不按协议把五人送回去，就会破坏双方信赖关系，不利于今后在间谍船和核开发问题上的谈判，他们重视和朝鲜好不容易建立起来的信赖关系。两派意见在政府中激烈冲突，小泉首相表示要优先考虑受害者家人的意愿。后来莲池熏夫妇改变主意也想留在日本，最终小泉拍板，安倍他们的意见得以执行。

2003年5月，在参加日美首脑会议的飞往美国专机上，安倍晋三和外务省审议官田中均又就朝鲜核开发问题展开争论。安倍主张和平解决需要对话和压力，但田中怕刺激朝鲜使其走极端。安倍晋三认为，不会存在想让自己灭亡的国家，朝鲜不会走极端，没受到攻击的朝鲜不会向日本发射"劳动"导弹，因此没必要为不会发生的事情做出让步。小泉最终采纳了安倍的建议，在5月23日，日美首脑会谈中提出，要和平解决需要对话和压力，要更加强化对朝鲜违法行动的约束和取缔。媒体一直评论日本对朝鲜问题有"对话派"和"压力派"，安倍觉得奇怪，他认为应该是"对话派"和"对话与压力派"。

朝鲜方面认为，遭绑架的13名日本人中，5人已和他们的孩子一起返回日本，另外8人已经去世，所以人质问题已经结束。日本不认可朝鲜的解释，要求朝鲜方面提供这8人已经死亡的切实证明，还要求归还任何可能仍然活着的日本人质。后来朝鲜向日本提供了绑架受害者横田惠的骨灰，但日本基因鉴定结果显示骨灰是伪造的。朝鲜称日本伪造了鉴定结果，对日本的鉴定结果表示否认。

2005年1月31日，自民党代理干事长安倍晋三同美国国家安全委员会亚洲司司长迈克尔·格林举行会谈。安倍表示，日本已经进入"不得不考虑对朝鲜实施经济制裁的阶段"。安倍晋三称，两国就有关日本被绑架受害者骨灰真伪问题发生了争执，目前已经到了"仅仅通过协商无法解决问题的困难境地"。格林对此表示理解。他说，从"对话和压力"的角度，这也是可以理解的。双方一致认为，今后日美两国要密切合作。安倍前一

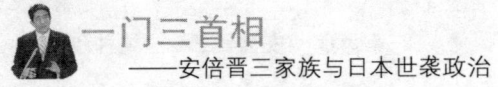

一门三首相
——安倍晋三家族与日本世袭政治

天在一个电视节目中具体提出，可以考虑禁止进口朝鲜海产品，以"切断朝鲜政权中枢的经济命脉"。

2005年12月26日，日本首相小泉纯一郎表示，如果绑架问题得不到解决，日朝关系正常化谈判就不会取得太大进展。安倍晋三也声称，除非朝鲜绑架日本人问题得到解决，否则日朝关系不会正常化。2006年2月3日，安倍晋三宣称："日本将强烈要求全面解决绑架日本人问题。朝鲜如果不表现出诚意，（日本）将理所当然地向其施加压力。"他表示，日本必须同朝鲜进行"坚定的谈判"，以解决日本方面在谈判中首要关心的"绑架问题"。安倍晋三说，他希望日本能看到来自朝鲜方面积极回应，希望日本就这一问题提出的要求都能取得"具体进展"。这些要求包括，遣返所有目前在朝的被绑架人员、提供所有遭绑架者档案，并交出对绑架事件负责的官员。他声称："如果他们（朝方）这次不真诚回应，我们必须考虑采取各种措施。"安倍晋三所说"各种措施"显然是在用经济制裁威胁朝鲜，而日本此前一直慎用这一招，怕反而影响问题的解决。

如果有人问："安倍晋三的优势是什么？"不少日本人会回答："朝鲜问题。"安倍晋三主要政治资本的积累就是来自对朝鲜的强硬政策。他在朝鲜问题上，与现任首相小泉有所不同，主张强硬，他不仅是被绑架日本人受害者团体的热烈支持者，更主张以"压力"迫朝鲜让步。安倍晋三是日本政府中对日朝关系最清楚的人之一，并随小泉访问过朝鲜，对小泉的对朝政策非常清楚。小泉一开始主张对朝鲜采取"对话"而不是"压力"的政策，并两次前往平壤访问，希望能与朝鲜建交。但安倍晋三主张"对话与压力"，更多的是主张"压力"，声称要对朝鲜进行经济制裁。访朝结束回到日本国内，在小泉希望日朝建交的时候，安倍晋三成了被绑架人质相关组织的大红人。他并没有支持小泉与朝鲜建交的想法，而是坚持绑架问题不解决，日朝建交就没有会谈的余地。

8月27日，安倍晋三在就"假如就任首相后的朝鲜政策"发表谈话，表示将继承小泉政权的"对话和压力"路线，但更重视施加压力，将采取对朝鲜实施金融制裁的措施，如果朝鲜实施核试验，日本将与美国一起采取制裁行动。旅居日本40年的德国记者赫尔希指出："安倍晋三虽然属于日本新一代政客，但其思维却还停留在其祖父辈的冷战时代。他立志要做一个'战斗者'，要学其外祖父岸信介，去和开明派战斗；但问题是现今的日本，他的敌人已经越来越少。这不得不让人猜测，他和谁作战。"很显然，安倍晋三找到了朝鲜这个"敌人"。

安倍的迅速蹿红也与日本国内气候有关。"朝鲜绑架十几名日本人"，这一日朝冷战敌对状态下发生的历史悲剧，被日本无限扩大化。在日本国内，舆论左右了人质问题，人质家族成为明星，政治家在台前台后借人质问题捞取政治资本。日本媒体有一个不和人质联盟唱反调的禁区。如果从宏观上谈了日朝两国的外交关系，而没有谈被朝鲜绑架人质问题，将受到日本舆论的强大压力。日本曾对朝鲜实行长达 34 年之久的殖民统治，曾杀害和奴役数以百万计的朝鲜人，至今对此没有进行任何补偿。而这些事实，如今都从日本主流舆论中消失，剩下的几乎全是"妖魔化朝鲜"。在日本，日朝之间的最大难题，不是日本对朝鲜从 1911 年到 1945 年长达 34 年的殖民统治问题，不是日本强行征用朝鲜劳工到日本从事重体力劳动的问题，却是十几个人被绑架到朝鲜去的人质问题。"敲打朝鲜"使日本在对朝历史问题上找到了平衡感。更重要的是，日本鹰派势力正把"朝鲜威胁论"当作突破"和平宪法"、推动军事大国化的最好借口。

安倍晋三不仅对朝鲜人质事件表现得强硬，在与韩国的竹岛（韩国称独岛）主权归属问题也非常强硬。2006 年 1 月下旬，海上保安厅得到了韩国计划再次对独岛附近海域展开勘测的"年度报告"。报告显示，韩国将分别于"2 月 1 日至 3 月 2 日"，以及在 7 月和 10 月实施三次勘测。于是，海上保安厅也向日本政府提出实施勘测建议。3 月，日本首相府接受了海上保安厅的建议。据日本政府有关人士透露，事态出现转折的起因是，这个原本停留在首相府事务官员一级的建议传到了日本内阁官房长官安倍晋三的耳中。此后，首相府决定采取措施阻止韩国的冠名计划，外务省对此也没提出异议。4 月 14 日，日本政府宣布，日本要到竹岛周边海域进行海洋调查。韩国立即作出回应。韩国外交通商部第一次官柳明桓 14 日下午召见日本驻韩大使向日方提出抗议，日方因此将计划搁浅。7 月初，韩国在独岛周边海域进行了海流调查。8 月 2 日，日本官房长官安倍晋三在记

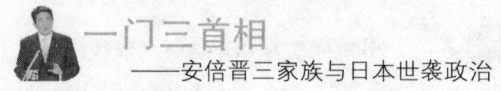

者招待会上又表示,韩国政府曾于7月5日在日韩双方存在争端的竹岛周边海域进行了海洋调查,因此日本也要在适当的时候进行调查。

五、身段柔软 内心强硬

安倍晋三身材高挑,风流倜傥,颇得人缘。除内心强硬外,安倍晋三的"外表和作派"也为他赚了不少人气。作为出生于政治世家的一名少壮派政治家,安倍晋三一表人才、彬彬有礼、谦逊和富有魅力,曾在2002年获得日本男人时装协会颁发的31届最潇洒着装奖,很快成为日本妇女杂志和电视观众喜爱的专访对象。

安倍晋三拥有英俊的外表和温文尔雅的形象,借此吸引了不少年轻女性选民。安倍也很善于打"女性牌"。由于媒体的炒作和追捧,他在女性选民中大有"人气",拥护者以中年妇女为主,令他被戏称为政坛"裴勇俊"。据说连他喜欢吃的一种雪糕也跟着风行日本。然而,与安倍风流儒雅、恭谦礼让的外表相反,安倍的内心却是十分强硬,特别是对待历史问题和参拜靖国神社问题以及外交问题,表现出十分强硬的立场。

在历史问题上,安倍晋三坚持清扫所谓的"自虐史观"。冷战结束后,日本国内由于政局动荡、自民党一度下野,再加上为了争当联合国安理会常任理事国的政治需要,有必要在历史问题上取得亚洲国家的谅解,特别是面临战后50年的关口,日本政界和社会上曾出现过"战后处理"的动向。1993年8月,宫泽内阁官房长官河野洋平发表了"关于慰安妇问题的政府见解",承认事实并表示反省。同月,细川护熙当选首相后,对亚洲太平洋战争性质明确表示"是侵略战争、是错误的战争"。1995年8月15日,社会党出身的村山富市首相发表"村山谈话",承认日本的殖民地统治和侵略历史并表示了道歉。与此同步,日本的历史教科书内容也从20世纪80年代中期起不断改善。80年代后期以来,几乎所有的教科书都记述了"南京大屠杀"事件,在1983年的审定中被文部省责令删除的"731部队"也出现在部分教科书上。在1994年开始使用的高中日本历史教科书(初中从1997年使用)中,毫无例外地记述了"随军慰安妇"。另外,历史教科书中关于日本侵略和战争犯罪的记述,也逐步得到改善。应该说，这是日本的国民运动和亚洲诸国为首的国际批判的重大成果。

安倍晋三对此表示强烈不满。他认为教育应该是让学生对自己的国家抱有自豪感，河野洋平和细川护熙首相的发言是明显错误的。1997年1月30日，一些右翼文人以现行历史教科书带有"民族自虐"性质为借口，组成了"新历史教科书编撰会"，开始炮制以反动历史观为基准的教科书。2月27日安倍晋三和中川昭一等人成立了"思考日本前途和历史教育国会年轻议员会"，公然寻找所谓的证据美化历史，促进历史教科书删除"自虐性"内容。

安倍晋三曾于2001年1月向日本广播协会（NHK）施压，要求其低调报道一个日本民间团体举行的关于二战中慰安妇的模拟审判。日本一个妇女权益保护组织曾于2000年12月举行了一次模拟审判，审判结果为二战时期的裕仁天皇应为允许日军使用慰安妇承担责任。NHK随即于2001年1月就此事制作了专题片《应当追究责任的战争性暴力》，时任自民党国会议员的安倍晋三和中川昭一出面向NHK施加压力，要求修改节目内容。结果NHK报道播出时删去了大部分批评日本战时行为的访谈内容。对此，安倍晋三承认他曾经向MHK施压，要求他们做出这些改动。安倍晋三说，在这次模拟审判中，只有法官和起诉人，却没有证人和辩护律师，这显示审判的内容有偏颇。在此事被媒体报道后，安倍晋三发表声明说："我要指出的是，日本广播协会应该以公正和中立的立场进行报道。"

对靖国神社的参拜浓缩了日本的政治生态。靖国神社被视为日本军国主义的象征，中、韩等国一直反对日本政要参拜。靖国神社问题的本质是其里面供奉着甲级战犯，并美化历史，宣扬"靖国史观"和"军国主义"思想。参拜靖国神社直接关系日本领导人如何考虑过去的侵略和殖民统治的历史认识问题。安倍晋三不仅为甲级战犯辩护、参拜靖国神社，还表示没有南京大屠杀和强征从军慰安妇这回事，大力促进修改教科书，清扫所谓的"自虐史观"。他认为，如果日本政府"屈从于中国的压力，把甲级战犯的牌位移出靖国神社"，中、韩等国就会打出下一张牌，要求日本将"乙丙级战犯"的牌位也移往它处，因此，在靖国神社问题上，"日本政府绝不能向中韩等国让步"。另一方面，安倍晋三用强硬姿态刺激或伤害中、

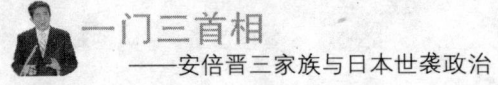
一门三首相
——安倍晋三家族与日本世袭政治

韩等国的感情后，再利用对方谴责特别是个别民众的过激行为，调动日本国内的民族情绪争取民意，赢得国内支持后再对外显示更强硬姿态。日本民主党党代表小泽一郎曾严厉批判安倍晋三，称其"以狭隘的目的煽动民族主义是非常危险的"。

安倍晋三保守色彩浓厚，曾在一些敏感的内外政策问题上发表过一些鹰派言论。2002年他作为内阁副官房长官说，日本"可以拥有原子弹和洲际弹道导弹"，"如果是最小限度地拥有小型战术核武器未必违反宪法"。但自担任内阁官房长官以后，表态转为谨慎。如今，日本社会对战争的记忆正越来越淡漠，有战争体验的人越来越少，已经不到3000万，"从书本上认识战争"的人却将近1亿人。日本政府虽然也把"八·一五"定为纪念日，但并不是像德国那样反思自己的战争罪行，相反日本所有的官方文件、讲话都称，日本现在的繁荣是建立在发动战争的侵略者的"牺牲"之上的。在社会整体右倾化的形势下，一股为侵略行径翻案的暗流正在日本社会涌动。反省过去被说成"自虐"，正视历史反而需要勇气。日本政治家特别是小泉首相，不顾国内外反对每年参拜靖国神社就是集中体现之一。

安倍晋三一直都在为甲级战犯辩解。2006年2月10日，安倍晋三在众议院预算委员会上就日本发动侵略战争的责任问题宣称："即使在国内也有各种各样的议论，政府来决定具体是谁的责任并不适当。"他还就对日本战犯的远东国际军事审判表示："它不是我国主体的裁决。"对《旧金山和约》中关于东京审判的认知问题，安倍也反复表示说："它是进行了判决"，但他不是外务省所翻译的"（法庭）审判"，而只是一个"判决"。2月14日，安倍晋三在日本众议院预算委员会上宣称："在国内法上，甲级战犯不是罪犯。"他说："是东京审判判处了7人死刑。我们国家并没有自主地审判他们。因此，在日本，不能说他们是罪犯。"

安倍晋三极力主张日本政要参拜靖国神社。靖国神社供奉有多名二战甲级战犯牌位，对这些战犯的顶礼膜拜就是对现有国际秩序的公然挑战。对靖国神社的参拜意味和呼唤的是日本军国主义的阴魂。从某种意义上说，也是一部反面教材。它彻底撕下了日本政客的遮羞布，让亚洲和世界爱好和平的人们清清楚楚地看到，错误的历史观有多么邪恶，一个无法和发动侵略战争历史决裂的国家对世界和平稳定构成了多大的威胁。然而，安倍多次强调"不参拜靖国神社就没有资格当日本首相"，还屡屡攻击中韩借历史问题"干涉日本内政"，强调"首相参拜靖国神社理所当然，别国不应指手画脚"。2004年5月28日，身为自民党干事长的安倍晋三，在东京召开的"全国战没者遗族大会"上公然声称："对英灵表示尊崇之念是理所当然的。我党将承诺继续参拜（靖国神社）。"2005年5月28日，安倍在札幌市发表演讲称，"为了对为国捐躯的人表示崇敬，首相参拜靖国神社是理所当然的，参拜是首相的责任。下一任首相也当然要进行参拜。"日本众议院议长河野洋平召集几位前首相共同反对小泉参拜靖国神社时，安倍竟出面指责河野："作为议长没有权力对外交指手画脚。"

安倍晋三还曾多次为小泉参拜靖国神社进行辩解，并极力支持小泉参拜靖国神社，还在2005年6月组织支持小泉参拜的自民党少壮派议员组成了"年轻国会议员会"，松下忠洋任会长，山谷惠理子任干事长，安倍任顾问，其核心成员中有很多同安倍关系密切。该议员会经常组织活动，对抗自民党资深议员中要求小泉停止参拜的呼声，大大助长了日本右翼势力的气焰。10月31日，在任官房长官后的首次记者招待会上安倍说，"我和小泉纯一郎首相一样，至今都作为一个日本国民、作为政治家参拜过靖国神社。今后我的心情不会改变。"在靖国神社中的甲级战犯问题上，安倍说："过去大平正芳首相说过，（这）应该由历史学家去做出判断，我也这么考虑。"他还提出了"参拜靖国神社有理论"，坚决支持参拜的立场。

2006年4月，身为内阁官房长官的他"秘密"参拜了靖国神社，但在"八·一五"这一敏感的日子，却没有随同首相小泉纯一郎去参拜靖国神社。应该说，安倍晋三继承了外祖父岸信介的历史观和战争观，对于当年那场侵略战争、当年东京审判和"甲级战犯"都有与其祖辈相同的思想和认识。

小泉任首相时每年参拜靖国神社的行为，已经严重损害了日本与中韩等亚洲国家的关系，一些日本经贸界人士出于对中日间可能会出现"经济疏远"现象的担忧，向小泉进言，希望其今后不要再参拜靖国神社。对

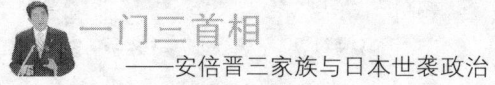

此,官房长官安倍晋三反驳道:不能只为了经商的赢利而否定参拜靖国神社,这样会丧失国家的"根本"。按安倍晋三的话说,即使小泉首相停止了参拜,也不能保证中方会改变对日态度,因为中日间还存在其他诸多问题。

7月20日,安倍晋三在出版的《致美丽的祖国》中,详细阐述自己对参拜靖国神社等的看法。继续坚持固有的支持参拜立场,批评中韩因此问题而拒绝举行首脑会晤,提出"参靖有理论"。他说,二战以来,日本既没有能攻击别国的远程导弹,也没有哪位领导人下达过侵犯别国的命令。因此,参拜靖国神社并不能代表日本军国主义的复活。8月31日,即安倍正式宣布参选自民党总裁的前一天,他还在演讲中辩解说,靖国神社供奉甲级战犯牌位"没有问题"。

安倍晋三

9月11日,安倍晋三在一次公开讨论中声称,"在中日建交时,中国政府倡导把战争的军方和一般日本人放开,以劝导其民众对日友好,这一见解在中国行得通,在日本可就未必",在靖国神社问题上,安倍晋三的发言隐含着"战争无罪人"的观点。

在9月的一次记者招待会上,安倍晋三表示,无需再为日本的战争罪行作出口头上的道歉,他说,"我并不认为每当政府出现变动时,都有必要发表这样的声明。"他说:"如果有新情况出现,我认为首相到时候只需要表达自己的想法。"他接着说,"由于日本对战争给许多国家留下的伤疤作出了诚实的反省,因此它能够成为一个和平而且民主的国家。"

参拜靖国神社和修改教科书问题并不是孤立的,都是日本政治右倾化的反映,其实质是日本政府能否正视过去的那段侵略历史。每个国家、民族都应从历史经验教训中寻获和产生免疫力,这也是一个民族兴盛发达不绝、文明传承延续不断的重要保障。对历史的坦然铭记和尊重正是获取这种国家免疫力的途径，而日本领导人参拜靖国神社、支持修改教科书的行为，正是免疫力在其民族肌体中消失的征兆。日本绝非健忘的民族，但现今日本社会谈论侵略战争时，却"忘掉"了最重要的问题——战争性质和战争责任。他们更多地是从日本遭受原子弹袭击、东京大空袭中找寻"受害"的记忆，而带给其他国家的灾难，却被许多人抛到脑后。

六、台湾情结 微妙对华

日本右翼政治家们从地缘政治的角度出发，把和平崛起的中国视为是对日本的挑战与威胁，不希望在自己身边出现一个强大的中国。他们不仅企图削弱大陆，而且还利用两岸问题干涉中国。他们认为，只要两岸处于分裂状态，无论大陆或台湾当局，都无法采取有力措施维护主权。因此，为了维护日本的战略利益、响应台湾当局的"务实外交"，他们积极发展日台关系，培植亲台势力。

安倍家族所在的山口县素与亲台势力关系密切，先后出过岸信介、佐藤荣作、安倍晋太郎等亲台政要。岸信介是日本"台湾帮"的开山鼻祖，1957年2月上台后，"台湾帮"开始走向日本政界舞台，他极力推行"随美亲蒋"、敌视中国的反共反华政策。6月2日，他上台仅三个月，就访问了台湾，与蒋介石签署"共同声明"，支持国民党反攻大陆。他屡次表示："对日本的安全来说，不使朝鲜和台湾落入中国共产党之手是绝对必要的。"1960年，岸信介不顾国内外的反对，与美国签署新的《日美安保条约》，协防台湾。

岸信介下台后，在幕后操纵成立了带有浓烈封建色彩的台湾帮别动队——"青岚会"。佐藤荣作上台后，在亲台反华、制造"两个中国"方面更甚于前者，日本台湾帮也甚嚣尘上。继承"岸（信介）派"衣钵的福田赳夫和他的继承者三冢博、森喜朗都继承了岸信介的传统。三冢博是"青岚会"的主要成员，森喜朗上台后则不顾中国的强烈反对同意李登辉访日。福田赳夫和森喜朗两人从首相职位退下后，分别于1992年、2003年访问了台湾。原属"森派"的前任首相小泉纯一郎上台后，"台湾帮"势力更是大增，"其内阁中一大半是'对台友好'的官员。"

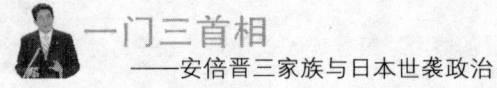

一门三首相
——安倍晋三家族与日本世袭政治

安倍晋三作为安倍家族的继承人,家族渊源与右派背景使他具有亲台情结,他是日本国会超党派亲台湾组织"日华关系议员恳谈会"重要成员,与亲台势力关系密切。安倍晋三继承和发展了岸信介等人的人脉关系和"以台制华"的政治理念,并与李登辉和陈水扁都建立了丰沛的人脉管道。早在李登辉担任所谓的台湾"总统"时期,借由幕僚群的重点式耕耘,他与安倍家族的继承人安倍晋三展开往来。李登辉曾多次邀请时任众议员的安倍访问台湾。1996年11月,安倍就任自民党青年局局长。该青年局有个惯例,每年都会组织日本许多年轻的议员到台湾访问。安倍就任局长后,更是努力培养亲台势力,加强与台湾方面的联系。

1997年11月,安倍晋三接受了《政界》杂志的采访。他就有关新《日美防卫合作指针》问题毫不掩饰地宣称,"在谈到周边地区(所指)范围时,必须以《日美安保条约》为基础,所以,这一地区是指菲律宾以北,理所当然地包括台湾海峡在内。这是常识。因为没有必要特意去刺激中国,所以就不对包括哪些地区作限定了。"他重提1960年岸信介内阁的过时谬论,称"把台湾海峡从适用范围中排除出去,这是非常危险的行为。因为中国没有承诺不使用武力。如果从新《日美防卫合作指针》中排除台湾,就有发生(中国大陆对台湾)武装入侵的危险。"他还跟《政界》杂志承认,自己去过台湾,并且见过李登辉。多年来,安倍在能力所及之处,在台面下为台湾提供了许多帮助。李登辉卸任后,安倍仍然不吝出力,在他的极力活动下,2001年李登辉以就医为由访日。陈水扁上台后,对安倍更是持续强化友好,双方的中间人穿梭于日本、台湾之间,努力构建双方的"共同语言"。

2004年3月,时任自民党干事长的安倍晋三在东京发表演说,"祝福陈水扁的再当选","继日本在台交流协会的正式贺电后,首次表示祝福";又说"像李登辉这样了解日本的'卓越领袖'在世界也是很少见,过去来日本治病时大多数的议员也都认为让李来是应该的事","去年日本政府派员到'总统府'关切公投一事,他听到这事时也很惊讶","基于联合国的理想,台湾应该加入,自民党也是这样想的。"当年12月在安倍晋三等人的活动下,日本政府不顾中国的强硬反对,再次允许李登辉访日。安倍晋三在第21届自民党总裁选举前出版的书提到台湾,指出:日本为了成为对亚洲开放的国家,须把台湾列入考虑;并以台海危机为例,指责中国妨碍台湾民主选举。

随着日本国内政治右倾化加剧,宣扬狭隘民族主义、主张对外持强硬态度、喜欢同邻国挑起争端的政治家越来越有市场。安倍晋三不但对朝强硬,也是中国强硬论者。他认为,日本对中国要主动出击,不要一味地由中国出招。2006年7月中旬,安倍晋三在非正式会见中国国民党主席马英九时称,美国和日本不会坐视并容忍中国大陆对台湾动武。"如果日本周边的形势威胁到我们的安全,日本可以向美军提供支持……中国的崛起让日本在经济上受益良多的同时,日本人在容忍还是遏制中国的战略思量中,最终选择了后者。这是美日共同声明释放的最明确的信号。"

他还利用中国"球迷闹事"和反日游行等事件把日本"塑造"成"受害者",丑化中国,争取欧美舆论支持。另外,在东海油气田争端上,他表示要不惜以武力维护日本"国家利益"。

2006年2月,安倍晋三在众议院预算委员会上就中日关系宣称:"外交应该对整个世界进行全盘考虑,只将焦点对准与中国的关系,是没有战略性的。""重要的是全盘考虑整个世界,加强日美关系,与东南亚各国尽快缔结自由贸易协定。"

2006年7月朝鲜试射导弹后,日本实质上的总负责人安倍晋三只是约见美国驻日大使希佛或是频繁与美国国家安全事务助理哈德利通电话,没有与朝核问题六方会谈的主席国中国进行一点

2010年,马英九会见安倍晋三

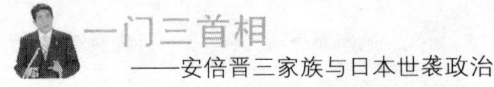
一门三首相
——安倍晋三家族与日本世袭政治

沟通。中俄表态反对日本提出的制裁决议案后,日本没与中国进行充分沟通,而是试图先说服俄罗斯投弃权票,从而使中国难以单独投否决票。据日本媒体报道,在中国声明要进行否决之后,安倍与其手下甚至准备联合美国强制进行表决,迫使中国行使否决权,进而在国际上责怪并孤立中国。安倍晋三在应对朝鲜试射导弹事件的过程暴露出不惜与中国对抗的政策走向。

鉴于中国在亚洲乃至世界的重要地位,安倍晋三对华态度是十分微妙的。在对中国外交上,安倍曾主张日本应该主动出击,而非一味地由中国出招,日本只忙于招架。他认为,中日之间不只是靖国神社问题,重要的是,如何让中国的"威胁"和"反日影响"不要继续扩大。

当然,日本也无法对快速发展的中国视而不见。近年来,中国经济对日本经济的复苏起到的牵引作用,安倍晋三也不得不承认中国的发展是日本的机会。日本经济界担心政治问题影响到双方的经济合作,日本国民也日益强烈要求改善因参拜靖国神社问题而冷淡的中日关系。在这种民意下,一直坚持强硬保守路线的安倍晋三,有时也展示出一些重视中日关系发展的姿态。安倍晋三曾于1997年和2001年两次访华。2006年10月8日至9日,安倍对中国进行正式访问,这是安倍就任首相以来首次访华。

1998年11月,安倍晋三对访日的中华人民共和国国家主席江泽民说:"我们作为年轻一代应该坚持日中友好,应在正确认识历史的基础上放眼未来。"2006年1月,他在会见美副国务卿佐利克时表示,"中国的经济发展对亚洲是机会。日本经济日益坚挺,也得益于中国"。紧接着他又表示,不能让政治问题给经济关系带来负面影响,今后将致力于与中国开展对话,改善两国关系。4月26日,他在接受采访时改变口风,表示无意宣布将参拜靖国神社。他说,现任首相小泉纯一郎因为每年都前往参拜供奉有二战甲级战犯牌位的靖国神社,因而激怒中国当局。安倍表示,"有必要制定政治问题不影响经济问题的'政经分离'原则。"

安倍提出的"政经分离"主张,以一种隐晦的方式,道出了小泉时期未曾明言的拖延战术。他提出的"政经分离"的政治主张完全是继承了其外祖父岸信介的思想。早在1957年,安倍晋三的外祖父岸信介就曾提出所谓"政经分离"的对华政策,既想与台湾当局保持"官方"关系,又想跟中国大陆做生意,结果以失败而告终。如今,安倍晋三也在对华搞"政经分离"政策:一方面继续参拜靖国神社,让中方"吞苦果";另一方面希望同中国发展经贸关系,获取经济利益。

安倍晋三还呼吁中国抛开靖国神社问题,恢复高层会谈。安倍的方针是:不将靖国神社问题作为争论的焦点;不明言是否参拜;不拘泥于8月15日参拜。这样做有四个作用:保持他右翼保守政治家的色彩和身份;适应当前日本国内反对参拜靖国神社的民意;减缓来自中国和韩国等国的压力;同时也为自己出任首相之后,留下调整政策的回旋余地。据《朝日新闻》报道,7月下旬,一名接近安倍的国会议员在电话中向他进言:"安倍政权的一个重要任务是能否早日实现日中首脑会谈。"据这位议员透露:"安倍对此没有表示反对,当时好像是在认真考虑,与以前相比是个巨大的变化。"

8月3日,安倍晋三在第二届"亚洲的未来和新型日中关系·东京—北京论坛"致辞中说:"我极为重视日中关系,认为它是最重要的双边关系之一。而且我刚才已经提到,在我们这种要使双方的共同利益不断扩大的强硬政治意志变成现实以后,我们肯定会拓展出新的前景。"他还说,"必须强有力地驱动政治和经济这两个车轮,把日中关系推向一个新高度。"他提出:"日中两国的政治问题不应影响经济关系。个别的问题不应影响日中关系整体的发展,有必要进行直接和建设性的对话。"8月26日,在自民党举行的总裁竞选区域大会上,安倍提及中国时说:"为构建成熟的(日中)关系,我们要付出努力。"

在《致美丽的祖国》一书中,安倍晋三发表自己对亚洲外交战略等的看法。在外交上,安倍倡议构建日、美、印、澳首脑协商机制,此外还要加强同中亚及土耳其的合作。关于中日关系,安倍在书中强调,"有必要制定政治问题不影响经济问题的'政经分离'原则"。从安倍的政治主张可以看出,虽然面临国内外普遍要求日本改善与亚洲国家,尤其是与中国关系的强烈呼声,但他本人并没有展现出调整日本外交方针的足够诚意。

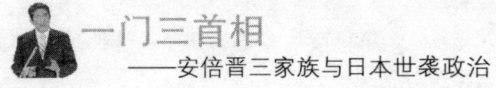
一门三首相
——安倍晋三家族与日本世袭政治

七、国家主义 修宪至上

进入21世纪以来,日本政府抓住机会制定了"周边事态法"、"有事法制"、修改"自卫队法"等等,突破"专守防卫"的限制,把自卫队派到海外,一步步架空和平宪法。从美化过去侵略历史到谈论今后的战争,日本人逐渐开始把宪法禁止战争的日本变成"能够战争的国家"。面对这个限制日本手脚的"和平宪法",如何将其修改已经成为日本内阁执政时期追求的既定目标。

日本在修宪方面分为三代。第一代是经历过战争体验的一代,像中曾根康弘、宫泽喜一、野中广务、竹下登等等;第二代虽然没有经历过战争,但在小学时受过苦、挨过饿,是体会过美军占领日本的一代;第三代是完全不知道战争的一代。随着二战的逐渐远去,日本有战争体验的人越来越少,日本社会对战争的记忆正逐渐淡漠。像安倍晋三这样没有经历过战争,没有体会过战争灾难的第三代人在日本政坛逐渐走上统治地位。在社会整体右倾化的思潮下,越来越多的人开始公开谈论修宪问题,日本自民党和民主党两大政党都打出了"修宪"旗号。目前大多国会议员都赞成不同程度修改宪法,经济界也公开要求为武器出口禁令松绑。

安倍晋三进入日本政坛以来,继承外祖父岸信介的"遗志",主张彻底抛弃日本原来的"和平立国"策略,力主修改现行和平宪法,力争日本早日摆脱战败国地位,加快日本的"正常国家化进程"。他表示,现行宪法第九条有关"放弃战争"的条款是日本"正常化"道路上必须搬掉的"拦路石"。他要求清算战后"重经济、轻军事"的吉田治国路线,支持将自卫队改为自卫军,使日本军事力量能够直接参加海外作战行动。2003年5月12日,安倍晋三针对朝鲜开发导弹及核武器对日本的威胁强调,应该对"专守防卫"的范围重新加以讨论,加强自卫队攻击朝鲜导弹基地的力量。安倍晋三认为,随着武器的进步、战术与战略的改变,1970年以来日本对内对外誓言推行的"专守防卫"政策的内涵与范围应该有所改变,自卫队的"专守防卫"应该与时俱进,而不一定要限于日本领土、领空和领海的范畴。2004年4月,时任自民党干事长的安倍晋三访问美国,在与时任美国国务院主管亚太事务助理国务卿凯利会晤时表示，日本应该修宪，正式承认美日军事联盟的事实，以及日本集体自卫的权利等等。

2006年4月17日，安倍晋三就集体自卫权的相关政府解释发表看法称："在宪法的制约下还有什么是可能的？时代在变化，经常检验、经常研究是非常重要的，我们就应该这样做。"安倍表示，关于目前在国际法和宪法上无法行使的集体自卫权问题，应该重新放在时代的背景下检验。当其他国家都担心被卷入与本国无关的战争时，安倍晋三等日本政要却在试图获得可导致卷入与本国无关战争的集体自卫权。这种做法不能不使人们对日本的未来感到担忧。

8月25日，安倍晋三在东京发表公开演说，称"有必要制定永久的法律，能机动灵活地向海外派遣自卫队"。安倍以"朝鲜的现实威胁"和"中国威胁论"为借口，主张进一步扩展日本军事力量，特别是在核问题上他已经触到了"无核三原则"的底线。早在2002年5月中旬，时任内阁官房副长官的安倍晋三在非公开演讲时说："日本拥有小型原子弹没有问题。"

9月11日，安倍晋三自己提出修改宪法的目标说，"这不是一两年就能够完成的目标，必须以五年左右的时间加以考虑。我将努力在国会中获得超过2/3的支持，一旦有眉目，当然也会考虑将期限提前。"14日，安倍晋三在东京发表演讲说："过去，为了取悦外国，日本常常在外国设定的摔跤台上表演相扑；为了得到我们的国家利益，还必须遵守他们的规则。作为一个发挥领导作用的国家，日本应该参与制定规则、创建机制、推行更自信的外交政策的事务。""必要时，我们还必须坚持自己的主张，为了能做到这一点，重要的是使日本成为负责任的联合国安理会常任理事国。"他表示，日本的外交政策应该有所改变，日本未来应该是世界上制定规则的国家之一。他要求日本人从战败的阴影下走出来，重新树立日本人的国家观念，唤醒人们的自信心和对国家的自豪感。他主张突破日本不能行使集体自卫权的"禁区"，在宪法中加入集体自卫权条款，称"日本不拥有国际法规定的集体自卫权是自行丧失权利"。

9月13日，日本自民党前副总裁山崎拓在东京接受媒体采访时指出，

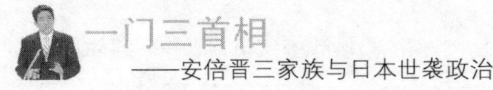

一门三首相
——安倍晋三家族与日本世袭政治

"目前，日本政界正产生大型的世代交替，属于战后出生的议员不断增加。不如过去老一辈议员，新一代无法贴切了解到战争的可怕以及和平的真谛。安倍属于战后世代，在其主张的政策中，总是在强调'力学'，主张强势。明显的，这就是要脱离主张以对话、以外交解决问题……他将更重视防卫，而将外交放在第二位。"他表示，"虽然小泉首相参拜靖国神社，可他并不存有军国主义思想。但是，安倍晋三不同，他的历史观以及战争观，恐怕将带领日本回归战前走军事大国路线。"的确，安倍晋三靠得就是"强硬制胜"。他"天生就是个保守派"，是一位"勇敢的鹰派"。他在"对朝强硬"获得喝采后，在"参拜靖国神社"、对华关系和修改宪法等方面一路强硬。

强硬正是安倍晋三的生存之道，他非常乐于被贴上强硬派的标签。他的强硬姿态给日本民众造成一种最终还得靠安倍的印象。他通过媒体造势，树立起国民利益代言人的形象。"国家利益优先"是安倍晋三经常挂在嘴边的一句话，也表明了以他为首的日本新生代政治家的政治理念。他标榜的新保守主义"国家观"，明显带有岸信介的鹰派"强国论"色彩。其实，在安倍家族中并非没有和平的力量。他的祖父安倍宽就是二战时著名的反战派议员，因为反对东条英机的军国主义，曾被称为日本政界"有骨气的政治家"。他的父亲执政风格也较为温和。不过，遗憾的是安倍晋三的政治"性格"同其外祖父一脉相承，岸信介在内政方面的最大宿愿就是修改宪法。时任首相岸信介在1958年10月就爆出"日本已经到了修改宪法第九条的时候"，岸信介长期担任"宪法调查会议员联盟"会长，积极推动宪法修改的运动。《朝日新闻》的社论曾一针见血地指出："岸信介始终是推动宪法修改运动的领导人，他的看法在保守阵营拥有隐形的影响力。例如，被罢官的前文部大臣藤尾主张修改宪法、否定东京审判的言论，其实就是岸理论的翻版。"

安倍晋三的强硬正好适应了日本时代潮流的变化，迎合了部分国民的心理。日本政治社会的发展变化需要一位像安倍晋三这样有着较浓民族主义色彩的代言人。

首先，日本经济进入十多年的低迷期，社会贫富差距拉大，"失败的大多数"看不清未来的方向。以前,日本人相信只要认真工作,就能得到幸福。但如今世界变了,不论怎样努力工作,也不能摆脱贫穷。整个日本社会都陷入"茫然的不安"中,他们对日本政治的现状越来越不满,对未来感到希望渺茫,自杀人数连年上升。面对这种不安的社会心态,日本一些政客们无法拿出自己的解决办法,便用了西方政治惯用的伎俩:通过树立外部假想敌,在现实中树立危机感,转移国内民众的不满情绪。他们树立起来的第一大假想敌是朝鲜。他们把日本民众内心的不安,归于来自朝鲜的屡屡挑衅和中国经济迅猛发展带来的威胁,促使日本民族主义情绪高涨。

其次,日本是一个讲求功利、高度现实的民族,在国际关系上崇拜强者,轻视弱者。在历史上日本先是敬畏中国,后来中国衰落了又蔑视中国。二战结束后,日本民众一直在经济上对中国有优越感。然而,随着中国经济高速发展走上复兴之路、日本经济进入低迷期,日本国民的这种优越感破灭,他们受到强烈刺激,很难以一种平常心来接受中国和平崛起的现实,使日本民众接受了对中朝强硬的政治立场。

此外,长期以来,日本已经形成了某种"媒体消费"形式。面对诸多敏感问题,包括复杂的国际问题,大多数日本人或者仅用简单的两分法来判断,要么善,要么恶,或者等待媒体的答案。日本媒体每天都向国民灌输着这种假想敌的印象。事实上,这些假想敌的背后是一种被扭曲的历史问题。但是日本需要从历史中寻求自豪感。他们要为自己的祖先文过饰非,拼命为当前的状态寻找合理性。

在这种"国难意识"趋强的年代,日本国民期待一个强势的政治领袖出现、塑造"强有力的日本"。这时,进入日本政治中枢的安倍晋三既不受宪法束缚,也不背历史包袱,经常就国民关心的问题慷慨陈词,给人以直率、勇往直前的印象,他强调在处理日本与周边国家关系中要充分考虑日本的国家利益。"日本国民从安倍身上看到了政治家的基因",其强硬的"维护国家利益"的鹰派主张正好迎合了部分国内民族主义情绪的释放,给他带来很高的支持率。《纽约时报》评论说:"被认为在政治上没有经验的安倍晋三,是通过在朝鲜半岛、中国和国家安全问题上表达强硬的观点

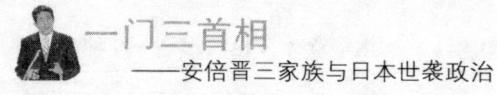

而在政坛上崛起的。在日本和亚洲其他地方,他被认为是比小泉更鹰派,更保守。"

安倍晋三的一系列表演得到了日本鹰派和右翼势力的拍手喝彩,认为他是一个有原则的、强有力的领导人,会为日本的国家利益,领导国民迎接挑战,帮助日本在世界舞台上获得应有的地位,逐渐成为日本右翼势力和鹰派的"希望之星"。右翼势力称其是"了结战后政治恩怨的人"。日本保守舆论界极力吹捧、激励安倍晋三,首先是赞颂他有优质的政治"遗传基因",作为"昭和名相"岸信介的外孙和前自民党主要领导人安倍晋太郎的公子,他的"血统"容易得到注目和肯定。其次是替安倍晋三拉取同情票,鼓励他早日完成英年早逝父亲安倍晋太郎的未酬"壮志",实现其当首相的梦想。

八、角逐首相 独占鳌头

安倍晋三近年之所以能够异军突起,成为日本政坛屈指可数的重量级人物,除其显赫家世和超高人气外,最重要的还是得到了日本前首相小泉纯一郎的提拔与支持。

2001年4月上台时,小泉发誓要"摧毁"旧的自民党派系制度,但事实上,他之所以得以在日本政坛立足,和其前所属自民党森派的支持有着密切关系。善于做秀的小泉所要的只不过是使保守政治集团只存在一个"小泉派"而已。

小泉三次当选首相,任期将近五年半。经过他多年的苦心经营,自民党的派系势力进行了重组,反对小泉的桥本派和龟井派遭到了严重削弱,支持小泉的森派成为自民党内第一大派系。此外,由于日本实施了小选区制度改革,自民党派系在原中选区制度下形成的地盘被分割弱化,小泉越过派系头目直接操控选战,加强了对自民党籍议员的直接控制。小泉执政以来,在党内追随者多,发言权大。这种威望和影响力使小泉有了选择继承人的重要权力。小泉考虑接班人的重要准则是能继承并发扬他现在的政策,他强调下任总裁须是"坚持改革和带领自民党取得选举胜利"之人。小泉执政的鲜明特点是改革与强硬,在国内极力推进邮政改革;对外,不顾中韩等国反对坚持每年参拜靖国神社，对俄反复要求归还"北方四岛"。小泉要在卸任以后，让日本继续走自己铺下的路。

从许多方面来看，安倍晋三身上都带着小泉的影子，他性格固执，言辞强硬，政治立场接近小泉。他是小泉参拜靖国神社的忠实拥护者，在各种场合均为小泉撑腰；他公开主张修改宪法，帮助小泉朝着修改宪法的方向迈进；他与小泉一样主张强化日美同盟，在小泉支持美国攻打伊拉克时，他与在野党和日本媒体针锋相对，始终坚持认为"美国攻打伊拉克是正当的（行为）"。他逐渐成为小泉的左膀右臂，得到了小泉的极大信任。

在日本，安倍晋三是个特色极为鲜明的政客，他的特点可以用"少、右、魅"三个字来归纳

小泉一方面提拔他这个"希望之星"争取右翼和"鹰派"的支持和选票；另一方面小泉也在逐渐把他视为自己正宗的继承人，有意将他培养成为日本自民党的新领袖，他认为如果安倍接自己的班，一个"没有小泉的小泉"政府可望延续。

2005年9月，小泉以政治生命作豪赌提前举行大选，结果取得压倒性胜利。小泉大胜后，面临着几个主要任务：继续推动邮政民营化改革；提出自民党的修宪案；培养自己的接班人。其中以培养接班人为核心，邮政民营化也好，修宪也好，都需要一个能够贯彻小泉精神的继任者来继续推行。小泉在组阁时为下任首相人选做出了重要安排，安倍晋三不出所料被任命为内阁中仅次于首相的官房长官。人们注意到，日本舆论一直认为有可能再次入阁的温和派、前内阁官房长官福田康夫没能进入新内阁，而安倍晋三首次入阁就被任命为官房长官，这被普遍看成是小泉希望安倍接班的明确信号。官房

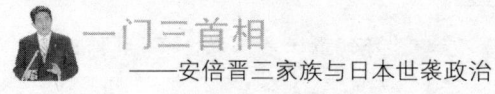

一门三首相
——安倍晋三家族与日本世袭政治

长官是首相的发言人,在首相出国期间代理首相职务,是媒体曝光率最高的位置。小泉特意把安倍安排在官房长官的位置上,就是要让安倍在今后聚集人气,通过媒体的预热,为2006年9月接班做铺垫。

近年来,随着在日本政坛的青云直上,安倍晋三羽翼渐丰,在自民党内外都拥有超强的人气和众多的支持者,在讲究"人脉"、出身和实力的日本政坛,他已经具有了冲击首相的实力。但是,他要接小泉的班依然有障碍。首先,由于安倍晋三在自民党内较为年轻,他的政治经验和领导能力受到党内实力人物的怀疑。特别是小泽一郎取代前原诚司出任日本最大在野党——民主党的党首后,给"少壮派安倍"的党内竞选带来了负面冲击和压力。自民党内已隐约泛起"稚嫩安倍"上台后如何抗衡"老辣小泽"的担忧。其次,自民党总裁的选举方式尚未确定。小泉一帮人设计了一套"国民参加型"选举方式,意图以安倍党外人气影响党内,为他营造有利的选举环境。但作为老牌政党,自民党有一套派系协调、暗箱操作的潜规则。"人气规则"能否完全取代"派系规则"尚难预料。再次,安倍追随小泉坚持参拜靖国神社、推行强硬外交政策,受到国内外不少批评,也逐渐引起了自民党内的忧虑。但由于小泉对自民党的改革,使自民党派系领袖在党内人事安排上的发言权下降,自民党内"论资排辈"的传统趋于瓦解。特别是2005年大选取得压倒性胜利后,小泉在自民党内的发言权急剧扩大,他极力压制党内的"反安倍"力量。然而,对于竞选自民党总裁问题,安倍晋三始终保持低调,没有明确表态。

作为下任总裁热门人选的安倍晋三和福田康夫都隶属于自民党内第一大派系"森派",如果两人都参选将使森派内部发生分裂,同时也会招致派系控制总裁选举的批评。为避免"同室操戈",森派内部曾尝试过"候选一人"。尽管森派会长前首相森喜朗尽量保持中立,不显出对某名参选人的明确支持,但他曾暗示自己倾向于福田。森喜朗说,考虑到2007年参议院改选中,自民党不易确保过半数席位,自民党最好在2006年9月的总裁选举中不推举安倍晋三,而是把他"雪藏"到2009年众议院选举时再推出来。

2005年12月,森喜朗在日本TBS电视台节目中表示,如果安倍晋三2006年出马当选总裁,一旦自民党在2007年的参议院选举中遭到挫败,身为总裁的安倍有可能被迫引咎辞职。在日本自民党的政治文化中，一旦辞职的总裁很难东山再起，安倍的政治前景也会大打折扣。况且没有人气颇高的安倍晋三领衔，自民党在2009年的众议院选举中也可能面临"苦战"。森喜朗说，"我把安倍君当作自己最可爱的弟弟，过于滥用他（的声望），他会被人当沙袋打击。"

对于儿子从政，洋子始终有一种放不下的情怀。她每天都在丈夫的灵位前烧香祈祷，希望首相运能转到儿子身上。2006年9月，机会来了，小泉纯一郎离任前，有意让安倍晋三接班。但当时，包括前首相森喜朗在内的自民党元老，都认为安倍晋三当首相为时尚早。听到这一消息后，洋子做了一个谁也想不到的举动——带着儿子亲自拜访自民党元老。老夫人亲自出马，一向对安倍晋三态度暧昧的前首相中曾根、森喜朗，终于举起了手，投下赞成票。当得知安倍参选决心已下，森喜朗鼎力相助，并说服同为森派的福田康夫退出竞选，为安倍奠定了胜局。在安倍参选的20人推荐名单上，森喜朗排在最前面。

小泉纯一郎首相坚决反对"雪藏"安倍晋三，始终鼓励他"勇敢接受自民党总裁选举的挑战"。2005年12月，小泉在接受采访时反驳森喜朗的看法，指出当选总裁的机会不会凭空出现，出现以后就要考虑怎么去抓住，面对困难想开溜的想法是不行的，从而敦促安倍晋三要勇于参选，不能退缩。小泉说："机会不会跟着人走，没有准备的人面对机会也抓不住。"小泉还说："得不到国民支持的人不可能当选总裁。"表示出对安倍晋三目前在日本民众中的人气充满期

小泉纯一郎

待。因此，小泉希望看到现任内阁官房长官安倍晋三出马竞选2006年自民党总裁。这是小泉第一次公开透露自己中意的"后小泉"接班人。

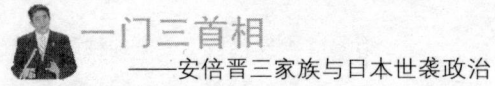
一门三首相
——安倍晋三家族与日本世袭政治

其实，小泉还有一种担心，是来自安倍晋三父亲安倍晋太郎的遭遇。曾经官至外相的安倍晋太郎长期以来都是自民党总裁的最有力争夺者之一，但最后由于卧病不起，没能实现总裁美梦，因此小泉也担心夜长梦多。小泉反对"安倍储存论"主要有四个目的。首先是压制森喜朗，阻止他把安倍晋三和福田康夫的竞争限制在派系内部的计划。如果在森喜朗的授意下森派推选出唯一参选人，这个人不论是谁，森喜朗都可能在小泉离任后扮演起"太上皇"的角色，小泉不愿看到这种局面。其次是鼓励安倍晋三，让他不必遵循派系规矩。再有就是要表明，自民党应当尽力防止回到过去的老路上——各派系为小集团利益而争斗不休。此外是小泉还意图借此震慑自民党其他派系的重量级人物，这些人有意联手支持福田为总裁候选人。

2006年5月11日，在小泉的压力之下，森喜朗做出让步，宣布森派成员安倍晋三和福田康夫两人可以根据自己意愿同时参加总裁选举。这对于支持安倍晋三接班的小泉来说是一次胜利，可以说为安倍晋三当选总裁扫除了一大障碍。如果按以往方式进行派系内部推选，安倍晋三在面对资历更深的福田时有一定风险；如果绕过这一环节，他在整个自民党内的支持率有着更加明显的优势，胜出的把握也更大。此前安倍晋三接班的最大障碍就是党内派系大佬的反对，他们认为安倍资历不够，太过年轻，欠缺外交内政的功绩。经过小泉最近两年的"清党"努力，包括此前最大派别桥本派在内的党内反对者，都无法再阻挡安倍晋三前进了。

福田康夫

从6月16日至18日，《日本经济新闻》对全国889名成年人进行了电话调查，调查显示，现任内阁官房长官安倍晋三在接替日本首相小泉纯一郎竞争中的支持率进一步增加，达到41%，领先于其他竞争者。另一位首相职位的有力竞争者、前内阁官房长官福田康夫的支持率为17%。《每日新闻》则在17日至

18日电话采访了全国1026人,结果显示42%的受访者支持安倍晋三继任首相,20%的人支持福田康夫。《读卖新闻》也在6月23至25日调查了738名普通自民党党员,其中568名作出回应。调查显示,56.5%的普通自民党党员支持51岁的内阁官房长官安倍晋三接任首相,其次是69岁的前内阁官房长官福田康夫,约有23.9%的支持率。两人的支持率加起来高达八成,所以今次选举势必是安倍与福田之争。其他获得支持的人选包括时任外相麻生太郎(2.3%)和财务大臣谷垣祯一(1.8%)。

麻生太郎　　　　　　谷垣祯一

7月5日,朝鲜先后向日本海试射了多枚不同型号的导弹。这对自民党总裁候选人——内阁官房长官安倍晋三来说简直是一份"天赐的礼物"。他的主要政治资本就是来自于对朝鲜的强硬政策。朝鲜局势越吃紧,以朝鲜问题赢得民心的安倍晋三就越有票房。朝鲜试射导弹正值美国的独立纪念日,国际舆论普遍认为朝鲜此举明显是针对美国。不过,安倍则认为这是对日本安全的严重威胁,主张对朝鲜采取强硬措施。在得知消息后,安倍晋三于凌晨第一个赶到首相官邸,并在随后召开的国家安全保障会议上,打破常规代替小泉首相主持会议。作为小泉内阁的发言人,他从早晨六点就开始多次举行新闻发布会,引导日本的各大媒体对朝鲜发动了一次规模宏大的"报道战役"。

5日早上,安倍晋三还紧急约见了美国驻日大使希佛,为日本在整个事件的处理过程中重视与美国合作奠定了基调。当天中午,安倍晋三就宣布了对朝鲜的七项制裁措施,其中包括禁止朝鲜客货混装船"万景峰"号在今后半年停靠日本港口、禁止朝鲜政府官员进入日本、不允许日朝之间

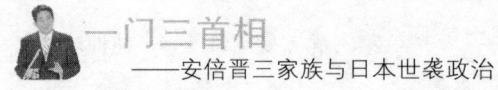
——安倍晋三家族与日本世袭政治

的包机进入日本等等。接着，在安倍的授意下，日本驻联合国代表团提出了一份严厉的制裁朝鲜的决议案，其中涉及到的联合国宪章第七章的内容甚至可以成为将来对朝鲜发动军事打击的依据。安倍晋三多次与时任美国国家安全事务助理的哈德利联系，确保日美在安理会中行动一致。中国、俄罗斯、韩国出于维护地区稳定的考虑，都对日本的制裁决议案表示反对。但在安倍以及外相麻生等人的指示下，日本坚持要求联合国安理会对制裁决议案进行表决，不肯做出半点让步。最后，在英法的调停特别是美国哈德利出面劝说安倍优先考虑国际社会的一致的情况下，日本才接受了不包含联合国宪章第七章的谴责决议案，最后被迫同意通过了对朝鲜的谴责决议而不是制裁决议。

7月10日，安倍晋三表示，日本有必要考虑拥有"攻击敌方基地的能力"。他说："如果我们承认没有其他选择来防御导弹攻击，在自卫的合法权利内，现在出现了攻击导弹基地的说法。我认为，应该从保护日本国民和国家的角度来研究这种可能。"从而暗示日本将来要对朝鲜进行"先发制人"的打击。安倍晋三的"先发制人论"，是当时日本政界有关对朝问题公开发表的最强硬言论。这不禁让人们对一向标榜走和平道路的日本刮目相看，更对朝鲜半岛的和平稳定感到担忧。

其实，安倍晋三这番言论，表面上是对朝鲜的警告，真实意图却在于影响日本国内舆论，把"安保问题"做成"政治问题"。这次导弹试射事件对安倍来说，颇有求之不得之感，其发表强硬言论更是在意料之中。即将卸任的首相小泉纯一郎在此次事件的处理中有意退居幕后，给他最为中意的继承人安倍晋三创造了一个活跃的舞台。从日本政府的一系列应对措施来看，不管是日本政府独自实施对朝鲜的制裁，还是日本代表团在联合国安理会全力推动制裁决议案，都是安倍在其中起着主导作用。安倍晋三在日本电视屏幕中高频率出现，大谈朝鲜的导弹威胁和他的对朝强硬措施，给日本民众造成"只有安倍才能维护日本的国家利益"的印象。在朝鲜试射导弹的事件发生后，日本国民对于朝鲜的印象严重恶化，历来主张对朝强硬的安倍赢得了更多支持。日本共同社7月10日的民意调查显示，安倍的支持率比6月上升了2.5个百分点，达到48%。7月15日，安理会一致通过了谴责朝鲜试射导弹的决议之后,安倍晋三并没有停下脚步,而是继续准备对朝鲜发动新的金融制裁。16日,安倍指示相关政府部门研究禁止向朝鲜汇款以及冻结朝鲜在日资产等制裁措施,显示了其对朝鲜强硬到底的路线。

安倍晋三虽然还没正式宣布参选,但已开始积极从事竞选活动,不遗余力地为自己造势。除了频频参加各大电视台的政论节目以博取电视观众的支持外,安倍及其阵营还打起了平面媒体的主意。他身边的政治幕僚、亲近的右派学者纷纷推出关于安倍的书籍,内容多是为安倍的内政外交政策做脚注,宣扬安倍拥有优秀政治家的"DNA",当首相是其不可回避的"宿命"等等。这一时期,日本的书店里关于安倍晋三的书籍已经有十余册,如《骨气——安倍晋三的DNA》、《安倍晋三物语》、《安倍晋三及"首相资格"》、《安倍晋三——乳母的记忆》、《安倍晋三——安倍家三代》、《安倍晋三对论集》,还有安倍晋三与右翼政论家冈崎久彦合著的《保卫这个国家的决心》等等。印有"安倍晋三"字样的书籍在街头或车站的书店里摆开一片,即使路人无暇翻阅,但那抢眼的封面也可以起到不错的广告效应。

2006年7月,自民党内支持安倍晋三的领军人物、森派参议员山本一太在自民党总部为其所著《为何现在轮到安倍晋三?》举行记者发布会。在这本书中,他称赞说,"能同小泉首相一样,在派系交易谈判框架之外当选并维持50%以上国民支持率的只有安倍","如果不是'安倍首相',那么就会回到那个改革停滞的陈旧的自民党"等等。

7月20日,安倍晋三还亲自执笔出版了《致美丽的祖国》,为他竞选自民党总裁吹响了战斗的号角。书中详细阐述了自己的执政理念,发表自己对美日同盟、亚洲外交战略、经济政策、靖国神社参拜等的看法。安倍在书中强调"要把日本建设成有自信和自豪感的国家",他要"努力成为一名不畏批判而敢于行动的'战斗型政治家'"。安倍还把参加自民党总裁选举的政权构想融入其中,将自己的政治姿态定位为"开放的保守主义",而"安全保障和社会保障"则是政治家应当致力的政策主题。在外交上,安倍倡议构建日、美、印、澳首脑协商机制,此外还要加强同中亚及土耳

一门三首相
——安倍晋三家族与日本世袭政治

其的合作。关于中日关系，安倍在书中强调"有必要制定政治问题不影响经济问题的'政经分离'原则"；对于首相参拜靖国神社，安倍继续坚持固有的支持参拜立场，批评中韩因此问题而拒绝举行首脑会晤。

21日，安倍晋三竞选总裁的最大竞争对手——前内阁官房长官福田康夫出人意外地表示，不参加9月举行的自民党总裁竞选。福田向有关人士表示："如果自己参加总裁选举，势必因靖国神社和亚洲外交等问题导致国民的意见一分为二，这不利于国家利益，不是我的本意。"他于当天向自民党森派会长森喜朗表示，自己不参加总裁竞选。这令"康三对决"的传言成为泡影，本来就占较大优势的安倍晋三领先优势更加明显。虽然"福田不出马"的说法早有传闻，但大多数意见还是认为他在等"八·一五"这个时机——如果届时小泉首相前往参拜，势必引起参拜靖国神社问题大论争，这有利于在参拜立场上与小泉和安倍不同的福田顺势而起。

然而，福田不等到8月就明言无意参选，并暗示会支持同一派系的安倍晋三，着实令支持和反对势力都吃了一惊。福田康夫为人低调，自1990年起六次当选议员。他对参加总裁竞选一事一直出言谨慎。2006年4月，在NHK电视节目中他就自己被称为总裁候选人一事表示："这是媒体虚构出来的。自民党总裁选举是将来的事情，到那时应该让国民进行判断。"然而有趣的是，福田的谦逊与低调换来了支持率的一路攀升，与安倍的差距由1月的28个百分点缩小到了4月的18个百分点，已将麻生太郎和谷垣祯一抛在身后，"麻垣康三"四角战渐呈"康三对决"的趋势。福田现时没有入阁而"选情"看涨，主要源于其在自民党内较高威望和相对温和的外交立场，

福田康夫

他赢得了自民党内稳健派议员、执政联盟的公明党以及经济界人士的支持。而福田作为一个普通议员访美时受到的"破格厚待",也说明美方对将来福田外交的期待和重视。福田似乎有意擎起其父福田赳夫重视亚洲的"福田主义"外交旗帜,他已公开表示:下任首相不应参拜靖国神社,应该面向未来、从大局出发处理与中韩邻国的关系,主张重整亚洲外交。为此,他在2005年11月积极促成了由自民、公明、民主三党130名跨党派议员组成的"思考国立追悼设施之会",2006年2月又与前首相中曾根康弘一起前往韩国寻求历史和解之途。福田康夫一直被视为非安倍势力领军人物,也是唯一能与安倍晋三抗衡的人选,舆论一直希望他作为安倍的最大对手参加总裁选举。

福田以年事已高,不宜担任事关国家前程的重任为由,拒绝参选。其实,在日本政坛上,70岁以上的政治家担任首相非常普遍,福田所说的年事已高只不过是托词罢了。

首先,导致擅长外交的福田放弃选举的直接原因是朝鲜发射导弹问题。尽管福田从未明确表态,但他经常透露出参选的意愿。促使他放弃参选的转机出现在朝鲜发射导弹之后。福田与安倍晋三的意见不同,不同意立刻对朝实施制裁。福田对亲近的议员说:"如果我出马竞选,就会在这个问题上与现政权出现分歧,使国家主张分裂为二,从而被朝方钻了空子。国家对外应保持一个声音。"

其次,最重要的原因是,福田担心他参选必然会在参拜靖国神社以及亚洲外交政策等方面引起争论,带来民族分裂的危险。他同安倍晋三在参拜靖国神社以及亚洲外交政策等方面存在严重分歧,一旦参选肯定要争论这些问题。而目前在日本就这些问题已经形成两派意见严重对峙,如果争论深入下去很可能"将民族撕裂"。福田的主张与自民党内"反小泉、非安倍"势力欲将靖国神社问题当作竞选对立焦点的想法存在差距,"福田认为不应把参拜靖国神社问题在改善日中关系的过程中过度炒作"。所以为了国家的利益,福田做出了不参加竞选的"沉重决定"。

还有一个重要原因,就是福田向来十分谨慎,从不打无把握之仗。尽管他是安倍最有力的竞争对手,但舆论调查显示安倍的支持率大大高于福

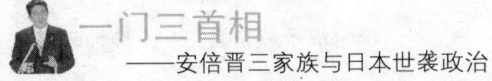
一门三首相
——安倍晋三家族与日本世袭政治

田。根据《读卖新闻》的最新调查，如果安倍获得地方党部300票中的三分之二票数，福田则需比安倍多争取100名自民党议员的支持，才有可能取胜。福田已感到即使参加竞选，胜出的可能性也不大，战而不胜还不如不战。此外，福田也不想同室操戈，损害森派的内部团结。福田和安倍都属于自民党森派，而现在的森派是继承福田康夫的父亲、日本前首相福田赳夫的"福田派"建立的，福田不愿看到森派出现分裂。

　　福田康夫的退出，令自民党内"非安倍势力"阵脚一片混乱。早就表态有意参选的外相麻生太郎、财政相谷垣祯一等候选人开始努力吸收支持福田的选票。在有意竞争自民党总裁的候选人中，只有财务大臣谷垣祯一同安倍晋三的政策有所不同。谷垣7月23日就参拜问题放弃了暧昧表态，明确表示，在目前的情况下，他不会参拜靖国神社，借此凸显与安倍的差异。在对外关系方面，谷垣表示不应忽视亚洲外交。自民党第二大派系"津岛派"也开始急于推举新的候选人，时防卫厅长官额贺福志郎表示出了竞选意愿。不过自民党总务会长久间章生对此表示谨慎，他说："官房长官、外务大臣和防卫厅长官就外交和安全保障问题展开论争不利于日本的国家利益。"自民党内反对势力出于对小泉式政治手法的厌恶，为避免不战而胜的安倍政权在今后的政策运作中继续"暴走"，会努力推举新的"非安倍"候选人。

　　福田表明不参加总裁竞选，并支持安倍之后，自民党总裁选举的形势对安倍更加有利。安倍支持者对其在总裁选举中取得压倒优势充满信心。最大的潜在对手主动退出，这无异于提前宣布安倍晋三将接任小泉的自民党总裁和下一任首相。只要这最后的一个多月时间不出现关于安倍的重大丑闻，自民党内的反对势力就无法形成有效合力来撼动安倍的优势。据2006年7月22日《东京新闻》的调查显示，在安倍还未正式宣布参加竞选的情况下，403名自民党籍的国会议员中，已有170名以上表示将投安倍的票，逼近全数的一半。还有185人尚未表态，没有表态的议员主要是在看福田的动向，福田决定不出山，部分选票必将流向安倍晋三。

　　2006年7月27日，时任财务大臣谷垣祯一正式宣布参加自民党总裁竞选，8月21日时任外务大臣麻生太郎正式宣布参选，日本自民党总裁竞选慢慢拉开战幕。安倍晋三虽然还未正式宣布加入角逐,但已经切实行动起来,深入基层为自己拉票。7月27日,安倍晋三以岩手县八幡平市为第一站,开始了其全国游说活动。7月28日,安倍和谷垣参加自民党在东京举行的讨论会,安倍在讨论会上称,希望加快修改宪法进程,在外交上日本应该在国际社会中把握主导权,日本推动联合国"谴责"朝鲜,就是日本首次把握主导权的表现。

日本自民党干事长武部勤、前干事长古贺诚以及经济产业相二阶俊博8月初就9月的自民党总裁选举举行了会谈,三人在会谈中表示将支持官房长官安倍晋三。同月11日,日本自民党岛津派议员、防卫厅长官额贺福志郎表示,他将不参加9月的自民党总裁选举。额贺对媒体强调说,"虽然我曾想就重建亚洲政策及解决地区贫富差距等问题为国民提供更多的选择,但身为防卫厅长官我最近将精力集中在朝鲜发射导弹等问题上,无法就总裁选举做充分的准备。"受额贺不参选的影响,该派系可能出现自主投票的情况。

在安倍的选区山口县,过去很多人会十分遗憾地说:"安倍晋太郎本来是一定能当上首相的,我们期待了很多年。"现在山口县的安倍支持者可以很愉快地讨论安倍晋太郎的儿子安倍晋三当上首相后,大家该如何庆祝,他们认为,首相职位非安倍晋三莫属。8月12日,安倍晋三在山口县下关市首次对外表态,决定参加9月20日举行的自民党总裁选举。他向支持他竞选的党员说:"该是轮到我们战后新生代为国效力的时候了,我将继承父祖遗志,希望为建国迈进一大步。"安倍晋三说:"我父亲安倍晋太郎当年在接近自民党总裁位子时,却不幸病倒了。我当时决定从政时,就曾宣称要继承他的遗志。"

日本经济新闻社针对403名自民党籍议员的最新民调显示,截至2006年8月31日,共有296名议员明确表示支持安倍晋三。这样一来,安倍只需在300张地方票中拿下56张票就能获胜。而《读卖新闻》8月公布的民调显示,受访自民党选民中,认为安倍最适合出任新首相的占45%,另两名候选人财务大臣谷垣祯一和外务大臣麻生太郎分别只得到9%和7%的支持率。

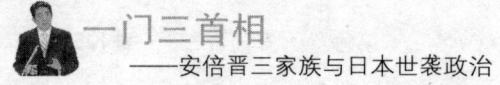

一门三首相
——安倍晋三家族与日本世袭政治

8月30日，安倍晋三在自己所属的自民党森派事务所内与森派会长前首相森喜朗会面，正式向他表达了将于9月1日正式宣布参加自民党总裁选举的决定。安倍还接着拜访了前首相中曾根康弘和海部俊树等历任首相。9月1日，安倍晋三在记者招待会上正式宣布，将出马竞选自民党总裁。他表示："我希望把日本建设成一个受世人尊敬，让日本人感到自豪的'美丽国家'。"安倍发表了竞选自民党总裁的施政纲领，表示将修改宪法、着手进行教育改革、开展"积极主张的外交"，并表示将努力强化日美同盟关系和解决绑架问题，将致力于与中韩两国加强信赖关系，积极对国际社会作出贡献。当天傍晚，他又在记者会上发表政权构想，强调日本从战后体制重新出航，表示将努力迈向制订符合21世纪日本国家形象的新宪法，并全力实现日本成为联合国安全理事会常任理事国的目标。

9月1日，小泉纯一郎首相在首相官邸被媒体问到三名候选人之中谁的政策最接近他时回答，自担任首相以来，他最了解的是安倍的性格脾气。小泉指出，他执政五年来，安倍担任要职，累积经验已经有了自信，期待安倍今后能将自己的抱负告诉国民，努力实现自己的志向。针对另两位候选人，外相麻生太郎和财务相谷垣祯一，小泉强调两人政策的方向大体上也没有不同，三人都是支持他的内阁成员，期待三人都能发挥自己的长处。他在发言中暗示支持安倍。

"这一天终于到来了，"安倍晋三对围聚在家门口的记者说，"我想告诉日本民众，如果我成为新领导人，将力争通过新宪法。"8日，安倍在首次公开辩论中表示，如果他当选自民党总裁和日本首相，将加强和美国的传统盟友关系，并且设法缓和同亚洲国家的紧张关系。此外，日本将采取"更加积极"的外交政策，更多地参与国际事务。在内政方面，他将推动国民经济持续增长，争取将外国投资增加到目前水平的2至3倍。

9月8日，日本自民党发布总裁选举告示并接受候选人报名申请，当天内阁官房长官安倍晋三、财务大臣谷垣祯一和外务大臣麻生太郎先后报名竞选下一届总裁。由于没有其他候选人报名，自民党总裁选举将在这三名候选人中进行。这标志着备受瞩目的自民党总裁选举正式拉开战幕。在9月20日正式投票前，三名候选人将在各种场合就内政外交政策阐述各自主张,以争取更多的自民党国会议员、地方党员和日本国民的支持。

9月9日,日本首相小泉纯一郎首次明确表态支持现任内阁官房长官安倍晋三。他向记者团透露,在自民党总裁选举中,他的一票将投给安倍晋三。在解释支持安倍的理由时,小泉说,他执政以来把安倍晋三先后提拔到官房副长官、自民党干事长、官房长官等要职,"安倍本人通过努力,很好地履行了这些职务。他在小泉内阁中最接近我,帮助我推进改革"。小泉还称,安倍晋三之前做得非常好,获得了人们对他成为未来领导人的认可。小泉说,他的这一决定并未告知安倍晋三,但他相信"以心传心",即使不向安倍晋三传达,后者也会理解他的心意。日媒体认为,小泉此举事实上宣布了"小泉—安倍"路线的胜利。

同时,《朝日新闻》于当日公布的最新民调显示,相比起政策理念,日本民众更看重候选人的"人品形象"。在"谁最适合下任首相"的设问中,多达54%的受访者选择安倍晋三,谷垣祯一得到11%支持率,麻生太郎仅有10%受访者支持。《朝日新闻》电话调查1055个自民党选民发现,安倍晋三受欢迎很大程度上依靠其漂亮的外表和温文尔雅的形象,对于那些女性选民来说,更是如此。由于日本男性多将精力集中在工作和应酬上,无暇关注政治,因此家庭妇女往往成为影响竞选结果的重要力量。这次民调结果就显示,在支持安倍的理由中,44%受访者选择了"人品和形象",只有11%知道安倍的执政公约。其中女性受访者中,安倍晋三的支持率高达近60%。安倍晋三的支持者认为51岁的安倍晋三不仅"个性和形象"好,而且"年轻"。他的竞争对手谷垣祯一和麻生太郎均已年过六旬,看来安倍晋三的总裁竞选已经稳操胜券了。

然而,对安倍来说,稳操胜券并不完全是好事。当下的日本,选民希望其领导人能像一名"斗士"。小泉之所以在位五年多支持率长盛不衰,最大的原因就在于其坚定不移地在自民党内实施改革,并坚持对外强硬政策。如果在总裁竞选中毫无对手,安倍无论怎么努力,也难以树立"斗士"形象,因此也就失去了树立威信的一个良机。而且,由于多数人都确信安倍即将上台,因此很多自民党派系放弃推出候选人对他表示支持,以此换取在新内阁中的要职。安倍不得不忙于安抚各个向他效忠的派系,这

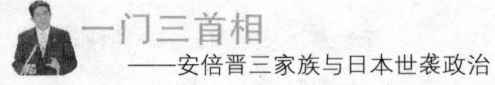

一门三首相
——安倍晋三家族与日本世袭政治

不是一件容易的事，对于政权的稳固也是一个隐患。此外，苍白无力的竞争对手使得政策方面的任何辩论与改进对安倍来说都显得无足轻重，不利于安倍确定完整的个人施政方针，也不利于他解决前任留下的问题。对于自民党整体而言，一场结局早已明明白白的总裁竞选也有损其形象，并可能对次年夏季举行的国会参议院选举产生不利影响。

其实，安倍也并非没有弱点。"外交政策是安倍唯一的薄弱环节。"小泉上台以来，连续五年参拜靖国神社，给日本和亚洲邻国的关系造成重大损害。安倍晋三在参拜问题上，与小泉基本持相同立场，这让自民党内担忧邻国关系继续恶化的议员们心存疑虑。一些主张改善邻国外交的议员们私下里发起一场"阻止安倍"的行动。因此，安倍玩弄一个模糊战略。2006年4月15日上午7点，靖国神社境内难见人踪，安倍此时乘坐一辆租车，身穿礼服，直开进入靖国神社本殿侧面，政务秘书井上义行与两名保镖同行。安倍在记账簿上毫不犹豫写下"官房长官安倍晋三"几个字。他的突然之举让靖国神社感到惊讶。当天因为太早，宫司（神社神官之长）还未到场。安倍参拜过后嘱咐神社人员千万不要外传，但在8月15日临近的8月4日，他悄悄透露给媒体。有人分析，安倍此举是为了做一个筹码，即如今后不在8月15日这天参拜，其他亚洲国家就应该领其洪恩。

美国哥伦比亚大学政治学教授杰拉尔德·柯蒂斯说："决定下任领导人的主要因素在于：自民党认为谁对选民更有吸引力，自民党议员认为谁能在下一次国会选举中有助于他们再次当选。""答案是安倍，除非他摔扁了脸，"柯蒂斯说，"他身材高大，外形俊朗，他比较年轻……他捍卫日本（利益），对朝鲜、中国持强硬立场。"但也有一部分日本人认为安倍晋三是最有魅力的继任人选，也是最不合适的人选。他们认为应该让安倍边缘化几年，由一个过渡性人物上台执掌日本政权，以便抛开靖国神社讨论其他问题，从而改善日本与邻国的关系。

九、布局造势 如愿问鼎

安倍晋三在15年前父亲病逝时，就立志要一圆父亲的首相之梦，实现"一门三相"夙愿。15年后，安倍晋三再次对首相职位发起冲击。在多次民意调查中，安倍晋三都是接替小泉出任首相的"热门人选"。作为自民党的少壮鹰派，安倍晋三将以年纪轻、背景深、声望高的三大优势进入2006年自民党总裁选举。虽然已经占据领先优势，但为了能确保当选，安倍晋三频频出招，争取尽可能多的支持。

为了稳定支持率，安倍晋三继续坚持自己的一贯路线，加速修改宪法进程，争取日本集体自卫权，巩固日美同盟，加强日本军事力量，同时修改《教育基本法》，以培养日本国民的"爱国主义"和"民族自豪感"。2006年8月22日，安倍晋三表明了自己的政权构想框架。他强调了将修改宪法提上政治日程的想法，并透露出有意探讨改变日本政府迄今为止对集体自卫权做出的解释，承认日本可以行使集体自卫权。他同时提出，为强化外交和安全保障政策，将创建类似美国国家安全委员会（NSC）的机构，并任命负责安全保障的首相助理。安倍在谈及安全保障政策时称，"为举行日美政治性会谈，有必要设置类似NSC那样的机构。"日本版NSC构想的目的在于由首相官邸主导来收集并分析有关外交和安全保障的情报以做出对应。成员由首相、官房长官、外相及防卫厅长官等组成。

2006年9月3日，安倍晋三表示将促成修改日本《教育基本法》，并把日本"防卫厅"升为"省"一级的政府部门。为此，他特别强调将在9月末的日本国会中通过一项政府提交的法案，提升日本"防卫厅"为"防卫省"，扩大"防卫省"的职能

2006年，安倍一家举行晚宴。

范围，即除了负责防卫和国内灾难救助外，组织日本自卫队的海外维和行动也将成为其日常工作之一。该法案还将修改日本的《教育基本法》。这将是该法案1947年出台以来做出的首次全面修订。修改后的《教育基本法》将培养"爱国思想"确立为教育目标，要求教育应增强学生对传统文

化的尊敬和对养育他们的祖国和家乡的热爱。在未来的日本教育体系中，"爱国主义"将取代"个人尊严和价值"成为核心理念。日本《教育基本法》是在二战结束时在美国监督下制定的，其宗旨是贯彻日本的和平宪法精神。该法遭到了日本保守派的长期反对，指其"破坏了日本人对传统文化和历史的自豪感，并阻碍了爱国主义的合法化进程"。不少日本国民也认为，国家在当今国际社会正扮演着愈来愈重要的外交及军事角色，因此有必要对年轻人进行爱国主义教育。批评人士则认为修订法案是日本军国主义复辟的信号。安倍晋三还表示将继承"小泉路线"，重视与美国的传统盟友关系，把美国作为日本军事政治崛起的跳板，希望借机实现其争当政治大国的夙愿。

参拜靖国神社历来是日本当政首相和未来首相不可回避的一个敏感话题。针对这一敏感问题，作为"小泉学校"的门徒，安倍晋三既要考虑到小泉路线的延续，又要考虑到周边国家的反应，因此，安倍晋三采取淡化参拜议题，"模糊战略"。早在2006年4月26日，安倍晋三在接受媒体采访时就表示："我根本无意宣布，将前往参拜靖国神社。"他称，现任首相小泉纯一郎因为每年都前往参拜靖国神社，因而激怒中国政府。他表示，中日"两国的经济关系令双方都从中受益。我们必须保持这种状况不受影响"。之后他一直拒绝明确自己如果当选新一届首相是否将去参拜靖国神社。他说，每个人都有信仰的自由，很不幸这演变成了外交问题，必须竭力避免这种局面。他接着说："因此，我不会明确自己是否将参拜靖国神社。"

安倍晋三在靖国神社问题上的"模糊策略"是自民党内部、舆论界、经济界等各方施加压力的结果。2006年5月28日，森派会长、前首相森喜朗就警告下任日本首相不要参拜靖国神社。森喜朗说，与中韩改善外交关系对日本非常重要，"首相最好不要参拜靖国神社。小泉称这只是一种信念上的问题，但此事已变成政治问题，因此，继续参拜靖国神社只会损害日本的利益"。后来，安倍晋三的叔叔西村正雄，在逝世前一天发出忠告，小泉多次参拜靖国神社，给日本"亚洲外交带来致命的失败"，"日本在亚洲陷入了孤立，这是极其危险的征兆"。他敦促下一届日本首相要搞好与邻国的关系,"重新构建战略性亚洲外交"。西村说:"我到了这个年纪,惟一的用处就是将我的战争体验告诉现在的年轻人,他们对战争责任毫不关心。"在8月1日去世之前,西村曾给安倍写过一封信,他说:"现在舆论都认为喜欢战争的安倍如果成为日本首相,日中、日韩关系肯定会恶化。现在连美国也把游就馆(即靖国神社内的一个战争博物馆)看作是军国主义设施。为了不损害日本的利益,你应该果断拒斥狭隘民族主义。"

虽然面临国内外普遍要求下届首相停止参拜靖国神社的强烈呼声,安倍晋三采取了"模糊策略",缓解了一部分压力,也获得了一些支持。但他本人并没有展现出足够诚意,他仍在继续坚持错误的历史观。跨越历史障碍的前提是正视过去的历史,如果日本真想卸掉"历史的包袱",最有效的方法还是发自内心地反省历史。可是,安倍缺少反省历史的真诚态度,使人担心种种外交烟雾过后可能出现故态复萌。日本自民党内也出现批评的意见。自民党参议院干事长片山指出:"首相竞选者们必须要表明对靖国神社的看法。"前干事长加藤纮一也表示:"下任首相的亚洲政策,特别是对靖国神社的观点将备受各国瞩目。"安倍采取这种模糊策略主要是出于如下考虑:适合安倍晋三右翼保守政治家的色彩和身份;适应当前日本国内反对参拜靖国神社的民意,有助于缓解国内的政治压力;有助于缓解来自中韩等国的压力,缓和大国关系;"扬长避短",避免靖国神社问题成为总裁选举的焦点。

2006年7月20日,日本媒体刊登了日本已故的原皇室宫内厅长官富田朝彦的笔记,批露了日本裕仁天皇在1978年之后不参拜靖国神社的原因,正是因为里面供奉了14名甲级战犯。此事的曝光无疑是一枚重磅炸弹,在日本国内引起了巨大反响,极大地震撼了日本右翼势力。福田朝彦的日记刊登后,日本国内要求把14名甲级战犯分离出来祭祀的呼声越来越高。连时任日本首相小泉也一改先前反对的立场,表示可以作为民间行为进行讨论。自民党内部也有意见认为,应该创造一种环境使首相参拜时不致受到海内外的指责,为此应该考虑将目前供奉在神社中的甲级战犯牌位分开祭祀,也就是所谓的"分祭",而对于目前拥有宗教法人资格的靖国神社也应该取消其宗教法人资格,使之成为由政府参与管理的组织。但是,8月7日,安倍晋

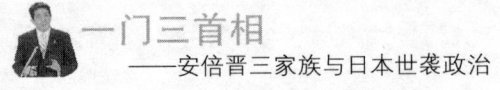
一门三首相
——安倍晋三家族与日本世袭政治

三在记者招待会上说,"靖国神社是宗教法人,因此靖国神社的宗教性质,以及采取何种方式祭祀神灵等问题都应该基于宪法保障宗教信仰自由这一原则进行讨论,作为政府无法就此发表意见。"从而暗示反对"分祭"。

因为小泉首相参拜靖国神社,中日、日韩首脑外交中断,这成为小泉政权最大的外交"负遗产"之一。自民党已经有势力批评小泉纯一郎不重视与中韩等亚洲国家的关系。2006年3月15日,日本自民党部分议员发起成立了"亚洲战略研究会"。前首相宫泽喜一在会上强调,如何与中国、韩国和东南亚各国展开对话,是"事关国家利益的问题"。众议院议长河野洋平在讲话中说:"近几年日中之间政治关系一筹莫展,没有比这更糟糕的状况了。日本之所以'入常'失败,与中国反对有很大关系。与近邻中国、韩国的关系应该给予足够的重视。"同时,在"政冷"隐隐导致"经凉"的状况下,日本经济界也对政界形成一定的压力。谷垣派的前防卫厅长官中谷元认为,对华关系等亚洲外交问题将成为今年秋天自民党总裁选举的一大课题。

安倍晋三意识到,加强与亚洲特别是中、韩关系是一个直接关系到9月总裁选举的大问题。因此,5月22日安倍晋三在记者招待会上表示,中日关系的走向将成为9月自民党总裁选举的争论焦点之一。他说:"日本与不断崛起的中国如何相处、如何发展友好关系是外交领域的一大课题,总裁选举理所当然应该对此做出讨论。"小泉的继任者不得不考虑修补和中国的关系。这既是做给中国看,做给国际舆论看的,也是做给国内的财团和选民们看的。7月中旬,安倍晋三与访日的中国研究机构人员会面并交换看法。会谈中安倍表示:"日中关系想切也切不断,希望不要破坏(双边关系)。"交换意见只有约30分钟,但其间安倍多次强调"日中关系非常重要"。日方出席的一人感言,安倍晋三正在转向与中国融合,"可以感到安倍现在所持的是'中国容忍论'了。"外务省官员认为,安倍晋三如果当上首相后会更加现实地向左靠拢。

2006年8月3日,安倍在"东京—北京论坛"上说:"我极为重视日中关系,认为它是最重要的双边关系之一。而且我刚才已经提到,在我们这种要使双方的共同利益不断扩大的强硬政治意志变成现实以后,我们肯定会拓展出新的前景。"他表示必须努力驱动政治与经济两个车轮,将中日关系提升到更高水准。与安倍晋三关系密切的自民党政调会长中川秀直也对此提供侧面支持,他强调,"经过双方努力,争取在11月APEC首脑会议上实现日中首脑会晤,符合日本国家利益。"8月23日,安倍晋三确定了一项参加自民党总裁选举的外交方针,名为"战略性亚洲外交",核心是改善中日关系,探讨创设有关机构和交流基金,在环境等领域推进日中共同研究。此外,方针还提到"扩大接收来自中国和其他亚洲国家的留学生"、"加速缔结经济伙伴关系协定(EPA)的磋商"等内容。26日,在自民党举行的总裁竞选区域大会上,安倍晋三在提及中国时说:"为构建成熟的(日中)关系,我们要付出努力。"

2006年9月8日,安倍在电视专题节目中表示,如果就任首相,最初的首脑会谈"希望是亚洲的国家"。他说:"为了显示日本重视亚洲外交,我想与一个亚洲国家举行峰会。"为了获得自民党内其他派系的支持、消除他们的后顾之忧,安倍晋三计划退出森派。8月30日,安倍晋三在记者招待会上说:"一直以来(总裁)都选择脱离所属派系。"婉转表达了自己一旦就任自民党总裁,将脱离森派的意图。在森派全体成员都已明确表示支持之后,森派成员身份似乎就成了安倍的包袱。安倍之所以决定退出森派,就是为了赢得更多自民党议员的支持,从而使他在自民党总裁竞选中增加更多胜算。此外,安倍还希望借此表明,他将坚持小泉的做法,打倒自民党的内部派系。

9月1日,安倍晋三还在参选声明中表示,"安倍内阁"在人事上不接受自民党内各派系推荐,将在全党范围内自主选择"资深老将"或"青年才俊"。这种"不计门户、择优录取"的做法很大程度上催生了形形色色跨派系的"支持安倍军团"。结果,自民党九大派系中大多数都表明支持安倍晋三。除了他本身所属的"森派"(86名参众两院议员)之外,还包括"丹羽—古贺派"(48名)、"伊吹派"(32)和"二阶俱乐部"(15名)。此外,"高村派"(15名)也倾向于支持安倍,"津岛派"(75名)和"山崎派"(36名)虽让所属成员自行决定投票对象,但多数也倾向于支持安倍,无派系的70名国会议员也以支持安倍的居多。

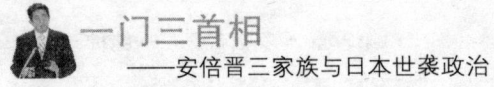

一门三首相
——安倍晋三家族与日本世袭政治

九派之中只有两派由于本身有角逐者而不会支持安倍。它们分别是谷垣祯一领导的"谷垣派"（15名）和外相麻生太郎所属的"河野俱乐部"（11名）。根据规定，自民党新总裁将由该党国会议员的403票和地方党员的300票选举产生。403名国会议员每人获得一票，在47个自民党地方组织中，每个地方组织自动获得三票，其余地方选票根据各地党员的数量按比例分配。在投票中，如果有一名候选人的得票超过简单半数352票，则将自动当选。如果没有一名候选人赢得半数以上选票，则将进行第二轮投票。在第二轮投票中，只有403名自民党国会议员才有资格参加。这意味着，即使其中一名候选人在第一轮投票中领先，也有可能在第二轮投票中落败。2006年9月20日，日本自民党进行总裁选举投票，结果安倍晋三获得464票，麻生太郎获得136票，谷垣祯一获得102票。安倍晋三的票数大大超过了352票的半数标准，以绝对优势获胜，当选为自民党第21任总裁，成为自民党首位二战后出生的总裁，任期三年。

9月25日，自民党新总裁安倍晋三决定了自民党新一届领导班子。中川秀直出任干事长，中川昭一、丹羽雄哉分别担任政调会长和总务会长。中川秀直曾在党内担任过国会对策委员长、政调会长等要职，是小泉政权坚实的支持力量。他与安倍同属"森喜朗派"，是安倍信赖的"监护人"和智囊人物，在支持安倍的中坚力量——年轻议员以及对安倍心存疑虑的老字辈议员中起到沟通作用。中川昭一在小泉内阁中历任经济产业大臣和农林水产大臣，他与安倍一起结成了主张修改历史教科书内容的国会议员联盟，相互信赖关系深厚。中川昭一之父中川一郎与安倍晋三之父安倍晋太郎曾为政治盟友。中川昭一在外交、安保、历史观、教育改革以及修改宪法等方面和安倍思想极其接近。至于丹羽雄哉就任三要职之一的原因，是由于他统合了自民党第三大派"丹羽—古贺派"内的不同意见，让整个派系支持安倍当选，并对党内其他派系的选择起到了不小的影响作用。除党内三要职之外，原经济产业大臣二阶俊博被任命为自民党国会对策委员长。二阶俊博在国会运作的经验丰富，尤其重要的是他曾长期与小泽一郎共事，深谙"小泽战略"的手法，便于在次年的参院选举中排兵布阵。而作为次年选举的自民党"颜面"之一，安倍提拔原国土交通大臣、石原慎太郎的儿子石原伸晃为自民党干事长代理。

十、安倍内阁 风雨前行

父亲安倍晋太郎的"壮志未酬"成为安倍家族永远的痛,据称也是安倍晋三此番竞选自民党总裁的原动力之一。另外一个原动力就是来自母亲洋子。洋子对安倍晋三能否当上日本首相十分看中,78岁高龄的她曾亲临安倍后援集会号召选民支持安倍。日本人说,安倍当上首相,最高兴的就是洋子。随着安倍当选首相,"一门三相"的荣耀已经出现。

2006年9月26日,日本新首相安倍晋三(前右)在首都东京的皇宫接受明仁天皇(前左)的任命书,正式就任第90届日本首相

9月26日,在日本国会召开的临时会议上,安倍晋三被推选为日本第90届首相,他终于完成了父亲安倍晋太郎的"宿愿"。52岁的安倍晋三当选日本第90届、第57位首相,成为自民党历史上最年轻的,也是日本首位战后出生的首相。安倍晋三在父亲去世15年后,当上了日本首相。洋子带着他,回到了山口县,给丈夫扫墓。在她苍老的容颜中,有谁也看不透的平静。

安倍当选新首相后立即在首相官邸成立组阁本部,着手组建新一届内阁。26日晚,新内阁在皇宫举行首相任命仪式和阁僚认证仪式后成立。原外务副大臣盐崎恭久担任官房长官兼绑架问题担当大臣,小泉内阁的外务大臣麻生太郎继续留任外相。新一届内阁成员还包括:总务兼邮政民营化

一门三首相
——安倍晋三家族与日本世袭政治

安倍晋三与麻生太郎

担当大臣菅义伟,法务大臣长势甚远,财务大臣尾身幸次,文部科学大臣伊吹文明,厚生劳动大臣柳泽伯夫,农林水产大臣松冈利胜,经济产业大臣甘利明,国土交通兼观光立国担当大臣冬柴铁三,环境大臣若林正俊,国家公安委员会委员长兼防灾担当大臣沟手显正,防卫厅长官久间章生,金融再挑战担当大臣山本有二,经济财政大臣大田弘子,冲绳、北方、技术革新、少子化及男女共同参与、食品安全担当大臣高市早苗,规制改革、地区振兴、国家地方改革及道州制担当大臣佐田玄一郎。安倍内阁阁僚由三种人组成:一是志同道合型,他们将是安倍的心腹人马;二是论功行赏型,他们在安倍竞选过程中摇旗呐喊,立下了功劳;三是平衡关系型,这些人来自不同派阀、不同年龄层,占据一些分量相对较轻的内阁职位。

作为小泉的正宗继承人,在日本民众盼望改革、民族主义情绪上升、社会总体趋向保守化的形势下,安倍晋三无疑会继续推进"小泉时代"右翼色彩浓厚的改革政策,实质性的东西不会大变。特别是安倍以前没有在经济或金融领域任职的经验,因此在经济、改革等方面他将基本延续小泉的既定路线,"坚持经济改革步伐"。

日本新首相安倍晋三上台后面临的最大课题,就是修复因前首相小泉纯一郎参拜靖国神社而严重恶化的中日、日韩关系。在国内外越来越大的压力和即将到来的参议院选举的考验下,安倍必须尽快改善与中韩的关系,提高新政府的声望。安倍任命了一些对中国比较了解或是相对友好的官员,如自民党干事长中川秀直、内阁官房长官盐崎恭久、防卫厅长官久间章生、经济产业大臣甘利明等等。安倍还一改鹰派保守立场,调整了过去强硬的外交姿态,在不同场合多次主动表态,愿意改善亚洲外交,愿意加强与中国、韩国的信赖关系。同时,安倍就战争认识、慰安妇、战争责任等历史问题，公开阐明了"政府立场"以及"作为首相个人"的态度。安倍表示现政权将继承"村山谈话"以及"河野谈话"的精神，并承认当时包括其外祖父岸信介在内的日本领导人对那场战争的发动"负有重大责任"，接受远东国际军事法庭的审判结果，承认日本侵略给亚洲人民造成巨大损害和痛苦，在影响与邻国关系最重要的历史问题上回归正轨。他多次强调中日关系的重要性，强烈希望实现双方首脑会谈。安倍的努力得到中韩的积极回应。

10月8日至9日，安倍首相对中、韩两国进行了"破冰之旅"的访问。10月8日，安倍将中国作为当选首相后的第一个出访国，成功地打破了小泉内阁期间因日本领导人参拜靖国神社而形成的中日僵持的政治关系，并与中华人民共和国国家主席胡锦涛等中国领导人就建立长期稳定的互惠关系达成了共识。在与中国领导人晤谈期间，安倍晋三也表达了自己对中日关系等问题的看法。在中日关系方面，安倍说，日中关系是日本最重要的双边关系之一。日本将继续遵循《中日联合声明》等三个政治文件的原则和精神发展两国关系。在历史问题上，安倍表示，日本历史上曾经

2006年10月5日，日本新任首相安倍晋三在回答国会就二战历史问题的质询时，承认当时包括其外祖父岸信介在内的日本领导人对那场战争的发动"负有重大责任"

一门三首相
——安倍晋三家族与日本世袭政治

给亚洲人民造成了巨大的损害和痛苦,在深刻反省历史的基础上,坚持走和平发展道路是日本的既定政策,不会改变。在台湾问题上,安倍重申,日本将按照《日中联合声明》坚持一个中国政策,不搞"两个中国"、"一中一台",不支持"台独",反对单方面改变台海现状。次日,安倍对韩国的访问也使日韩关系走出了僵局。安倍晋三对中韩两国的成功访问,受到了国内外舆论的一致肯定和好评。安倍首次访问选择了中、韩两国而没有去美国,表明了他重建亚洲外交的强烈意愿,也踏出他"有主见的外交"的第一步。

2006年10月8日,安倍夫妇抵达北京

安倍首相访问中韩之后,僵局初步打开。日本与邻国在政治、经济、外交、文化等各个领域的交流与合作日渐升温。11月,中日领导人再次在APEC会议上实现会谈,中日关系出现多年未见的温和。对于安倍晋三的"突变",日本右翼"痛心疾首",然而调查显示,有超过八成的日本民众肯定安倍的出访。其实,安倍本人早已暗中启动他在中国的"感情人脉"。

然而,作为日本战后最年轻的首相,安倍晋三毕竟是资历较浅,从政经验并不丰富,因此为弥补不足,在他身边有很多智囊人物替他出谋划策。对同时身居首相和自民党总裁之位的安倍来说,内阁中的副手官房长官和自民党内的副手干事长是最重要的两大助手。这两个职位安倍绝对要留给"心腹中的心腹"。中川秀直和盐崎恭久被先后任命为自民党干事长和内阁官房长官。安倍亲信的智囊人物还有冈崎久彦、井上义行、中西辉政、八木秀次等等。从安倍晋三的施政纲领和近期行动来看，安倍在内政外交政策方面都采纳了智囊团的意见。

中川秀直是安倍的精神导师。中川秀直是安倍晋三的长辈，也是自民党最大派系——森派的重量级人物。在日本，人们普遍认为年轻的安倍能够迅速崛起是因为他有两位至关重要的政治导师：一位是前首相小泉纯一郎，另一位就是中川秀直。如果说小泉是安倍在仕途上前进的导师，中川就是其政治思想、执政方针上的精神导师。比安倍大十岁的中川跟安倍的关系可谓"亦师亦友"。正如安倍所称："中川秀直是老字辈议员中最可信赖的人。"

中川秀直，毕业于日本庆应大学，曾经在日本经济新闻社政治部当过七年的记者。1976年，中川继承岳父的势力由新自由俱乐部首次当选议员，安倍晋三的父亲安倍晋太郎对其很是看重，邀请他加入自民党加入福田派。之后在安倍晋太郎的关照下他仕途顺利。继承"安倍派"衣钵的森派前首相森喜朗和来自森派的前首相小泉纯一郎也都视之为心腹。他历任自民党商工部会长、众议院科技委员长、通产政务次官、自民党副干事长、科学技术厅长官等职。安倍晋三子承父业进入政坛以来，身受安倍晋太郎恩惠的中川就承担起"培训"这位政坛新星的责任。2000年7月，森喜朗第二次组阁，中川秀直任官房长官兼冲绳开发厅长官，他提名年轻的安倍晋三出任内阁官房副长官，这是安倍担任的第一个内阁要职。但2000年12月，中川秀直因和极右翼分子会餐以及女性丑闻曝光而引咎辞职。两年后他重新崛起，被小泉任命为自民党国会对策委员长，并且连干三年，成为自民党有史以来任此职位时间最长的人。2005年10月中川秀直任自民党政调会长，和任官房长官的安倍晋三一起为推动小泉的内外政策发挥了重要作用。

早在2005年1月，中川秀直与安倍一家同往夏威夷度假，他就敦促时任自民党代干事长的安倍竞选自民党总裁，他对安倍预言："小泉之后就是你。"为使安倍赢得这次自民党总裁选举，中川秀直为安倍出谋划策、东奔西走，担负起劝说党内大佬支持安倍的任务，特别是他出面说服"反小泉"的遗族会会长古贺诚等大佬支持安倍，为安倍在总裁大选中大获全胜立下汗马功劳。从此，他在媒体上就有了"安倍出世电视剧制片人"以及"安倍监护人"这样的绰号。安倍晋三当选自民党总裁后，任命同为森派的中川秀直担任自民党二号人物——干事长。

在外交政策上，中川秀直支持修复中日关系。在他看来，对华关系是影响安倍政权命运的关键之一，改善对华关系有助于安倍新政府树立外交声望。在自民党领导层中，他与中国的交流比较早也比较深。中川秀直曾多次走访中国，曾担任2002年日中友好年议员协会副干事长。2005年5月，中川秀直为平息参拜靖国神社引起的中日纷争，曾建议将甲级战犯和其他战死者分开祭祀。2006年2月，中川秀直亲率日本执政党代表团访华，参加"中日执政党交流机制"首次会议，并和时任中共中央政治局常委的李长春举行了会谈。他提出构想称，中日两国应对战争进行共同研究，并让第三国也参与。对此，时任官房长官的安倍晋三于2月21日响应说，现在两国政府正在就历史共同研究进行商讨，希望尽早成立，在此基础上再讨论让第三国参与问题。中川还注重建立与中国的沟通渠道。7月与中国学者共同组建了研究日本经济发展的学习会。中国外交部在8月小泉参拜靖国神社后发表谈话称，举行首脑会谈需中日双方共同努力。9月21日，中川在首相官邸向安倍分析了上述谈话，认为这是"中国想与'后小泉'政府改善关系的信号"。24日，中川在讲演时向中国暗送秋波，表示"在11月的亚太经合组织首脑会议期间举行中日首脑会谈符合国家利益"。他还表示"有信心"改善中日关系，并称安倍将"尽其所能"，争取尽快实现首脑会谈。

盐崎恭久也是出身森派，是安倍多年来的铁血盟友，也是安倍智囊团第一号人物。盐崎恭久1950年11月出生，1975年获东京大学美国研究专业学士学位。同年进入日本银行，后赴哈佛大学攻读行政学硕士学位，1982年毕业。他的父亲盐崎润是众议员，曾任日本国务大臣、总务厅长官。盐崎恭久和安倍一样，1993年首次当选众议员步入政坛。盐崎为人灵活，具有良好的判断力，历任自民党外交部会长、大藏省政务次官、日本央行行长等职。1998年，他和其他数名年轻议员协助起草新的银行法，从而为人们所熟知。

盐崎恭久拥有很好的经济学功底，被誉为金融经济通，对于没接触过经济的安倍而言，这正是他欠缺的领域。盐崎与安倍的交情久经考验。早在1997年，两人就联合右翼分子石原慎太郎之子、此次被任命为干事长代理的石原伸晃，以及首相辅佐官根本匠组成了一个名为"NAIS"的政策研究会。这个名字由四人姓名的开头字母组成，他们曾提出过多项重要提案而声名鹊起。盐崎也逐渐成为安倍最亲近的人。在小泉纯一郎内阁时期，盐崎长期担任副外相，与安倍晋三关系更为密切，安倍2004年、2005年访美，盐崎都同行帮助出谋划策。媒体形容两人是感情深厚的"政治盟友"。在这次自民党总裁选举中，盐崎恭久帮助安倍制定政权公约，并组织议员成立"支持会"，为安倍获胜立下汗马功劳。安倍晋三除了任命盐崎恭久为内阁二把手——官房长官，还让其兼任新设的负责绑架问题的大臣，充分体现了安倍对他的信任。

盐崎在对外政策上也是"亦鹰亦鸽"。这正体现了日本新生代政治家典型的现实主义特点：重视中日关系，不空谈友好，强调利益优先。2000年时任自民党外交部会长的盐崎恭久带头发难，以中国海洋调查船进入日本近海活动为由，强行搁置日本政府预定向中国提供的日元特别贷款。但他担任副外相期间曾三次访华，与中国高层及经济界有广泛的交往，对改善日中关系表现出强烈的愿望。2006年9月10日，他还专程到北京参加"2006中国企业高峰会"，并在会上说："中国的崛起对任何人都是机会。"29日他在记者招待会上表示："非常想抓住首相更替的时机，尽早恢复对话的渠道。"再次表明了希望恢复与中韩首脑会谈的愿望。

冈崎久彦被安倍晋三奉为"国师"，是他的"外交政策智囊"。冈崎1930年4月出生于中国大连，1952年读东京大学期间通过外交官考试，进入外务省。1955年结束剑桥大学学士和研究生课程，1978年进入防卫厅担当国际关系参事官，1982年任外务省调查企划部部长，1984年任外务省情报调查局局长，同年任日本驻沙特阿拉伯大使，1988年任日本驻泰国大使。1992年辞去官职，2002年任冈崎研究所所长，这个研究所是安倍所倚重的重要智库，安倍的许多政策筹划都是出自冈崎之手。

冈崎是一个典型的亲美反华保守分子，外交和情报方面是他的特长，曾写过《日本外交的分水岭》、《冈崎久彦的情报战略大全》、《日本外交的情报战略》等著作。冈崎还与安倍合著过《保卫这个国家的决心》一书，

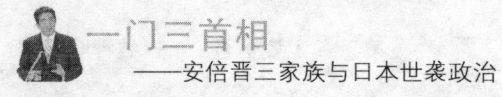
一门三首相
——安倍晋三家族与日本世袭政治

其中专门有一章内容表明其对参拜靖国神社的坚定，另有一章则专门论述如何实施强硬做派与中国打交道。冈崎虽然出生于中国，但对中国没有任何感情，一直对中国采取敌视态度。冈崎不承认对日本战争罪行进行清算的远东审判，认为东条英机等不应该被判处死刑。

冈崎久彦是"新历史教科书编撰会"的积极支持者。闹得沸沸扬扬的"靖国神社将更正涉美展品解说词"事件，其主要策划者就是冈崎久彦。身为靖国神社博物馆顾问的冈崎久彦认为，"批评美国的禁运导致日本经济瘫痪，从而迫使日本卷入二战来振兴经济"的解说词不利于日本和美国的关系，他拟定的解说词将不再对美国提出批评。

冈崎一贯支持"台独"，主张对华强硬，声称台湾若被中国大陆统一，日本将不得不另寻生路，他与台湾民进党之间的关系非常好，经常以冈崎研究所的名义与台湾的学者和官员密商。他认为，安倍上台后和中国的关系会更加恶化，中日关系再也回不到20世纪80年代那样的友好关系了，中国应该坦率地接受这个现实。他还直言不讳地说，中日价值不同，两国竞争资源和影响力，"我们得要为战争准备"。他认为安倍就任首相后的首个中日峰会，主要是象征解冻性质的，许多主要问题，如东海天然气的争议仍无法解决。他在一次采访中表示："中国对日外交的最大的目标是什么？是离间美日关系。因此，日本的外交很明确，就是强化美日联盟。这就是我们的对华政策。"冈崎久彦认为，"日美同盟是日本外交的根本"，倘若不断将之强化，那么"即使到孙子辈，日本国民的安全和繁荣也能确保"。冈崎的"加强日美同盟，防范中国崛起"的战略渐渐成形，目前似乎也正在被安倍采纳。

井上义行是安倍的贴身大秘，深得安倍信赖，被视为其"心腹中的心腹"。井上1963年出生于神奈川县小田原市，家庭贫苦，高中毕业就到"国营铁路"当机车司机。他晚上驾驶卧铺火车，白天依靠坚强意志学习，完成了大学函授课程。1987年日本国铁民营化，所属职员分流到各个省厅，井上迎来了人生的转机，1988年他进入日本总务省，成为一名"非高级序列"普通公务员。学历低、毫无家庭背景的井上知道自己只有靠刻苦、埋头实干才能出人头地。2000年初，他升为小渊内阁官房副长官的事务秘书。不久"朝鲜绑架日本人问题"让井上的仕途再现转机。由于会朝鲜语，他被调入"内阁支援绑架室"。他做事极端认真、负责，他废寝忘食的工作劲头，得到了被绑架人质家属的充分信任，他借机搜集到很多关于人质问题的第一手情报。这些都被同年 7 月新任官房副长官的安倍晋三看在眼里。在 2004 年小泉准备再次访朝前夕，安倍派井上充当密使向朝方转交一封"安倍亲笔信"。井上以休假的名义带全家到中国旅游，然后秘密入境朝鲜，辗转完成了这项艰巨任务。直到他回国后才得到消息的媒体，把他家围得水泄不通，从他口中探听朝鲜的信息。井上一时名气大涨，成了"朝鲜绑架人质问题"的专家。

2005 年 10 月，安倍晋升官房长官后，将井上招至麾下担任政务秘书官。从此，井上便终日陪伴安倍，安排他的大小日程，陪伴他参加各种活动。他虽然半路出家对很多东西不很清楚，但他头脑转得快，安倍晋三一旦需要什么，他就到相关省厅寻求相应资料，自己再加以整理、消化。安倍评价他："废寝忘食，为了我、为了国家满腔热情地工作"，他逐渐深得安倍的信任，在安倍面前话语权增大。在安倍竞选总裁过程中他全面介入，显示了敏锐的政治触觉和灵活的处事能力。安倍晋三就任首相后，破格把"不是候选干部"的井上义行提拔为负责政务的首相秘书官。安倍加强首相官邸功能，政务秘书官在五个首相秘书官中排位第一，不但负责安倍政权的人事，还要制定应对各种政局方案、拟定各种政策，井上将起到"政策制造者"的作用，对安倍政权政策的走向将起到很大的作用。

在外交政策方面，安倍还有一个著名的"五人帮"智囊团。分别是京都大学教授中西辉政、高崎经济大学教授八木秀次、日本政策研究中心所长伊藤哲夫、福井县立大学教授岛田洋一、东京基督教大学教授西冈力。中西辉政是日本学术界著名的亲美保守派学者，他建议安倍："参拜不必拘泥于 8 月 15 日，在 4 月和 10 月的春秋例行大祭去靖国神社最为适合。"安倍接受他的建议，选在 4 月 15 日参拜了靖国神社。八木秀次曾担任"新历史教科书编撰会"第三届会长。安倍在参拜靖国神社问题上的"暧昧战术"就是由"五人帮"在 6 月提议并获安倍采纳。

安倍访华的"破冰之旅"为中日关系的发展开了个好头，安倍改变了

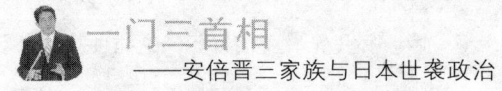

一门三首相
——安倍晋三家族与日本世袭政治

小泉前首相在参拜靖国神社上的僵硬做法，中日之间达成了某种默契。安倍也努力发挥自己的影响力，对日本政界有所约束。在过去一段时间，靖国神社问题似乎成了中日关系中的一个死结，现在这个死结有点松动。另外，近期中日之间高层互访比较频繁，双方为努力改善关系在政治上营造一种气氛。但历史关系不是中日关系的全部，中日之间的领土问题（如钓鱼岛问题）、东海划界问题，今后一段时期内将会长期存在。安倍访华改善了气氛，但是中日关系中的问题并没有得到解决。安倍的鹰派本性与现实客观需要，必然导致安倍对华政策的两面性和不确定性。一方面，安倍要显示其外交灵活性；另一方面，安倍不会忘其鹰派本色。

中日关系的一个重要变化是提出了中日战略互惠关系。中日关系要从战略高度、长远利益的角度来进行思考，要分清哪些是重大利益，哪些是重要利益、一般利益。值得注意的是，尽管安倍晋三本身对国际问题并不是很熟悉，但是围绕在他身边的一些智囊人士基本上都自诩为战略派。作为战略派，他们有一个基本特征，就是认为观念性的问题都不如实际利益重要，道德等因素不在其考虑范围之内，至少是不太重要。鉴于两国关系中存在问题的复杂性和长期性，安倍政府在中日关系问题上，可以做出一些示好的表示，但要解决实质性问题并不容易。

安倍内阁不可能照搬小泉的路线，而是会做一部分修正，以求巩固地位、显示"安倍色彩"。安倍晋三在之前的竞选口号中提出"将改革的火种延续"表示，将依靠大力发展人力资源、鼓励创新、提倡政策透明、吸引海外投资等手段促进日本经济继续增长。他许诺，还将继续减少政府开支。他将把执政重点放在自己擅长的外交和安全事务上。在总裁竞选中他就重点提出修改宪法、修改教育基本法；强化日美同盟、构建"战略性"亚洲外交等主张。不过，安倍没有小泉那种行事方法与魄力，也没有小泉打破旧传统的主张，因此他的执政风格会不同于小泉。他的政府将比较包容，既听取党内元老的声音，又给有才华的年轻人发展的空间。

2006年9月，在出任首相后，安倍晋三的内阁支持率高达70%，在历届以来可排至第三名。安倍晋三的高支持率主要得益于他的鹰派作风，靠得是理念、姿态，而非执政能力。安倍虽然有显赫的家族靠山，任过自民党干事长、内阁官房长官等要职,但他从未做过大臣,政策实施能力和领导能力有待验证,做首相能否统揽全局还是个疑问。他在接过小泉遗产的同时,也背上了小泉留给他的包袱,除了要应对日本老龄化引发的诸多社会问题外,如何调整亚洲外交政策,如何解决靖国神社问题,如何稳定党内势力,如果巩固日美同盟,如何在继承小泉改革路线的同时处理改革带来的负面效应,特别是贫富差距扩大的问题,这些都是对新首相安倍晋三的严峻考验。

在内政方面,安倍出于实现其保守主义政治理念的需要,大力推进对教育基本法和宪法的修改进程。安倍内阁在成立不到三个月的时间内,已经完成了对教育基本法的修改和防卫厅升格为防卫省的政治任务,相关法案也已经在国会获得通过。虽然修宪仍然需要时间,但安倍首相明确强调将在任内完成修宪任务。

2006年11月30日,日本众议院在自由民主党、公明党以及最大在野党的联合支持下,通过让日本首相安倍晋三内阁之防卫厅升格为防卫省,成为中央一级单位。12月15日,日本参议院在自由民主党、公明党、民主党、国民新党的联合支持下,又通过同一项议案,因此只要安倍内阁择期即可正式升格。根据日本法律,防卫厅长官之名在升格为省后,即更名为防卫大臣。2007年1月9日早晨,日本首相安倍晋三亲率历届日本防卫厅长官出席了防卫省正式成立纪念仪式。安倍首先向现任防卫厅长官久间章生颁发命令书,任命其为日本首届防卫大臣,随后安倍和久间在防卫省仪仗广场检阅了自卫队仪仗队。

"防卫厅"和"防卫省"虽只

2007年1月8日,日本东京,工作人员在做换牌前的准备工作

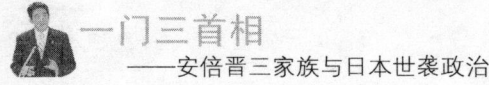

一字之差,但这是二战后被美国剥夺军事权力的日本,最终成立的战后首个完整的国防部门。首先,防卫省的职权比过去的防卫厅大得多,原先由首相负责的"国家防御"这个主要职责将由首相移交给防卫大臣负责,并可以提交自己的预算要求。其次,随着防卫省的成立,迄今为止作为自卫队附属任务的联合国维和行动、根据《周边事态法》实施的后方支援等也将成为自卫队的本职任务,这都有可能促使日本现行的专守防卫政策发生转变。不过为了打消日本国民的疑虑和确保文官统制,日本首相仍将继续拥有作为自卫队最高指挥官的权限,自卫队的防卫出动命令和治安出动命令也将由首相签发,自卫队也仍称为"自卫队"。

然而,防卫大臣将从此负责日本全国的国防事务,未来不需要再经过内阁,即可自行向国会两院提出与国防相关的法案及预算案。另外,原本定义为"附属任务"的国际紧急救援协助事务、联合国维和事务以及根据《周边事态法》的后方支持等事宜,亦将视为"正常任务",不用再以个案的方式经国会两院审议通过。2007年7月4日,首任防卫大臣久间章生因发表"美国向日本投掷原子弹是无奈之举"的言论而辞职,由小池百合子接替其出任防卫大臣,成为日本历史上首名负责防卫事务的女性内阁成员。

2007年1月9日,时任日本防卫相久间章生(前右)与其他官员在首都东京为防卫省揭幕。当天,根据此前日本国会众参两院批准的法案,日本防卫厅升格为防卫省,防卫厅长官升格为防卫相

引人注目的是，作为日本政坛少有的精通国防事务的久间却属于自民党内温和保守的鸽派派阀——津岛派。在诸多外交问题上，久间都主张通过对话，而不是武力解决问题。2006年朝鲜核试验后，日本外相麻生宣称"应该讨论日本拥核的问题"，但作为防卫厅长官的久间却第一时间表示反对："一个人说了应该拥有核武器的话，就算在日本国内没有人响应，也会给人以日本正在热烈讨论此问题的印象"，明确表达自己不同意日本拥有核武的立场。久间还明确表示过，如果靖国神社还祭祀着甲级战犯的话，他就不会去参拜。

安倍晋三在日本政坛属于"鹰派"阵营。但从他2006年首访中国、开启"破冰之旅"的实践来看，他又是一个比较务实的政治家，与石原之类极端民族主义者有明显区别。再说，中日间四个政治文件都是自民党执政期间与中国缔结的，一些资深政治家与中国有长期的交往，安倍如果在改善中日关系方面采取较大动作，不仅右翼势力很难指责其卖国，在自民党内也能得到一定的支持。

然而，安倍在内政外交上的上述成功并没有换来稳定的国内支持。相反，日本国内的民调显示，安倍内阁在成立两个月后的支持率大幅度下跌。从表面上看，支持率下跌的直接原因是自民党允许小泉内阁时期反对邮政民营化法案的议员恢复党籍，但更深层次的原因则反映出国民对安倍执政理念和方式的担心与反对意见。早在安倍内阁成立初期，日本国内的多数评论就认为，安倍内阁的阁员任命基本上是根据"论功行赏"的思路确定的，让人"感受不到改革的激情"。由于阁员的政治立场总体上保守色彩浓厚，有评论批评安倍内阁为"鹰派内阁"，是政治倾向危险的内阁。

位于东京新宿区的日本防卫省

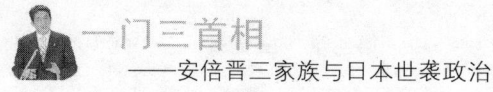

一门三首相
——安倍晋三家族与日本世袭政治

2007年1月，在出访欧盟四国和北约总部，又参加了在菲律宾举行的东盟和东亚系列峰会后，安倍晋三首相风尘仆仆赶回东京，参加了17日上午召开的第74届日本自民党大会。此次自民党大会是日本政坛结束"小泉时代"，进入"安倍时代"后第一次党大会。大会通过了自民党运动方针，明确写入"在继续参拜靖国神社的方针下，重新确认不战与永久和平的决心"。联想到安倍除主张在国内法上甲级战犯不是罪犯之外，关于战争责任，安倍也不认同中方提出的将"战争领导者"和"一般民众"进行划分的区别论，特别是在靖国神社问题以及甲级战犯的定性问题上，安倍依然保持固有观点。对于中韩两国关注的参拜靖国神社问题，安倍则选择了模棱两可的回避态度。此次日本执政党在党的行动方针中写入这样的内容，不仅令人感到费解，更让人对日本亚洲外交的走向产生忧虑。

2007年4月，时任美国总统布什（右二）夫妇欢迎时任日本首相安倍晋三（左二）夫妇

安倍上台后，在初次组阁时让几位"政治与金钱"丑闻缠身的大臣"带病入阁"，结果导致他们中途落马，其中还有一人自杀。此外，由于政府在养老保险费缴纳记录不全问题上应对不当等失误，安倍政府遭遇了空前的信任危机。在2007年7月29日举行的参议院选举中，自民党惨败，失去了自建党以来一直占据的参议院第一大党地位。民主党成为参议院第一大党。为提升自民党的凝聚力以及恢复国民对政府的信任,安倍在8月27日调整了自民党领导层并对内阁进行了改组。但是,改组没几天,内阁中便又相继爆出农林水产大臣远藤武彦、新农林水产大臣若林正俊、总务大臣增田宽也等人一系列财务丑闻,致使安倍政府遭受新一轮危机。

9月10日,日本国会临时会议开幕,重点讨论以向印度洋派遣自卫队舰队为主旨的《反恐特别措施法》期限能否得到延长的问题。但在参议院占主导地位的民主党党首小泽一郎明确表示,民主党反对延长该法期限。安倍则表示,如果日本国会不通过延长《反恐特别措施法》的相关法案,他将辞职。

2007年9月12日,基于政治现实,政令无法顺利执行,安倍晋三突然宣布辞去首相一职。12日下午2时(北京时间12日下午1时),他在首相官邸会见记者,正式宣布辞职。日本时事社报道说,日本首相安倍晋三12日以"健康原因"为由向自民党国会对策委员长大岛理森转达了辞职意向。自民党干部证实了有关消息。安倍选择下台,既在意料之中,也在意料之外。自月前自民党在参议院选举中惨败以后,安倍去职就被朝野看作是势在必为的选择。但直到9月12日之前,安倍所有公开表示及政策运筹,均立足于继续执政。不久前,安倍刚刚改组了自民党高层人事和内阁,以图重振政权。10日,安倍还刚刚在临时国会上发表施政演说,原定于12、13两日众议院全体会议代表将就此向安倍质询。这一日程已被取消。

安倍此时决定辞职,在日本政坛引起强烈反响。日本富士通公司社长秋草直之12日就安倍辞职发表谈话说,安倍政权诞生时人民曾抱有很大期待,正因如此,安倍突然宣布辞职让人感到很遗憾。他担心政局混乱会给经济稳定以及日本的国际信誉带来不良影响。他希望执政党和在野党都能够抱有责任感,早日实现政策稳定。安倍辞职决定遭到了在野党猛烈抨击。在野党强调,安倍应在参议院惨败后立即辞职,而不应在发表施政演说后决定辞职。民主党副代表(副党首)川端达夫指出,安倍应当提前解散众议院,问信于民。社民党党首福岛瑞穗抨击说,安倍刚刚发表施政演说就交出政权,极其不负责任。

安倍宣布辞职后,在公众视野中消失很久的福田突然成了自民党眼中的"救星"。福田的稳健作风、温和施政立场、协调能力和深厚人脉成为凝聚自民党、挽救政权危机的"甘霖"。宣布竞选后两天内，福田确保了自民党九大派阀中除麻生派外的八个派阀支持，而无派阀议员在小泉纯一郎表态支持福田后，大多也倾向福田。福田在竞选纲领中提出重视地方、缩小贫富差距，"给年轻人以希望、让老年人安心"等倾向民生的政策，其基本理念是建设"自立与共生"、可持续发展的社会，继续推行"改革与增长"路线，以及构建国民满意的养老金制度。而对安倍政权热衷的修改宪法问题，福田明确表示将暂时搁置。福田"审时度势"、谋定而后动的政治风格，可能会继承其父"大器晚成"的特点，在古稀之年赢来政治生涯的巅峰。

十一、重掌政权 鹰派内阁

安倍晋三辞职后，并没有偃旗息鼓，而是积极谋划准备东山再起。2008年3月，安倍晋三重回政坛，并积极策划重夺大权。2009年，他希望竞选自民党总裁，但因党内反对而改为支持他人。

2012年，低调多年的安倍晋三

2007年9月26日，在东京首相官邸，福田康夫（前中）与内阁成员集体亮相

再度出山，时隔六年，安倍已经完全从曾经失败的阴影中走了出来。在大选的过程中他本人频频就各种事件发声，同时也与时俱进，甚至学习美国大选的办法，呼吁参加党首辩论；开他的夫人也不遗余力地帮助他竞选。据日本数家杂志的报道称，准"第一夫人"安倍昭惠在东京开了一家居酒屋，卖一份猪肉汁套餐980日元（约合人民币70元），这个价钱在日本还比较实惠。据该店关系者称，拥有一家自己的饮食店一直是安倍昭惠的梦想。最开始安倍晋三并不答应，但是安倍昭惠认为，老公的政治人生和我的人生是不同的两样，这一话题当时引起了日本媒体的追捧。

"梅开二度"，重新夺回自民党党首。2012年9月12日，安倍晋三正式宣布参加自民党党首选举。9月26日，安倍晋三当选最大在野党自民党第25任总裁，成为自民党建党以来首名"梅开二度"的前党首。2012年被认为是日本下届首相"最大热门"的自民党总裁安倍晋三发布该党竞选纲领,声称欲在钓鱼岛常驻公务人员的同时,还提出要修改"和平宪法",赋予日本集体自卫权,大幅扩充军事预算,提升自卫队为"国防军"。12月16日,日本第46届众议院大选于当晚揭晓了最终结果,一番"洗牌"之后日本政坛的新格局浮出水面。最大在野党自民党在众议院选举中取得压倒性胜利,单独赢得众议院过半数议席。在众议院的480个席位中,日本自民党在此次大选中共获得了294个议席,远远超出成为执政党所需的241个议席,时隔3年3个月重掌政权。对此,自民党总裁安倍晋三表示:"这并不是说(选民们)已经对自民党百分之百地信赖。我认为,这个结果仅仅说明,(人们觉得)应该终止民主党这三年执政所造成的混乱。"日本《读卖新闻》的民调显示,有六成受访民众对自民党政权的回归表示好感,超过五成对安倍抱有期望。

安倍领导的自民党在这次大选中能够翻盘,一洗2009年败选的耻辱,最重要的原因是选民对民主党过去三年的政绩极度失望。这次选举的投票率仅为59.32%,比上次低了10个百分点,约占选民一半左右的无党派阶层或者放弃了投票,或者是将选票投给自民党以此惩罚民主党。其次,民主党发生分裂。全国300个小选区中有53个小选举区出现了脱离民主党的前议员与昔日同事自相火并的局面,选票分散,双双落败,让自民党候选人拣了便宜。此外,自民党与公明党实行了有效的选举合作。公明党支持基础创价学会约800万会员,摊到每个小选举区就有两万余人,这部分选票起到"四两拨千斤"的作用,帮助自民党候选人在多党混战中胜出。最后,自民党的竞选纲领突出强调日本版的量化宽松政策,摆脱通货紧缩的阴影,并大力进行公共建设投资,应该说对苦于经济疲软的选民还是有吸引力的。

胜选后,安倍晋三就中日关系发表了一番言论。12月17日,安倍在胜选后举行的首次记者招待上就中日关系发表了如下讲话:尖阁列岛(即中国的钓鱼岛)是日本的领土,没有任何谈判的余地,但中国对于日本经济的发展与增长不可或缺,有必要向中方强调战略互惠关系。前一句话是说给日本民众听的,后一句话则是向中国发出的一个信息。这一自相矛盾的表态实在让人愕然。联系到他在大选后力劝前外务大臣、日中友好议员联盟会长高村正彦留任自民党副总裁,显然有利用高村人脉建立对华沟通渠道的考虑。所以,对安倍的对华政策还需要全面观察,既要对他某些可能激化中日对立的强硬姿态保持警惕,也不应忽视他有改善中日关系的意愿和动因。

"如果一个人举出日本面临的所有问题,他们都源自一个根本原因。"在安倍亲手执笔的《走向新的国家》中写道,"和我五年前担任首相时相比,我的立场没有任何变化。我仍认为,日本面临的最大问题,就是要摆脱战后体制。"这也可以解释何以二度当选自民党总裁之后,安倍就迫不及待地参拜靖国神社,以彰显自己的立场。确实,五年后,安倍的政治立场变化甚微。2006年初次当选首相时,安倍选择了中国作为国外访问的第一站,借以修补中日关系;而近日他表示美国将是他成为首相后的初访对象。日本前外交官、分析家三宅邦彦(音译)认为安倍是"最务实和最现实的政治家"。虽然安倍曾在2006年凭借超高的人气支持出任日本首相,但在他当首相期间实在没有什么值得吹嘘的政绩。

安倍上任后可能会采取一系列的措施来扭转现今日本经济的颓势,以实践自己在竞选时许下的承诺,但是如果实际效果不佳,面对的危机和压力日益严重,安倍可能更热衷于在度过前面简短的蜜月期后推行新内阁的政策主张。在内政方面:主张修改日本和平宪法,将自卫队升格为国防军,允许行使集体自卫权。但根据法律规定,修改宪法条文,首先需向国会提交宪法修正案,在获得众参两院三分之二以上议员赞成后,还要在公投中得到三分之二以上民众赞成后才能修改。在反对修宪的强烈呼声中,修改宪法难度极大。在经济方面:主张大胆放松银根,将摆脱通货紧缩列为首要课题,实现3%以上的名义经济增长率。安倍在选战中炫耀其六年前任首相时的政绩:日本经济持续增长,日元汇率保持稳定。目前,日本经济持续低迷,加上欧债危机持续发酵、美国经济回升缓慢,此时日本政府放松银根,未必能取得预期效果。在外交方面:主张强化日美同盟关系。但这面对冲绳民众的强烈反对,强化日美同盟关系面临困难。此外,日本政府非法对中国钓鱼岛及其附属岛屿实施所谓的"国有化",导致中日关系严重恶化。日方如不停止损害中国领土主权的行为,如不以实际行动纠正错误,中日关系就不可能得到改善。

2012年12月26日,安倍出任日本第96届首相并组建新内阁。2013年元旦,日本首相安倍晋三发表新年感言时强调,将在强化日美同盟的基础上,结合边境岛屿的实际情况振兴当地经济,加强管理,强化警备,将努力推进国土强韧化。安倍晋三2012年年底出任日本首相组成内阁后,立即向防卫相小野寺五典下达指示,要求修改《防卫计划大纲》及《中期防卫力量整备计划》。日本新任防卫大臣小野寺五典在就职仪式上也承认,首相安倍晋三决定提前修订作为长期防卫政策基本方针的《防卫计划大纲》,以强化自卫队职能和威慑力量,配合美国2012年年初出台的新防务战略指针。可见,日本安倍新内阁将在强化防卫力量上大做文章。

阔别5年3个月,安倍晋三重新成为日本首相官邸的主人。从冠名"第二次安倍内阁"的18人阁僚名单看,一张张保守色彩浓重的政坛熟脸扑面而来:有一贯坚持参拜靖国神社的,有登陆钓鱼岛沽名钓誉的,有美化日本殖民历史的,有主张扩军备战的……安倍把新内阁定位为"危机突破内阁"。据日本共同社报道,日本自民党总裁安倍晋三(2012年12月)22日上午来到家乡山口县长门市,为父亲、日本前外相安倍晋太郎扫墓,汇报在众议院选举中获胜并夺回政权的消息,发誓将担负重任完成使命。

安倍新官上任三把火,首先对民主党执政时期的各个机构进行大刀阔斧的改革。日本《朝日新闻》称,安倍计划设置国家安全委员会(NSC),作为外交与安全领域的最高决策机构,该机构中首相、官房长官、外相、防卫相将是核心成员。前首相麻生太郎任副首相兼财务大臣、金融担当大臣,岸田文雄任外相,小野寺五典任防卫大臣。

安倍有意彻底改变日本防卫政策,寻求修改第二次世界大战结束后制定的和平宪法,使日本能够行使集体自卫权,即自卫队能够在盟国遭受进攻的情况下协防。安倍晋三决定修改2010年制定的《防卫计划大纲》和《中期防卫力量整备计划》,准备增加防卫经费,扩充自卫队人数,以应对来自中国的威胁。此外,日本自民党提出将2013年度防卫预算再上调1000亿日元,以用于扩招自卫官和改装F15战斗机等。按照日本共同社的说法,修订防卫大纲旨在应对中国军力增长。现行防卫大纲由时任首相菅直人领导的民主党政府2010年12月审议、修订并通过,规定自2011年4

月起大约十年的防卫方针。外界先前预计下一次修订将在2020年左右。安倍领导的自由民主党在国会众议院选举中承诺修订防卫大纲以及依据大纲制定的《中期防卫力量整备计划》，并且扩充自卫队预算、装备和人员。现行中期防卫计划2010年由民主党政府通过，详细规定截至2015财政年度，即2016年3月的自卫队规模和经费。防卫省原打算2013年4月，即进入2013财年后开始重新审议中期防卫计划。一些官员说，依照安倍的指示，防卫省将同时修订防卫大纲和中期防卫计划。

安倍晋三

近年来，日本政府在防卫力量的发展方向上对自卫队的职能进行了调整和重新定位，新的三大职能是："有效威慑与应对各种事态；维护亚太地区安全环境更加稳定；改善国际安全环境。"

日本防卫省已开始着手制定将陆海空自卫队力量整合为一体的"综合防卫战略"，以应对10至20年后有可能出现的新情况。安倍晋三已决定要修改《防卫计划大纲》，这项工作将从2012年夏季开始全面展开。为了在新大纲中反映这一内容，综合防卫战略的制定将在夏季之前结束。在针对中国方面，夺回离岛作战将是重中之重。防卫省将考虑使陆上自卫队具备海军陆战队的能力，在人数上达到驻冲绳美军第31海军陆战队远征部队的规模（约2200人）。

大选期间，安倍表现出强烈的鹰派色彩。胜选后，安倍开始释放有意修复日中、日韩关系的信号，包括研究派首相特使前往中韩两国沟通，冻结主办"竹岛日"典礼和向钓鱼岛派驻公务员等出格行动。解读安倍选前选后两张脸，不能忽视2013年夏季参议院选举考验这一要因。自民党及其盟党在参议院并不占多数，为实现安倍梦寐以求的修宪目标，必须在参议院取得绝对多数议席。预计参议院选举前，安倍政权将秉持"稳"、"忍"二字，对内立足经济刺激，对外暂敛锋芒，以消弭选民对其右翼保守立场的不安。

下 篇

日本世襲政治

第五章
自民党的政治生态——世袭政治

日本政党政治的确立经历了一个艰难的过程。在第二次世界大战以前的60多年时间里,政党的活动曾蓬勃展开,但在集权专制的条件下没有形成制度,而且最终被法西斯主义所取代。现代意义上的政党政治是在战后才确立起来的。目前,日本主要的政党有:自由民主党(自民党),民主党,社会党,公明党,共产党。其中,自民党是日本的第一大党,自成立以来50多年的历史中,自民党在绝大多数时间里实际控制着国家政权。因此,在日本的政党政治中,自民党在国家的政治生活中具有举足轻重的地位。

一、自民党的创建与发展

自民党是1955年由日本自由党和民主党合并而成,其历史渊源分别为战前的政友会和民政党,是代表日本财界和统治阶级的最大政党。该党成立以来,一直处于执政地位,20世纪50年代后半期和60年代一直控制着众参两院的多数席位,连续执政达38年之久。1993年7月众议院选举,自民党因内部分裂,在国会中的席位未超过半数,由八党派成立了联合政权,从而结束了自民党长期执政的局面。

(一)二战后日本的政党政治

二战前,日本的政党政治一直很脆弱,因此日本首相在大隈重信之前并无政党背景。1898年6月,大隈重信的进步党与板垣退助的自由党合并为宪政党,并组成隈板内阁,大隈任内阁总理大臣,板垣退助任内务大臣,从而在日本建立最早的政党内阁。虽然短命的隈板内阁只存在了四个

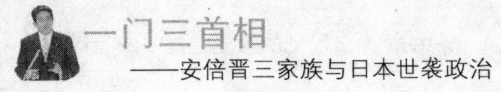

月,但它毕竟揭开了日本政党内阁的序幕,为以后的政党政治开创了一个先例。

此后,宪政党由于内部矛盾而分裂,政权又重落入官僚藩阀手中。1924年,宪政会、立宪政友会和革新俱乐部三派组成护宪联合,并成立了以宪政会总裁加藤高明为首相的护宪三派联合内阁,又恢复了政党政治。此后,直至1932年犬养毅内阁为止,共约八年六届内阁,都属于政党内阁。

1932年发生"五·一五"事件,海军青年军官发动政变,杀死首相犬养毅,从此结束政党政治,进入法西斯军阀执政的独裁时代。二战时期日本国内政治实行法西斯化,1940年7月,第二次近卫内阁为实施《基本国策纲要》,取缔所有政党,政界、财界、舆论界和右翼团体的代表成立"大政翼赞会",标志着日本政治体制发生重大变化。"大政翼赞会"囊括了所有资产阶级各阶层政治力量,议会被改造成翼赞议会,整个社会政治资源被法西斯化。在此期间,以立宪政友会和立宪民政党为主的各政党纷纷解散。

1945年8月15日日本宣布战败投降后,美国以盟军的名义单独完成对日本的军事占领。同战后德国不同,美国在日本的占领方式是以保存日本现政权为前提而完成的。这种间接统治就直接导致战时日本国内保守政治势力仍然执掌大部分国家机器。"政权依然掌握在保守势力手中。战争末期,1944年7月间,策谋打倒东条政权的集团,和在1945年2月策划实现和平的集团,构成了战后政治主体的主流。"随后,美国完全按照自己的意愿来实施对日本政治体制的改造。战后日本社会政治资源在这样一种大背景下开始重组。美军进驻日本后不久便以盟总指令的形式解除了战时日本政府对集会、结社等政治活动的限制。战前被军部法西斯势力扼杀的政党政治,又枯木逢春,迅速复活,日本社会进入到一种多党制时代。

二战失败后,日本经济陷入空前混乱状态,生产下降、物资粮食严重匮乏、人民生活极度困难,各阶层人民共同的心声是希望尽快恢复经济,改善生活。当时各种政治势力的代表人物均乘势积极组织政党,力求在国会内争得席位。战时被解散的日本各政党,纷纷重新组合返回政界。日本战败初期新组成的各类政党多达数百个,其中拥有国会议员的主要有保守系的自由党、日本进步党(后为民主党)和日本协同党;革新系的相互之间、各政党内部派系之间争夺激烈,分化改组频繁,执政党在国会内的议员人数大都难以维持到"稳定多数"或超过半数,因此政局无法稳定。

1945年10月,币原喜重郎的日本进步党组成军政府垮台后第一个政党内阁;吉田茂的自由党、片山哲的社会党、芦田均的日本民主党轮流执政。1954年,鸠山一郎的日本民主党取代吉田茂的日本自由党上台,一年后两党合并成自由民主党,由1955年11月第54届开始到1993年8月第78届结束,在日本政坛足足执政38年。

结束一党统治并将自民党推下来成为在野党的,是日本新党的细川护熙,他是近卫文麿的外孙,因宫泽喜一卷入工业贿赂丑闻而与七个反对党联合执政,成为自1955年以来第一个选举产生的非自民党首相。细川护熙辞职后,脱离自民党与其他37位党员组成日本新进党的羽田孜继任联合政府首相,但在次日,日本社会民主党宣布退出联合政府,从而使羽田孜领导日本39年来第一个在参、众两院都没有多数席位支持的政府,结果只有64天就下台,由村

币原喜重郎

山富市继任自由民主党和日本社会民主党联合政府首相。之后,桥本龙太郎又让自民党重新执政。自他之后,小渊惠三、森喜朗、小泉纯一郎和安倍晋三都保住了自由民主党的江山。

(二)自民党的发展由来

二战后初期,日本经历了一个名副其实的多党竞争的阶段。日本投降后,在《波茨坦公告》把战后日本政治体制的基本目标明确规定为"非军事化"和"民主化"的前提下,日本走上了民主与和平的道路,约占众议院四分之三议席的大日本政治会于1945年9月14日宣布解散,其他战时御用政治团体也随之自消自灭。与此同时,战前和战时的一些政界人物开

一门三首相
——安倍晋三家族与日本世袭政治

始着手重建政党，各种政治势力重新组合。在短短两三个月的时间内，相继建立和重建了日本进步党、日本自由党、日本社会党、日本协同党和日本共产党。在这五个政党中，日本进步党、日本自由党和日本协同党属于保守党，日本社会党和日本共产党属于"革新政党"。从战败到1946年4月举行大选期间，日本除了建立起上述五大政党外，还相继建立了360余个小党。其中不乏"一人一党"的现象，可谓是"党派林立"。

战后最早着手筹建新党的政界人物是鸠山一郎等人。原政友会的一部分成员，聚拢在鸠山一郎的门下，于1945年11月9日成立了日本自由党。鸠山任总裁，三本武吉为总务会长，河野一郎为干事长。吉田茂虽然声称对政党不感兴趣，但因和鸠山是战时反东条英机的盟友，私交甚笃，因此，当鸠山着手组建自由党时，他还是积极地替鸠山出谋划策："今后无论在国内方面还是国际方面，共产主义都可能是一个问题，我们高高兴起反共的旗帜，你看怎么样？"随即，鸠山便将反共作为党的宗旨之一。

鸠山一郎

1946年2月20日，鸠山发表反共声明："观察目前的国际形势，崩溃了的极左偏激的危险，依然浓厚地存在着。要重新认识保守主义的民主政党的使命，要对共产主义表明坚决的态度。国民们千万不要忘记共产党正潜藏在民主战线中，正在磨牙利齿，磨刀霍霍。"他在自由党成立大会上直言宣称："我们（日本自由党）将为维护天皇制、排除无产阶级独裁政治以及维护私有财产制而竭尽全力。"鸠山的自由党，是战后日本各政党中反共反苏色彩最浓厚的右翼政党，因而遭致苏联的反感也是理所当然的。据麦克阿瑟本人对吉田茂所说，鸠山之所以被整肃，就是因为苏联强烈要求的结果。而吉田给鸠山的建议，也不知是真诚相助，还是有所图谋。

鸠山一郎组织自由党，就是准备雄心勃勃地问鼎首相宝座。1946年4

月10日，日本举行了战败后的首次议会大选。这是战后日本政治生活中的一件大事，超过3000多名候选人竞争议会446个席位。有近3700多万男女选民投票，有效投票率73%。选举过程平稳、公正，未发生混乱现象。然而投票的当天，盟军总部民间谍报局便要求日本政府的官员，提供有关鸠山战前活动的详细情报，为整肃鸠山做好了准备。选举的结果是：自由党139席、进步党93席、社会党92席、协同党14席、共产党5席、无党派人士121席。自由党压倒币原内阁执政的进步党而成为第一大党之后，认为政权即将在握，主张成立以自由党为首的自由、进步、社会三党联合内阁。

于是，自由、社会、协同、共产四党于4月18日成立"打倒币原内阁共同委员会"（四党共同委员会），并发表倒阁声明，准备召开倒阁国民大会。在内外交困、孤立无援的情下，币原内阁不得不于4月22日宣布总辞职。币原辞去首相职务以后，立即就任进步党总裁，并试图建立以鸠山一郎为首的自由、进步、社会三党联合内阁。但自由、社会两党不肯与币原为首的进步党为伍。另一方面，四党共同委员会虽然在打倒币原内阁方面一致，但在未来政权的构想方面则各有各的打算，形不成一致意见。但按照议会政治的常规，新内阁应由议会第一大党组织。为此，自由党决定单独组阁，原首相币原于5月3日上奏天皇，荐举自由党总裁鸠山一郎出任后继首相。鸠山本人也踌躇满志地筹备组阁。

但天有不测风云，盟军总部在鸠山即将走马上任之时，突然于5月4日发表解除鸠山一郎公职的备忘录，作为日本自由党总裁的鸠山一郎和自由党的核心人物河野一郎、三木武吉先后被革除公职，给自由党和鸠山一郎当头一棒，政局又重陷混沌。解除公职令给日本政府和政界以重大打击，被新闻界称为"无血革命"。

整肃运动给日本社会政治生活所造成的冲击是深刻而巨大的，以战前传统政治资源为主体的保守政党，如日本自由党和日本进步党等，受冲击最大，包括后来活跃于日本政坛的松村谦三、鹤见俊辅，后来曾任日本首相的宫泽喜一的父亲宫泽裕、后来任过日本首相的羽田孜的父亲羽田武嗣郎都在劫难逃。把鸠山一郎列入革除公职者之列，据说是以美国为首的联

一门三首相
——安倍晋三家族与日本世袭政治

1950年隐居的鸠山一郎

合国东京特派员们在他从前的著作中找到了符合"应予罢免及排除的种类"的G项，认为他属于"其他军国主义者及极端国家主义者"。

导致这一结果，有历史上的原因。1933年他任文部大臣时，因为泷川幸辰教授的著作《刑法读本》有与时宪相违的内容，他对京都大学校长提出停止泷川教授职务。这件事引发京都大学法学系教师全体辞职和很多学生的抗议，构成不大不小的"京都事件"。同时还有来自现实的原因。另有一说，鸠山被整肃的理由是他在战时出版的《世界之面貌》一书中，曾吹捧过希特勒和墨索里尼。还有一说，1945年9月15日他在《朝日新闻》发表"诽谤战胜的美国"的文章，早就碰了美国人的忌讳。但他自己认为主要原因是大选前的1946年2月22日发表的反共声明引来苏联干涉，导致美国占领军中左翼一派的乘机下手。这其中到底哪一条才是根本并不重要，重要的是"为山九仞，功亏一篑"，马上可以坐上的日本首相的交椅就这么擦肩而过。此前就风传鸠山有可能要被整肃，有人曾劝鸠山说："你很有可能被整肃，所以还是不担任政治上显要的职位为宜，不妨先担任大藏大臣为上策。"但鸠山未加理睬，结果不幸被言中，在他的宦海沉浮中又多了一幕悲剧。

与"悲剧政治家"鸠山一郎相反的是，吉田茂却是一位幸运政治家。异常严厉的整肃给日本政治生活以巨大的冲击，战前和战时活跃在日本政治舞台上的老资格政界人士，几乎全部被赶回家中赋闲。整肃使一些战前默默无闻的政界新人，有机会脱颖而出进入政界，成为主流派，甚至妇女也获得了参政权。这在论资排辈等传统观念异常顽固的日本社会，尤其是政界是不可想象的事情。如果没有这次整肃运动，即使是吉田本人恐始也没有机会当上总理大臣。而既无家族背景、又无政治资历的田中角荣，第一次竞选便当上国会议员，也是借了整肃运动的惠泽。

鸠山一郎性格直爽，不善权谋，突遭打击有些不知所措。党内群雄并立又没有适当人选接替总裁职务，没有总裁就无法组阁，这样一来政权就将旁落。鸠山遂执意邀请好友吉田茂就任自由党总裁。吉田茂起初以自己对政党活动不感兴趣，在内政方面也缺乏知识和经验为借口，百般推托坚辞不就，并推举明治时代的老政治家古岛一雄出任总裁。年进八旬的古岛老人说："现在不是80岁老人上台的时候了，实在不敢从命。"

鸠山因吉田拒不出山而愁眉紧锁，情急之下只得派出党内亲信多方联络，通过各种亲友关系说服吉田茂。从各处反馈回来的信息表明，吉田茂个性孤傲，曾经说过："我如果做了总裁，在走廊里遇到那些讨厌的家伙时，他们就会摆出同志的面孔来，从后面拍我的肩膀，喊我一声：'喂！吉田！'这我可受不了。"显然，吉田并非不愿当总裁，只是自身贵族气息太浓厚，对政党内平民式党务活动功有厌恶之感而已。知子莫如父，当时，吉田的岳父牧野伸显也不赞成吉田担当首相一职。他认为"吉田是外交技术家，不是政治家"，所以还是不当首相为好。但牧野对吉田性格的另一面也颇为欣赏。他说："茂的个性也许并不是最吸引人的，但是他有勇气，这才是重要的。"连吉田的爱女麻生和子也不赞成他出任首相，和子说："作为政治家应具备的必要素质——金钱和谈话技巧，您都不具备，所以您还是不趟政界的浑水为好！"

然而，此前被吉田劝说当上进步党总裁的币原闻讯后，亲自出面要求吉田："无论如何请你接受下来！"于是，吉田邀请鸠山到自己的府邸详谈。两人见面后，吉田直截了当地向鸠山提出了就任自由党总裁的三项条件：一是我既没有钱，也不能给党弄钱；二是关于阁僚的选定，请你不要干涉；三是我如果感到厌倦，可以随时放弃。鸠山一口应允。鸠山同吉田茂在约法三章之外，还有第四项条件，即如果鸠山恢复公职，自由党和首相之职愿意随时奉还。随即，吉田向麦克阿瑟通告了自己要当首相的情况，希望获得支持。麦克阿瑟当即答复："盟军总部无异议。祝您好运！"第二天，吉田便获得了天皇发来的组阁敕令。

1946年5月22日，第一届吉田内阁成立。不是一党之首，更未参加过竞选活动，凭机缘巧合而一步登顶，这恐怕在西方议会政治历史上也是空前绝后的事情，从中也足以反映出战后日本民主政治的不成熟。后来，

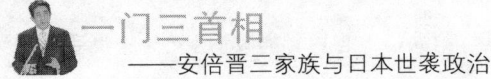
一门三首相
——安倍晋三家族与日本世袭政治

吉田常常以"我是被雇用的总理大臣"一语自嘲。吉田当时确实对自己没有太大的信心，因为当时的日本社会不但经济形势极度恶化，政治形势也非常动荡。皇宫广场上的群众示威游行活动接连不断，民主运动日渐高涨。用吉田的话来形容就是"红旗的波涛覆没了全国"。然而，当鸠山解除整肃重返政界后，吉田并不履行前约，抓住政权死不放手。直到1954年12月，鸠山通过党内外的激烈斗争才重夺回政权。

1951年6月，正准备复出的命运多舛的鸠山突患脑溢血卧床不起，直接影响到鸠山派的夺权大计。但年轻气盛的三木武吉和河野一郎表示：不管鸠山怎么样，就是抬也要把他抬出来，表现出要同吉田派决一雌雄的决心。一大批右翼政党领袖人物如鸠山一郎、石桥湛山、重光葵等人，不但政治阅历丰厚，且社会人脉关系复杂，财界背景不凡。当多数日本战犯嫌疑人重返社会之际，吉田就意识到鸠山的复出将对自己构成莫大的威胁。因此，他多方阻挠对鸠山、河野、三木、石桥等人的解禁。直到1951年8月，上述这些人才作为最后一批被解禁的整肃者，重返政治舞台。

1952年4月28日旧金山媾和生效时，所有关于公职整肃的法令均被废除。但就在此时，吉田首相在战后政治生涯中最强劲的对手——鸠山一郎，终于在历经磨难之后虎归深山，龙出深潭。然而，他们的复出无形中加强了保守政治党派的实力，整个政治力量的天平逐渐向保守政党一方倾斜。

当鸠山一郎解除整肃重返政坛后，吉田茂撕毁当初的"君子协定"，自食其言，不肯让位，拒绝把大权归还鸠山，激化了自由党内的权力斗争。为此，鸠山一郎义愤填膺，发誓要同吉田血战到底，岸信介、三木武吉、河野一郎、石桥湛山等人聚拢在鸠山的旗下，同吉田派展开了一场长达三年之久的激烈权力角逐。

为了打倒吉田政权，鸠山派在内政外交方面采取了一系列攻击策略。鸠山派以友爱精神为号召，笼络政界那些对吉田专断独裁作风心存芥蒂的人士；其次，在对外政策上，鸠山等人反对吉田的所谓对美一边倒的政策，提出要广泛地与苏联和中国大陆调整外交关系；第三，在国防政策方面，鸠山、岸、石桥、重光葵等人反对吉田所倡导的轻武装论，认为这不但会削弱日本的独立精神,又有违反宪法的嫌疑,所以主张日本应光明正大地订出重整军备的旗帜;第四,鸠山派主张采取积极的和富有建设性的财政政策。两派间的矛盾最先在党干事长人选问题上爆发出来。

吉田首相为了对付来势汹汹的鸠山派,巩固自己在自由党内的绝对统治地位,不顾来自各方面的反对,坚持要任命自己的党内亲信福水健司为干事长。鸠山派的三木武吉、石田博英、仓石忠雄等人联合反对。在自由党议员大会上,当吉田以党总裁的身份提名福水任干事长的要求刚一披露,石田、仓石以举右手为信号,鸠山派议员连呼反对,会场顿时陷入一片混乱。鸠山派议员蜂拥到议员大会会长大屋晋三的座席下,吵闹成一团,提名未被通过。吉田狼狈而逃,跑回议会大厦的总理办公室,掏出雪茄烟来压惊,气得一时连拿烟的手都不停地颤抖。这时,大屋晋三满头大汗地走进来,吉田一见大屋就气不打一处来,把刚要打着的火柴丢到地下,大声训斥道:"这都是因为你的无能,事情才闹成这个样子。"出于鸠山派在反对福水任干事长问题上态度异常坚决,一向刚愎自用的吉田首相也只好作出妥协,让福水表态不愿担任这一职务,以两派都比较能接受的林让治顶替福水出任干事长,方化解了这次党内危机。林让治是当时自由党内吉田派和鸠山派都认可的人物,因而由他出任干事长,也算是双方的第一回合战成一个平局。

但吉田生来那种不服输的个性,决定了他不能漠视鸠山派对自己统治地位的威胁,他将采取反击措施扭转不利局面。为了同鸠山派相抗衡,尽可能延长吉田政权的生命,吉田首相采用离间的手法,利用职权瓦解鸠山派。1952年8月26日在国会召开期间,吉田突然撤了党内亲信林让治的议长职务,而选择鸠山派反吉田的急先锋大野伴睦为众议院议长。此举让党内外人士感到莫名其妙,不知吉田葫芦里到底卖的是什么药。原来吉田深谙大野的内心活动,对国会议长的职位觊觎已久,如果能满足他的这个宿愿,那么他就会扯旗倒戈。大野得到期待已久的职位,非常满意。这样,大野背叛了鸠山,摇身一变又成了吉田首相的支持者。

但随后事态的发展又有点让人哭笑不得。第三天,即8月28日,吉田首相正在众议院发表演说时,内阁官房长官福永健司手捧御用紫色绸巾

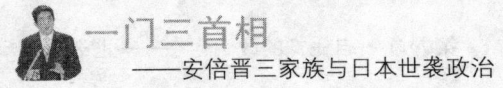

包裹着的诏书,旁若无人地大摇大摆地进入议会大厅,把诏书交给了大野议长,大野打开诏书一看,原来是天皇批准了吉田首相解散议会的请求,顿时目瞪口呆。这就是战后日本宪政史上著名的众议院解散事件。

　　随即,日本举行了独立后的第一次国会选举。在竞选过程中,自由党彻底分裂成吉田和鸠山两个势同水火不容的派系。吉田派将竞选总部设在自由党总部,鸠山派则在东京车站饭店成立了选举对策总部,两军对垒开始叫阵。吉田一派的竞选口号是:不搞重新武装,防卫力渐增,充实民力;鸠山派则以政权交割、重新武装等号召与之抗衡。在国内经济政策方面,吉田阵营以大藏大臣池田为代表人物提出调节通货政策;鸠山派的财政专家石桥湛山针锋相对以通货膨胀政策相抗衡。

　　在竞选过程中,吉田首相为了反击鸠山对自己防卫力渐增策的指责,反复在各种竞选集会中阐述自己的政见。他在名古屋发表竞选演说时指出:"今天如果轻率地重整军备,就得进一步增加捐税。增加捐税以后,如果还要以岁入的80%用于军队开支,那么日本的复兴势必陷于停顿。我党打算把不重整军备而是根据国力的发展来逐步加强自卫能力的方针坚持到底。"而石桥、河野等人在党内外也不断给吉田首相制造麻烦,恼羞成怒的吉田首相在选举投票日前两天的9月29日,突然宣布将石桥、河野两人开除出党,理由是:有反党言论,违反党章。

　　由于这一事件,鸠山派同吉田派彻底决裂。自由党内一时间派阀群立,人员组合变幻莫测。鸠山派的领袖级人物三木武夫借助党总务会长的身份,在党内形成以自己为核心的一大派系,与吉田派的党干事长佐藤分庭抗礼。而吉田派内部人事关系也发生裂变,吉田的心腹广川弘禅因对吉田的党内人事安排不满而公开扯旗造反。吉田动用首相特权,将反叛者广川弘禅的农相职务解除,以消除广川事件的不利影响。鸠山一郎利用吉田派内部阵脚大乱之机,率领三木、石桥、河野等22名自由党核心成员,退出自由党宣布成立新党,同吉田领导的自由党公开决裂。

　　10月23日,在党内顾问会议的调解下,吉田和鸠山举行仪式会谈。鸠山提出设立宪法调查会和外交委员会;要求吉田作为党的总裁改革重视亲信的人事制度,以实现党内的民主化;要求恢复石桥和河野的党籍。急于重新组阁的吉田很爽快地答应了鸠山的全部要求,有人评论说:"老实的鸠山上了狡猾的吉田的当。"由于双方顺利地达成妥协,当日吉田首相就完成了第四届内阁组建工作。但吉田完成组阁工作后的所作所为,却令鸠山一郎气愤不已。鸠山在回忆录中写道:"(组阁)第二天,吉田君就把我们俩商量的事全丢到九霄云外去了,特别是恢复石桥和河野二人党籍,简直看不出一点给恢复的迹象。"

深感受到愚弄的鸠山愤怒了,发誓要搞垮吉田政权。牧野良三等20多名鸠山派成员,组成了自由党民主化同盟,以反对吉田当政为斗争目标。吉田斥之为"党中之党"。11月27日,第15届特别国会召开期间,吉田首相的通商产业大臣池田成为反吉田各派的攻击目标。社会党右派议员加藤勘十向通商产业大臣池田提出质询:"对中小企业是否也打算像对待大企业一样给予保护?"池田答:"在通货膨胀向经济稳定过程转变时期,对违反经济原则和进行不当投机的人,就是有五家、十家破产,这也是没有办法的。"社会党、改进党、劳农党、无党派议员对池田的答辩深为不满,第二天便联合起来对池田提出了不信任案。当晚在表决大会上,自由党内反吉田的鸠山派民主化同盟25人全部缺席,以示对不信任案的默许。在此情况下,表决结果大出吉田首相的意料,赞成票208票(在野党各派),反对票201票(自由党吉田派),不信任案被通过。池田被迫辞去了通商产业大臣的职务,吉田派遭受重创。深陷困境的吉田首相不得不改变强硬态度,求助于鸠山派的安藤正纯和砂田重政,要求同三木武吉会晤。

12月15日,双方在吉田首相居住的外相官邸举行会谈。参加会谈的双方代表是:吉田茂、绪方竹虎、林让治,同鸠山派的三木武吉、砂田重政、安藤正纯。自由党总务会长益谷秀次也参加了会谈。会谈伊始,三木就气势夺人地向吉田发起攻击。他说:"我们今天到这里,是来谈党内民主化问题的。石桥、河野两位对自由党的创建是有功勋的,为什么把他们两位开除出党?"

久历战阵的吉田坦然应对道:"那么,三木君,恢复到开除之前就当什么事情也没有发生不就行了么?"

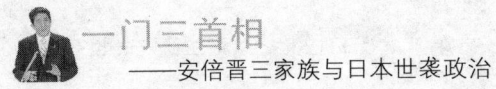
一门三首相
——安倍晋三家族与日本世袭政治

三木眼见初战获胜仍不放松,继续向吉田施加压力。他说:"那么干事长林让治君和总务会长益谷秀次君的辞职问题呢?"

吉田推诿道:"这可不是我一个人说了算数的事情。干事长虽然是由总裁指定,但总务会长可是要在总务会上选举的。"

三木一见有隙可钻,立即问道:"那么,如果他们两人表态愿意辞职,总裁会认可吧?"说完,三木扭头直视林让治和益谷秀次两人,问道:"你们两个愿意辞职吗?"林和益谷两人根本未曾料及事态会如此演进,一时间愣在那里无言以对。林让治和益谷秀次终于熬不住三木的紧逼,被迫辞去了自由党干事长和总务会长的职务。

在除去吉田的亲信林让治和益谷秀次之后,三木武吉意在用鸠山派的人取而代之。但吉田并不是一位轻易认输的人,他并不想让出党内这两个最重要的职务。他又安排佐藤荣作接任干事长,几经折冲,吉田和鸠山两派达成妥协,吉田派的佐藤任干事长,鸠山派的三木任总务会长。两派表面上实现了党内团结,但吉田政权的危险警报并未解除。

绝对的权力必然产生绝对的腐败。时间进入到1954年,这已是吉田首相连续执政的第六个年头了。吉田内阁的政权基础,不论是党内还是议会内都无人可比,国民对专断独裁的吉田首相也逐渐失去了信心。战后日本政治运行中的金钱政治特性暴露无遗。1954年初连续发生的保善经济会行贿案件和造船贪污事件,使吉田政权彻底失去了民心,吉田的政治生涯进入倒计时阶段。

1954年1月,"造船贪污事件"案发,海运业为了得到政府资助"计划造船"的优惠待遇,不惜重金向政治家和官僚行贿。案发后,佐藤荣作、池田勇人等政界要人牵连其中。身为自由党干事长的佐藤荣作受贿2500万日元,而吉田茂却动用其首相"指挥权"、阻止司法部门逮捕佐藤。另外,在民主化成为世界政治与日本政坛主流的时代条件下,吉田茂逐渐走上违背历史潮流的道路。6月3日,他把200名警察预备队员引入国会,用武力驱逐两派社会党议员,强行通过警察法案,肆意践踏了民主。吉田内阁的这一做法,招致日本国民的严厉批判,也加速了保守势力的内部分裂。7月,自由党内的反吉田派岸信介、芦田均、石桥湛山等人着手筹建新党。反对吉田茂的政治力量利用这些机会,加紧了倒阁活动。

1954年9月19日,鸠山一郎、重光葵、三木武吉、河野一郎、岸信介、石桥湛山等六人在鸠山宅邸举行会谈,一致同意建立以新领导、新组织、新政策为宗旨的反吉田新党。就在这时,吉田首相在国外期间发表的一些言论,极大地刺激了国内反吉田派政治家的神经。10月20日,鸠山等人在永田町的体育饭店举行新党扩大会议,遭到吉田派人士的反对,新党派成员在混乱中退出会场。尽管吉田派的反对态度十分强硬,但鸠山派成立新党的步伐丝毫没有减慢。11月15日,鸠山就任"新党创立委员会"委员长。22日,鸠山、岸、安藤等35位参众两院议员宣布脱离自由党。

随后,脱离党的人犹如滚雪球一样越来越多。24日,以大同团结为宗旨的日本民主党成立大会,在东京日比谷礼堂正式召开,宣布成立民主党,鸠山一郎任总裁,成为仅次于自由党的第二大党。11月30日民主党在临时国会上对吉田内阁提出不信任案,并最终导致吉田茂于12月7日宣布内阁总辞职,战后以来先后五届执政约达7年2个月之久的吉田时代就此宣告结束。

鸠山一郎和内阁成员

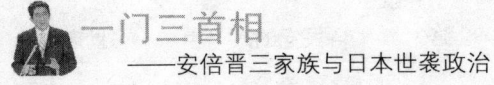
一门三首相
——安倍晋三家族与日本世袭政治

吉田内阁宣布总辞职后，内阁总理大臣一职暂时出现空缺。民主党虽属国会中的少数派政党，但坚持主张推举鸠山出马组建新内阁。同为在野党的左右社会党表示："如果接受早期解散的条件，我党则愿意同民主党合作。"于是，两党在支持鸠山出任首相问题上达成默契。1954年12月9日晚，日本国会议事堂，众议院全体议员对内阁总理大臣人选进行提名，投票结果是：民主党总裁鸠山一郎获得257票，自由党总裁绪方竹虎获得191票，鸠山当选。当天夜里鸠山就着手组阁，次日组阁即告完毕。

身为纯粹党务活动家的鸠山一郎，因命运多舛且亲民开明而深得国民同情，他所提出的政治主张也顺应了刚刚摆脱占领束缚的日本国民的民意，强劲的"鸠山热"席卷日本列岛，使鸠山派在民望上大大超过吉田派。鸠山上台后，利用遍及全国的"鸠山热"，推行同贵族气息浓厚的吉田政治完全相异的平民运动。他宣布取消大臣警卫和大臣官邸，禁止平时赛马赛车，禁止国家公务员与民间企业者打麻将和高尔夫球，政府使用的汽车一律改换为国产车等。

在外交政策上，鸠山并不反对吉田所确定的"对美合作"方针，但同时又主张实现"自主外交"。他提出："最终以恢复与共产主义各国的邦交为目标，解决与中苏两国间现实存在的悬案。为了世界和平，与共产主义国家和平共处是必要的。"与绝对亲英美的吉田相比，鸠山的外交政策显得更务实、更灵活。吉田派的政治失力主要在于依然沉醉于被占领时期的惯性思维，未能迅速地从被占领国的领导者角色中转换出来，执政方略和手法仍沿袭被占领时代的那一套，在外交政策层面未能抢占新的战略制高点，不谋求同新中国和苏联打开交往的通道，所倡所导已不符合刚刚摆脱占领重获国家独立的日本国民的精神追求，被日本国民抛弃也是势所必然。

1955年初，众议院解散，举行总选举。投票结果，民主党占185席，自由党占112席。在其后选举议长时，自由党暗地里联合右派社会党，使该党的益谷秀次击败民主党的三木武吉获得了议长的位置，右派社会党的杉山元治郎当选为副议长。民主党为此备感狼狈，感到民主党和自由党最初的创立基础本是一致的，作为同胞兄弟，如此相争，对双方都完全是得不偿失的。自由党方面也有同感。同时财界希望政局稳定,也非常盼望两党的保守联盟早日实现。

10月13日,四年来一直分裂为左右两派的社会党宣告联合。委员长由铃木茂三郎担任,浅沼稻次郎就任书记长。社会党的统一,原本是受了保守阵营所出现的联合趋势的刺激,但却先声夺人。社会党的统一,使其在众议院的议席达到155个,一跃成为第一大在野党,使民主党和自由党倍感威胁。

一个月后,即1955年11月13日,自由党吉田派的13人聚集在位于东京新宿诹访町的林让治宅邸里,通过讨论,基本说服了党内反对联合派,决定自由党团结一致,加入到新的保守党的方针,同意与民主党合并。

1955年11月15日,在东京召开了新保守党的成立大会,自由党和民主党合并组成新党并定名为自由民主党,简称自民党。新党成立当天未确定总裁人选,推举岸信介任干事长,中曾根康弘任副干事长,石井光次郎任总务会长,水田三喜男任政调会长。翌年1月自由党系推选的绪方竹虎突然病故,4月,民主党系推选的鸠山一郎就任自民党第一任总裁。

鸠山一郎反对吉田茂向美一边倒的对外政策,积极推行自主外交政策,主张同新中国、苏联改善关系。1956年10月亲自率团访问苏联,同苏联签订了日苏恢复邦交共同宣言及通商通航议定书,并果断地搁置北方四岛的领土问题签订了《日苏共同宣言》,从而达到了两国复交的目的,由此日本于该年年底顺利地加入了联合国。加入联合国,了却了鸠山一郎最大的一桩心愿。

随后,鸠山因健康问题辞去自民党总裁、内阁首相职务。鸠山一郎作为日本战后有远见的政治家,在旧金山体系下,果敢地选择对苏调整关系的外交路线。在他执政时,积极、主动地展开日苏交涉活动,特别是在北方领土问题上,果敢地选择了暂时搁置待日后谈判解决的对策,使日苏复交得以实现。日苏复交为日本真正迈入国际社会创造了条件,鸠山一郎在其中起了关键作用。

自由党和民主党两个保守政党的合并有着深刻的社会政治原因。归根

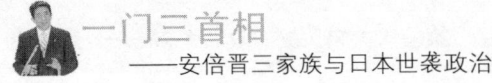

结底,合并是维护和巩固资产阶级统治的需要。首先,在当时的日本,社会党、保守党两大势力十分明显。在这两类有掌权可能的政党中,能够代表资产阶级利益的只有保守党。所以,随着社会党的统一,资产阶级和重新发展起来的垄断财团迫切希望有一个强大、统一的代表自己利益的政党与社会党抗衡。其次,为了发展日本的资本主义经济,统治阶级希望有一个稳定的政局,而不希望出现多党纷争的局面,尤其不希望存在内部纷争,这客观上促成了合并的趋势。再次,美国出于冷战的需要,把战后初期"打击日本"的政策逐渐改变为"扶植日本"的政策,由此产生了维持日本政局稳定的要求。因此,保守党的合并乃是统治阶级的阶级利益使然。

(三)"五五体制"的形成与崩塌

经过 10 年的发展,日本政党政治终于形成了比较稳定的局面,政党逐渐定型,政党之间的关系也明确起来,1955 年成为日本政党政治进入一个新阶段的显着标志。从这时起,多党纷争的局面被为数不多的几个比较固定的政党所代替,其中自民党和社会党两党占据了国会 80% 以上的议席,而自民党的优势又通常超过社会党约一倍并在国会中始终占多数,从而开始了自民党一党执政的时期。这种政党体制,既不同于欧美国家的多党制,又不同于当时的各种一党制,具有日本自己的独创性。

1. "五五体制"的形成

社会党的统一和保守阵营的大联合,使战后日本进入了两大政党竞争的时代。在这两大政党竞争基础上建立起的政权体制,没有出现当时日本舆论所希望的"保守"和"革新"对峙为基础的两党制,却形成了自民党长期独霸政权的"一党独大"的体制,即"五五体制"。这一体制确立了日本现代化发展所需要的长期稳定的政权体制。

"五五体制"具有非常鲜明的特点:首先,虽然这一体制的宪法和法律基础是多党制,但实践的结果却是自民党一党掌权、其他政党失去了问鼎权力的可能。在自民党和社会党作为两大力量竞争时期,自民党总是拥有过半数的席位,而社会党总是不足 1/3,即使联合所有其他小党也无法与自民党争雄；20世纪60年代出现了公明党、民社党，形成保守政党、革新政党和中道政党三大势力后，这种状况也未改变。70年代开始，自民党力量开始衰落，屡屡出现执政党、在野党势均力敌的局面，但由于在野党内部斗争激烈，无法达成一致，自民党仍始终掌握政权。进入80年代后，自民党一度恢复在国会的稳定多数。但在1983年12月众议院大选中失败，被迫拉保守小党——新自由俱乐部联合执政，从而打破了自民党一党执政的局面。1986年7月众、参两院同时举行选举，自民党取得建党以来最大的胜利，在国会获得绝对多数。其次，由上述情况决定，政权的更替不是在政党之间，而是在自民党内部各派系之间进行；政府首脑也不是从各政党领袖中竞争产生，而是由自民党内各派协调产生。所以，作为国家代表的首相不是由国民选出，而是由自民党选出。这既消除了统治阶级对于政权更替带来的不稳定的忧虑，同时也造成了日本政治中的种种弊端。"五五体制"很难算作是一种多党制，因为多党制的基本特点是政权存在着政党间的更替。所以，有人把它称作"1$\frac{1}{2}$政党制"，意指由自民党加上一个力量只及其一半的社会党形成的体制。

这种由一个党长期执政、其他政党没有机会掌权的政党体制显然是一党制。从日本社会的政治民主化基础和自民党内的竞争局面看，"五五体制"应被称为"一党多元制"；而从自民党与其他政党的关系看，它则是典型的、著名政党学者萨尔托里所说的"一党优势制"。

在"五五体制"下，自民党长期独掌政权，并逐渐形自民党、政府、财界为核心的"政官财一体化"。这三者之间的关系呈然并非坚如磐石，内部也存在钩心斗角（例如自民党内的派系斗争）。它们拥有各自的利益集团和压力团体，日本式的"压力政治"也由此展开。

"五五体制"除具有上述政党体制之外，还有以下几方面的含义：

一是财界作为重要角色登上日本的政治舞台，从正面向政界施加强大影响。战前，多数政治家的基础是农村地主势力，由于农地改革和通货膨胀，这一基础几乎不复存在。战后初期的解散财阀和禁止垄断法等措施，又大大削弱了旧财阀对政治的影响。后来随着美国对日占领政策的转变，大企业迅速复兴，新的企业集团逐渐形成，以前述经济四团体为核心的大

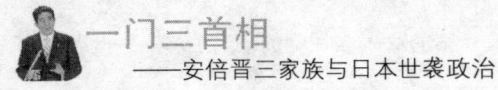

企业领导阶层的社会地位及发言权大大加强，形成所谓"经济四团体体制"。它们集中经济界的统一意志，以提供政治资金为手段，建立"总资本与保守单的联系渠道"，对政界施加影响。这一特点贯穿于自民党的历史过程。

二是统一后社会党虽然在议会中处于仅次于自民党的重要地位，但始终未能执掌权柄。不过，社会党和共产党等其他在野党在阻止修改宪法方面发挥了重要作用，而"护宪"对确立日本经济的发展方向（非军事的、以民需为中心的经济）、日本的国际地位以及国内的政治走向产生了重大影响。拥护宪法和反对重新武装，是日本社会党的基本政策。早在1953年，左右两派社会党未统一之前，就发起成立"拥护宪法国民联合"（护宪联合），有计划地开展护宪运动。保守政党合并后，鸠山首相公然声称"修改宪法是重建日本的基础"，甚至提出宪法无效和自卫队可以派往海外等主张。面对这一改宪动向，护宪联合在1955、1956年期间，将护宪运动推向一个新高潮。国会中的反对改宪势力超过三分之一议席，成功地阻止了改宪议案的通过。

三是1955年以后，作为经济秩序基础的劳资关系，也因采取了1955年的"春斗"方式而形成"谈判提薪的制度化"。在此之前，日本工人运动围绕反对修改"破防法"和"劳动三法"以及反对产业"合理化"而展开斗争。1955年，日本国内的政治经济形势都发生巨大变化，工人运动也随之发生分化。以总评为核心的工人运动，提出展开春季斗争（简称"春斗"）的运动方针。所谓"春斗方式"，就是按行业斗争与地区性斗争相结合，每年春季发动一次提高工资的斗争和与当时政治问题有关的政治斗争。这一方式从1955年1月煤炭、私营铁路、电业等六个行业组成"共斗会议"开始，斗争的核心是以增加工资为主。1956年以后，参加"加薪共斗"的工会越来越多，由劳资双方分别提出加薪方案，通过斗争、协调，双方达成协议，避免了因罢工引起的危机。这种方式逐渐形成固定的模式。春斗方式的制度化，对企业，尤其是大企业有利，通过谈判加薪，可以抑制剧烈的劳动争议，将工人的加薪斗争纳入有利于自己的轨道。

所谓"五五体制"虽然在1955年初见端倪，但严格说来，是经过50

年代后期的"过渡",到60年代才稳定下来的。鸠山内阁在完成日苏复交后"激流勇退",随后的岸信介内阁以修改《日美安全保障条约》为己任,引起朝野政党间的尖锐对立和社会的动荡。进入60年代以后,取代岸信介的池田勇人首相,汲取其前任的教训,采取政治上的"低姿态",提出"国民收入倍增计划",在实施过程中,"五五体制"才逐渐进入稳定期。此后的经济持续高速增长,使池田、佐藤两届内阁得以长期维持。

2. "五五体制"的崩塌

以自民党执政地位丧失为标志的"五五体制"崩溃,直接起于1992年爆出的自民党政治丑闻:自民党副总裁、竹下派领导人金丸信因收受佐川快件公司90亿日元外加大量金条、股票和证券的巨额贿赂而被捕入狱。此案一出,日本民众群情激愤,自民党的信誉直线下降。1992年年底的一项民意调查表明,自民党政权的支持率从1991年上台时的54%下降为20%。而不支持率则由24%上为至63%。社会党等在野党利用这一机会发动攻势,力促改革,使自民党在泥沼中进退两难,不能自拔,面临有史以来最重大的危机。

面对这种情况,自民党内部人心思变。原属竹下派的重要人物小泽一郎率先打出改革旗号,号召改变旧的政治体制,建立两大政党体制。自此开始,自民党原来的一些头面人物纷纷脱离自民党,另组新党,使自民党连续出现分裂。这些新党是:日本新党(原田中派的细川护熙为党首)、新生党(1993年6月,羽田派宣布脱离自民党,原竹下派骨干、羽田派首领羽田孜和前自民党干事长小泽一郎分别为党首和代表干事)、先驱新党(原三冢派骨干武村正义任党首)、改革之会(原自民党总务会长西冈武夫为会长)、自由党(原渡边派骨干柿泽弘治为党首)、未来新党(前总务厅长官鹿野道彦为党首)、高志会(前首相海部俊树为会长)。在上述7

小泽一郎

一门三首相
——安倍晋三家族与日本世袭政治

次分裂中,小泽一郎和武村正义共率45名议员脱离自民党,对自民党的打击最大,使1993年6月18日在野党提出的对宫泽内阁的不信任案在国会获得通过,导致自民党在7月大选中失败和宫泽内阁倒台,进而使维持38年之久的"五五体制"崩塌。

细川护熙

1993年7月自民党在大选中失败以后,日本政局动荡不已,政界的分化组合在激烈进行,各大政治势力的明争暗斗以前所未有的规模展开。1993年7月大选后,从自民党分裂出来的新生党、日本新党、先驱新党联合社会党、民社党和公明党等党派推举日本新党党首细川护熙出任首相,组成细川内阁,取代了自民党单独掌权的宫泽内阁。

8个月后,细川因涉嫌经济丑闻宣布内阁总辞职。接着联合执政党拥戴新生党党首羽田孜上台,成立羽田内阁。在羽田内阁尚未最终组成时,由于新生党、民社党同其他联合执政党联手,撇开社会党,组织国会统一会派"改新",于是触怒了社会党,导致社会党退出联合政权,使羽田内阁沦为国会少数派内阁。在自民党和社会党的夹击下,羽田仅执政了两个月,便不得不被迫宣布内阁总辞职。

此后,经过一番紧张的"合纵连横"和幕后交易,自民党同社会党、先驱新党三党联合推选社会党委员长村山富市当首相,成立村山内阁。众所周知,自民党和社会党在冷战时期长期对立,政策路线截然不同。两党联合组阁,在日本国内外引起强烈反响。总之,在一年多的时间里,走马灯似地连换了4届内阁,在战后日本政治史上是罕见的。

在此后的两年时间里,自民党内的分裂仍持续不断,而在野党和新建立的党也在不断协商和重组。1994年1~4月，先后从自民党中分裂出来"未来新党"、"自由党"、"改革之会"等小党。同年6月，自民党与社会党实现了历史上的第一次联合，并拉上先驱新党形成了议会多数。自民党虽在失去政权11个月后重返政权，但已不再是独掌政权，而是三党联合政权中的一个伙伴。12月，在野的九个党派（除日共之外）经协商，宣布联合成立新进党。该党成立之时就拥有参众两院的214个席位，大大超过社会党的136席，与自民党的295席相抗衡。

在众议院中，新进党的议员占议员总数的35%，与自民党的40%只相差5个百分点，而把社会党的13.5%远远地抛在了后面。在1995年7月的参议院改选中也可以看到新进党的强劲势头：在改选的126席中获得40席，成为排在第二位的党，而社会党则丢失了25个席位。与此同时，社会党内部涌动着危机：一些人扬言要脱离旧党建立新党，而另一些人则打算与其他党联合成为新党。总之，1955年以来的政党体制到1995年已经面目全非。

表面看来，自民党的垮台是由于政治腐败。自民党的政治腐败由来已久，特别是进入20世纪70年代以后，自民党的政治丑闻常常以大规模的形式出现，使日本国民一再失望。1976年揭出美国洛克希德飞机制造公司行贿案，包括前首相田中在内的一大批自民党要人牵涉其中；1988年爆出利库路德公司股票丑闻，当时首相竹下登、前首相中曾根及宫泽、安倍、渡边等自民党实力人物都未脱与此案的干系；1992年的佐川快件公司行贿案，不但涉及竹下登、金丸信，而且后来的细川首相也被证实与此有染。至于说较低级别的自民党官员的腐败行为，就更是数不胜数了。政治腐败从根本上动摇了自民党的执政根基。

然而，政治腐败毕竟只是现象。对于施行38年而崩溃的"五五体制"来说，政治腐败只是其中的（尽管也是重要的）原因之一。实际上，无论是政治腐败，还是体制的转变，都有其更深层次的原因。这些深层次的原因，是由日本政党政治本身的特点造成的。

首先，金权政治为政治腐败提供了温床，对政党功能的发挥越来越起消极的作用。如前所述，自民党的基层组织是名存实亡的。但是，为取得

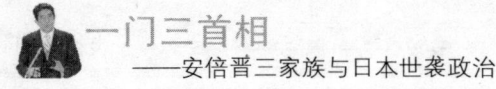
一门三首相
——安倍晋三家族与日本世袭政治

选举胜利又必须争取基层选民的选票。这样，最简便的方法就是用金钱收买。替代自民党基层组织起作用的各类支持团体，主要就是为募集资金而建立的。自民党之所以能把垄断资本的利益与城乡居民的要求捏合在一起，通常是因为采用了被称作"利益回流"的方式，即把从垄断财团那里筹得的资金作为选区培养费投入议员所在选区。由于选区对资金的需求实际上是无限量的，就使得自民党在筹资方面和美国政党主要为竞选而筹集资金相比显得更加欲壑难填。它不但使政治腐败成为不可避免的现象，而且完全扭曲了政党活动的内容，使国民对政党的作用发生怀疑。

其次，日本国内社会经济结构和阶级结构已经发生了巨大的变化，自民党一党政治已不适应社会发展的要求。在这一时期，日本经济飞速发展，一举成为世界第二经济强国，被称为"日本的奇迹"。尽管也出现过几次大的危机，但总的说来，经济排到世界前列是世人公认的。这里面当然有自民党的很大功劳。但是，随着经济的发展，日本社会结构的变化也是引人注目的。据统计，从1960年至1991年，日本第一产业的人口比率从占就业人口总数的30%降至7%，而第二、第三产业则分别由28%和42%增到34%和59%。特别是，新兴技术产业的发展，大大扩展了白领员工的范围和数量，使社会结构的多元化更加突出。自民党本来以垄断财团和农民阶层为两大支柱就已经有了足够广泛而庞杂的利益需要协调，在多元化加剧的情况下，这种协调就更加困难，其结果是促进了党内的分化。事实表明，自民党一个党已经越来越难以把如此广泛、如此复杂的社会各阶层利益包含其中。

再次，一党长期执政使自民党日益丧失社会责任心，而多派系的存在又使自民党进一步失去自我约束机制。自民党以取得和维持权力为中心，是典型的实用主义政党。这种类型的政党，由于本身缺乏理想，通常只有在面临权力被其他党夺去的可能性时，才会担负起社会政治责任来。由于自民党长期掌权而没有权力交替，执政党出现的问题至多只由党内的一派乃至少数几个人来负责，而不会危及整个党的执政地位，这就直接导致了它对执政党所应担负的责任日益淡漠。党内派别的存在，本来对此有一定的制约和促进作用，但由于各派背后都有自己的财团支持，政权又往往在各派妥协、分肥的基础上进行，因此，派别竞争没有成为促使党履行责任的推动因素，而是成了金权政治的促进因素，从而使腐败越来越失去制约。

还有，自民党的长期执政在一定程度上破坏了三权分立机制，造成了权力的失衡。自民党独揽大权，不但不可避免地造成了行政权力的日益集中，而且使自民党有机会用行政权来控制立法权和司法权。自民党在国会中的多数优势，使国会经常只能服从自民党领袖的意志，听命于内阁。而在长期执政的情况下，最高法院院长、法官以及检察官的任命权，都掌握在自民党之手。这种权力的失衡，使立法和司法机关往往不能对自民党内阁的行政权形成有效的制约，实际上导致了对政治腐败越来越失控的状态。

正是上述原因，造成了自民党"一党优势制"的种种弊端，进而招致了自民党的丢权。也正是基于这些原因，在发生了1993年的"政治大地震"之后，日本国民的矛头不是只对准自民党的腐败，而是主要对准了旧的政治体制和政党体制，提出了"政改"的要求。甚至日本财界也表达了改变一党模式、实行两党制的愿望。

二、自民党政治概况

日本自由民主党从1955年起连续执政38年，虽然在1993年8月沦为在野党，但1994年6月底又参加三党联合政权，重返执政地位。1996年11月恢复单独组阁。1999年1月与自由党组成联合政权，10月与自由和公明党组成三党联合政权。2000年4月与公明党、保守党建立联合政权，2001年4月26日，小泉纯一郎当选日本首相，组成自民党、公明党、保守党三党联合政权。2003年11月10日，保守新党并入自民党，日本政坛形成自民党和公明党两党联合执政的局面。2005年9月，日本众议院选举，自民党大获全胜，从此打破派阀斗争的原则，是派阀政治走向终点的标志性事件。自民党之所以能够维持这种优势地位，与它较为广泛的社会基础分不开，也与它独特的组织结构分不开。

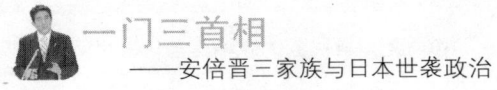

一门三首相
——安倍晋三家族与日本世袭政治

(一) 自民党的社会基础

一般认为,自民党是日本垄断资产阶级的政治代表,维护的是垄断财团的利益。从本质上说,这是正确的。但是,实际的复杂情况,应该对问题作更为深入的分析。一方面,应该看到自民党同垄断资本有着千丝万缕的联系。自民党赖以生存和活动的巨额政治资金大部分都来自垄断资本。据统计,垄断资本家建立专门为自民党捐款的"国民政治协会",仅这个协会每年向自民党捐助的定额政治资金就达百亿日元,一般占自民党当年政治资金的90%。而且实际上,公开捐献的资金不过是全部捐助一小部分,还有大部分是通过私人渠道秘密捐献的。有人估计,这部分资金要占到全部捐资的90%以上。此外,垄断财团组织各种参政团体,直接参与自民党纲领和政府政策的制订,或对制订过程施加影响。甚至自民党领袖的人选也要听取财团的意见,如1976年三木首相因遭财界批评而让出权力。自民党领袖常常应邀参加财界社会团体的会议,听取它们的要求。这些都说明,自民党依靠垄断势力掌权,而垄断势力把自民党作为自己的代表,财团和自民党是连为一体的。

另一方面,也应该看到,自民党获得的支持远不止于垄断财团。日本国民的政治参与程度通常是很低的,从1946至今,历次大选的投票率一直在70%上下徘徊,在这70%的选票中,自民党的得票在50%上下。就是说,自民党始终能获得超过选民总数1/3的选民的支持。而另有约1/3的选民则以主动放弃投票选择的方式认可了自民党执政的现实。这种状况维持50多年不变,说明自民党在经济上依赖财团,在政治上则有大量的选民作基础。

鉴于战后日本经济迅速发展,中间阶层不断扩大(据民意测验,90%的日本人自认为属于"中产阶级"),自民党的社会支持显然大部分来自中间阶层。具体说来,这种支持力量有两大部分:一是广大农村居民。战争结束后,日本在美国的监督下,进行了农村土地改革。农村土地改革以赎买的方式,由国家从地主手中收买出租农地,再转卖给佃农。同时又利用长期付款的方式,防止了自耕农再度沦为佃农。这样,土地改革以后,农村出现了一个庞大的中间阶层——自耕农。小土地私有者与生俱来的保守倾向，为自民党提供了一个稳定的社会基础。二是城市中间阶层，包括中小企业主、中高级职员、教师、机关官僚、白领工人等，他们是随经济结构的变化、劳动者生活状况的改善以及国家管理职能的扩大而出现的阶层。这些人是现制度的既得利益者，具有不希望变革的保守心理，虽然对现状有些不满，但安于现状是主要的生活倾向。他们也是自民党保守政治的重要支持力量。

自民党既代表垄断资本的利益，又能获得中间阶层的支持，既能在某种程度上表达中间阶级的愿望和要求，又能把它与垄断资本的意图结合起来，这的确是一个十分突出的特点。形成这种状态的原因主要有二：

一是战后日本政府强化了对经济的干预职能。按照政治经济改革的要求，战后政府加强了利用国家财政、金融信贷、公共投资、国营企业和经济诱导性的"计划化"政策来控制经济的权力。政府设立了以日本银行、进出口银行和发展银行等14家银行和金库为核心的国营金融机构，以贷款为手段来执行政府的产业政策，从而确立了对垄断资本扩大再生产的控制权。政府为财团提供贷款，帮助它们发展，而财团反过来又支持政府。这样，政府和财团之间就形成了一种相互依靠的关系。另一方面，作为政府，为了推动整个经济的发展，除了依靠财团、支持财团发展重大的基础产业外，同时又扶持中小企业，使之对垄断产业起一种拾遗补缺、调节失衡的作用。政府对经济的这种干预，不但推动了经济突飞猛进的发展，而且常常在遇到危机时为各类企业迅速摆脱困境提供了有利的条件。而在经济增长的基础上，全体日本人的生活水平都有了大幅度的提高，这为保持自民党的支持率创造了前提。

二是战后日本形成了比较有效的社会协商机制。日本社会关系素来就有家族式统治的传统。在日本历史上，无论是幕府统治，还是天皇专制，或是法西斯专权，都贯穿了这一特点。战后日本仍然保留着这种传统。日本人把这一传统融合到了民主化的过程中，从而形成了具有日本特色的民主制度。一方面，在整个国家范围内，人们忠于国家、服从政府的习惯没有变，同时又突出了国民作为大家庭成员相互间的平等关系，并主要利用利益集团的形式，有组织地参与政治。例如，垄断财团成立了经济团体联合会（经团联）、经济同友会，中小企业成立了日本商工会议所（日商），农民成立了全日本农民协会联合会（全日农）。1948年成立的日本经营者团体联盟（日经联）和1966年成立的产业问题研究会（产研）则是以各类雇主为成员、主要任务为调节劳资矛盾及其他方方面面的矛盾的组织。而且各种利益集团有越来越发展的趋势。

另一方面，在各种企业和机构内部，也发展了宗族式统治的结构。把对企业主的家长式服从与企业成员的平等协作结合在了一起。日本政府鼓励企业中劳工和资本家、政府中领导者和办事人员，以及执政党和在野党之间的协商和对话，客观上促进了企业内部劳资关系、垄断资本与中小企业间关系的协调。因此，在日本企业中，亲合的力量往往要大于对抗的力量。这种状况往往使企业的雇员在作为选民投票时和自己的雇主保持一致。这正是垄断财团在选举中有巨大影响力的原因，也正是工会运动不强大且经常处于分裂状态的原因。日本工会总评议会（总评）是日本最大的全国性工会组织，由50个产业工会组成，是日本社会党的基础力量。但它的会员人数不超过500万人，在日本组织起来的工人只占1/3。

（二）自民党政治纲领

自民党在成立之初，公布了《建党宣言》、《党的纲领》、《党的性质》等文件。《建党宣言》提出，要"立足于民主政治的本意"，"对内安定民主，增进公共福利"，"对外恢复自主独立的权威，调整和确立和平的各种条件"。自民党的政治信念是："一心一意地走议会民主的道路，排斥以暴力和破坏、革命和专政为政治手段的一切势力或思想"；"将个人自由和人格尊严视为社会秩序的基本条件，反对利用权力推行专制和阶级主义"。

1955年该党成立时发布的纲领包括三个内容：其一，以民主信念为基本方针、刷新和改进各种制度和机构，以期建成文明的民主国家；其二，立足于人类希求和平与自由的普遍正义，纠正和调整国际关系、以期完成自主与独立；其二，以公共福利为规范，制订和实施基于个人创意和企业自由的综合经济计划，以期稳定民生、建设福利国家。以此为基础规定的党的性质也是明确的：自民党立足国民政党，是和平主义政党，真正的民主主义政党，是为实现福利国家而努力的进步的议会主义政党。

1965年自民党通过了《基本宪章》，1966年制定了《青年宪章》和《劳动宪章》，1969年制定了《妇女宪章》。这些章程进一步阐述了自民党的主张，构成了自民党制定政策的基础。自民党是代表日本垄断资本利益的政党，其主要构成是高级官僚、地方实力派、工商业资本家等。

（三）自民党的组织结构

自民党中央机构庞大，地方组织比较松散。自民党的最高权力机构是自民党大会，每年召开一次。国会议员为当然代表，此外每个都道府县支部联合会有4名代表（其中有两名必须是青年部和妇女的代表）。如果两院议员总会或1/3以上支部联合会提出要求，也可召开党大会。两院议员总会是自民党在国会的议员组织，它构成了自民党的核心；自民党地方组织为都道府县支部联合会和市町村支部。

党的主要负责人为总裁、副总裁、干事长、总务会长和政务调查会（简称"政调会"）会长。总裁是自民党的最高负责者，代表自民党总掌党务，任期3年并可以连任两届。总裁在党大会上选举产生。1977年福田赳夫为壮大党势，修改了《总裁选举法》，改由全体党员、党友进行预选，然后由自民党的国会议员正式选举，得票超过半数者当选。如果候选人得票均未超过半数，则由得票多的前两人进行决选，得票多者担任。

1989年，自民党对总裁选举办法进行了修改，增加了总裁候选人需有国会议员30人推荐的新规定。除选举外，自民党总裁有时也通过协商方式产生，特别时期甚至还出现过由副总裁裁定的情况。

干事长是总裁的得力助手，权力很大，负责主持党的日常工作，决定党的方针政策，拟定党在政府和国会中的重要人选，筹集政治资金，制定选举对策等。干事长一般由与总裁关系最密切的人物担任。

政调会和总务会是自民党研究和制定政策的机构。政调会内部机构庞大，下设众多的部会，分别与各省厅对口，此外还设有研究特殊问题的审议会和调查会。《党则》规定，自民党的方针政策必须先由政调会研究，

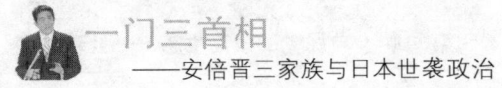

通过后提交总务会，最后经由自民党大会和议员总会通过后才能成为正式决议。总务会由30人组成，但在讨论问题时，自民党国会议员均可出席，并有发言权。关于副总裁一职，自民《党则》中没有明确规定，因此大多情况是不设的。但是在一些特殊时期，例如在调整或缓和派系矛盾，总裁力量比较软弱，或者作为对党有特别贡献者的一种奖励时，一般设副总裁。根据自民党规定，凡有担任总裁经历者，均为该党顾问。

自民党根据自己的任务和掌权目标建立了从中央到地方的组级。在地方，自民党以郡、市、町、村为单位设立支部，以都、道、府、县为单位设立联合支部。根据党章，支部有权接纳党员；申请入党者由两名党员正式推荐，填写入党申请书，向党本部或居住地县支部提出申请并缴纳党费即可。在中央，党的最高机关是党代表大会，每两年举行一次。干事长、总务会长和政调会长由总裁任命。此外，作为党的机关，中央还设有众议院议员总会、参议院议员总会和两院议员总会等。

但是实际上，自民党的组织活动是缺乏规范的。从地方组织看，自民党较为松散。基层党员没有什么党纪约束，而且事实上也不履行入党脱党手续，既无义务，也无权利。绝大多数党员不但不参加党组织活动，而且连党费也不缴。例如，20世纪60年代，自民党号称党徒190万人，但按期缴纳党费的党员只有5万人左右。这5万人"全体几乎都是国会议员和地方政治人物，或者是2600多个党分部跑腿的人"。显然，自民党活动集中在中央一级。所以有日本学者评价说，自民党是"国会议员的团体，是中央的组织"。就连自民党的领导人也这样讲："我对党内外任何人都说，自民党简直不配称为一个政党。"

自民党的地方机构由党本部的全国组织委员会和地方组织总局负责领导和协调。都道府县支部联合会可以向党本部反映情况，但不能参与政策的制定，市町村支部是执行党本部决议的基层单位。中央政治大学院是自民党对其党员进行教育、提高素质的机构，同时也开展党外人士的研修。大学院总长由总裁兼任，学院长由总裁任命。自民党的主要领导成员均兼任该院顾问。自民党的主要经费来自企业捐款。

（四）自民党派系活动的运作特点

既然自民党缺乏党组织基础，那么它又何以动员民众、获取支持并保持执政地位？这与自民党的一个基本特点有关，即它不是靠党的正式组织推动党的运作，而是靠派系活动来实现政党的功能。

自民党内存在着众多派系的原因：一是历史原因。自民党是由原自由党、进步党和协同党演变而成的。这些政党本来也有派系，自民党成立后这些旧关系便被一直保留下来了。二是体制原因。日本自1947年至1993年7月大选，一直采取中选举区制，该选举制使得自民党在同一选区内有时要同时推出两个以上的候选人，这就形成了互争保守层群众选票的局面。要当选，与其同其他党竞争，不如夺本党候选人的选票，这种"骨肉相残"的状况是现行选举制度造成的。要想当选就必须在党内依靠派系的庇护。由于自民党长期执政，党、内阁和国会中的重要职位也是按派系实力分配的。议员要想登上权力宝座，必须依附于某一派系，以便在选举时可以从某派系获得竞选费用，同时还可得到本派的援助，有利于当选。同时《自民党总裁公选规程》也规定，参加总裁竞选，必须有30名国会议员推荐。如果不是拥有一定势力的派系首领根本不可能成为总裁候选人。三是阶级因素。自民党内的派系反映了垄断资本的内部矛盾。垄断资本共同的阶级利益，使其支持与扶持自民党；垄断资本内部的矛盾的不一致性，使其支持和培植代表各自特殊利益的政治集团。尽管自民党内经常有人提出"取消派系"的主张，由于上述原因，自民党内派系斗争一直未能平息。

党内派别林立是许多资产阶级政党共有的一个特点。其客观基础，是资产阶级内部存在的各不同利益之间的矛盾和冲突，只不过日本自民党和其他国家的政党相比，这一特点更为突出。具体表现在以下方面：

一是各派别不但思想上政治上自成体系，而且具有自己的组织形式。各派都根据需要建立了事务所、会计和执行机关等具体机构，管理本派事务，研究本派的活动策略。每个派系还有自己的基层组织，通常以"会"的形式出现，如中曾根派的"新政治调查会"、"近代政治研究会"、"新政

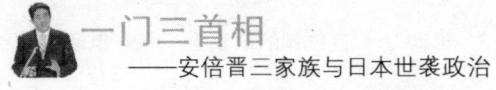

同志会"、铃木派的"宏池会"、"新产业政策研究会"、"新财政研究会"，田中派的"政治同友会"，福田派的"清和会"，三木派的"政策研究会"等。

二是各派别除了自己的核心组织外，还有各种类型的支援团体。这些团体属于党外组织，在自民党各派与各类财团和利益集团之间起联系作用。在这些支持团体中，有的是各派支持者和财界的实力人物以派别为支持对象而建立的，如支持中曾根派的"弘基会"、"中井会"，支持铃木派的"吉兆会"、"春芳会"等；还有的是专门以议员个人为支持对象的私人团体，如田中的"维新会"，福田的"一火会"、"清谈会"，三木的"康山会"、"三睦会"，铃本的"春幸会"、"十一日会"，大平的"十二日会"、"贺屋会"等。这些林林总总的后援组织，基本目的有两个：一个是向各派表达垄断财团和各类利益集团的意见和要求，另一个是为这些派系参与争夺权力斗争提供资金。

三是自民党的总裁选举、干部配置都按照各派的实力来协调和分配。从理论上说，自民党的总裁由党的大会选举产生。候选人若在第一轮选举中得到国会议员和46名都、道、府、县联合支部代表（每人拥有一票）过半数的有效票即当选总裁，若无人过半数，则对得票相对较多的前两名候选人进行第二轮投票，得多数票者当选。若票数相等，就抽签决定。但是，在派系竞争之下，总裁的选举实际上不得不首先在各派别之间进行反复的讨价还价和协商，最后投票只是对讨价还价结果的确认。干部的安排也同样。例如自民党核心干部虽说由总裁任命，但实际上多半是总裁与各派协商、接替派的实力来确定的。

自民党的派系活动，从积极的方面讲有两个基本作用。第一个作用，它在一定程度上弥补了党组织涣散无力的状况。相对自民党而言，社会党有比较完善的组织系统，这使自民党在通过党的组织动员支持力量方面发生了困难。但是，这一缺陷很快被派别活动掩盖了。党组织活动由府、县一级往下的活动就名存实亡了，但同时自民党各派系的活动则可一直到达每一个选民。上面所说的各种"会"，由于其目的明确，因而往往比党组织能更有效地动员选民。第二个作用，派系斗争在一定程度上弥补了政党竞争的不足。自民党内派别的合法性和独立性，使每个派别看上去都像一个党内小党，而自民党更像是这些小党的联盟。所以，尽管日本因在野党软弱而缺乏真正的政党竞争，但派系斗争的存在为统治阶级内部的矛盾调解和相互监督提供了一条有效（虽有限）的途径，体现了某种多党政治的特点。

自民党的派系斗争长期存在有它的内在原因。除了统治阶级的内部矛盾这个根本原因外，还有三个具有日本特殊性的原因。第一，从历史上看，自民党本来就是由若干个保守政党合并而成，日本传统的"君—臣"、"主—仆"道德观使得人际关系相对固定化、甚至代代相传。因此，虽然各党形式上合并了，但其成员却各随其主的本质仍然保留着，从而使党内派系源远流长；第二，从意识形态上看，自民党为了争取选民，往往采取实用主义态度，力求把尽可能多的阶层和集团的观念、思想包容其中，从而导致了党内不同观点分支为组织上的派别；第三，从政治环境看，日本采取中选区制，即每个选区选2～5名议员，这不但会助长不同政党之间的竞争，而且在自民党占优势的情况下更助长了自民党党内的争斗。由此可见，自民党的派系活动不是一种临时现象，而是整个党的运作的一个基本特点。可以说，在"五五体制"下，没有派系竞争，自民党就丧失了存在的基础。

1993年以前的日本政党体制是世界政党体制中一个特殊的类型。从理论上说，这个体制建立在多党竞争的基础上，其赖以存在的是典型的资产阶级代议民主制，因而无论是从各政党的权利、功能、活动方式等方面看，还是从政党体制运行的基本原则看，它都和西方政党体制没有什么区别。正因如此，许多学者把它纳入"发达国家政党体制"的范围内，有的还把它作为"西方政党体制"的一种类型，这是有道理的。然而从实践上看，这个体制却有着迥然不同于其他西方国家政党的特点。这些特点，无论是与日本社会经济的迅速发展，还是与日本政治中的种种弊端，或是与1993年以后日本政党体制的变革，都有着密切的联系。

三、自民党派阀发展与"世袭政治"

在讲究人脉、出身的日本政坛,"世袭政治"是一种普遍现象。在自民党内部,"世袭政治家"从小受到父辈影响,往往更容易偏向保守主义,更加坚持日本的传统战略。日本政坛世袭现象使国内的利益集团格局和运作体制保持了相对稳定,从某种意义上看,对日本的经济发展和政治稳定起到了积极作用。但另一方面,这也使日本政坛的派系过于复杂,特别是自民党政治世袭现象愈益严重,没有祖辈上在自民党内的背景,普遍贫民很难登顶自民党党首。

(一)自民党政治派阀图谱

"党外有党,党内有派",日本政治就是这句名言的真实写照。一般来说,只要竞争到自民党总裁的宝座,就可以成为日本首相。因此,争夺总裁的战斗在自民党内如火如荼。而要成为首相位置的有力竞争者,首先要成为派别的领袖。从自民党成立那天起,它在国会中的议员就分成不同的派系。一个强有力的人物做公认的领袖,率领一批追随者,形成一个党内小集团。自民党内一般有四五个这样的小集团,每派有30人至100人不等。这些派别的领袖人物退休或去世后,其派系可能一脉沿续,经过一番艰苦的角逐,产生新的领导人;也可能会分裂,形成新的组合。

在自民党内部,保守势力可谓源远流长,基本可以分成两派:一派强调要走经济路线达到目标,这是以吉田茂为首的保守主流派系;另一派则认为要发挥强权政治的优势,这是以鸠山一郎为首的保守非主流派系。正如新保守主义重要人物中曾根康弘曾说:"战后日本的总理大臣可以大体划分为两个系统:吉田茂、池田勇人、佐藤荣作以经济主义发挥了首相权限;而另一系统是鸠山一郎、岸信介和河野一郎,是以统治主义发挥首相权限的。"吉田茂内阁时期,形成了在美国保护下优先发展经济的所谓"吉田路线"的保守主流派,同以鸠山一郎、岸信介为代表的右翼民族主义路线的保守非主流派形成了尖锐对立。

自民党建党第二年,党内便已形成八大派系:即原自由党吉田派系的池田勇人、佐藤荣作、石井光次郎、大野伴睦等四派，原民主党鸠山派系的岸信介、河野一郎、石桥湛三等三派，以及拼入民主党的原改进党系统的三木武夫派。自20世纪50年代后半期开始，自民党八大派系经过分化组合和此消彼长，在其内部逐渐形成了五大派，即池田派、佐藤派、河野派、岸派与三木派，以及一些庞杂的小弱派系。五大派的"系谱"分别是：由吉田派系分出的①池田（勇人）派→大平（正芳）派→铃木（善幸）派→宫泽（喜一）派→加藤（弘一）派→河野（洋平）集团→谷垣（祯一）派；②佐藤（荣作）派→田中（角荣）派→竹下（登）派→小渊（惠三）派→桥本（龙太郎）派→津岛（雄二）派。由鸠山派系分出的③岸（信介）派→福田（赳夫）派→安倍（晋太郎）派→三冢（博）派→森（喜郎）派→町村（信孝）派；④河野（一郎）派→中曾根（康弘）派→渡边（美智雄）派→山崎（拓）派→江藤—龟井派；⑤三木（武夫）派→河本（敏夫）派→海部（俊树）派→高村（正彦）派。此外，还有其他一些小派系都是由这些派系中分化衍生出来的，但它们都非常弱小，有些没有传承和沿续下来。

（二）自民党派阀发展

自民党政府实际上是各个派别联合的组织。一位派系领袖在总理的位子上久了，势必挤占其他派系领袖的机会。为了使各派系领袖们拥有更多的机会，也为了避免权力斗争的激化引起党的分裂，加快内阁的更替速度便显得十分重要。自民党各派系的这种诉求，造成了自民党自从1955年成立起派阀斗争就从未间断过。自民党的派阀斗争大体上可以划分为四个发展阶段：即1955～1974年的强人统治时代，1974年～1991年的联合统治时代，1991年～2001年的联合执政时代，2001年至今的派阀政治改革时代。

1. 强人统治时代

强人联盟时代是1955～1974年这段时间。自民党不仅在制度上规定总裁的任期为3年，连任不得超过两届，而且实际上形成了"一届内阁解决一个重要的政策课题"的贯例。据统计，战后日本内阁的平均寿命为

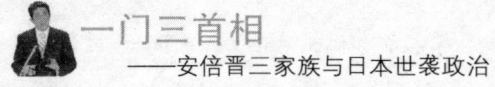

一门三首相
——安倍晋三家族与日本世袭政治

530日即一年半左右，能够称得上长期政权的只有吉田、佐藤，中曾根和小泉四位总理。此外，如果说派阀领袖意在登上总理的宝座，那么，执政党的普通议员则将大臣的椅子作为重要的政治目标，围绕大臣职位的竞争率更高。为了平摊机会，更需要加快更替的速度。结果，内阁的寿命短，大臣的任期更短，大致一年左右就会进行所谓的"内阁改造"。许多大臣椅子还没有坐热就要离任，很难期待他们在取得经验熟悉政策后再来发挥政治上的主动性。在最初的20年里，自民党有着很高的素质。最初它的成立就是为了阻止左翼势力的上台。大的老板可以在党内保持自己的独立王国，尽管他们之间充满敌意，但是为了防止左派掌权，中右派势力还是联合起来了。派系的联盟主要是依靠个人的威望和联系，密切的人脉关系被多多少少地强调和坚持。

当选举党的总裁或假设自民党在会议中占多数选举首相时，自然而然地，主流派的党魁会赢得这个职位，无论是通过选举产生还是协商产生，少数派别联盟的原则都得以验证。从1955年至1974年这20年间，所有的首相，其权力都依赖于少数派系的联盟。两个或三个派系合起来产生首相。他们也倾向于从最大的派系中产生。石桥湛山（1957~1958执政两个月）是唯一的未从最大的派系中产生的首相。他领导一个少数派联盟反对最大的派别——岸信介派。鸠山一郎、岸信介、池田勇人、佐藤荣作和田中角荣这些首相都是最大派别的首脑。属于少数派别联盟内的派别控制着内阁、部长和党内行政职务。主流派与反主流派之间的不同界限非常明显。金融政治活动主要在派别基础上开展，许多议会议员依赖于党魁分配资金。党总部还不足以使筹集竞选资金和日常活动制度化，只是在20世纪60年代中期自民党总部才开始详细记载其活动。

2. 联合统治时代

联合统治时代是指1974年~1991年这段时间。自自民党建立以来到60年代中期，强有力的人物一个接一个地去世了，如鸠山一郎和河野一郎。而到20世纪70年代早期，最大的派别已成为极有支配权和派别。三位连续的总理大臣：池田勇人、佐藤荣作和田中角荣，都产生在强势派系。尽管他们的派系各有不同，但大都继承了自己前任派系的基础。1972年当田中角荣赢得总裁职务时，作为党内最大的派系已显示其威力和影响。各党魁之间彼此痛苦地争斗，但他们一般都控制着内阁部长和党内行政职务。每一个派系加入一个联盟，加强一个派阀统治。构成这一特色的基础是党内最大派系田中派的争夺，田中派扩充所属成员规模，以扼制那些想借用洛克希德丑闻以击倒田中角荣的任何企图。通过把人数扩大到明显的优势，田中派想在田中角荣下台之后仍旧控制自民党。由于田中派这个最大派系因洛克希德丑闻而无法产生首相，所以首相基本上从非主流派中产生。而非主流派系要想获得多数支持，就必须采取联合战略，通过联合其他小派系形成多数支持力量，以获得执政地位。上台后，非主流派还必须采取联合统治方式，以维护其执政的稳定。

多年来，自民党主流派控制着党总部，尤其是财政，一直由党的干事长控制着。由于派系这种对党总部的长期控制，执政的派系一般都非常强大，当自民党在国会中的议员数大约为300人时，执政的派系大约拥有其中的1/3以上个议员。例如，当竹下登篡夺了田中角荣的权力时，一些反对竹下登的议员和支持田中的议员敢于从竹下派中分裂出来，使得竹下派在议会中议员数减少但也超过100席。因此，主流派的支配权并没有改变多少，甚至主流派为本派和自民党获得了数额庞大的政治献金，如1988~1989年的利库路特丑闻和1992~1993年的"佐川急便"事件等政治献金丑闻。洛克希德丑闻和利库路特丑闻都发生在经济繁荣和膨胀时期，这并非偶然，而是因为经济繁荣使钱来得容易。自民党的政治框架是在有10万到50万选民的选区内，经常是本党内对手间竞争的地方政治框架。

3. 联合执政时代

联合执政时代是指1991年~2001年这段时间。由于自民党内部的分裂，导致维系38年之久的"五五体制"彻底崩塌，使日本政坛从1991年到2001年的十年九换相。自从1992年"佐川急便"事件丑闻暴露之后，竹下派就一分为二，分为竹下派（160人左右）和小渊派（30人左右），竹下派的分裂使它在自民党内的统治地位结束了。这一时期，人数从30

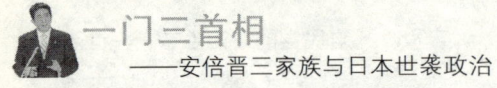
一门三首相
——安倍晋三家族与日本世袭政治

人到 80 人的大小派系林立，这预示着自民党内可能会出现大规模的派系合并与重组。

1991 年 11 月 5 日，自民党总裁海部俊树因失去了其党内最大派系的支持，并被指责推行政治改革不力，被迫辞去自民党总裁和日本首相之职，由宫泽喜一继任。后因自民党内丑闻迭起，支持率剧跌，自民党在 1993 年 7 月众议院第 40 届全国大选中失败。22 日，宫泽宣布辞职。自民党结束了 38 年一党执政的历史。

1993 年 8 月 6 日，以日本新党党首细川护熙为首相的八党派联合政权成立，自民党沦为在野党。1994 年 4 月 8 日，细川因涉嫌金钱丑闻等辞职。28 日，八党派联合政权中的新生党党首羽田孜继任首相。由于新生党等党派排挤社会党，导致社会党脱离联合阵营，羽田内阁遂成为少数派政权，6 月 25 日，羽田宣布辞职。30 日，自民党、社会党和新党魁联合组阁，社会党委员长村山富市受三党推举当选为首相，自民党重返执政地位，但总裁未能就任首相。

村山于 1996 年 1 月 5 日宣布辞职。

1 月 11 日，社会党、自民党和新党魁联合推举的候选人、自民党总裁桥本龙太郎当选为首相。9 月，桥本为了巩固和扩大自民党阵容，以期连任首相，解散众议院，提前举行第 41 届全国选举。

11 月 7 日，自民党总裁桥本龙太郎在众、参两院同时举行的首相指名选举中，均以过半数选票再次当选为日本首相。1998 年 7 月 12 日，自民党在日本参议院选举中严重受挫，致使桥本龙太郎于 13 日辞去了自民党总裁和政府首相之职。

7 月 30 日，在日本众参两院全体会议上，自民党新总裁小渊惠三当选为日本首相。2000 年 4 月 2 日，小渊惠三突然病倒住院，并处于昏迷状态。根据日本宪法的有关规定，小渊内阁在 4 日宣布集体总辞职。

4 月 5 日，在召开的日本国会众参两院全体议员会议上，自民党新总裁森喜朗被自民党、公明党和保守党组成的联盟推举为日本新一任首相。6 月 2 日，执政不满两个月的森喜朗宣布解散众议院，提前举行第 42 届全国大选。7 月 4 日，森喜朗在日本国会众参两院全体会议上以多数票当选为首相。

森喜朗任首相后，由于他在历史认识问题上接连"失言"、日本经济回升减缓、自民党政治腐败丑闻等问题不断，森喜朗内阁的支持率下降到近年来罕见的5.6%低点。在执政三党和在野党的压力下，2001年4月18日森喜朗正式宣布辞职。26日，日本自民党新总裁小泉纯一郎在众参两院分别举行的全体会议上当选首相。这是日本十年来第九人当选首相。

4. 派阀政治改革时代

派阀政治改革时代是指2001年至今。在国民的高支持率下，小泉登上日本政府最高位置。小泉纯一郎在大选中胜出，从某种意义上是自民党基层党员对领导层"造反"的结果，它标志着自民党传统的依靠各级组织和支持团体吸引选票的做法已经过时，它标志着自民党再也不能无视广大国民要求改革的呼声，一味因循守旧，不思进取了，它也标志着由少数政界实力人物纵横捭阖、左右政坛的时代终于划上了句号。

在自民党的历史上，基层组织和党员还是第一次在选择谁担任总裁的问题上发挥了决定的作用。同时，小泉纯一郎的胜出也反映了日本国民对改革的强烈期盼。日本过去10年被称为"失去的10年"。内阁更迭犹如走马灯一般，可政治还是死气沉沉，经济一蹶不振。小泉的前任，森喜朗内阁作为"密室政治"产物，内外施政乏善可陈，而丑闻和失态却连续不断。在森喜朗卸任前的3月份，内阁支持率破天荒地跌到历史新低，表明了国民中对自民党的不满情绪日益

小泉纯一郎

郁结，已接近临界点。小泉纯一郎的竞选口号是"改变自民党，改变日本"。他的竞选纲领中包含有许多大胆、激进的内容。与自民党迄今为止的政策，包括其他3位候选人的竞选纲领相比，确实有不少新意，有鼓动力。他在选举前夕宣布脱离自民党的派系，看似自挖墙脚，实际上正好符

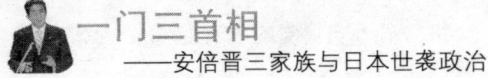

一门三首相
——安倍晋三家族与日本世袭政治

合广大民众厌恶和批判派系政治的心愿,博得了广泛的赞赏,可谓走了一步好棋。前首相田中角荣的女儿、在国民中享有很高声誉的自民党无派系议员田中真纪子在竞选中为小泉纯一郎站台呐喊,鼎力支持,也使他赢得了不少支持者。

小泉入主首相官邸,标志着以"新世纪俱乐部"(YKK俱乐部)为代表的日本新生代政治家终于攀登到权力巅峰,而日本政坛延续数十年的权力机构出现了深刻的变化。小泉纯一郎为人桀骜不逊,政见主张明晰,素有"政坛怪人"之称,在自民党内一直被视为"异端"。"新世纪俱乐部"就是呼吁自民党厉行改革,加快新老交替的步伐。自民党加藤派领袖加藤纮一在参议院选举评论道:"真是一次不可思议的选举。国民把对于小泉改革的期待集中于自民党身上,这下自民党日子要难过了。"小泉对自民党的改革使日本政坛的权力结构发生较大变化。

首先,自民党最大派系桥本派失去对自民党的主控权。在自民党众多派系中,由田中派、竹下派、小渊派延续而来的桥本派始终执政坛之牛耳。20世纪90年代初的海部首相就是因为得罪了当时的竹下派才挂冠而去,而继任的宫泽喜一是在忍气吞声到竹下派事务所接受"面试"后才得以入主首相官邸的。桥本内阁、小渊内阁

时任美国总统布什与时任日本首相小泉纯一郎

自不待言,即使在森喜朗继承大统后,日本政坛实际上还是由桥本派大将、自民党干事长野中广务一手把持的。在森喜朗第二次内阁中,17名阁僚中居然有5人是桥本派的大将。可是,小泉一旦大权在握,不仅新任命的自民党干事长、政调会长和总务会长没有一个是桥本派的人,在挑选阁僚时也完全摒弃了按派系实力分配位置的陋习。在17名阁僚中,除去3

236

名非议员、2名公明党和保守党的阁僚外，其余12人按其出身派系分，森派占了3席，崛内派、山崎派、加藤派和原河本派各1席，无派系人士2席，江藤—龟井派1席，最大派系桥本派却只拿到2席。桥本派被排挤到权力的边缘，堪称近二十年来的第一次。

其次，自民党派系领袖在党内人事安排上的发言权下降。自民党内的派系由来已久，从成立之初就有号称"八大军团"的派系，经过40多年的聚合离散，形成了四大派和四小派并存的格局。派系领袖之所以有号召力，除了能拉赞助搞钱外，最主要的是为派系成员争个大臣位置什么的。所以，在组阁时派系领袖是最活跃的。可这一次小泉纯一郎却完全置历届首相奉为圭臬的派系平衡原则和照顾资深议员的惯例于不顾，不要说和各派系的领袖商量，即使是自民党干事长山崎拓和政调会长麻生太郎也被蒙在鼓里。4月26日，小泉纯一郎拿出了一份自诩是"惊天动地"的组阁名单，山崎等自民党领导干部看到后居然惊讶得说不出一句话。足见小泉在排除派系政治上确是动了真格。

此外，自民党内"论资排辈"的传统趋于瓦解。按照自民党"论资排辈"的传统，初次当选的议员只能在自民党各部会里当委员，当选两次才能当自民党各部会的副部会长和内阁的政务次官，当选三次可以当自民党的副干事长和国会对策委员会的副委员长，当选五六次以后才有资格出任大臣。每次组阁时，各个派系都会按照当选次数的多寡提出推荐名单，首相要作的就是照单全收。可是，这一次小泉根本就没有同派系领袖商量就亲自给自己相中的入阁对象打电话，传统的升官"路线图"完全不起作用。人们注意到，在小泉第一届内阁中，被委以外务大臣重任的田中真纪子当选议员只有三次，行政改革大臣的石原伸晃和防卫厅长官中谷元当选议员的次数都只有四次。这样大批起用年轻议员在自民党历史上也是第一次。

（三）自民党"世袭政治"下的生态分析

"世袭政治"是日本自民党政治生态的基本现象。无论是"五五体制"建立的38年自民党执政，还是20世纪末的多党联合执政，乃至小泉内阁

一门三首相
——安倍晋三家族与日本世袭政治

和安倍内阁,都表现出这种"世袭政治"现象。就拿小泉第一届内阁来说,执政时期的党和政府最高领导人之中,从时任首相兼党总裁的小泉纯一郎,到党干事长安倍晋三、内阁官房长官福田康夫、总务相麻生太郎、财务相谷垣祯一、国土交通相石原伸晃等等,就是世袭的"二世"或"三世"(第二或第三代),可见世袭现象的恒常化。单看他们的姓氏,比如小泉纯一郎、福田康夫、桥本龙太郎、安倍晋三、中川昭一、河野洋平、鸠山由纪夫、田中真纪子,等等,会产生一种错觉,以为日本政坛中枢其实是这些政治世家的天下,这可以说是日本政治的最大特点。

如按其成员在日本政坛持续在任的时间算,小泉家族是日本当之无愧的第一政治家族。小泉家族事业的奠基人名叫小泉由兵卫。明治维新时,日本积极扩充军备。小泉由兵卫的军火生意越做越大,进而积累起巨额财富,他的儿子小泉又次郎产生了从政的念头。小泉又次郎早年从横须贺市起家,曾先后担当过浜口内阁和负责邮政的递信大臣。小泉纯一郎的父亲原名鲛岛纯也,原本在事业上没有什么成就,但帅气的他因恋上了小泉又次郎家的长女而积极投身政界,1937年当选为国会议员。同时,他也成了小泉家的养子,改姓小泉。小泉纯也二战时是右翼团体"大政翼赞会"的成员,并为军部服务。小泉纯也随岳父闯荡政界,最后成为自民党内著名的鹰派人物,1964年当上日本防卫厅长官。小泉对父亲非常崇拜,小泉纯也在去世前曾给小泉纯一郎留下一封遗书,书中写道"必胜!致小泉纯一郎",这成为激励小泉纯一郎积极投身政界的推动力之一。小泉纯一郎卸任后,其二子小泉进次郎子承父业,当选议员。

日本的政坛都是在政治名门统领下,呈现出祖世相传,代代衔接。如现任日本副首相的麻生太郎,身世更显赫,其父亲是前国会众议员麻生太贺吉,其外祖父是前首相吉田茂,其岳父是前首相铃木善

麻生太郎

幸，高祖更是"明治维新三杰"之一的大久保利通。众议院议长河野洋平的父亲是原内阁建设大臣河野一郎，河野洋平的儿子河野太郎也是议员。据不完全统计，日本国会众议员中，每4人中就有1人是"世袭"议员。自民党议员中，三成左右是"世袭"议员。反对党中，世袭议员也有近百名。著名者如前首相田中角荣的女儿田中真纪子、战前首相近卫文磨的孙子细川护熙、前首相鸠山一郎的孙子鸠山由纪夫等。

日本选区制度利于"世袭"。在日本，子承父业的观念是相当深的，一些政治家为了让自己的后代继承自己的事业，往往对子女或者家族中有希望者从小就进行培养。其中最常见的手法就是让他们担任自己的私人秘书，跟在自己身边开阔眼界，了解和掌握日本政界的一些规律，积累各种经验。像福田康夫、安倍晋三、小渊优子等人都是通过这一方式进入政坛的。当年前首相小渊惠三猝死之后，年仅26岁的女儿小渊优子得以接班当选议员，与她的这段经历分不开。可以想象，一个年轻人从小接触政界的上层生活，又熟悉政界的内部运作程序，其政治感觉和政治经验肯定是普通人无法企及的，这就是"世袭"政治家的优势。

人脉相传实力深厚。可以说，家族和集团利益，是"世袭"议员的强大后盾。在子承父业观念的影响下，日本政治家族本身的实力自然成为家族后代成功的基础。日本国内有一种说法，称议员选举需要拥有三大条件，即"地盘"、"招牌"和"钱包"，这都和家族实力分不开。而"世袭"家族的年轻一代，不仅能够继承上一代不菲的资产，还能从上一代政治家的交际圈和利益圈子中受益。上一代的战友，往往就是年轻一代的长辈和老师；而上一代的后辈和秘书，往往又成为年轻一代的战友和助手。如此代代相传，形成了更加深厚的人际关系。

目前，在日本的国会议员中，有三分之一是在选区中父传子承的世袭议员，三分之一是公务员中途改行的，三分之一是"新人"。因洛克希德贿赂事件的曝光，时任首相田中角荣激起民愤被迫辞职；但引退的田中一直在政界发挥着重要作用，直到中风失语。一直在东京豪华住宅照顾父亲的田中真纪子想从政了，便返回新潟县老家的选区报名登记选举了。尽管她从来没搞过政治，而且也一直住在东京，但她

一门三首相
——安倍晋三家族与日本世袭政治

把田中角荣搬到新潟县老家,失语了的田中角荣只是招了招手,等选举结果出来,初出茅庐的真纪子就以绝对优势击败了对手当选议员,成为国会中的一匹"黑马",后来还当上小泉内阁的外务大臣,成了响当当的象征政治改革的大明星。如此选举,有人说自民党是个"世袭党"就不足为怪了。

自民党如此,其他政党又如何呢?民主党议员之中,也有一批人是世袭议员。而且认真调查,民主党的世袭议员,绝大部分还是来自自民党的跳槽人士。因此,自民党不仅是"世袭党",还是世袭政治的发源地,使日本政坛像是几家人的天下。

鸠山由纪夫

世袭关系是日本错综复杂政治关系的一部分,也是日本政治的特点之一。日本政界很多政治家都是世袭从政,日本人把他们称为"二世议员",他们不仅仅继承了祖辈的姓氏,还继承了祖辈的"地盘"、"招牌"和"钱包",因而都有稳定的政治基础,故而选举得胜的比例每每较普通议员为高。

以2000年6月选举为例,当时共有174名"二世议员"候选人参选,占全部候选人的12%,但最后有121人当选,占全部当选者的25%,这其中比较有名的,除了我们熟知的田中角荣之女田中真纪子外,还有小渊优子(其父小渊惠三)、世川尧(其父世川良一)、安倍晋三(其父安倍晋太郎)、福田康夫(其父福田赳夫)等人,小泉自己的祖父和父亲也都作过内阁要员。曾任自由党党魁小泽一郎就是世袭"二世"。他父亲小泽佐重喜曾经是吉田茂内阁的运输和建设大臣,而小泽一郎也曾经在自民党内呼风唤雨,当过党的干事长。民主党前任党魁鸠山由纪夫更是世袭"四世"。他父亲鸠山威一郎是自民党福田内阁的外相;祖父鸠山一郎更是自民党创始人,曾三次组阁当首相的响当当人物;曾祖父鸠山和夫更在战前当过众议院议长。鸠山家族四代从政,累积了巨额的财富、显赫的名声,还有丰富的人脉。民主党建党之初,财政拮据,鸠山由纪夫个人出手就是2亿日元，后又追加 17 亿日元，让他被推举为党代表之一。鸠山由纪夫兄弟继承的资产，据说是 80 亿日元。其弟鸠山邦夫从政更早，担任过自民党政府的文部和劳动大臣。

鸠山威一郎（1918 年～1993 年）

鸠山由纪夫

日本政坛出现如此严重的世袭现象，其实有其历史背景和现实原因。或者说，它是日本政治风土产生的特殊产物，这是日本的政治特色。产生这种现象的最主要原因是，强烈的家族观念，依然是日本的社会关系基础。长子继承，门第观念，日本这些传统思想，在现代社会依然有其强大的生命力。搞政治对这些人来说，与其说是要实现某种政治理念、对国家社会作出一定奉献，毋宁说是把它当成一种职业、一种事业更为准确。换言之，在日本政治已不再是什么抽象的事物，而是具体的一种行业。其现实原因是，搞政治事业到底不同于经营一般生意，必须有人脉、钱袋和地盘，同时还必须有一定的经验，因此世袭最常见的形态是，先让子女担任自己的秘书，让他们熟悉自己的地盘、开阔眼界，从而累积起政治角力经验。世袭议员即使有搞政治的父亲、兄弟或前辈，他还需要有当政治家秘书的经验。政治秘书可以是受薪的国家雇员，也可以是私人使用的雇员，因此，这个行业也可以超越血缘关系，有着极大的发展空间。小泉纯一郎从政之初，虽然有父亲的遗荫，也有固定的地盘，却因为其父死得突然，使他必须匆匆从英国赶回来继承，缺乏当政治秘书的阶段，结果第一次参选竟败下阵来。后来，有幸受到福田赳夫拉他一把，让他当自己的秘书，

一门三首相
——安倍晋三家族与日本世袭政治

悉心栽培，三年后终于如愿以偿。小泉从此跟福田派、安倍派、森派结下不解之缘。小泉的恩师福田赳夫，继承的是岸信介的政治财产——岸派。福田报恩栽培岸信介的女婿安倍晋太郎，甚至后来把福田派托付安倍晋太郎。安倍晋太郎又提拔小泉，照顾福田康夫。在第一届内阁中，小泉把内阁官房长官一职交给福田康夫，又委派年轻的安倍晋三当自民党的干事长，互相栽培，互相照顾，形成了这种日本特有的世袭政治生态。

第六章
自民党保守主流派系——吉田派系

吉田派系是以吉田为首的自民党内最大的派系,被称为保守主义的主流派。几十年来,由该派系衍生的若干派系执掌日本政坛牛耳的时间相对较长,对战后日本的建设与发展产生了重要影响。

一、自民党保守主流派系概述

吉田派系的出现,主要是得益于盟军总部的整肃和战后新式选举制度。借助公职整肃,吉田茂不费吹灰之力就消除了党内外的竞争对手及其追随者;新式选举制度,使一大批毫无政治经验的新人如田中角荣等进入党内和政坛。吉田茂轻而易举地将这些人召集到自己的门下,组成新的党内人际关系网。

吉田茂从 1946 年到 1954 年任自由党总裁期间,对党内三个最主要职位即干事长、总务会长和政调会长的人事安排,可谓煞费苦心。为在党内培植亲信,他先后启用了 20 余人出任这三个职位。让他们轮流上岗,逐一考察。但在这 20 余人的党内重要干部中,吉田茂仅将其中的 3 人拉入内阁。从中也可以看出吉田在用人上,始终奉行顺者升迁、逆者贬出的原则。

吉田茂利用党内派系众多的特点,善于制造各派系团体间的矛盾,拉打结合、唯我所用。为了检验和培养党内亲信对自己的忠诚,吉田茂总是

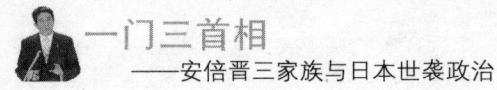
一门三首相
——安倍晋三家族与日本世袭政治

不断地通过内阁人事变动等方式,来淘汰一些动摇不定的阁僚。据统计,在吉田担任首相期间先后有 79 人入阁。阁僚成员频繁变动的次数之多,称得上是战后历届内阁中绝无仅有的。在吉田派系当中,益谷秀次、林让治、大野伴睦三人号称"御三家",都属于战前政友会系统的政治家。在吉田初入自由党时,这些人成为吉田处理党内事务的得力助手。但是从吉田茂第三次组阁时起,吉田茂逐渐同这些老资格的政党人士拉开了距离,转而重用自己培养的新派政治家。池田勇人、佐藤荣作、冈崎胜男、北沢直吉、西村直己、前尾繁三郎、吉武惠市、大桥武夫、田中角荣、宫泽喜一等人备受重用。尤其是池田和佐藤两人,成为自民党内吉田派系内各小派阀议员的领袖人物。吉田茂的一些亲信则成为议会内各小派阀的精神领袖,如保利茂、福永健司、麻生多贺吉等人。吉田犹如呈金字塔形状派系的顶尖,在他的麾下有众多小团体和小派阀拱卫。战后日本保守主流派政党内的派阀,即起源于此。

当鸠山等人重返党内后为争夺最高领导权时,吉田派和鸠山派展开了一场龙争虎斗,成为日本派阀政治的源头。所以,有人称吉田茂是日本战后保守政治鼻祖式的人物,"吉田内阁是保守主流的开端"。短短几年的时间,吉田茂便通过广招亲信、培植追随者等手法将鸠山的自由党改造成了吉田的自由党,逼得重返党内的鸠山不得不退出自由党,重整旗鼓另立山头。在后来成立的自民党内,形成了吉田派与鸠山派之间的长期争斗的局面。

二、吉田派系的形成

吉田派系指以吉田茂(1878~1967 年)为首脑的保守主流派系,创始人是前自由党总裁、前首相吉田茂。在战后日本经济恢复时期,吉田茂先后五次组阁,是对战后日本社会发展起过重大影响的人物。吉田茂因其所受高等教育和长年在英国和中国任外交官的经历,形成了极为复杂的政治性格——自由主义和现实主义浑然一体。崇尚自由主义的他,一生信奉的政治理念,是导入欧美式的政治制度及体制;而崇尚现实主义的他,一生追逐的目标,是登上权力的顶峰后,为自己赚取政治声望,为日本的国家

第六章·自民党保守主流派系——吉田派系

利益服务。当今自民党内部派系争斗,根源可追溯到吉田茂,这也是他留下的一份特殊政治遗产。吉田茂下台后,吉田派系分裂出池田派和佐藤派。

吉田茂是日本现代著名外交家、政治家。其前一半为外交家生涯,曾随西园寺公望出席巴黎和会,还先后历任日本驻伦敦、罗马、天津和奉天(今沈阳)等地的外交官、总领事、大使,并以外务省外务次官的身份,参与策划田中义一内阁召开的"东方会议"。后一半为政治家生涯,于1946年5月至1947年5月、1948年10月至1954年12月间先后五届,累计达七年两个月任日本内阁总理大臣,在风云变幻的战后日本政治格局中,吉田茂的存在是强有力的稳定因素。在比较缺乏坚强领导核心的战后日本政界,吉田茂素以政治保守、作风强硬著称,甚至有人称之为"独裁政治家"、"铁腕首相";但实际上他对资产阶级民主政治有着比较深刻的理解,而且为战后民主改革做了大量工作。因此,战后日本民主政治的建立和发展与吉田茂的努力是分不开的,吉田茂的能力与政绩都是相当突出的。

吉田茂

吉田茂于1878年9月22日出生在东京都涩谷区神山町,是家中第五个男孩。生父竹内纲原籍高知县幡多郡宿毛村,是土佐藩(今高知县)民权派政党自由党有名的志士,明治初期自由民权运动的领袖人物。1890年帝国议会成立,竹内纲在高知县当选为众议院议员,正式进入中央政界,声望地位颇高。吉田茂出生不久之后,就过继给横滨一带有名的大贸易商吉田健三郎做养子。1889年养父吉田健三郎因暴病而亡,给他留下了约50万日元的遗产。这在当时的日本社会称得上是一笔巨额财产了。在第一次世界大战之前,日本外交界存在着浓厚的宫廷外交风气,拥有巨额财产是在外交界取得一席之地的前提。吉田茂能够顺利地进入外交界,不能不说首先应归功于其养父的经济能力。竹内纲虽然把吉田茂过继给了他人,

245

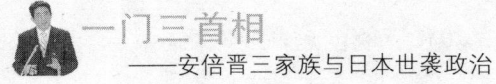
一门三首相
——安倍晋三家族与日本世袭政治

但他依然关心儿子的成长。当吉田茂进入外务省时，竹内纲将一把日式名刀送给他。吉田茂曾对记者说："父亲的意思大概是做了坏事就给我剖腹自杀用的吧。"也有一种解释认为，竹内纲是让吉田茂用这把刀斩断官场上的种种诱惑。总之，可以想见竹内纲对吉田茂的殷殷期待与谆谆教导之情。

富裕的家境也使吉田茂有充分的机会接受高水平的教育。他先是在离家比较近的横滨市南区英町的太田小学读书。1889年开始就读于"耕余义塾"，这是一所专门招收寄宿生的私立学校。1894年从耕余义塾毕业后的三年多时光，吉田茂是在不停转学中度过的。1897年吉田茂进入学习院，这是专门负责培养皇族和贵族子弟的学校。正是这所学校引导他走上了外交之路，也基本决定了他一生的道路。1901年9月吉田茂进入大学科，1904年9月转入东京帝国大学法学院政治系，1906年7月毕业。后参加外交官及领事官考试，考入外务省，他选择了被年轻外交官视为仕途上"羊肠小道"，即去中国任职历练。从此开始了他的外交生涯。在华期间，曾先后在中国的奉天（今沈阳）、天津、安东（今丹东）、济南等地任职，积累了较丰富的中国事务经验，成为日本外交界知名的"中国通"。

在去奉天赴任的同时，身材矮小、貌不惊人但性格坚毅、才智极高的吉田茂做了当时的权贵——昭和天皇的心腹、朝廷内著名亲英美派代表人物牧野伸显伯爵的乘龙快婿，娶其女儿雪子为妻。牧野伸显是"明治维新三杰"之一、开国重臣大久保利通的次子，是日本政界的元老级人物。早在维新时期，年仅十岁的牧野就同父亲一起随岩仓使节团飘洋过海，历访欧美各国，并在美国留学三年。年轻时曾担任日本驻意大利、奥地利等国的公使，后历任文部大臣、外务大臣、枢密顾问官和内务大臣等要职，并曾担任巴黎和会的日本全权代表，是著名的亲英美派政治家。如果说到对吉田茂一生的政治思想和主张产生重要影响的人物，那么除了吉田的生父和养父之外，当推他的岳父牧野伸显。牧野的亲英美政治观，对吉田茂外交思想的形成，产生了极大的影响。

第六章 • 自民党保守主流派系——吉田派系

大久保利通（1830年～1878年）

牧野伸显（1861年～1949年）

吉田茂的仕途一波三折。在外务省供职虽然近30多年，也只是在田中义一内阁时被推举为外务次官，这是战前吉田茂宦海生涯中惟一的一次离权柄最近的机会，但外务大臣的职位始终与他无缘。1938年，吉田终因军部反对辞职在家赋闲。此后直到日本战败的前六七年时间里，在野的吉田茂在部分重臣的支持下，秘密或半公开地进行反军部活动，精心制定对美谈判方案，竭力避免对美英开战，并策划推翻东条英机军人独裁政权的政变，联络一些反军部人士从事反战活动。吉田茂的这些活动，使军部等主战派大为恼怒，并被视为危险人物而受到严密监视。日本特高课派人打入吉田府邸充当女佣和书童，严密监视他的一举一动。1945年4月15日，吉田茂被宪兵队逮捕，被拘押审讯45天。

出狱后，吉田茂回到了他在东京南部的大矶别墅休养。当时他认为自己的仕途生涯结束了，自己将在这里作为一名默默无闻的退休外交官而度过残生。但是，他未料到这段短暂的狱中经历，日后却成为他获得美国人信赖的政治资本。他在回忆录中以浓重的笔墨详记了这段经历。谈及此事时，吉田茂很幽默地说："短暂的入狱经历对我来说不过是到'别墅'去度了一个假期而已。正是托去了'别墅'的福，我才当上了总理大臣。去

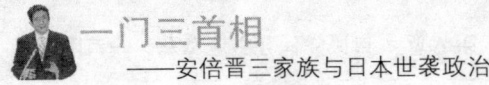

一门三首相
——安倍晋三家族与日本世袭政治

'别墅'也证明我是自由主义者,是反军部的,麦克阿瑟也就很放心地重用我了。"但澳大利亚学者戴维·贝尔加米尼在其大作《日本天皇的阴谋》一书中,认为吉田茂被捕入狱,是日本统治集团在战败前夕玩弄的一种"苦肉计",是一个"政治阴谋",也可以看成是日本方面事先保留的又一张王牌。

1946年,自由党总裁鸠山一郎被整肃,受到开除公职处分,使吉田茂不费吹灰之力就得到了意想不到的代理自由党总裁。在组阁过程中,吉田茂还同麦克阿瑟和盟军总部打了一场"心理战",使他那特有的政治家睿智才干和外交家机敏狡黠同时凸显出来。

这场"心理战"的过程是这样。日本投降后,日本社会最迫切的问题就是粮食问题。战时,日本尚可依靠对海外殖民地的掠夺,来解决国内的粮食不足。战后,日本丧失了海外殖民地,粮食的主要渠道被彻底断绝;1945年日本又遭台风袭击,洪水泛滥,秋季大米产量仅有3600万石,为正常年份的60%。屋漏偏逢连阴雨,海外大批军队和"开拓民"纷纷被遣返回国,人数多达600多万,极大地增加了粮食供应负担。日本出现了历史上特大饥荒,饥饿像"忠实的朋友"一样,时时和每一个人相伴。社会上风传将有1000万人饿死。1946年连生活代用品也无法正常供应,北海道地区断炊70多天,东京地区也断粮20多天。皇宫前的群众示威请愿活动连续不断,部分群众甚至冲进了皇宫御膳房寻找食物。

"粮食比宪法更重要"的呼吁,在社会上引起强烈的共鸣。吉田茂看清当时的社会问题,并巧妙地加以利用。他认为要想解决当前的粮食危机,必须依靠美国的粮食援助,否则别无良策。而麦克阿瑟和盟军总部的态度,是能否获得美国粮食援助的关键所在。因此,在社会状况极度混乱的情况下,币原内阁在1946年4月22日总辞职后,吉田又迟迟不宣布新内阁组建完成,使日本战后政治生活中出现了权力真空。这使麦克阿瑟和盟军总部非常着急。然而,吉田茂对身边的人很自信地说:"最好等麦克阿瑟元帅答应供给粮食以后再组阁。如果全国摇起红旗来,只要经过一个月,美国就会拿来粮食。"当时,天皇对吉田组阁的进展情况也极为关注,每天晚上都往永田町首相官邸吉田组阁本部挂电话询问,每次吉田都婉言搪塞。

实际上,吉田茂从受命组阁的那一天开始,就在同麦克阿瑟进行一场智斗,双方在暗中较量谁更有耐心。第六天夜里,麦克阿瑟终于无法再容忍这种无政府状态延续下去了。他紧急召见吉田茂,一见面就急切地向他表示:"我担任盟军最高统帅期间,保证不让一个日本人饿死。"一听这句话,吉田茂如释重负。从盟军总部大厦回来后,吉田茂就对已确定为内阁农林大臣的和田博雄说道:"既然有了麦克阿瑟的保证,我们就可以组阁了。"1946年5月22日,第一届吉田内阁成立。

吉田茂向麦克阿瑟和盟军总部曾要求,如果美国不提供450万吨粮食,日本就会有人饿死。麦克阿瑟答应立即给日本提供粮食,但美国政府内有相当一部分人并不赞同向日本送粮食。情急之下,麦克阿瑟给白宫拍去电报说:"不给我面包,就给我子弹!"结果,粮食很快就运来了。然而,1946年美国仅提供了70万吨就应付了粮食危机。盟军总部认为日本政府提供的统计数字太离谱.对日本政府大为不满。有一天,吉田茂在见麦克阿瑟时,也指责日本政府任意编造统计数字,欺骗盟军总部。吉田茂也自觉赧颜,但他很机敏地自我解嘲说道:"在战前,如果日本的统计完备,也许不会发动那样轻率的战争,而且即使发动也许会战胜美国吧。"说罢一笑,成功地化解了麦克阿瑟对他本人和日本政府的信任危机。

1947年4月,根据新宪法进行的众议院选举结果,吉田茂的自由党降为议会第二大党。按照议会政治的要求,吉田茂只好把政权交给议会的多数党,于5月20日实行总辞职。吉田茂下野后的一年多时间里,国际形势发生了急剧变化。在欧洲,围绕德国、波兰问题,美苏之间的对立公开化,美国向苏联发起"冷战";在亚洲其他国家和地区,民族解放运动蓬勃展开。为此,美国重新制订了新的全球战略,决定改变对日政策,把日本变成美国在远东地区的军事堡垒和反共防线。为实现这一目的,有必要在日本寻找一个最能与美国密切合作的、强有力的人物,来组织一个亲美政府。这个人便是吉田茂。在这一背景下,1948年10月至1954年12月,吉田茂在美军占领当局支持下,连续四次组阁,历史上称这一时期为"吉田时期"。

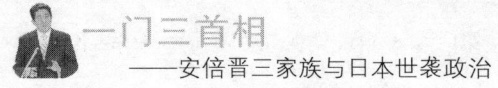

一门三首相
——安倍晋三家族与日本世袭政治

在"吉田时期"之初,由于吉田茂在党内根基不深,真正支持他的人比较有限,但是他凭借坚定的政治信念与高明的政治手腕,充分利用各种有利条件,克服不利因素,成功地塑造了自己魅力超凡的领袖形象,使自己的名字与一个时代紧紧地联系在一起。

为了巩固自己的地位,吉田茂操纵了1952年的大选,并以驱除自由党内反吉田的鸠山派议员为目的。他采取的手法是趁其不备、突然袭击,即在国会开会的第二天,在其政敌毫无准备的情况下,突然宣布解散众议院。对此,鸠山派的三木武吉怒斥吉田"是在搞政变"。吉田为达到自身的目的,采取了把反吉田的急先锋河野一郎、三木武吉等人开除出党的措施。

吉田茂

在他任日本首相期间,正是战后日本政局错综繁杂、党阀林立、势力并合裂变、民怨之声日甚之时。然而待他于1954年底无奈悻悻然退出政坛之时,日本的保守政治"五五体制"即将出笼,而亲美外交早已成为日本内外政策的骨骼,经济则在战后废墟之上奠定重建之基。性格倔强的吉田在决定内阁总辞职后,也一并辞去了自由党总裁的职务,并彻底脱离了自由党,仅仅保留了众议院议员的身份,以此保持对日本政治的影响力。辞职后,吉田茂便离开东京,重新回到了他的大矶别墅,暂时远离了日本的政治舞台。吉田茂的得意门生池田留在自由党内,佐藤则追随恩师退出自由党,成为逍遥派。

日本迄今取得的成就,从某种程度上来讲应当归功于吉田茂当时开辟的和平发展道路。在吉田茂任首相时,吉田大量开除党人派,官僚派得势。如池田勇人、佐藤荣作等25位高级官僚一齐加入自由党,其中大部分在1948年1月的大选中获得了议席。吉田茂对他们非常倚重，并寄予极大的期望。日本报刊把吉田茂当政时期吉田派的骨干称为"吉田学校"培养的学生，池田、佐藤以及他们的晚辈田中角荣、大平正芳等人都被视为吉田学校的优秀学生。吉田作为被占领时代的日本政治家，可以说是获得了最大限度的成功；当那个时代谢幕之后，他的权力生涯随同那个时代而结束也是一种必然。

吉田茂从辞去首相职务回大矶养老，到他1967年10月20日心肌梗塞去世为止的13年里，依然是影响日本政坛的重要人物。历届政府官员都经常去大矶拜见他，向他讨教执政方略。因此，年事已高的吉田仍然被人们称为"战后日本的大佬"。

三、吉田派系的主要支流

吉田派系的主要流派有两个支流，一支流是由池田派衍生而来，另一支流由佐藤派衍生而来。这两支派系都属于自民党内保守主流派。

（一）池田派→大平派→铃木派→宫泽派→加藤派→河野集团→谷垣派

1. 池田派

池田派系是以池田勇人（1899～1965年）为首脑、从吉田派系分出的自民党内部一个重要派系。池田派以大藏官僚为核心组成该派派会"宏池会"，是自民党各派中唯一未发生过分裂的派系。该派人才荟萃，素有"不好对付的官僚集团"之称。池田勇人是日本战后一位知名首相，继岸信介之后于1960年7月～1964年11月连续组织三届内阁，担任日本第58、59、60届首相，执政四年有余。他的执政信条与成功秘诀，是推行所谓"宽容忍耐"政治和"收入倍增"经济，使日本大踏步地走上"经济大国"道路，把战后保守政治体制推向所谓"黄金时代"，以至有人说在他执政时，日本发生了"类似革命的一场巨变"。

1899年12月3日，池田勇人出生在广岛县丰田郡吉名村一个酿酒业主家庭，家境比较优裕。池田在学生时代，聪明好学，高中毕业后就考入京都大学。1926年，池田从京都大学法律系毕业，随后入大藏省任职，直

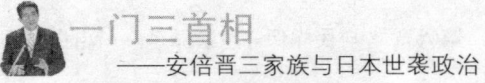

一门三首相
——安倍晋三家族与日本世袭政治

池田勇人

到日本战败为止，历任大藏省银行检查官补习、北海道函馆税务署署长、枥木县宇都宫税务署长、玉造税务署长、熊本税务监督局直接税务部长、东京税务监察局直接税务部长、大藏省主税局财政课长、第一国税课课长等职。由于他始终与税务打交道，因而得了个"税金魔王"绰号。

1945年日本战败投降后，池田勇人在日本政治舞台上逐渐崭露头角。1945年至1948年，历任东京财务局长、大藏省财务局长、事务次官。1948年加入自由党，次年当选为自由党众议院议员，并被吉田茂遴选入阁，历任吉田内阁藏相、通产相、经济审议厅长官，主管政府经济事务。由于深得吉田茂赏识和重用，被称为是"吉田学校"的优秀生。

1952年任第四届吉田内阁通商产业大臣，同年因国会提出不信任案而辞职。1953年任自由党政务调查会长，1954年任自由党干事长。1955年自由党和民主党合并为自民党后，任该党顾问。池田勇人本来与佐藤荣作同是吉田茂的得意门生，但吉田茂下台后，池田与佐藤各奔东西。鸠山引退后，于1956年12月任石桥湛山内阁大藏大臣。

岸信介于1957年2月接任首相后，暂时维持了石桥内阁的班子不变，池田勇人继续任岸信介内阁大藏大臣。但到了7月，岸信介调整内阁成员，除副首相石井光次郎留任原职外，内阁成员全部变动。岸信介要求池田担任防卫厅长官或经济计划厅长官，池田表示非大藏大臣不担任其他职务。战后日本因实行"经济外交"为主的对外政策，因而在中央行政部门中，外务、大藏和通产三大臣特别受政界重视，一般担任首相者以前皆曾担任这三种职务之一，故池田不愿改任是有自己打算的。

池田勇人去职后，积极开展社交活动，将支持自己的人团结在自己周围。支持池田的后援者形成了政治结社"宏池会"，成为自民党内"池田派"的政治组织。这时池田派约有30多人。1958年大选时，由于池田的活动，使自己声援的50人当选为众议员，池田派成为国会中仅次于岸信介派的大派系。这一年，在自民党副总裁大野伴睦的劝说下，池田又进入内阁担任了无任所国务大臣。但到了1958年12月，池田又与经济企划厅长官三木武夫、文部大臣滩尾弘吉一起，不顾岸信介挽留而辞去了内阁职务，以示对岸信介打算继续任自民党总裁的抗议。但岸信介于1959年1月仍当选为总裁。1960年6月，声势浩大的反对"新安保条约"群众运动，把岸信介内阁赶下台。自民党内为争夺新总裁，各派系间再次展开激烈争斗，最后形成池田勇人、岸信介、佐藤荣作等"官僚派"与河野一郎、大野伴睦、石井光次郎"党人派"的对垒。经过两轮投票表决，池田勇人以108票优势取胜，就任自民党总裁。7月19日组成第一次内阁。

池田勇人首相上台后，继承了吉田茂的优先经济路线，实现了战后日本政治的"质的转换"：从战前型思维向战后型思维的转换和从以政治为重心向以经济为重心的转换。池田提出了著名的"国民收入倍增计划"，将战后日本经济增长推向高潮。为了推动"收入倍增"设想，在池田周围组成了一个有各方面专家学者参加的智囊团，协助政府制定经济决策。这个智囊团包括大藏省出身的幕僚大平正芳、宫泽喜一，经济评论家、学者高桥龟吉、稻叶秀三，以及银行、经济研究机构专家田树敏雄等人。

当时，在制定国民生产总值年增长率问题上，池田勇人阐述了政府的设想和自己的态度。他说："所谓政治，就是提高国民生活，保障社会安定，做到十年内收入增长一倍。""如果经济扩大发展失败了，毫无疑问，一切应由总裁、首相负责。"发表如此有魄力和充满自信的讲话，实为历届首相中所罕见。之后，池田勇人又连续两次当选为自由民主党总裁，两次任首相，并兼任对外经济合作审议会会长、经济企划厅长官、自民党财务委员会委员长。任内推行国民收入倍增计划和经济高速增长政策，对外推行以繁荣经济为目的的经济外交和亲美外交路线。1964年池田勇人因癌症辞职。次年8月13日，因癌细胞扩散病情恶化而逝世。

2. 大平派

大平派是以大平正芳（1910～1980年）为首脑的派系，是池田派的继承人（池田死后，池田派在1971年4月以前由前尾繁三郎主持，之后前

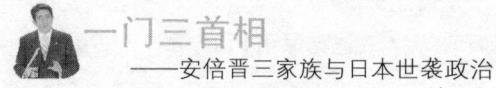

一门三首相
——安倍晋三家族与日本世袭政治

尾派改选,由大平正芳负责,改称大平派,一般也统称为旧池田派,大平病逝后由伊东正义接任)。大平正芳是日本战后著名政治家和外交家,于1978年12月7日～1980年6月12日担任日本第68、69届首相。大平正芳为恢复和发展中日两国友好关系作出过突出贡献。

大平正芳

1910年3月,大平正芳出生于日本四国地方香川县三丰郡丰滨村,一个既不富裕也不算贫困的普通自耕农民家庭。和许多农家孩子一样,大平从六七岁起,就学会编织麦杆草帽辫,帮助父母搞些副业补充家计,直到小学毕业前都是如此。他放学后就忙于编织,以致常常连家庭作业都没有充足时间完成。在这种环境中长大的大平,从小养成了不畏难苦、坚韧不拔的性格。

中学还没念完,他的父亲便过早去世。依靠育英奖学金,他才完成高松高等商科学校和东京商科大学的学业。1936年从东京商科大学毕业后,经高等文官考试合格进入大藏省工作,一年后任横滨税务署长。1938年,经东京税务监督局直接税课课长池田勇人推荐,调任仙台税务监督局间接税课课长,他与池田的交往就是从这时开始的。1939年,大平受大藏省推荐被遣往中国,任"兴亚院"驻中国张家口事务官。1942年,大平回到大藏省主计局,负责文部省与南洋厅审计工作。

日本投降后,大平正芳仍留在大藏省,历任主计局事务官、薪金局第三课课长、经济安定本部公共事业课课长,为渡过战后经济恐慌向政府提出过不少重要建议。1949年,池田勇人出任第三次吉田内阁藏相,不久便请大平担任自己的秘书。大平正芳把池田勇人的成功失败、毁誉褒贬责任系于自己一身,尽心尽力,埋头苦干,成了池田不可缺少的得力助手。1952年,他辞官纳职,在当年的众议院议员竞选中一举成功,开始了漫长的政界生涯。大平正芳步入政界,再次投身于池田麾下,在筹措政治资金、竞选、调解派系关系等党务工作中崭露头角。池田勇人曾不无得意地赞赏说，大平为人作事，"可用'诚实'二字概括之"。

1960年，池田当选为自民党总裁并出任首相，其中有大平的汗马功劳。1958年5月参议院选举后，受到党内其他派别反对的岸信介，急于想拉拢在国会中处于第二大派系的池田派，再次要求池田入阁。但池田在本派许多人的压力下，一再拖延表明愿意入阁之意。大平经过反复考虑后，决定对池田进行规劝。6月17日天未亮就给池田挂了电话，建议他暂缓表态拒绝入阁，"只说考虑考虑就行了"，池田答应了。这天下午3时左右，大平到池田家中，给池田分析了入阁的利弊。大平谈到，池田已成了这次岸信介改组内阁的中心人物，掌握着"挽救岸信介困难处境和摆脱政局混乱的钥匙"。大平还引用了池田说过的一句话来开导池田："作为政治家，不能只局限于政界这个狭小天地里，而该在国民面前表演。"他请池田考虑，应该使目前的混乱政局走上正轨而使国民安心，希望池田作出勇敢决断，把毁誉褒贬留给评论家和历史学家去做。大平劝池田以政界领袖的觉悟和责任，与岸信介总理进行开诚布公的会谈，在充分理解总理真意的基础上对入阁问题下决心。

大平正芳这番审时度势、语重心长的劝导，对池田将要采取的行动产生了重要影响。以后，政界和财界的一些重要人士也来劝说池田。最终，池田下决心重新入阁，池田派成为岸内阁的主流之一。池田这一着棋，对他以后竞选总理大臣产生了非常重要的积极意义，后来佐藤派和岸派决定转向支持池田，也与池田这次行动不无联系。

由此看出，大平正芳这时的政策水平已大为提高，并已初步具备了一个政治家的远见卓识。在池田内阁中，大平先后出任内阁官房长官、外相等要职，协助池田处理了许多内政外交问题。特别是他建议池田采取的"宽容与忍耐"的政治策略，为池田内阁少受政治风浪冲击筑起了一道防波堤，从而成为享有实现经济高速增长美名的长期政权。

大平正芳的见识与才干，不仅使池田心满意足，许多不同派系的大人物也深为叹服。前首相岸信介就发出过这样一番感慨，"我派如有大平那样的人物，岸内阁一定可以再延续三年。"1972年9月，大平正芳以外务大臣的身份陪同田中首相到中国访问，实现了日中邦交正常化。1974年1

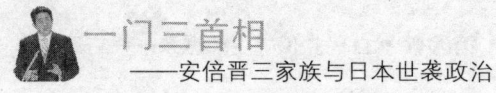

一门三首相
——安倍晋三家族与日本世袭政治

月,他又一次访问中国,签订了日中贸易协定。大平正芳为中日邦交正常化作出了重要贡献。

在自民党内,大平正芳称得上一位处事缜密、老成持重的人物。池田病逝后,池田派由宏池会长前尾繁三郎率领。1970年初,第三次佐藤内阁成立,前尾未能入阁参政,池田派部分少壮议员极为不满,坚持让前尾下台,由大平取而代之,池田派大有分崩离析之势。大平为本派大局着想,以协商方式平息了这场危机,从而提高了自己的威信。

1971年,大平正芳任原池田派组织"宏池会"新会长,成立"大平派",成为池田派新掌门人和自民党内有实力的派系。大平正芳为自民党五大派阀之一——大平派的首领,也是自民党最大派阀田中派最忠实的盟友。早在佐藤荣作时期,佐藤下野后谁继任总裁、进而成为日本首相,自民党内就爆发了至今人们仍津津乐道的"角福之争"——田中角荣和福田赳夫展开了殊死的搏斗。最后,是虽然没上过大学、但以"强人"姿态出现的田中打败了东京大学毕业的福田而荣登宝座。但是这场"战争"并没有结束。田中因经济丑闻下台后,争夺首相位置的本应是福田赳夫和田中的盟友大平正芳。可这次自民党为了挽回名声,推举以廉洁而著称的三木武夫为新首相,尽管他率领的是一个弱小的派系。三木任期结束后,福田和大平达成妥协,先由福田干一任首相,然后大平接班。然而,福田干完一届自民党总裁后,并无让位之意,且积极谋求连任。1978年12月,在田中派强有力的支持下,大平正芳在自民党总裁选举中击垮田中宿敌福田派首领福田赳夫,迫使福田含怨交出政权,就任自民党总裁并组成第一届大平内阁。

1979年10月,大平正芳提前举行众议院大选,由于自民党席位反比选举前少了一个议席,福田便乘机纠集了党内其他派系,试图迫使大平让贤,但宣告失败。11月5日,扣人心弦的首相选举战在众议院举行,结果大平险胜,保住了首相席位,又一次组阁。这便是持续了40天之久的"大福之战",该战实际上仍然是"角(田中角荣)福(福田赳夫)之战"的延续。1979年12月,大平正芳率日本政府代表团访问中国,并同邓小平进行了会谈。在这次会谈中,邓小平提出了中国要达到"小康"水平的初步构想。

1980年5月,"大福之战"战火重燃,在反对党对内阁提出不信任案并付诸表决时,福田竟违犯党的纪律釜底抽薪,带领派别议员缺席,使大平内阁倒台。解散内阁、提前大选,大平正芳为挽回败局四处奔走,在选举投票前10天的5月30日,站在宣传车上进行街头竞选演说时,因过度劳累住进虎门医院,6月12日因心肌梗塞病逝,享年70岁。也许是大平的突然去世赢得了选民的同情,此次选举自民党大获全胜。

3. 铃木派

铃木派是以铃木善幸(1911~2004年)为首脑的派系,是大平派沿袭下来的派系。铃木原属大平派,大平正芳去世后,铃木善幸被一致推举为大平派新首领,为大平派组织"宏池会"的领导人。铃木善幸继大平正芳之后于1980年7月17日~1982年11月27日担任日本第70届首相。

1911年1月11日,铃木善幸生于本州岛北部岩手县下闭郡山田町一个小渔村的渔业家庭。岩手县被认为是有政治风土的地方,战前出现过原敬、斋藤实、米内光政、东条英机四位首相,铃木是当地出生的第五位首相。

铃木上小学时,学习成绩一直很好,还当过班长。高小毕业后,他考入县立水产学校,仍然是班里的"秀才",参加辩论会、打网球和练习剑道是他的课余爱好。此外,从学生时代起,他开始关

铃木善幸

心如何改变渔村面貌问题。水产学校毕业后,铃木考入当时水产教育的最高学府,即享受公费教育的农林省水产讲习所(现东京水产大学)养殖科。

1935年在农林省水产讲习所毕业后,在渔业团体工作,从事组织地方和全国性的渔业协同组合(类似合作社)的活动。历任大日本水产会技术员、全国渔业组合联合会技术员、岩手县渔业组合联合会水产部部长、岩手县水产振兴会理事、中央渔业工会联盟委员长、"全渔联"中央执行委

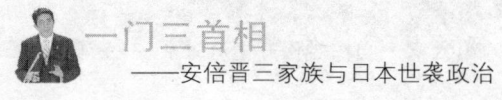

一门三首相
——安倍晋三家族与日本世袭政治

员长。

1947年加入社会党，同年4月经社会党中央执行委员平野力三推荐，他以社会党候选人身份回到家乡岩手县参加竞选，并当选为众议员，从此正式跨入政界，此后连续16次当选议员。铃木加入社会党后第二年，便脱离社会党而加入吉田茂为首的自由党。在自由党中，他很快成为"吉田学校"的学生，尤其靠近池田勇人而成为其得力助手。

自由党于1955年转变为自由民主党，党内包容了形形色色的人物，派系林立，争斗不绝。铃木为人谦和，处事稳重，在党务工作中长期扮演"黑衣"角色，能够从容地出入于各派系的大门，处理许多棘手问题，其高超的"调解"能力得到党内公认，并赢得"诚实、忠厚、清白"的好评。在自民党成立后，总裁一职像走马灯一样屡经变换，但不论谁任总裁、总理，铃木总能得到厚遇。他在党内担任过第一副干事长和前后9任总务会长，在政府中历任池田内阁邮政相、内阁官房长官、佐藤内阁厚生相、福田内阁农林相。在他拥立大平成为池田派掌门人后，自己也坐上该派的第二把交椅。

1980年6月，大平正芳首相在任内病逝，标志着"三角大福"抗争时代的闭幕。大平是为众参两院议员大选进行街头演说时倒下的，因而得到舆论同情，对自相混战的自民党也是一个很大震动。自民党在两院大选中获得空前大胜，党内各派均表示为大平"吊丧休战"。在这种"和平气氛"与"派阀关系力学"的作用下，铃木得到党内各派一致推举，出人意料地当上自民党新总裁，并出马组织内阁。

1980年7月17日，被称为"派阀均衡的务实型"的铃木内阁成立。铃木善幸表示新内阁的施政方针是，继承大平前首相的政治路线，在"和睦政治"下，通过"集体领导"，停止党内斗争，以缩小自民党与民众间的距离。在内政方面大力进行财政改革，要"整肃纲纪、重建财政、改革行政"，强调要进行不增税的财政重建。因此，铃木内阁上台伊始，就在内政方面标榜两大方针：一是果断实行行政改革和重建财政，二是重视"政治伦理"，纠正"金钱政治"，争取实现"不费钱的选举"。但是，这个内阁执政不久，就逢上了经济萧条，税收计划落空，财政入不敷出的情况十分严重。另一方面，由于铃木内阁必须依靠党内最大派系田中派的支持，致使田中角荣和田中派在内阁和党内占有优势并拥有很大的发言权。洛克希德案件的深入调查使这个内阁的声誉或多或少受到了影响。围绕上述两个方面，各派之间不断地展开或明或暗、忽隐忽现的斗争。在外交方面，以日美友好为"基轴"，增进与中国、东盟五国、中东各国的友好关系。这些主张在社会上收到良好反响，民意测验表明，对初期铃木内阁的支持率高达52%。由于他认为"日美同盟关系不包含军事意义"，使日美关系出现波折，导致当时的外相伊东正义辞职。日本的财界和舆论也经常对政府进行批评和非难，说铃木在履行诺言方面，行动不果断。因此，在执政后期，铃木的支持率明显下降为26%，其中对铃木内阁产生很大冲击的还有1982年夏发生的"教科书事件"。面对堆积如山的内政外交问题，铃木善幸显得力不从心，一筹莫展，表面上泰然处之，内心却已无心恋战。

1982年10月16日，自民党宣告下届总裁选举。为了迫使铃木善幸下台，大选前的几个月，非主流派大肆活动，积极集结力量。中川一郎（中川派首领）第一个公开宣布要竞选总裁。不久，河本敏夫（河本派首领）也表示了自己要"出马"的意向。福田派则在酝酿拥立安倍晋太郎为总裁候选人。三派都摆出了要与主流派对阵的架势。非主流派的战略是迫使主流派同意举行总裁预选，非主流派只要凑足150名议员（据说当时已达到245名），就可以立3名候选人，以此与主流派对抗。主流派的战略则是尽一切努力，避免预选，以便在正式选举时依靠多数一举而获胜，使铃木再次当选总裁。据当时的媒体报道说，非主流派的努力不会成功，而铃木蝉联总裁是相当有把握的。

然而，形势骤然发生戏剧性的变化，铃木首相突然放弃了蝉联总裁，继续执政的念头。他说，之所以采取这样的行动，是为了避免自民党因总裁选举而发生大的对抗和混乱。官房长官宫泽喜一在记者招待会上说，铃木善幸首相一贯主张

铃木善幸

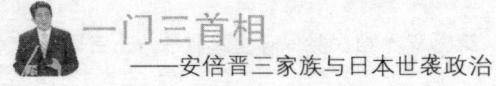

"和的政治"，他今天的行动，也正是实践自己的这一主张。这样，在内外交困之中，铃木于1982年10月宣布下台，由中曾根康弘接任首相。铃木下台后，铃木派又改为宫泽派。1990年，铃木从政界引退。2004年7月19日，铃木善幸在东京逝世，享年93岁。

4. 宫泽派

宫泽派以宫泽喜一（1919～2007年）为首，是继袭大平派和铃木派的保守政治主流派，主要由官僚出身者构成。该派组织有"宏池会"和"备后会"。宫泽喜一1991年11月～1993年8月担任日本第78届首相。

1919年10月8日，宫泽喜一出生在东京一名门之家，父亲宫泽裕先后供职于内务省和山下船舶株式会社，后当选众议院议员，母亲是二战前首任驻中国大使小平四郎之姐。

早在儿时，聪颖好学的宫泽便在玩耍中缠着曾任铁道相和司法相的外祖父学习英语；上小学时，因乖巧本分，屡任班长，备受教师厚爱；升中学后，学习勤奋，成绩优秀，颇得同窗好评；高中时代，他就读于有名的武藏高中，该校集中了许多国会议员、财界巨富等达官贵人的子弟，和这些浮华之徒不同，宫泽潜心钻研学业，广泛涉猎各方面的知识，学习成绩一直名列前茅，考取日本最高学府——东京帝国大学时，他的考分是全校第一名。说来也巧，宫泽的两个弟弟也都是相继从武藏高中迈入帝国大学的校门的，因三兄弟才华横溢，学业优良，在学生时代以"宫泽三秀才"而闻名于日本。二弟宫泽弘大学毕业后入内务省工作，曾任广岛县知事并于1981年补选为参议员；三弟宫泽泰先入外务省工作，曾任日驻联邦德国大使，是知名的外交家，后任日产汽车公司顾问。

1941年，当22岁的宫泽喜一作为东京大学法学部的高材生拿到了烫金的毕业证书时，他父亲宫泽裕的好朋友池田勇人问及他的去向，做任何事都立志出类拔萃的宫泽毫不犹豫地答道：在官厅，最高职务是事务次官；在政界，最高职位是首相。踌躇满志的宫泽迈入了省府邸，先后任静岗县沼津和东京都芝税务署长，因成绩卓著受到战后东久内阁大藏相津岛素一的赏识而被选为私人秘书。

1949年，宫泽又被任命为吉田茂内阁大藏大臣池田勇人的秘书官。同占领军最高司令部频繁的谈判，使风华正茂的宫泽有了用武之地，流利地道的英语、渊博的学识及雄辩的口才，使他成功地扮演了翻译兼顾问的角色，深受政府要员的嘉许。池田更是对这位老友之子倍加赞赏，用"30岁却具有60岁头脑"来称誉他成熟老练、思路清晰。

1950年4月，宫泽喜一陪同池田作为战后日本内阁阁僚首次访美，参加了和平协定收尾阶段的谈判，为日美关系的正常化奠定了基础。次年9月，他作为吉田茂首相的随员再次横渡太平洋，参加旧金山对日媾和会议。同时，精力充沛的宫泽还积极参与了战后日本有关战略的制定。1952年11月，池田被迫下野，宫泽失去靠山，遂辞去大藏省之职。然而，长达11年的国家公务员生涯，使他在财政、金融、经济、贸易、外交等领域里大展才华，积累了丰富的实务工作经验，为日后在政界崛起打下了坚实的基础。

宫泽属自民党保守主流派嫡系。怀着拳拳之心的宫泽不甘寂寞，在恩师池田的竭力鼓动下，他决心继承父亲的衣钵再登政坛。于是，34岁的宫泽在1953年作为家乡广岛县的候选人竞选参议员一举成功。从此，这个时常流露出几分傲气的小个子春风得意，平步青云，成了日本政坛上年轻有为的政治家。

宫泽喜一经池田介绍进入大藏省工作。宫泽长期跟随吉田和池田同驻日美总部进行重大交涉，或同美国进行重要会谈，均由宫泽担任翻译或随员。美军结束对日占领后，宫泽曾随池田访问过美国、西欧各国，参加过关税和贸易总协定部长会议及经济合作与开发组织部长会议理事会等国际会议。宫泽在池田上台前，曾为池田争当党总裁及内阁首相而奔走卖力，池田上台后，又参与了池田制定的"国民收入倍增计划"，被称为"是为池田献身的唯一政治家"，是池田"心腹中的心腹"。

1974年12月，三木武夫入主首相府，为了拓展日本外交，选任宫泽喜一为外相。作为关于签署《日中和平友好条约》谈判的日方首席代表，宫泽以精明的洞察力，于1975年9月提出了举世瞩目的"宫泽四原则"，后来的福田内阁基本上根据这些原则与中国签订了《日中和平友好条约》。

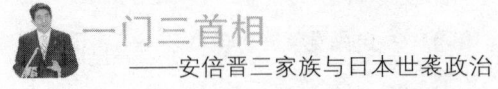

一门三首相
——安倍晋三家族与日本世袭政治

宫泽于1975年、1976年两年出席西方七国首脑会议，他穿梭于各国代表团之间，以特有的外交家风度，辅之以敏睿的英语会话，不失时机而又恰当得体地宣扬日本的政策主张，既结交了许多西方政要，又使自己扬名于列岛内外，成为公认的国际派政策通。

这位显赫的精通经济和外交的资深政治家，虽多次出任内阁高官，十多次当选众议员，但要向权力顶峰攀登，还必须熟悉党务，因为没有党派的支持是不可能长驱直入首相府的。宫泽注意到了这一点，1984年，他在中曾根总裁手下出任自民党决策机构总务会会长，苦心钻营，培植势力。随着宫泽在党内羽毛渐丰，更颇受"宏池会"第四任会长铃木善幸的青睐，被视为该派的接班人。

1986年7月众参两院同日选举后，铃木为宫泽竞选总裁创造有利条件，把派首主动让位给宫泽，把铃木派改名为宫泽派，宫泽任"宏池会"第五任会长。因此，宫泽于1986年接替铃木出任当时的党内第二大派宫泽派首领，名副其实地具备了首相候选人资格，并牢牢盯上了金光闪闪的日本首相宝座。

然而，在日本不少政客们心目中，宫泽喜一是自民党中有保守倾向的经济技术官僚，他不善于玩弄权术，也不热衷于搞人事关系，且恃才傲物，孤芳自赏，连他本人都承认自己"固执"，因此，他在党内人缘不太好，被说成是"冷冰冰的合理主义者"、"过于趾高气扬"。他曾因与田中角荣和大平正芳关系不睦，在这两届政府中没有被起用。1987年自民党总裁改选，宫泽率领本派人员与竹下登、安倍晋太郎鏖战，三人相持不下，经原总裁中曾根从中斡旋并达成协议，由竹下任总裁、首相。宫泽饮恨之余，眼睁睁地看着竹下"登上龙门"，自己只能屈居副首相兼大藏大臣。不料，由于"利库路特贿赂案"曝光，"潘多拉盒"大开，宫泽因染指此事，干系难脱，被迫于1988年12月9日辞职，再次痛失执掌相印的良机。

饱经宦海风雨的宫泽喜一，扼腕长叹一番之后并未灰心，他渴望着、期盼着有朝一日能东山再起。两年之后，幸运之神果然垂青于这个孜孜以求半个世纪的政坛宿将，交给了他一把打开首相府的金钥匙。1991年11月，宫泽就任日本第78届首相。然而，永田町很快从宫泽手中收回了钥匙。1993年6月，在野党联手发难，通过对宫泽内阁的不信任案，宫泽只好恋恋不舍地交出相印。然而，具有"经济通"之称的宫泽，仍然没有退出日本政坛。此后又接连在小渊惠三内阁和森内阁担任大藏相，成为卸任日本首相后又在内阁中任重要职务的前首相。

5. 加藤派

加藤派是以加藤纮一（1939年～）为首脑的派系，是从大平派、铃木派、宫泽派一路走过来的"近代相传"的嫡系。加藤纮一为前自民党干事长、跨派系政策集团"新世纪集团"三领导之一、原宫泽派的"王子"，与内阁官房长官梶山静六一起被称为"桥本政权"的两根台柱，是争夺"桥本之后"的主要实力人物之一。

1939年6月17日，加藤纮一生于山形县鹤冈市。加藤纮一为第二代国会议员，其父先后在熊本县、德岛县、爱知县、岛根县、鹿儿岛县、青森县任过厅长、课长及部长，还任过文部省学务局庶务课长、山形县鹤冈市市长，1952年当选众议员。加藤就是继承其父的选举地盘当选众议员的。1964年东京大学法学部政治系毕业，后到美国哈佛大学进修硕士课程。回国后进入外务省工作，曾在日本驻台北"使馆"、驻美国使馆工作过，1969年任日本亚洲局中国课首席事务官。加藤懂中文和英文，是有名的"中国通"。1972年在其父的选举地盘山形县二区当选众议员，时年33岁，连续当选9次。在自民党内任过国际局次长、研修局长、国会对策委员会副委员长、农林部会部会长、农业政策及林业政策调查会长、总务局长、政务调查会长代理、干事长代理、政务调查会长及干事长等职；在议会任过众议院议院运营委员会理事、农林水产委员会理事、社会劳动委员会委员、外务委员会委员、法务委员会委员、国际联合和平合作特别委员会委员长等职；在内阁任过大平正芳两届内阁的官房副长官（1978年12月至1980年7月）、防卫厅长官（1984年11月中曾

加藤纮一

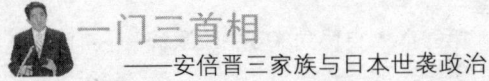
一门三首相
——安倍晋三家族与日本世袭政治

根康弘内阁)、内阁官房长官(1992年11月宫泽喜一内阁)。

加藤当选众议员后便加入了大平派。加藤由于善学习、办事认真、使命感强,颇受派内历届会长大平正芳、铃木善幸和宫泽喜一的赏识和重用。被称为大平的得意门生、铃木派的"王子"和宫泽喜一的"嫡系"。宫泽为培养加藤,1991年2月海部组织党的领导班子时,曾极力推举加藤进领导班子,因当时加藤涉嫌"利库路特案"而被海部拒绝。加藤善于交际,有博采众长的特点。大平内阁时,连任两届官房副长官,对大平的优、缺点了如指掌,对任官房长官的田中六助的"行动力"秘密探查得一清二楚,又学到了铃木对"事物的判断"、宫泽的"理智"。在本派之外,颇受中曾根的赏识,中曾根认为,加藤是位不可多得的"优等生",甚至说:"今后的政治家,倘若不似防卫厅长官(指加藤)这样精干,是当不了总理大臣的。"加藤是宫泽喜一的"平河会"成员,也曾是河野洋平"政治工学研究所"及渡边美智雄的"温知会"成员。

加藤纮一

当然,加藤虽参加了河野组织的跨派系集团"政治工学研究所",但并未减少同河野的竞争,因为在宫泽派内只有河野才有条件威胁加藤的"王子"地位。河野同加藤都是昭和年代出生的政治家,在年龄上河野较加藤年长两岁,在众议员资历上河野比加藤早当选两届,河野是在1969年1月第31届众议院选举中当选的。同时,河野的政治资金比加藤雄厚,河野不仅继承了其父河野一郎的"河野系企业"拥有大量资产,而且同经济界也有较密切的关系,而加藤则需多方募集政治资金。政治影响力方面河野也较加藤为大。1986年河野回归自民党参加宫泽派后,又颇受派首宫泽喜一的重视。

加藤对河野的对抗心很强,加藤认为自己在财源和资历方面虽不如河野,但自己是从大平派、铃木派、宫泽派一路走过来的嫡系,而河野则是曾经有过10年离开自民党、1986年重新回到自民党才加入宫泽派的,应属半路回归的旁系。加藤还认为自己在宫泽派内或自民党内都有众多的亲信与合作者，这是河野所不及的。

加藤为充实实力和扩大影响，于1994年5月会同渡边派的山崎拓（渡边派首脑渡边美智雄的亲信）、三冢派的小泉纯一郎（三冢派首脑三冢博的亲信）联合组成跨派系政策集团"新世纪集团"，由加藤任代表，山崎任干事长，小泉任座长，会员多达66人，大都是新当选一至二次的国会议员。他们提出要警惕和牵制"经世会"（小渊派）的膨胀，主张加快"新老交替"，并于1995年4月提出众议院比例代表区的候选人应以73岁为法定的最大年龄。

加藤同河野的对立是在1995年7月参议院选举后开始表面化的。1995年9月，河野洋平总裁任期届满，河野为争取连任，在党内作了大量争取支持者的工作，但最后还是败给了对手桥本龙太郎，其主要原因之一是原宫泽派内的加藤纮一坚决反对河野和支持桥本。加藤考虑的主要是竞选下下届的总裁问题。如果这届总裁选举支持河野让河野当选总裁，按自民党总裁由各派实力人物"轮流坐庄"的惯例来看，下下届就轮不到自己了，因为自己与河野同属"原宫泽派"。而如果支持桥本让桥本当选总裁，桥本就可论功行赏将干事长一职让自己出任。这就为竞选下下届总裁奠定了基础，所以在7月参议院选举后，加藤在关键时刻总是设法打破河野的计划。

1995年9月22日，自民党举行总裁选举结果，加藤支持的桥本龙太郎以绝对优势战胜新对手小泉纯一郎，当选为第17任总裁，桥本在安排党领导人事时作为回报任命加藤为干事长。桥本之所以如此重视加藤的作用，除因加藤支持其竞选总裁外，还因为加藤有着其他人无可代替的作用。即：加藤是"新世纪集团"的代表，而该集团在各派的年轻国会议员中均有较大影响力，便于争取这部分的合作；加藤是三党联合政权的积极支持者，他与社会党委员长村山富市、新党魁党代表武村正义均关系密切，同上述两党的一些重要领导成员也有密切往来，便于三党间的相互沟通和协调；加藤又是原宫泽派的"王子"，起用加藤为干事长在形式上也是对原宫泽派的重视，有利于稳定派系关系，尤其是加藤志在"桥本之后"。自民党的干事长一职是党的大管家、党总裁的得力助手，总裁对各

一门三首相
——安倍晋三家族与日本世袭政治

项人事安排都要事先同干事长商议。干事长也是自民党实力人物竞争总裁的必由之路,自民党的大多数总裁都有过干事长的任职经历。加藤如愿以偿出任干事长后,为在工作中能有所表现提高威望和取得桥本信任,以便于日后接班,一面力求稳定三党联合政权,一面为桥本接替村山出任首相创造条件而展开积极的活动。

1996年1月5日,村山首相宣布辞职,加藤开始为桥本的顺利接班忙碌起来。11日下午,日本国会召开第135届临时国会会议选举新首相,桥本在众议院得票288张,在参议院得158张,以绝对多数的得票当选第82届首相。加藤协助桥本当选首相组阁后,便积极协助桥本在第136届通常国会期间通过新年度预算工作,并于4月11日和5月10日先后在众参两院通过了1996年度国家预算。

第136届国会闭会后,加藤便开始协助桥本首相积极作选举的准备工作。自民党经过充分准备后,桥本于9月27日便提前召开临时国会,并宣布解散众议院。10月8日公布选举公告,20日举行投票。选举结果,在500个议席中,自民党获得239席,比选举前增加了28席,是增加议席最多的政党,不仅保住了大党地位,而且接近超过半数的251席。加藤在选举后对其亲信说,我坚决辞去干事长职务,为未来竞选总裁作些准备。但是,加藤的亲信小里贞利、白川胜彦、古贺诚、谷垣祯一、川崎二郎等

2013年1月28日,应中国中日友好协会的邀请,日本前首相村山富市(右二),日本日中友好协会会长、自民党前干事长加藤纮一(右四)抵达北京首都国际机场,开始为期四天的访华之旅

都不同意加藤的作法并极力劝说加藤留任。桥本为平衡党内派系关系和加强同社民党及新党魁党的合作关系,极力劝说加藤留任。为此,桥本特别授意梶山静六官房长官到总部去劝说加藤。梶山拜访加藤时说:"你务必留任,如果你辞职,那我也不干了。"梶山还拜访原宫泽派首脑宫泽喜一,请求宫泽帮助劝说加藤留任干事长。经过一段工作后,11月4日下午,桥本首相将加藤请到官邸,会谈一个半小时,桥本对加藤说:"你是三党联合政权的象征,你一定要留任。"加藤最后不得不继续留任。

加藤同社民党及新党魁党的关系密切。1995年底,他曾呼吁新党魁党参加"新世纪集团",并表示今后要多做社民党的工作。加藤是位在20世纪60年代曾参加"安保斗争"而又务实的政治家,他的政策思想基本上是继承"宏池会"的,他认为日本应走"轻武装经济大国"道路。

6. 河野集团

河野集团是以河野洋平(1937年~)为首领的自民党宫泽派内最大的集团。河野洋平为自民党的第二代国会议员,昭和年代出生的实力人物之一。1967年当选众议员后被誉为"自民党的千里驹"。1976年退出自民党另组新自由俱乐部并任代表,也曾轰动一时。1986年回归自民党参加宫泽派,1993年7月当选自民党总裁。

河野洋平1937年1月15日出生,神奈川县平冢市人,官僚家庭出身。其祖父曾任神奈川县议会议长,其父河野一郎是鸠山政权的"台柱"及岸信介的主要合作者。1959年,河野洋平早稻田大学政治经济系毕业后,赴美国斯坦福大学留学,1961年回国,在九江公司

河野洋平

任过职,担任过日粮面包制作公司董事、董事长。1965年其父病逝后,继承其父的选举地盘参加竞选,1967年1月在神奈川县当选众议员。

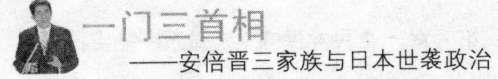

一门三首相
——安倍晋三家族与日本世袭政治

1965年河野一郎故去后,原河野派的中曾根康弘继承河野一郎担任了派系首脑,并将河野派改为中曾根派,所以河野洋平当选众议员后便加入了中曾根派。但由于河野为"鸽派",中曾根为"鹰派",两人在政策思想上始终是格格不入。1974年中曾根出任自民党干事长后,正值河野酝酿另组新党之时,中曾根以派系首脑和干事长身份对河野洋平进行说教,劝说其留在党内不要另组新党,河野洋平未听。

河野洋平等一些年轻议员,不满"自民党内元老和实力派所搞的密室政治和论资排辈"的作法,要求"改革以元老为中心的领导体制"。他们为冲破派系束缚,互相串连,组成各种派系集团,逐步形成党内的"第三股势力",河野洋平就成为这股势力的代表人物。1976年6月,河野洋平与田川诚一、西冈武夫和山口敏夫等6人,抓住自民党内福田赳夫、田中角荣、大平正芳等"保守本流"酝酿拉三木武夫下台和自民党因"洛克希德案件"而"失去民心"的机会,宣布退出自民党另组新自由俱乐部,宣称他们的"信念是搞新保守主义",本着搞"保守两党的设想","重新建立保守政治的基础",而"不是要成为自民党的对抗势力"。同时,日本舆论也称他们是日本保守政党的"一株新芽",寄以希望。

河野洋平之所以有力量组织新自由俱乐部,除其个人威望、拥有一定的政治资金实力和继承其父河野一郎的"河野系企业"10～20亿日元的资产外,更主要的是得到新兴财阀"少壮派"的大力支持。河野新党建立初期,虽曾受到老财阀的批判,认为他们是在自民党走下坡路的局势下,"不顾大局","削弱保守阵营"。但后来随着新党的表态和势力的发展,逐渐表示理解和寄予"期待",认为新党"作为保守阵营的一翼,辅助了自民党"。三菱、住友财团中还有人表示,"只要河野君来,我们一定捐款。"

在舆论和财界支持下,新自由俱乐部在同年12月举行的第34届众议院选举中,推荐了23名候选人,当选17人,还有2名无党派议员参加,成为拥有19名众议员的势力。"河野的人望"轰动一时,并乘势在全国47个都道府县中建立了正式地方组织或筹备会。但是,河野新党虽然依靠"年轻有为的清新形象"适应了广大群众"厌弃自民党的心理",取得了进展,但这种"凭借好印象而突然提高的声誉"很难持久。由于他们把主要精力放在竞选议员和扩展力量方面，忽略了对"基本政策的研究"，拿不出与自民党不同的政策方针，加上选举地盘不巩固、竞选资金不充足和缺少有名望的人选，在1979年10月的第35届众议院选举中，仅当选4人，在此后的几次选举中也有起有落，但总的趋势是下降的。1985年，第二届中曾根康弘内阁期间，河野曾入阁任科学技术厅长官。1986年，由于新自由俱乐部内部矛盾激化，河野洋平解散了新自由俱乐部，重返自民党。

河野洋平回归自民党后，于1987年1月加入了宫泽派。河野洋平之所以不回归中曾根派而另加入宫泽派，其原因一是在政策思想上河野与宫泽同属"维护宪法"的"鸽派"，而中曾根属"鹰派"；二是河野洋平与宫泽在历史上的渊源也较深。1965年7月宫泽参加河野一郎葬礼时，河野洋平的言谈就给宫泽留下很好的印象，从此河野与宫泽便常有往来。1976年河野酝酿组织新党时，事前曾到宫泽府上与宫泽商谈。1986年河野洋平决心解散新自由俱乐部时，又与宫泽交换过意见。河野洋平重归自民党后，宫泽准备吸收河野洋平参加宫泽派，派内阻力很大，元老伊东正义及宫泽亲信加藤纮一等均极力反对。但是，宫泽还是力排众议决定吸收河野为该派成员。

河野洋平加入宫泽派，便不顾派内部分成员的歧视，积极为建立宫泽政权奔走卖力，宫泽也为培养河野，曾一再抓住时机提名河野为内阁成员或党的领导人。但由于竹下内阁期间竹下首相不顾其他政党的反对，强行通过消费税法案，在投票的关键时刻，河野洋平没有出席众议院的会议，因而惹恼了竹下派的"经世会"，而"经世会"的会长金丸信和实力人物小泽一郎又控制着党和内阁的人事大权，因而从此便被排除在内阁成员和党的领导成员候选人名单之外，使河野洋平连续坐了七年多的冷板凳，直至1992年年底竹下派分裂，失去了控制党和内阁人事的条件后，宫泽才在改组内阁时任命河野洋平为内阁官房长官，使河野有了出头的机会。宫泽将河野洋平置于内阁官房长官重要岗位的目的，一是利用河野的改革、清新形象，为提高宫泽内阁的支持率创造条件；二是协助其管理好内阁工作。河野担任内阁官房长官后，也竭力为宫泽内阁卖力，多次代理出国访问的内阁大臣职务，成为各方瞩目的新一代的实力人物。

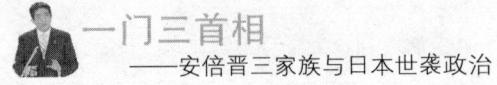

一门三首相
——安倍晋三家族与日本世袭政治

1993年6月18日，以社会党为首的在野党联合对宫泽内阁提出不信任案通过后，宫泽首相拒绝总辞职，决定解散众议院举行选举。7月举行第40届众议院选举，自民党当选众议员未能达到半数，失去了单独执政的条件，宫泽被迫辞去党总裁、内阁首相。自民党又开始酝酿选举新总裁，被提到名字的有渡边派首脑渡边美智雄、三冢派首脑三冢博、小渊派首脑小渊惠三以及海部俊树、桥本龙太郎、后藤田正晴等人。其中桥本的呼声较高。桥本为了探听情况曾试探地对河野说，"这是最后一班车，咱们一起上吧。"因为当时酝酿提出的名单中还没有河野，河野洋平只好婉转地回答说："不，我在后面骑自行车追。"酝酿提出的后藤田表示年事已高不出马，为此被推为总裁人选协调人。经过协调最后的人选集中在3个人身上，即河野洋平、渡边美智雄和桥本龙太郎。

在协调中自民党多数元老们认为，自民党正为"利库路特"丑闻所困扰处于极为困难时期，需推出一位形象清廉、主张改革的实力人物担任党的首脑，改善自民党的形象，河野被认为是合适的人选。因为一般看法是河野洋平与丑闻无关，主张改革，还曾担任过在野党新自由俱乐部的领导。后藤田根据元老们的意图开始对河野做工作，敦促河野洋平出马，后藤田对河野说："在当前的形势下你出来担任党的领导最为合适。"3名候选人中的桥本龙太郎在年轻国会议员和地方组织中呼声较高。桥本也跃跃欲试不愿再失机会，但后藤田根据多数元老意见劝桥本不出马竞选，桥本也只好违心地表示不出马竞选。渡边美智雄因年龄较大身体又欠佳，认为自己机会不多了，必须抓住机遇争夺一番。最后正式候选人便集中在河野洋平与渡边美智雄两人身上。

1993年7月30日，自民党召开该党众参两院议员大会选举总裁，投票结果，河野洋平以208票对159票战胜渡边，当选为自民党第16任总裁，也是自民党成为在野党后的首任未能担任首相的总裁。河野洋平当选总裁后，为照顾派系均衡，任命三冢派代理会长森喜朗为干事长、渡边派木部佳昭为总务会长、小渊派事务总长桥本龙太郎为政务调查会长。

1994年6月，羽田孜首相宣布总辞职后，河野洋平便下决心同社会党及新党魁党组织三党联合政权，为自民党复权作出贡献。自从失去政权后，自民党体验到"在野党的凄凉、悲哀"。河野洋平理解自民党不少国会议员急于复权的心理，在6月26日羽田内阁总辞职的当天中午，河野洋平听说社会党委员到国会附近一家餐馆就餐时，立即派亲信前去向村山问候，表示支持社会党，明确许诺自己只当副首相兼外相即可。

3天后，自民党、社会党首脑会谈时，河野洋平对村山说："也许自民党要在它39年的历史上留下污点，我们决定推举你担任首相候选人。"村山听后相信了自民党的诚意，表示决心同自民党合作，联合执政，从而为自民党重新执政奠定了基础。

自民党重新进入政权后，河野洋平一面积极巩固三党联合政权，一面为自己争取连选连任下届总裁而苦心设计和积极活动，为其连选连任早日登上首相宝座创造条件。河野最初的想法是争取参议院选举中获胜，创造可以不通过选举便被指名为总裁的办法继续连任。为此，从1995年6月，河野便开始了争取连选连任的活动。他一面加强同干事长森喜朗的合作，以巩固同森喜朗所在的派系原三冢派的合作关系，通过前首相宫泽喜一统一原宫泽派的思想能一致支持他。同时，也积极做加藤纮一的工作，并通过他争取"新世纪集团"能给予支持。此外，河野洋平重点作前首相竹下登的工作，因为竹下登不仅对原小渊派拥有强大的影响力，而且对自民党内的一些元老也具有影响。

6月13日，河野洋平同竹下会谈时，坦率地谈出自己争取连选连任的想法，请求竹下给予关照。在此形势下，前首相中曾根康弘也一反常态，出面为河野洋平捧场。22日，中曾根在东京的"兰亭"餐馆请河野洋平吃饭，席间中曾根对河野洋平说："过去在指名选举首相时我虽然没写过河野洋平，我想有可能写一次河野洋平。"暗示将支持河野连选连任。27日，河野洋平再次拜访竹下，谈到参议院选举后的政局及"村山之后"的问题，进一步恳请竹下给予支持。河野洋平还分别拜会前首相宫泽喜等人，竹下根据当时的实际情况，曾考虑过以继续维持联合政权为原则，避免因党内争夺而再次沦为在野党。竹下认为，联合政权是河野洋平极力促成的，为自民党复权立了功。河野洋平在位有利于自民、社会和新党魁三党合作，并考虑由河野洋平任党总裁，由桥本任干事长，为桥本接河野洋平

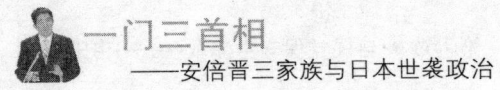

的班创设条件。由于河野多方进行工作,在参议院选举前曾出现了对河野洋平竞选总裁的有利环境。

由于参议院选举的失利以及河野洋平在工作中操之过急为人所利用,从而使形势急转直下,从有利变不利,最后未能达到预期目的。1995年7月。举行参议院选举,自民党当选议员人数虽比改选人数多13人,但没能达到预期目标。尤其是在比例代表区从长期保持的第一位被对手新进党夺走,使自民党受到严重冲击,党内要求追究河野洋平的责任问题也开始出现,原小渊派及"新世纪集团"大力宣传河野洋平的失败,认为从这次参议院选举失败来看,再让河野担任党的领导已难以在下届众议院选举中获胜,必须由在国民中威望较高的桥本龙太郎出来领导,才有希望在下届众议院选举中获胜。这种宣传在自民党的中坚骨干及年轻国会议员中影响颇大,不少人开始倒向桥本一方。

河野洋平为扭转这种不利局面,继续创造连选连任的条件,最初的考虑是由村山将首相一职让给自己,以提高威望和增强党的向心力,村山也有过表示。参议院选举开票后的7月23日深夜,联合执政三党首脑举行会议,据说会上村山首相明确表示辞职的决心说:"按照宪政的常规,在此次选举失败的情况下,请允许我辞去首相职务。"并提出在这样的情况下应由第一大党党首河野洋平出任首相,但遭到新党魁党的坚决反对。

新党魁党代表武村正义说:"如果村山继续执政,可以保留三党联合的框架,否则我们将退出。"该党代表干事长鸠山由纪夫也说:"村山首相继续执政,我们支持政权是正常的,如果从自民党选出首相,我们对联合政权就不会无条件的同意。"自民党内反河野洋平势力早就表示反对河野洋平接替村山出任首相。尤其是"新世纪集团"及前干事长梶山静六等人反对得最为厉害。在此形势下,河野洋平只能作出两种选择,一是强行接班,但这要冒新党魁党脱离联合政权及党内出现造反的风险,另一种是让村山继续执政以避免出现混乱,最后河野洋平从大局出发只得选择后者。

河野洋平为创造连选连任条件的第二个考虑,就是通过内阁改组和重新安排党的领导人事。有关改组内阁问题,联合政权内部有两种方案。一种是村山首相提出的小幅度改组方案,即:副首相兼外务大臣河野洋平、大藏大臣武村正义、通商产业大臣桥本龙太郎3人绝对不能动,同时希望将建设大臣野坂浩贤、内阁官房长官五十岚广三、税务厅长官山口鹤男、自治大臣野中广务、运输大臣龟井静香、北海道冲绳开发厅长官小里贞利、文部大臣与谢野馨、科学技术厅长官田中真纪子等均留在内阁继续任职。

另一方案就是河野洋平提出的大幅度改造,同时他本人只担任副首相或兼一项任务轻的大臣职务,以便抽身回到党内开展总裁竞选活动,武村也要求将大藏大臣职务移交他人,以便回到党内加强党的工作。河野洋平还对亲近的记者透露,他将请干事长森喜朗接任他的外务大臣职务,再由三冢派首脑三冢博接替森喜朗任干事长。

村山提出的小幅度改组内阁方案遭到河野洋平反对后,村山又提出要将积极支持联合政权的野中广务、龟井静香和与谢野馨留在内阁继续任职,同时要求河野洋平与武村继续负责原任职务。桥本竞选总裁的后台指挥梶山也给村山打气,扬言说:"如果河野不担任外务大臣,桥本也将退出内阁",并警告村山首相不要卷入自民党争夺总裁的斗争。最后,在河野洋平坚持大幅度改造内阁的要求下,村山只好表示同意,但河野洋平和武村两人必须留任原职,桥本也要继续担任通商产业大臣。河野洋平和武村也无法再表示反对,只得留在原职位上。

8月8日,村山改组内阁的结果是,内阁成员中留任的只有副首相兼外务大臣河野洋平、大藏大臣武村正义、通商产业大臣桥本龙太郎和由建设大臣改任内阁官房长官的野坂浩贤4人,其余的大臣岗位均换成新人。河野洋平因为继续留任外务大臣,仍然难以抽出时间回到党内搞总裁竞选。相对而言,桥本则有较多时间从事竞选总裁活动。河野洋平为确立在党内的优势,在安排党领导人事时,启用了原三冢派首脑三冢博为干事长,力图形成原宫泽派、原三冢派和原河本派三派联合阵势。因为从自民党拥有的310名国会议员人数计算,"三派联合"可以超过半数。

但是,结果却是事与愿违,河野洋平的人事安排在自民党内引起强烈反响,把可以争取过来的实力人物都推向桥本一边,反而使自己孤立起来。如改内阁时被挤出在外的野中广务、龟井静香及与谢野馨等一下子都成了反对河野洋平拥护桥本的急先锋,在各派中开展串连活动,从而使河野洋平依靠的"三派联合"陷入瓦解。原宫泽派首脑宫泽喜一呼吁全派要团结一致支持河野洋平连选连任,立即遭到前事务总长池田行彦的反对,池田与加藤关系密切。池田说:"为什么要推举旁系的河野洋平,是要让宏池会分裂垮台吗?派内不是还有吗?"原三家派内部也乱了阵脚,当三家博提出全派一致支持河野洋平时,龟井和冢原起来加以反对,他们表示坚决支持桥本。原渡边派内的武藤嘉文及前参议院干事长村山正邦原本是支持河野洋平的,也改变态度支持桥本,河本派内更是大部转向支持桥本。愿竹下和后藤田看到河野洋平已无法挽回败局,便向宫泽进言,为了不使河野洋平受到大的伤害,请宫泽劝说河野洋平应激流勇退。宫泽为了使河野洋平日后还有东山再起的条件,便决心劝说河野洋平退出竞选。

8月28日下午两点半,河野洋平到宫泽办公室拜会宫泽,与宫泽会谈一个半小时。众人虽然劝说要坚持竞选,但在河野洋平已下决心的情况下,河野洋平召开记者会,宣布自己决定退出总裁竞选。

7. 谷垣派

谷垣派是以谷垣祯一(1945年~)为首脑的派系。1945年3月7日,谷垣祯一出生于京都府,担任过自民党总务会长,入阁多达8次,曾任第二届小渊内阁和第一届森喜朗内阁金融再生委员会委员长(金融部长),后在第二届小泉内阁中任国家公安委员会委员长兼防灾政策担当大臣(公安部长兼经济状况处理部长),后在多届小泉内阁中担任最重要的阁员之一的财务大臣(财政部长)。谷垣祯一专长于经济财政政策,2005年10月当选为自民党内"宏池会"的首脑。

谷垣祯一

2006年9月26日，安倍晋三组阁后，没有再担任政府内阁任何职务，专职派会工作。

(二) 佐藤派→田中派（细川派）→竹下派（羽田派）→小渊派→桥本派→津岛派

1. 佐藤派

佐藤派是以佐藤荣作（1901～1975年）为首脑的、由吉田派系分化出来的自民党内部主要派系。佐藤荣作1964年11月～1972年7月担任日本第61、62、63届首相，连续执政7年8个月，创下战后历届日本首相执政时间最长的记录。执政期间，对内推行经济高速增长政策，使日本成为经济大国；对外促成日韩复交，使冲绳回归日本。佐藤荣作还是迄今为止唯一获得诺贝尔和平奖的日本首相。

1901年3月27日，佐藤荣作出生在日本本州岛西南部山口县的山口村。佐藤荣作是岸信介的胞弟，两人都在战后担任过日本内阁首相，执政时间长达11年之久，为日本内阁史上所仅有。

1924年，佐藤荣作东京帝国大学法学部毕业后，长期在铁道省任职。1948年，佐藤在吉田邀请下加入自由党，遂被委以自由党政务调查会长、干事长、国会对策委员会委员长等职。与池田一起，被公认为吉田茂的左膀右臂、"吉田学校"的优秀生，为吉田长期执掌日本政治大权立下汗马功劳。

1957年鸠山下台后，佐藤加入自民党，任党内总务会长、选举对策委员会副委员长。佐藤荣作出任了第二届岸内阁的大藏相，不但深受其兄的影响，而且也是岸内阁各项政策的重要参与者和制定者。

1964年10月，池田首相因病提出辞职。继任首相没有采用以往的由执政党选出总裁、再经国会推选承认的办法，而是经党内各派协商之后，决定由池田首相提名产生。结果，佐藤被提名，并于1964年11月9日就任首相，组成第一届佐藤内阁，随后又被选为自民党总裁。

1965年后，为适应从池田体制向佐藤路线转变的需要，佐藤以本派为主体，网罗党内其他一些派系，组成了所谓"全党一致的实力人物内阁"。

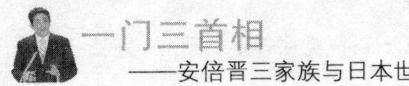

一门三首相
——安倍晋三家族与日本世袭政治

1967年，又逐步改组，结合佐藤派、岸派、福田派和原池田派，建立所谓"主流三派的联合体制"，依靠佐藤—福田阵线，树立佐藤方式的人事体系。

佐藤得以四任自民党总裁，创日本历届首相连任期限最长的记录，史称佐藤长期政权，一个重要原因就是，在掌握福田与田中两者之间的平衡中发展，利用"角福战争"不断深化，形成自己在自民党内举足轻重的地位，并在自民党内形成最大的派系。

2. 田中派

田中派是以田中角荣（1918～1993年）为首脑的派系，1972年由佐藤派改为田中派。田中角荣1972年7月～1974年12月担任了日本第64、65届首相。在任期间，对外一举实现中日邦交正常化，解决了战后日本外交的一大悬案；对内提倡"日本列岛改造论"试图启动内需，寻求经济繁荣的新增长点，最终因"洛克希德贪污案"被迫辞职。

田中角荣

田中角荣幼年时期，家中相当富有，后因经营不善家境渐衰。田中角荣父母共有七个孩子，他行三且为家中唯一之男孩。16岁到东京谋生，当过学徒、职员和见习记者。1936年东京中央工学校土木科毕业。

1937年在东京创办"共荣建筑事务所"，承包工厂学校的设计、施工。不久，他与当时的新兴财阀大河内正敏搭上了关系，业务迅速发展起来。第二次世界大战期间应征入伍，被派驻中国黑龙江。1940年因患重病被送回日本医治。1941年以伤病军人退役。

1943年12月创立田中土木建筑工业股份公司并任总经理，后该公司成为日本50家最大的建筑公司之一，因战后房地产价格暴涨，迅速成为富翁。1945年秋,田中开始踏入政界,年方29岁就当选新潟县的众院议员。

1948年田中投身自由党。10月,日本政局发生变动,内阁宣布辞职。根据一般惯例,议会第一大党自由党组成下届政府。当时,自由党内一批干部,以占领军司令部"暗示"为根据,企图撤换吉田茂的总裁职务。总务会议就此进行讨论时,出现了上述意见一边倒的局面。吉田茂无可奈何,只好辞职让权。就在吉田准备做辞职发言时,身居总务委员末席的田中向荣站了起来,慷慨激昂地发表了"美国不能干涉日本内政"的演讲,使得会场形势急转直下,吉田保住了总裁职位,接着组成了第二次吉田内阁。

吉田茂因田中得救,感激之余,认识了田中的才干,遂任命他为法务省政务次官。从此,田中作为"吉田学校"的正式成员,活跃于政界和自民党内。后因牵连贪污事件而辞职,并被美国占领当局逮捕,两年半后被宣布

田中角荣

无罪释放。从1949年至1957年,田中始终未能入阁而徘徊于幕后。1950年12月任长冈铁道公司总经理。1953年任理研化学公司董事。其间,他结识了"吉田学校"的两个核心人物——池田勇人和佐藤荣作,并与他们建立起密切的关系。在任命池田为藏相和选举佐藤为干事长两件事上,田中作为吉田的亲信贡献不薄。对此,池田和佐藤深表感激。1954年自由党干事长佐藤推荐田中任副干事长,辅佐佐藤荣作处理党务事宜。1955年自由党与民主党合并为自民党后,任众议院商工委员会委员长。

1957年,岸信介组阁,田中时年38岁入阁任邮务大臣,是1885年日本实施内阁制以来最年轻的阁僚,从此田中走到台前来展露政治才能。在

岸内阁时期，自民党内佐藤荣作逐渐得势，田中便加入了佐藤派。1960年夏，岸信介内阁垮台时，田中又推动池田勇人出面组阁，深受池田的器重。1961年，田中回到自民党党内工作，担任池田勇人内阁时期的自民党政务调查会会长，1962年夏到1964年夏，在池田内阁中连续做了三任大藏大臣。

1964年夏，佐藤因与池田竞争首相宝座而闹翻，田中在两者之间进行紧张的调解。池田勇人因病辞去首相职务，佐藤荣作继任首相。在佐藤内阁，田中先后出任大藏相、自民党干事长和通产相等要职。田中在自民党内任干事达4年之久，大大培植了自己的势力，为日后争夺自民党总裁打下雄厚的基础。田中在佐藤内阁中共担任五届自民党干事长，呼风唤雨，距离权力顶点只一步之遥。1971年7月起任佐藤内阁通商产业大臣。

1972年，佐藤荣作交出政权后，田中与福田赳夫竞争自民党总裁和首相之职。

经过几个月的周密策划和紧张活动，1972年5月9日夜，佐藤派内以木村武雄为首拥立田中的集团，在东京一家日本餐厅聚会，正式亮出了支持田中竞选自民党总裁的旗号。这批人由地下活动转为公开活动，意味着田中策略的基本实现。佐藤派事实上已分裂为田中派和支持福田的保利派，前者为82人，后者仅为21人。以众参两院80多名议员为基础的田中派，包括大家所熟悉的竹下登、羽田孜和小渊惠三，因其"行动迅猛，团结一致"，被誉为"田中军团"，为田中竞选成功立下了汗马功劳。

田中之所以能建立起枝叶茂盛的"田中人脉"，一方面是田中本人具有向心力、决断力、领导力和亲和力，更重要的是他善于巧妙地利用"情和利"来笼络人心，这也是田中后来者居上超过福田的重要原因。接着，田中又在自民党各派领袖中间展开了合纵连横活动。6月2日，田中与盟友大平正芳达成协议，商定在总裁选举的决选投票时联合。在此基础上，努力争取自民党内中曾根派、三木派和各中间派的支持，以求彻底孤立福田。

7月2日，田中与大平、三木举行三派首脑会谈，一致商定谁在第一轮投票中得票最多就支持谁，并就日后实现中日邦交正常化达成政策性协议。三派首脑会谈意味着田中在与大平结盟的基础上，最终取得三木派的支持。由于中曾根日前表示支持田中，实际上形成了四派联合对付福田派的局面，福田陷入孤立之中。四派能够联合起来对抗福田，是因为具有共同的政治目标——尽快实现中日邦交正常化。大平、三木和中曾根都认为福田一旦上台，将继续奉行佐藤路线，在外交上不可能迅速实现中日邦交正常化。

1972年7月5日，自民党在日比谷召开继任总裁选举大会。佐藤发表退职讲话后开始投票，投票结果是：田中角荣156票，福田赳夫150票，大平正芳101票，三木武夫69票。因四位候选人均未达到超过半数的239票，按有关规定，在得票第一位和第二位之间进行决选投票。12时34分，投票揭晓：田中282票，福田190票，4票无效。田中击败福田，赢得了自民党总裁竞选的胜利，成为日本政治史上第一个没有受过大学教育的首相，日本人称他为"庶民宰相"。他的当选一时成为日本朝野人士议论的一大新闻。

田中角荣是一位有胆识、有魄力、敢作敢为的政治家。1972年接任首相后，他力排众议、冲破重重障碍，毅然于同年9月25日访华。当天下午3点，在人民大会堂安徽厅举行首轮首脑会谈。周恩来和田中角荣分别代表本国政府，强调中日复交时机已经成熟，应本着求大同存小异的精神，一气呵成地实现邦交正常化。

27日晚上8时半，毛泽东在周恩来、姬鹏飞、廖承志等陪同下，在中南海的私邸会见了田中、大平和二阶堂进。

28日下午，第四轮首脑会谈对联合声明的内容最后达成协议，并一致同意于9月29日建立两国间的外交关系。

9月29日上午10时，在人民大会堂举行了庄严而隆重的签字仪式。周恩来、田中角荣等一一在联合声明正式文本上签字。

为了保持权力，田中角荣提出"人数就是力量"。从此，日本的政治成了彻头彻尾的拉帮结派，谁的人数多，谁就是自民党的总裁，而这些头头们拉人的唯一办法就是金钱。由于田中率领的政治家们不择手段地弄钱，日本的大企业也肆无忌惮地大兴贿赂之风。田中角荣型的政治方法只

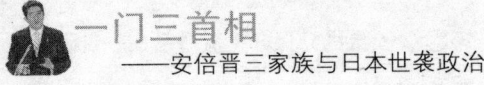
一门三首相
——安倍晋三家族与日本世袭政治

能是昙花一现，不到两年，他就因金钱丑闻被迫辞职。1974年11月因涉嫌洛克希德公司行贿事件，被迫辞去首相和自民党总裁职务。

1976年他宣布退出自民党，但田中派的实力仍居自民党各派系的首位。同年7月27日被捕，后获保释。1983年10月12日被东京地方法院判处4年徒刑、罚款5亿日元，田中表示不服，提出上诉。在1983年12月众议院大选中，田中以无党派候选人身份继续当选为众议员。1989年退出政界，隐居家中。1993年12月16日田中溘然辞逝，终年75岁。1995年2月被日本高等法院最终判决有行贿受贿罪，审理19年的洛克希德案终告结束。

●细川派（由田中派分裂出来的非自民党派阀）

细川派是以细川护熙（1938年～）为首脑的派系，是由自民党田中派分裂出来的日本新党派系。细川护熙1993年8月～1994年4月担任日本第79届首相。

细川护熙

1938年1月14日，细川护熙生于熊本县，为细川家族的第18代，其父战前任过近卫文麿内阁首相秘书官、贵族院议员，其母为近卫文麿次女。细川年轻时就立志当政治家，高中毕业后最初报考京都大学未被录取，后考进上智大学法学系。毕业后，为选择进入政界的捷径，进入《朝日新闻》社当记者。1969年辞去记者，参加第35届众议院选举竞选众议员，因没有得到自民党的支持和准备不足而落选。1971年6月，由自民党佐藤派推荐为第9届参议院议员候选人参加竞选，在田中角荣的大力支持下当选，从而完成了想当政治家的宿愿。1977年在第10届参议员选举中再次当选参议员。

细川当选参议员后即加入自民党佐藤派，深受该派的实力人物田中角荣的青睐，成为田中系成员。1972年7月佐藤荣作下台后，田中派成立，细川即为田中派成员。1990年细川的熊本县知事两届任期即将届满时，一般认为细川在熊本县知名度较高，支持率高达70%，因此有可能连选连任第三任县知事。但是出人意料,细川在第二届知事任期届满时便宣布不参加下届知事竞选。舆论界认为细川的这一举措是另有考虑,即准备竞选东京都知事,因为细川在佐藤派和田中派时即与该派"青年将校"首领竹下登建立了密切关系。当时竹下认为,东京都知事铃木俊一知事年事过高,考虑由细川代替铃木参加竞选,但由于铃木不肯让位,坚决出马竞选争取连任,结果使竹下无法推荐细川,使细川的想法也落了空。

细川护熙为日本政界中昭和年代出生的风云人物之一。20世纪90年代初,当日本政财界再次酝酿建立"保守两大政党"轮流执政的气氛高涨时,细川认为"现行政治已被白蚁蛀食,崩溃在即",在政界一显身手的机会来临了,于是宣布退出自民党,于1992年5月建立日本新党,并于7月的参议院选举中重新当选参议员。从此他高举"政治改革"大旗,在日本掀起"日本新党热",日本新党的支持率迅速从一位数上升到两位数,成为仅次于自民党的第二位。在此有利的形势下,细川表示,日本新党的成立是要打破政治官僚机构和企业界相互勾结的体制,要进行体制的大改革,以适应新的时代,并提出在发展本党的基础上愿与"改革势力"合作,共同推动"改革",促进政权更迭。

在1993年7月众议院选举中,细川又当选为众议员,其率领的日本新党共当选35人。细川为争取组织新政权时把握主动权,与新党魁党结成联盟,在自民党和非自民党势力之间采取中间立场,直到非自民党势力各党派表示一致推举他为新内阁首相时,他才同意与非自民党势力合作,共同组成非自民党的七党一派联合势力。

同年8月国会举行选举内阁首相投票,在众议院细川以262票超过半数的优势战胜自民党推举的候选人河野洋平,当选为第79任内阁首相。8日组成七党一派的联合新内阁,从而结束了自1955年以来长达38年的自民党一党执政的局面。

1994年4月,细川因接受政治资金捐款问题被追究而自行辞去首相职务。同年12月率日本新党参加由原联合执政的新生党、公明党及民社党等九个在野党派联合组成的新进党。细川自辞去首相职后,一年时间内基本上采取对政局静观的态度,不参加新进党的领导班子,言行也比较谨

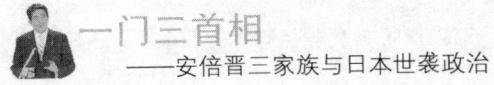

慎。1995年4月以后开始重新活动，同多方联系并不断发表对政治和政策的评论，以显示自己的存在。1995年年底新进党举行第二次党首选举，小泽当选党首后，细川又与反小泽的羽田孜合作，1996年1月两人在新进党内共同组建跨派系政策集团"兴志会"，作为同小泽抗衡的筹码。同时，细川还同各政党的新老实力人物进行联系，为在政界再现身手创造条件。

3. 竹下派

竹下派是以竹下登（1924～2000年）为首脑的派系。1987年7月竹下登率领田中派的绝大多数议员正式脱离田中派成立竹下派。被喻为"首相缔造者"的竹下登，1987年11月6日～1989年6月3日担任日本第74届首相。

竹下登

1924年2月26日，竹下登出生在日本岛根县饭石郡桂合村。他的父亲勇造是竹下家的倒插门女婿。他们长期经营酿酒行业，尚属小康之家。他的父亲还当过"庄头"（相当于村长）。竹下登的父母希望儿子能出人头地，光宗耀祖，特别是他母亲，对儿子管教严格，要他勤奋刻苦，认真学习，不准出现半点怠慢情绪。同时要他遵守"任何时候不要让他人生气"的做人道理。

竹下登在读初中时就离开父母住在学校里。他难以忍受孤独和寂寞，读书成绩又极一般，表明其天资不属聪颖之列。他为了消磨时光，白天一有空闲就练习柔道，直到精疲力尽方才罢休。晚上，他不读正课书籍，广泛阅读小说，对小说中描绘的农村风土人情和各式人物倍感亲切，为此能把许多精彩段落背下来，几十年以后仍然记忆犹新。由于竹下登把许多时间没有花在正课上，致使中学的主要课程成绩平平，初中毕业时没有能考上县里的重点中学。竹下登的父母决心要把儿子培养成为一名大学生,把他送到京都早稻田大学举办的一所私立补习学校,竹下登颇感难堪。但是竹下登后来感到没有考上重点高中倒是一件大好事,因为,如果考上重点高中则必然会学习理工科,而从私立学校补习班毕业能上早稻田大学,这样就必然学习人文学科,这是从政的基础。同时,早稻田大学是培养政治家的摇篮,为他后来从政提供了许多有利条件。事实上,竹下登也的确是从早稻田大学开始步入政治舞台的。

1942年,竹下登考进早稻田大学。这时正值第二次世界大战,日本同美国处于交战之中。4月17日,美国对日本京都空袭,他第一次看到了前来轰炸的美军飞机。日本侵略战争的受阻和失败,需要更多的青年去前线。

1944年8月15日,竹下登应征入伍。先后到熊谷航空兵学校、长野县野边山分教所、东京调节飞行队、伊那分教所、所泽陆军航空后勤学校、东京少年飞行学校等6个地方服役,他从一名士兵做到了教官。

1945年8月15日日本宣布投降后,竹下登结束了军营生活,踏上了返归故里之途。他脑子里装满了战争给日本带来的悲惨情景,深感前途渺茫。

竹下登回到家乡没有多久,日本临时政府发出通知,凡战前是学生入伍的都可以申请复学。竹下登接到通知后,毫不犹豫地重返早稻田大学,改学商学。竹下登进入商学系的主要原因,是想毕业后继承祖传的酿酒业。但是,竹下登真正的奋斗目标还是跻身于政治舞台。说来也凑巧,当时任众议员的小川丰次与竹下登同住在一座公寓里,不久他们便成了好朋友。这为竹下登了解政界的种种内幕提供了条件,实际上这是他步入政界的起点。1947年竹下登大学毕业时,他已当选为饭石郡农地委员会委员,加上他领导饭石郡的复员军人进行各种政治活动,从而又当选为饭石郡青年团长。这样,他在全郡闻名遐迩。

1951年,竹下登当选为县众议员,从此开始了他的仕途生涯。竹下登从1951年起接连担任7年县众议员,1958年起连任11次国会议员,可谓官运亨通。同时他还先后在佐藤和田中内阁中任官房长官,任三木内阁建

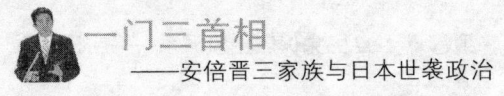
一门三首相
——安倍晋三家族与日本世袭政治

设大臣、大平内阁大藏大臣、自民党组织委员长及代理干事长等要职。

竹下当选为议员后即加入佐藤派,颇受佐藤赏识和重用。竹下亦视佐藤为"严父"、"恩师",追随佐藤达14年之久。在佐藤的熏陶下学会了"忍耐"、"调和"、"等待"的哲学。1972年佐藤下台后,竹下又加入田中派。田中派是自民党内最大的派系,因兵多将广而被称作"田中军团"。后来,派系领袖田中角荣因涉嫌洛克希德行贿案于1976年被捕,退出了自民党,但获释后仍操纵着"田中军团",称作"幕后将军"。"田中军团"一直左右着日本政局,甚至按照田中的谋划,推出了大平、铃木和中曾根三代首相。然而,自1974年田中首相下台后,田中派再没有出过一位首相,派内郁积着强烈的不满。志在竞逐总裁的竹下登,为了扩大自己的势力,秘密地在田中派内串联,经过一年多的活动,聚集了40多名志同道合者。

1985年1月27日,竹下登来到东京目白的田中家里,向田中汇报说,他准备以学习为宗旨成立创政会。田中闻言怒发冲冠,大声喝道:"学习会,那太好啦!但在目前的情况下,我绝对不许在田中派内搞派!如果你要搞,我绝不让你做我的继承者,你要很好地记住我的话!"

竹下受到田中呵斥,并未回心转意,照旧在1985年2月7日正式成立了"创政会"。竹下组成"创政会",是他竞逐总裁"三级跳"的第一个跃步。

1987年6月3日下午,"拥立竹下为总裁"的集会在东京大仓饭店举行。田中派议员117人(包括10名代表)参加了集会,竹下在会上宣誓:"我要全力以赴地报答大家的期待!"同天晚上,二阶堂进在东京品川区集会,指出"忘恩负义之人是没有生路的"。7月4日下午9时,竹下集团的113名议员在东京赤坂王子饭店集会,正式成立了"经世会",举起了竹下派大旗,政策集团为"经世会",自任会长。

历时15年的田中军团终于散伙。留在田中派二阶堂系的只有寥寥的15名议员。竹派成为自民党四大派中第一大派,拥有国会议员120人,占自民党国会议员总数446人的27%。竹下派财雄势大,人材济济,在党内影响最大。派内由金丸信和竹下登共掌帅印。"五大金刚"身居党政要职

(小泽一郎代理会长、小渊惠三干事长、羽田孜选举调查会会长、奥田敬和事务总长和桥本龙太郎藏相)。竹下登在与安倍晋太郎、宫泽喜一争夺中曾根之后的下任首相过程中,直到最后三人也没有分出高低时,最终由中曾根于10月20日裁定竹下登接任自己,担任下届内阁总理大臣。

　　竹下登上台后,奉行一套所谓竹下政治。首先他重视人际关系,认为人际关系的好坏直接关系到政权的稳固。他提出"责任自己承担,功劳给予别人"的照顾原则。这意味着优先的政治价值似乎不是信念和原则的始终一贯,而与伙伴的交际和合作是高于一切的。其次是控制官僚。他十分器重竹下派在各省厅的人士,他们都是各省厅决策的实权人物,同时他们与社会各界又有着密切的、广泛的联系,显然这种广泛的统治基础是使政权稳固的不可缺少的重要因素。再有是他把自己打扮成国会之子。竹下登说:"总理大臣是由国会指名的,因此,国会对我来说如同主人。尊重主人所说的话是理所当然的,"这番话的真实用心是使执政党和在野党双方都能保全面子的情况下来解决问题。此外,竹下登还用"人人皆朋友"的口号来加强他的联系网络,这是以其母校早稻田大学的校友为核心的一个关系网,由此去联系财界和各界的实力人物,他就像是一个大型蜘蛛网中的大蜘蛛,始终处于权力的中心,操纵着日本的上上下下。不过他要使各界的利益绝对平均是难以做到的,竹下派内部由于少数人没有能得到期望的职位而牢骚满腹,在野党更不用说,因此对这位"娃娃脸"首相始终不会用敬畏的口吻称其为"老头子"。

　　竹下登长期担任党务及内阁财经要职,过去很少发表系统的内外主张。他上台后推行的内外政策具有两个特点:一是从效仿、承袭逐渐显露"竹下色彩";二是姿态柔和,给人以"鸽派印象"。在内政方面,他提出了《日本列岛故乡论》,强调把日本建成美好而充满活力的家园。对防卫问题,他主张贯彻专守防卫、无核三原则及文官控制制度,不做威胁他国的军事大国。对外政策方面,他表示将继承中曾根路线,并起用中曾根派的宇野宗佑为外相,特请中曾根筹建"高水平"的和平战略研究机构,为其外交政策出谋划策。但从他上台后提出的外交政策以及展开频繁的出访活动看,逐渐突显出与中曾根有别的竹下色彩。

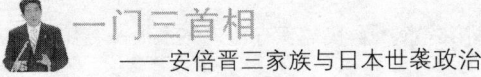

一门三首相
——安倍晋三家族与日本世袭政治

　　1988年春天，内阁国土厅长官奥野诚亮发表了歪曲历史的谈话后，在国内外双重舆论的压力下奥野向首相提出辞呈。竹下登自奥野辞职后，竭力设法挽回不良影响。正当他企图巩固政权、欲展宏图之际，1988年6月爆发了日本产业公司"利库路特公司"贿赂政界、财界和新闻界的特大贿赂案，这一丑闻使竹下登从高峰掉进了深渊。次年3月《朝日新闻》揭露该公司曾为任干事长的竹下登购买两千万日元的宴会券。在社会舆论和在野党的压力下，4月竹下登在众议院预算委员会交代与利库路特公司的关系并决定辞职。1989年4月25日，竹下登在总理大臣官邸举行记者招待会宣布辞职。

　　1999年4月，竹下登因患病住院治疗，住院一年多后，他在2000年5月宣布退出日本政坛，6月19日早晨，竹下登因为呼吸系统疾病而死于日本一家医院。

　　●羽田派（由竹下派分裂出来的非自民党派阀）

　　羽田派是以羽田孜（1935年～）为首脑的派系，由自民党竹下派分裂出来的新生党派系。羽田孜为日本昭和年代出生的实力人物之一，原为自民党竹下派"七员干将"之一，曾为创立竹下派立过汗马功劳，后为新生党党首，1994年4月～1994年6月担任日本第80届内阁首相，是对新进党及日本政局颇具影响的风云人物。

　　1935年8月24日，羽田孜出生于东京都，祖籍为长野县，是继承父业的第二代众议员。日本政治家，日本前首相、日本国会众议员、日本最大在野党民主党最高顾问，曾是日本自民党内竹下派的骨干分子之一。羽田父亲羽田武嗣郎东北帝大法律系毕业后，任过《朝日新闻》社记者，1937年创办羽田书店并任经理，其后任过铁道大臣、运输大臣秘书官。战后，1945年任运输递信省政务次官，1954年任农林省政务次官。

　　羽田孜历任邮政省政务次官、农林省政务次官、自民党国民生活局长、组织副委员长、

羽田孜

286

国会对策副委员长、农林部会长等职。1969年第一次当选众议员。

羽田孜是在自民党支持下在其父的选区当选的众议员。羽田当选众议员后即加入佐藤（荣作）派，属田中（角荣）系。田中善于选举又非常关心青年人，在年轻国会议员中间很有威信，田中重用被称为"青年领袖"的竹下登，也善于做年轻人的工作，所以羽田一加入佐藤派便成为田中系的一员。竹下得知羽田当选后，为表示对羽田的关怀即打电话给羽田，竹下对羽田的关怀备至，使羽田很感动，从此羽田同竹下的关系一直很密切。

1976年，田中角荣因洛克希德受贿案被判决有罪，羽田孜开始认为"要捍卫时代的英雄，只有团结在竹下周围"，从此便为竹下扩展势力而卖力。1981年12月任众议院农林水产委员长。1983年任自民党农林政调查会长。10月，田中角荣被东京地方法院作出一审判决。翌年春，羽田与同时当选的小泽一郎、梶山静六商量，主张"建立保护老头子的竹下政权"，他们首先于1985年2月在田中派内建立政策集团"创政会"，作为开展建立竹下派活动的据点。经过一段紧张的活动和激烈的斗争，于1987年7月帮着竹下登正式退出田中派，另组竹下派，派的会名定为"经世会"，从而完成了为竹下建派任务，羽田也成为竹下的"七员干将"（羽田孜、小渊惠三、小泽一郎、渡部恒三、奥田敬和、桥本龙太郎、梶山静六）之一。

1988年7月，羽田孜就任竹下派第二任事务总长。羽田为人处事圆滑，善于社交，避免树敌。1989年竹下登同金丸信和小泽一郎关系紧张后，竹下派的"七员干将"中的小渊惠三、桥本龙太郎和梶山静六三人追随竹下登，小泽一郎、奥田敬和及渡部恒三三人则追随金丸信，唯有羽田采取中立态度两不得罪。1992年春开始，羽田逐渐倾向小泽一方，他经常参加小泽同奥田及渡部的定期聚会，会上不仅议论一般政治问题，还议论政治改革及派系的重新改组问题，特别是有关以小选举区制为中心的改革选举制度问题，在这些问题上羽田同小泽意见一致。

自民党内以石破茂等人为代表的"实现政治改革年轻议员会"，就是在羽田的推动支持下组成的。1992年8月以后，竹下派会长金丸信因接受

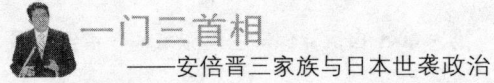

一门三首相
——安倍晋三家族与日本世袭政治

"东京佐川快件公司"政治捐款问题被揭发出来,被迫先后辞去党副总裁、竹下派会长和众议员之职,竹下派内围绕会长一职展开了激烈的争夺战。小泽认为自己是代理会长应是当然的接班人,并得到奥田和渡部等人的支持。但遭到竹下及小渊、桥本和梶山等人的坚决反对。从此双方为争夺会长一职进行了殊死的搏斗。小渊一方为争取羽田,提出由小渊任会长。由羽田任副会长的方案,遭到小泽一方的反对。小泽一方也为争取羽田,提出由羽田任会长,双方争执不下,最终小渊一方采取强行突破的办法,由竹下派干部会决定由小渊为会长。

小泽看到大势已去必须另立门户,成立了政策集团,抓"改革"的旗帜,推举羽田为代表,12月18日正式退出竹下派,组成羽田派,由羽田任会长。

羽田当上派首后,他深知自己名声虽有而实力不足,因为派系的实权是掌握在小泽手中,派系的成员大部分为小泽的亲信或支持者,自己要真正掌握实权还需要有一个艰苦斗争的过程。所以,羽田一方面同小泽等人一起打起"改革"的旗号,在党内外展开活动,制造声势扩大影响,并扬言在必要时不惜退出自民党与其他党派的改革派组成联合阵线,向宫泽政权及自民党领导人施加压力,告诫他们不要逼人过甚。另一方面则处事谨慎,留有余地,他除与自民党各派保持联系外,还一直强调他是希望自民党能自我进行改革,他愿留在党内推动自民党的改革。为此,他也是自民党各派的争取对象。

由三冢、宫泽、渡边和小渊四派联合形成的"小泽包围网"都主张孤立小泽,争取羽田。当内阁副首相兼外务大臣渡边美智雄因健康问题提出辞呈后,宫泽首相便想由羽田接任外务大臣,通过副总理兼法务大臣后藤田正晴对羽田进行工作,请他出任。但羽田考虑自己在派内及同"改革"势力之间的关系问题,认为不入阁为上策,便加以谢辞。羽田这招果然收到良好效果,使其在派内及"改革"势力中的身价大增。1993年6月18日在野党联合对宫泽内阁提出不信任案,羽田认为这是给他创造出头的有利时机,便毅然采取了造反行动,同在野党一道投了对宫泽内阁的不信任票,迫使宫泽首相宣布解散国会举行大选。6月23日,羽田率羽田派退出自民党另组新生党。

羽田孜为争当第二保守政党的领袖，在新生党成立后便多方开展扩大影响和增强实力的活动。7月18日大选结果，新生党当选55名众议员，从而一跃成为日本国会内第三大政党，更使羽田感到有了希望，羽田开始向建立第二大保守政党而全力以赴。但是，在新生党成立后，羽田同小泽又在党政领导权方面展开了新的激烈争夺。

羽田与小泽一郎同为1969年12月第32届众议院选举时当选的众议员，并同时加入自民党佐藤派，两人又同受该派的实力人物田中角荣的重视和"青年将校"头目竹下登的关照，两人也为创立竹下派立过汗马功劳，最后又同时于1993年6月退出自民党共同组建新生党，羽田出任党首站在前台，小泽担任干事长在幕后操纵。新生党的重要领导成员奥田敬和将羽田和小泽两人的合作关系比喻为"车身"（羽田）与"车头"（小泽），"双方谁也离不开谁"。但是，自从小泽支持日本新党党首细川护熙出任内阁首相，不支持且有意压低羽田之后，羽田便同小泽有了离心，两人争夺权力的斗争也逐渐表面化。

小泽为阻止羽田出任首相，积极支持日本新党党首细川护熙为内阁首相，为此引起羽田的极大不满。细川出任首相组阁时，虽然任命羽田为副首相兼外务大臣，但这并不能平息羽田对"盟友"小泽的怨恨。1994年4月细川辞职下台后，羽田认为这回该轮到自己出马竞选内阁首相了，但是小泽为阻止羽田出任首相，又与自民党渡边派首脑渡边美智雄进行密谋，让渡边退出自民党由原联合执政党推举其为首相候选人，后因渡边从自民党内无法拉出一定人数只得作罢，最后小泽不得不同意由羽田出马竞选内阁首相。

1994年4月25日，国会选举首相时，羽田也在原联合执政党支持下当选为新首相。但是，由于社会党左右两派团结一致，于羽田当选首相的第二天即4月26日宣布退出联合政权，加上新党魁党在选举首相时就表明只在内阁外合作不派人入阁，使羽田内阁一成立就成为"先天不足"的"少数内阁"，政权无法稳定。6月，羽田被迫辞职后，小泽又拉出自民党的海部俊树参加新首相竞选，这使羽田又受到很大刺激。小泽的作法已迫

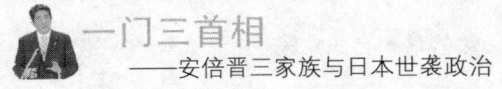

一门三首相
——安倍晋三家族与日本世袭政治

使羽田不得不建立新的政策集团以与小泽对抗。羽田与其亲信奥田敬和、佐藤惠和爱知和男等共同组成反小泽的羽田集团，原新生党有近半数的国会议员参加。

1995年12月新进党改选党首时羽田同小泽进行了面对面的较量。新进党改选党首时，争夺党首一职的有3人，即当时的党首海部俊树、副党首羽田孜及干事长小泽一郎。海部的支持者最少，在确立党首候选人时海部连20名推荐人都无法凑足，只好在党首候选人登记前宣布退出竞选。最后剩下进行较量的是羽田和小泽两人，结果小泽以绝对优势战胜羽田当选为新党首，羽田又吃了一次败仗。

1996年1月，羽田与细川及船田等众参两院议员共69人组成"兴志会"，作为对抗小泽和创造复权条件的"堡垒"。后来，小泽分别或同时找羽田和细川会谈，提出要不忘初衷继续努力"改革"，要求他俩给予合作，共同搞好选举以便夺回政权，并率先解散支持小泽的政策集团，从而迫使羽田和细川也不得不同意解散"兴志会"。但羽田和小泽的分歧已难重新弥合。

4. 小渊派

小渊派以小渊惠三（1937～2000年）为首脑，由原竹下派分化而来。其成员从为原竹下派骨干成员和元老。该派组织有"经世会"、"新产业经济研究所"等。小渊惠三是昭和年代出生的"新领袖"人物之一，为自民党内最大派系原小渊派首脑，在党内任过干事长、副总裁、总裁，在内阁任过官房长官，深得前首相竹下登的信任与栽培。在1998年7月～2000年4月间担任日本第84届首相。

小渊惠三属第二代国会议员，其父小渊光平是群马县有名的靠个人奋斗发家致富并当选众议员进入中央政界的地方实力人物。1937年6月25日，小渊惠三出生在这样一个亦商亦政的富裕家庭。其父为让他能得到天时、地利、人和的三种恩惠给他起名"惠三"。小渊惠三读小学是在群马县，初中和高中是在东京。他在初中和高中时看到其父多次落选，曾感到"作为政治家的家族太艰难，想成一名新闻记者或小说家"。

1958年4月考入早稻田大学英文系。同年5月，当选众议员的父亲病故，小渊惠三在其父后援会的鼓励下改变不作政治家的初衷，决心承父业竞选众议员。小渊惠三为将来竞选议员积极作准备，参加了早稻田大学"雄辩会"以提高演讲水平，为了学习书写题词参加了"书法部"学习书法，为了有个好身体参加国会斗争而加强身体锻炼，为了联系选民和争取选民支持参加了群马县早稻田观光学会，并发起组织早稻田群马县人会。

小渊惠三

1962年于英文系毕业后又进入大学院政治科学习。小渊惠三准备继承其父的选举地盘群马县三区，亦是实力人物福田派首脑福田赳夫和中曾根康弘的选区。小渊惠三认识到自己的实力不如父亲，如果硬拼很难取胜，所以就想出"奇袭制胜"妙方，即一是通过外围开拓眼界提高声望，二是寻找靠山支持自己竞选。1963年1月小渊惠三在学期间，其母亲给他100万日元让他出国观光增长见识，他开始赴台湾、东南亚印度、中东、欧洲、美国及南美洲等37个国家和地区旅游，尽量争取会见一些官员。

10月中旬小渊惠三返回国后，便立即投入竞选活动，一方面充分发挥其父亲后援会及早稻田大学同学的支持作用，另一方面寻找靠山，亲自到佐藤派首脑佐藤处拜访求援。小渊惠三的妙方在其竞选中果然见到成效。选民听了对小渊惠三的介绍及其本人介绍国外见闻，认为他是位年轻有为之士，印象良好，同时，佐藤荣作为了让小渊惠三在竞选演讲中能吸引选民，专门让其亲信竹下去教小渊惠三练习竞选演说。选举结果小渊惠三当选，后又连续当选。

小渊惠三的父亲属佐藤派，自己又是在佐藤荣作大力支持下当选众议员的，所以当选后即加入佐藤派。小渊惠三为向佐藤报恩，1964年佐藤竞选总裁时，作为一期生众议员的小渊惠三全力以赴为佐藤的竞选而奔波。这时开始小渊惠三常常跟随竹下一起活动。佐藤下台后，在佐藤亲信田中与福田争夺政权时，小渊惠三加入田中派，成为该派青年骨干之一，颇受

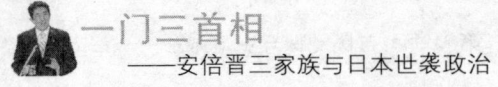
一门三首相
——安倍晋三家族与日本世袭政治

田中赏识。小渊惠三在田中派内一直与竹下关系更为密切,成为竹下嫡系中的嫡系,早在竹下因惹恼田中而处不利时期,他即一直在竹下身边。竹下派于1985年2月成立"创政会",小渊惠三为该会核心成员。竹下派成立后小渊惠三任过事务总长。小渊惠三为人质朴寡言、性格温和忠厚,被称为竹下系的"温和派",与小泽一郎、梶山静六等所谓"武斗派"形成鲜明对照。

1987年7月4日,竹下等脱离田中派正式成立竹下派,取名为"经世会",成为自民党内的第一大派,小渊惠三出任了第一任事务总长。同年10月自民党酝酿选举中曾根康弘之后新总裁,当时争夺总裁一职的有被称为"三位新领袖"的干事长竹下登、总务会长安倍晋太郎和大藏大臣宫泽喜一。小渊惠三是事务总长,所以就成了与其他派系交涉的窗口,也是派系之间从事激烈的讨价还价的当事人。竹下在总裁选举最后一轮时,他不回家,一直住在市内的竹下事务所的旅馆里,废寝忘食地四处奔忙,直到竹下被指定为新总裁。小渊惠三事后在回顾这一段往事时说:"在这一两年经历了创政会、经世会、总裁选举,我也历任各种职务,能亲自尝到参加总裁选举的滋味,得到了某种满足。"

竹下当选党总裁后又在国会被选举为内阁首相,竹下组阁时即任命小渊惠三为内阁官房长官,成为竹下的得力助手。小渊惠三在谈到竹下新内阁时指出:"将以同国民保持步调一致为根本,因为他是黎民百姓的、一般群众的内阁,已深深扎根于大地。"他强调植根于黎民生活的政治。竹下的抱负是"承担起国际性责任、面向21世纪、创造国民幸福、高质量的生活。和平、安全是当然的目标,还要建设一个足以回答'人生到底是什么'的富裕的文化经济国家。回顾过去的四十年,做好中曾根内阁的'战后政治总决算'的善后工作,使国民能放心"。据说,小渊惠三就任官房长官期间,制定、发表新元号,被人们誉为"平成小渊"。昭和天皇崩逝,在例行后事上,小渊惠三发挥了其非凡的才干。

1991年4月,自民党干事长小泽一郎因东京都知事选举中失败而引咎辞职,竹下为继续培养锻炼小渊惠三,极力向海部俊树总裁保举小渊惠三出任干事长。竹下是海部的前辈,小渊惠三与海部是多年的好友,同为早稻田大学"雄辩会"成员,小渊惠三还作为前首相竹下的"传令兵"往来于竹下与海部之间,1990年7月也曾携带海部亲笔信飞赴土耳其,为海部访问中东打前站,所以海部对竹下推荐小渊惠三为干事长没有异议。

1991年,竹下派会长金丸信因"佐川急便"事件而被迫辞去党的副总裁和竹下派会长职务。围绕争夺会长一职派内展开激烈斗争。最后,竹下派干部会裁决小渊出任会长。小渊的对手小泽一郎竞争失败,宣布退出竹下派,竹下派从此分裂。小渊继承竹下,领导该派余下的50多名国会议员,该派也正式改名为小渊派。竹下派改名为小渊派后,实力已大大削弱,从过去的五大派的"一强四弱"中的"一强地位"降至为第四位,从而在党内的影响力也相对减弱。不过小渊并没有气馁,他竭尽全力,加强党内团结,充分听取各方面的意见和建议。5年之后的1996年,小渊凭着他一流的组织能力和斡旋能力,成功地将小渊派重新提升为党内第一大派系,这也为小渊的当选奠定了牢固的基础。

由于自民党在国会中占有多数议席,成为自民党总裁就意味着可以登上首相的宝座,所以党内争夺总裁的斗争一向十分激烈。即便是人缘很好的小渊,在迈向这一宝座的过程中也是几经风雨。1995年自民党总裁换届选举时,他和同为小渊派的桥本都曾被列为候选人,两人都是1937年出生、1963年当选众议员,在党和内阁中也都任过要职。最后研究和协调的结果是推举桥本,小渊失去了问鼎总裁宝座的一次机会。1996年10月众议院选举后,桥本曾与小渊会谈请他出任众议院议长,但被小渊婉言谢绝。这是因为,按自民党惯例,凡担任过议长的人都将成为党的最高顾问,而不再有资格竞选党的总裁和首相。可见小渊目光长远,还有更高的追求。1997年9月,小渊出任桥本第二届内阁的外相,这为他迈向自民党总裁的宝座打下了更牢固的基础。

1998年7月13日,桥本内阁下台,小渊终于获得冲击自民党总裁宝座的机会,他最终战胜党内对手梶山静六和小泉纯一郎,当选为自民党总裁,成为日本第84届首相。小渊接替首相时,日本经济持续低迷,国内外对小渊都不太看好。这位与前任风格迥异的新首相,采取了与前任相反的经济政策,以扩张性的财政政策刺激日本经济,陆续拨款超过40万亿

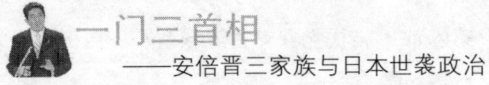

一门三首相
——安倍晋三家族与日本世袭政治

日元，使日本的长期债务累计达645亿日元。小渊为此曾自嘲："我是世界负债冠军。"小渊的经济政策使日本经济渐有起色，他在日本与俄罗斯、韩国等对外关系上也有所作为，使传媒与公众对他的看法也随之逐渐改变。

2000年4月2日，小渊突发脑溢血住院，日本传媒和公众又突然对这位已不省人事的首相好评如潮，5月14日去世后，小渊惠三更是备受尊崇。"我知道人们怎么说我。我被说成是一个太一般太一般的人。我被说成是一个天性善良的人，但我想让你们明白，我是一个去做必须要做的事的人。"这是小渊惠三对自己的基本评价。

5. 桥本派

桥本派以桥本龙太郎（1937～2006年）为首脑的派系，是由田中派、竹下登派、小渊派延续而来，该派系始终执日本政坛之牛耳。桥本龙太郎，1996年1月～1998年7月担任日本第82、83届首相。

桥本龙太郎

1937年，桥本龙太郎生于日本冈山县一个官宦家庭，其父桥本龙任是日本战后初期颇有名望的自民党佐藤派政治家，曾因为退伍军人和在战争中死难者家属争取权益而名噪一时，并因此当选为众议员，此后，他又在吉田内阁任厚生相和文部相。桥本龙太郎幼年丧母，是在其继母的抚养下长大成人的，自幼受的是日本传统式教育，受继母的影响较大。父亲虽整日忙于政务，但也经常对其谆谆教诲，且要求极为严格。

桥本的中学和大学时光是在东京度过的，他就读的应庆大学是日本名牌私立大学，依照父亲的意志，他攻读政治学，但当时的桥本对从政毫无兴趣，他迷恋摄影、登山和剑道。

桥本龙太郎是在佐藤荣作一手扶植下进入中央政界的。桥本父亲桥本龙伍与佐藤荣作同是前首相吉田茂的得意门生，两人关系非常密切。1948

年 10 月吉田茂第二次出任内阁首相时，佐藤荣作为吉田内阁的官房长官，桥本龙伍为副官房长官；1949 年 1 月举行第 23 届众议院选举时，桥本龙伍和佐藤荣作又同时当选众议员。桥本龙伍与佐藤荣作两家还做过邻居。桥本龙太郎早在中学读书时就认识佐藤。桥本龙太郎当时喜欢集邮，到处找熟人收集邮票，一次，桥本龙太郎被父亲的秘书官告知可到电信省找大臣秘书官取邮票。桥本龙太郎到达电信省走进了大臣办公室，一看里边坐的是佐藤荣作，佐藤见桥本龙太郎进来便问说："你是龙太郎吧！我家也有龙太郎（佐藤长子），过来，这本集邮薄送给你做为礼品。"从此，桥本龙太郎便认识了佐藤。

桥本龙伍去世后，佐藤荣作对桥本龙太郎给予多方关照，为使桥本龙太郎能在其父亲的选举地盘（冈山县二区）当选众议员继承父业，让桥本辞去吴羽纺织公司的工作，安排其就任厚生大臣西村荣一的秘书。桥本龙太郎就任大臣秘书后，有了正式名义，便印制名片回到自己的选区向选民散发，开展竞选活动。1963 年 11 月举行第 30 届众议院选举时，桥本龙太郎以大臣秘书的身份登记报名参加竞选众议员，在佐藤大力支持下首次当选，时年仅 26 岁，是当时当选的众议员中最年轻的，被称为"娃娃议员"。桥本龙太郎当选后即加入佐藤派，在佐藤熏陶下开始了政治生涯。

1972 年 7 月，佐藤首相辞职下台，田中角荣上台，桥本又加入田中派，并得到田中的关照与重用。桥本与田中同属佐藤派，论议员的辈份田中长于桥本，所以桥本不时得到田中的关照。早在 1969 年 12 月第 32 届众议院选举时，桥本任众议院社会劳动委员会理事和党政务调查会的文教部会副部会长两个职务，必须同时参与制定"健康保险法"和"大学立法"两项法案，难以抽身回自己的选区冈山县二区进行竞选活动，桥本最初把希望寄托在佐藤首相的支持上，但因为佐藤是党总裁、内阁首相，为议员助选活动安排的日程过紧，无法安排为桥本助选。桥本无奈只好再去向干事长田中角荣求援，桥本到干事长办公室见到田中说明来意后，田中回答说"明白了！"并说干事长要管全国选区的竞选活动，专门安排到你的选区助选有困难，这使桥本很失望。可是当桥本抽身回到选区竞选时，得知田中早已亲自写信给自民党的地方机构，说桥本是因为有党的工作才无法

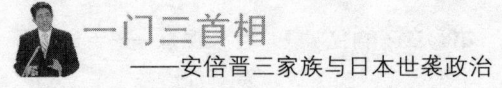
一门三首相
—— 安倍晋三家族与日本世袭政治

回选区去竞选，因此对地方党机构说："我们绝不能让全心全意为党工作的人士落选，希望你们要全力以赴为其竞选。"桥本为此很受感动。最后，桥本当选。从此，桥本对田中非常崇拜，自认为是田中系的一份子。

1972年7月佐藤下台时，自民党内争夺佐藤之后的党总裁职位的有田中角荣、福田赳夫、大平正芳和三木武夫四人，属佐藤身边的是田中角荣和福田赳夫二人，佐藤认为田中还年轻机会较多，而福田年龄较大机会不多了，有意让福田接班。但是田中不肯相让，田中与福田进行较量时，桥本站在田中一边，桥本认为田中是佐藤派的嫡系，应由田中接班，并亲自拜访佐藤表示自己坚决支持田中请佐藤给以谅解，佐藤则劝说桥本，请桥本改变主意去支持福田，直至桥本告别前佐藤还劝桥本回去再考虑考虑，但桥本表示无法改变主意。田中成立田中派后，桥本即加入田中派，又受到田中的多方栽培。桥本与田中还有深一层的关系就是田中与桥本父亲桥本龙伍也共过事，并且同为前首相吉田茂的"十三弟子"成员。为此，桥本加入田中派后便属田中亲信，被称为田中派"青年将校"中的领军人物。

1976年7月，田中因洛克希德受贿罪被逮捕，桥本当时非常同情，一边流着眼泪一边为田中辩解。1978年12月，大平正芳接替福田出任内阁首相，大平与田中两人是盟友，在大平组织内阁时，田中便将桥本推荐给大平请安排为厚生大臣，桥本当时41岁，是该届内阁中最年轻的大臣。

田中角荣病倒后，桥本又为创建竹下派立了大功。桥本与竹下的关系也是从佐藤派时代开始的。竹下登与桥本同样是在佐藤荣作支持下于1958年5月第28届众议院选举中当选众议员的，但竹下比桥本早两届。竹下在佐藤派是佼佼者，深受佐藤器重，为佐藤派"青年将校"的首领，竹下曾帮助过桥本竞选众议员，在各方面关照过桥本，后来桥本也为竹下组建派系和竞选总裁出过大力，被称为竹下派的"七员干将"之一。

1984年12月12日，以竹下集团大管家金丸信为核心，还有桥本、小渊惠三、龟冈高夫、梶山静六及中村喜田郎7人，在国会附近的饭店内秘密地聚会，开始研究为竹下集团举旗的问题。当时竹下还表示要慎重从事，金丸信则坚持说要干就下决心去干。两周后，即25日夜，竹下集团又聚会，参加成员包括竹下自己在内已增加到 14 人。桥本在这次聚会上提议说，"今天参加聚会的都是核心部队成员，在成立政策集团前竹下先生应事前取得老头子田中先生的谅解。"

1985 年 2 月 7 日竹下集团正式成立"创政会"，选举竹下为会长，桥本和参议员尾木为副会长。2 月 13 日，竹下、桥本和尾木 3 人去田中家拜访，报告成立"创政会"不是派中派，只是政策学习会。此后，桥本一直参加建立竹下派和为竹下争当党总裁及内阁首相的活动。1989 年 6 月竹下因"利库路特贿赂案"下台后，在竹下派内部发生的竹下与金丸信之间的矛盾以及小泽一郎和羽田孜自成派系等，桥本始终站在竹下一边。1992 年 12 月 18 日，羽田、小泽集团退出竹下派另组羽田派后，竹下派改名为小渊派，由小渊任会长，桥本任事务总长。

在 1995 年 9 月当选党总裁之前，桥本曾有 3 次出马竞选总裁的机会，均因受到派系首脑或竞争对手的反对而坐失良机。第一次机会是 1989 年 6 月竹下总裁辞职后，总务会长伊东正义保举桥本龙太郎接班，但遭到竹下派会长金丸信的反对而未能如愿。第二次机会是 1989 年 8 月宇野总裁下台后，在后继总裁人选中桥本的呼声相当高，但又因会长金丸信以及主要对手小泽一郎的反对而再次坐失良机。第三次机会是 1993 年 7 月宫泽内阁辞职后的自民党总裁选举，当时桥本的呼声极高，但经过后藤田对其做工作后，最后不得不放弃竞选。

桥本龙太郎

1995 年 9 月自民党举行第 25 届总裁选举时，桥本终于有了自由出马参加竞选的环境。既无派内受阻的情况，也无众多实力人物相互"拼杀"你死我活的激烈争夺，而是桥本同在职总裁河野洋平一对一的争夺。桥本由于准备早争取到多数国会议员及党员的支持，迫使河野不得不在申报候选人日期截止前突然宣布不出马竞选总裁。为了避免桥本一人唱"独角

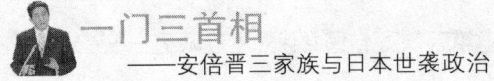

戏",最后硬行将原三冢派的小泉纯一郎(前邮政大臣)推出作候选人为桥本当陪衬,以给自民党的总裁选举增加一点"民主"色彩。

9月22日投票选举结果,桥本以绝对优势当选自民党总裁。从政30多年后的桥本龙太郎终于如愿以偿,登上了日本政坛的顶峰。1998年7月13日,桥本被经济拉下马,辞去自民党总裁和首相之职。2004年7月31日,桥本龙太郎因收受巨额政治献金却未公告一事,宣布辞去桥本派会长职务并离开此派阀。2006年,桥本龙太郎因病去逝。

6. 津岛派

津岛派以津岛雄二(1930年~)为首脑的派系,是由桥本派延续而来。

津岛雄二

津岛雄二,1930年1月出生,1950年3月旧制第一高等学校毕业,1953年11月通过司法考试合格,1954年3月4日,东京大学法学部结业,进入大藏省。1956年7月赴美留学。1977年初次参加议员竞选获得成功,后连续11次当选议员。1990年担任厚生大臣。1993年7月任自民党政调会会长代理。2006年8月任桥本派会平成研究会会长。津岛派是最官僚和保守的派阀,是自民党第二大派阀,拥有75名国会议员。

第七章
自民党保守非主流派系
——鸠山派系

鸠山派系也属于自民党内保守派系,由于该派系从自民党建党之初就是以反吉田派系面目出现,且吉田派又是自民党保守主流,因此鸠山派系被日本政坛称为保守非主流,亦称保守反主流派或称保守旁系。

一、自民党保守非主流派系概述

鸠山一郎为二战前后日本著名的政治活动家。从1954年12月组阁到1956年12月宣布总辞职,鸠山一郎相继组织过三届内阁。鸠山留给日本的一笔重要政治遗产,就是在其任期内实现民主党与自由党合并,建立以自己任总裁的自民党,结束了战后十年的多党政治时代,使自民党在议会中取得了两倍于社会党等其他政治势力的优势,并一直存续到20世纪90年代。与他任内的成功折冲相关,日本政坛1955年形成了保守势力一直执政,革新势力始终在野的"五五体制"。自民党自成立起,便包容了各种势力和派别,埋下

鸠山一郎登上《时代》封面

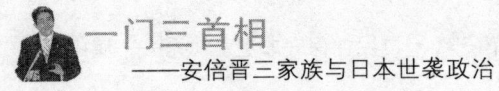

了党内纷争的种子，这可算是鸠山遗产中的特产。

鸠山派系与吉田派系的斗争实际上是日本自民党内部两种同为保守性质政治力量间为争夺日本政权的直接对撞。战后之初，解除军人统治的日本政坛非常活跃，各种党派如雨后春笋般地成立。鸠山一郎召集过去政友会的旧部组成了自由党，并在战后首次大选中胜出，但由于受到占领军的"整肃"而失去执掌日本政坛的机会，不得已才将快要到手的权力让给吉田茂。但鸠山并不打算长期远离政治，他认为自己只是因为风声太紧，暂时将政权托付给吉田代管而已。然而，这一托付让竟使他长达8年之久不能执掌日本政权。直到1954年12月，鸠山通过党内外的激烈争斗才重掌日本政坛权柄。

当鸠山解除整肃重返政界后，吉田并不履行前约，抓住政权死不放手。据鸠山事后说，他同吉田茂在约法三章之外，还有第四项条件，即鸠山或自由党领袖中如果有谁要求吉田辞职的话，吉田必须辞去党总裁的职务。吉田深知鸠山等人解禁会对自己的权力地位构成威胁，对这些有实力的竞争对手的解禁工作多方设阻。但到旧金山媾和前夕，鸠山一郎、三木武吉、石桥湛山、河野一郎等人作为最后一批被解禁的政界人物又都重返政界。几乎所有这些解禁保守政治家在政治目标上都是以反对具有占领时期特征的吉田政治为第一要务。鸠山派为争取民意和孤立吉田派势力，以友爱精神为号召，注重笼络政界那些对吉田专断独裁作风心存芥蒂的人士；在对外政策上，鸠山派反对吉田的所谓对美一边倒的政策，提出要广泛地与苏联和新中国调整外交关系；在国防政策方面，鸠山、岸信介、石桥等人反对吉田所倡导的轻武装论，认为这不但会削弱日本的独立精神，又有违反宪法的嫌疑，所以主张日本应光明正大地打出重整军备的旗帜；在财政政策方面，鸠山派主张采取积极的和富有建设性的财政政策。

身为纯粹党务活动家的鸠山一郎，因命运多舛且亲民开明而深得国民同情，他所提出的政治主张也顺应了刚刚摆脱占领束缚的日本国民的民意，强劲的"鸠山热"席卷日本列岛，使鸠山派在民望上大大超过吉田派。吉田派的政治失利主要在于依然沉醉于被占领时期的惯性思维。虽然吉田茂失去执掌日本政坛的权力，但并未因此退出日本政治舞台，仍然在幕后指挥着吉田派系与鸠山派系进行争夺日本政坛权柄的斗争。

二、鸠山派系的形成

鸠山派是以鸠山一郎（1883～1959年）为首脑的自民党内部保守非主流派系。从1911年继承父业当选东京市议会议员，到1956年辞去日本首相的职务，鸠山一郎度过了45年政治生涯。他是给当代日本投下巨大影子的政治人物，战后创办了日本自由党、民主党和自民党。鸠山一郎是施政上很有特色的政治家，继吉田之后于1954年12月～1956年12月连续三次组阁，担任日本第52、53、54届首相，任期内引人注目的政绩是实现日苏邦交正常化，使日本重返联合国。鸠山一郎下台后，鸠山派分化出石桥派、岸派和河野派。

鸠山一郎1883年1月1日出生在东京。祖辈为日本美作国（冈山县）胜山藩的家臣，鸠山一郎的父亲鸠山和夫于东京帝国大学毕业后，1875年被派往美国留学，为日本首批出国留学人员，在美国哥伦比亚和耶鲁大学攻读6年，成为日本的第一批法学博士，毕业回国后任东京帝国大学法学部长。1892年当选众议员，1896年任众议院议长。在内阁任过外务省次官，在大学任过早稻田大学校长。1911年当选东京市议会议员，曾任该市议会副议长、议长。其母鸠山春子，出身于松山

鸠山一郎

藩家臣的家庭，长期致力于妇女教育，任过女子师范学校教师，1886年创办共立女子职业学校，亲自担任校长。鸠山自幼受母亲良好教育、发愤读书，1907年以总分第一名优异成绩毕业于东京帝国大学法学院，此后在父亲开办的法律办事处当律师。

受其父亲影响，鸠山一郎从小立志当一个政治家。在他步入社会时，正值日俄战争后日本民主运动高涨时期，为实现自己的政治抱负，鸠山加入政友会，投身于政治斗争的激流，1911年当选东京市议会议员，任过市

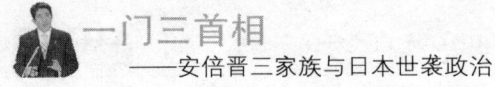

一门三首相
——安倍晋三家族与日本世袭政治

议会副议长、议长。1915年当选众议员,先后当选15次。战前,鸠山一郎属立宪政友会,任过该党干事长、代理总裁。1927年4月任田中义一内阁书记官长,1931年任犬养毅内阁文部大臣,1932年至1934年任斋藤实内阁文部大臣。战时,第二次近卫内阁成立后,通过所谓"新体制运动",把所有资产阶级政党和右翼团体,统统纳入大政翼赞会组织之内。鸠山所在的政友会也在1940年宣布解散,加入大政翼赞会。政友会解散不久,鸠山便与大野伴睦等人组成"同交会",反对东条英机专权及其"冒进"的军事政策,遭东条的排斥,退居轻井泽乡间。

日本投降后,鸠山重新出头露面,招聚旧部,于1945年11月创建日本自由党,自任总裁。1946年4月,日本举行了战后第一次大选举,鸠山一郎率领的自由党在议会大选举中一举获胜,成了日本第一大党。但天有不测风云,正当他准备组阁时,5月3日麦克阿瑟发布了《关于国会议员的革职与排除》的备忘录,鸠山一郎被列入了革除公职者的"整肃"之列。他被开除公职后,自由党内没有适当人选接替总裁职务,而推不出总裁就无法组阁,政权将落入其他政党之手。结果鸠山把吉田茂请入党内,让吉田坐上头把交椅,组成第一次吉田内阁。吉田也表示,如果鸠山恢复公职,愿意随时交回职权。鸠山赋闲5年,直到1951年才恢复公职,回到自由党内。但是时蹇运乖,复职前突患脑溢血导致半身不遂,休养半年多始见好转。

重新回到自由党后,按鸠山的天真想法,自由党总裁一职应该"物归其主"了。但吉田茂已今非昔比了,5年的经营培植了大批亲信党羽,在自由党内已扎下深厚根基,他以总裁职位不是"公器",不应私相授受为由,绝了鸠山的奢望,因而导致鸠山与吉田茂为首的自由党保守主流派矛盾激化。

一怒之下,鸠山于1953年3月脱离自由党,组成自由党分党派。1954年11月又与改进党合并,成立日本民主党,自任总裁。鸠山以将吉田茂从首相位置上拉下为政治目标,经过一系列的倒阁行动,使连续执政达6年之久的吉田内阁于1954年12月下台。鸠山在民主党支持下掌握政权,于12月底组成第一届鸠山内阁。

鸠山上任之初，在日本全国范围内出现一股"鸠山热"。鸠山充分地利用并助长这种"鸠山热"，上任伊始，便开展所谓提倡净化的"新生活运动"，起到了收买民心，为"鸠山热"加温的效果。接着他便不失时机，于内阁成立两个月的1955年2月举行大选，使民主党大获全胜，上升为议会第一大党，巩固了政权基础。1955年11月日本民主党与自由党（时任总裁绪方竹虎）合并成立自由民主党，1956年4月任自民党第一任总裁。鸠山积极推行自主外交政策，同年10月率领政府代表团访问苏联，签署了《日苏恢复邦交共同宣言》及《通商通航议定书》。同年12月辞去自民党总裁职务，任该党顾问。

鸠山内阁的最大功绩是实现了日苏邦交正常化。如果说吉田时代的主要功绩是恢复和复兴了日本经济，那么鸠山内阁则开始着眼于政治上的自主独立。这时的国际形势有所缓和，为鸠山推行的"独立自主"政治路线提供了前提条件。鸠山内阁对内主张修改宪法，重整军备，公然提出修改宪法第九条，重建真正的"自卫武装"，成立"宪法调查会"，以为修改宪法作准备，并强迫议会通过《宪法调查会法案》。但在深受战争灾难之苦的日本人民的抵制下，鸠山最终未敢正式修改宪法，不过在重整军备方面还是将自卫队兵力由15.2万人增至21.4万人，比吉田茂又向前迈了一大步。

修改宪法受挫后，鸠山将主要精力用在日苏邦交问题上。当时，吉田茂、池田勇人等亲美派极力反对，身为鸠山内阁外相的重光葵也持消极态度，但鸠山不惜一赌自己的政治生命，决心抱病亲往莫斯科，举行日苏首脑会谈，并于1956年10月19日签署了《日苏共同宣言》。正是由于与苏联签定了这份《日苏共同宣言》，使苏联由1952年9月18日否决日本申请加入联合国提案，到1956年12月18日第11届联合国大会同意日本加入联合国，使日本以独立国的面貌重返国际政治舞台。由于实现日苏邦交正常化和日本加入联合国，鸠山如愿以偿，旋即于12月20日即宣布总辞职，"体面"地让出政权。当鸠山一郎回顾自己最后辞职时的心情，他只用了一个词——"明镜止水"。1959年3月7日去世。

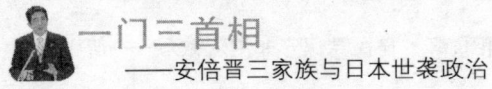
一门三首相
——安倍晋三家族与日本世袭政治

三、鸠山派系的主要支流

鸠山派系的主要流派有三支,一支是以岸信介为首的岸派衍生而来,另一支是以河野一郎为首的河野派衍生而来,还有一支是以三木武夫为首的三木派衍生而来。

(一)岸派→福田派→安倍派→三冢派→森派→町村派

1. 岸派

岸信派是以岸信介(1896~1987年)为首脑的,由鸠山派分化出来的自民党内重要派系。岸信介1957年2月~1960年7月担任日本第56、57届首相。该派系在自民党内实力较雄厚,是一支颇有影响力的派阀。随着岸信介退出日本政治舞台,岸派分化为福田派(岸派嫡系)、川岛(正次郎)派和藤山(爱一郎)派三派。川岛派和藤山派早已不复存在,只有其嫡系福田派一直延续下来。近些年来,日本首相从森喜朗到小泉纯一郎,再到今天的安倍晋三,都是出自该派系。

岸信介

2. 福田派

福田派是以福田赳夫(1905~1995年)为首脑的派系,由自民党岸派分化衍生而来,为岸派嫡系。福田赳夫自20世纪60年代起便已成为争夺自民党总裁和内阁首相的实力人物,70年代后期,才以古稀之躯执掌政权,于1976年12月~1978年12月担任日本第67届首相。因此有人把福田内阁称为"来得过晚"、"走得过早"的政权。

1905年1月,福田赳夫生于群马县郡马

福田赳夫

町，他的祖父、父亲、长兄先后当过该町町长，是当地的名门望族。福田孩提时代，聪明伶俐，受人喜爱，与大人们下围棋时，经常轻而易举地打败对手，享有"神童"的美称。在中学里，福田的成绩出类拔萃，是高崎中学成立以来最优秀的学生，并以第一名的成绩毕业顺利考入东京最为有名的第一高等学校，毕业后考取东京帝国大学法学部。

　　1929年毕业后，入大藏省。当时大藏省的新任官员有着这样一个传统：考取第一名的，被派往伦敦工作；第二名的则被派往纽约工作。福田进入大藏省不到一年，就被派往伦敦去了。由此看来，福田是以第一名的成绩进入大藏省的。1933年，福田从伦敦回国，担任了京都税务署署长，后任横滨税务署署长，1934年回到大藏省。在大藏省历任主计局调查课课长、司税官、税务署署长、大藏省调查课课长、情报局情报官、大藏省参事官、大藏省主计局局长等职。1941年随石渡庄太郎（汪伪政府"经济顾问"）到中国主持汪伪"储蓄券"发行工作。1945年就任大藏省官房长官。

　　日本战败后，福田继续在大藏省任职，历任银行局局长、主计局局长。可以说，福田自进入大藏省后一帆风顺，步步高升，可谓仕途坦荡。然而，1948年因受"昭电事件"（复兴金融金库非法贷款给昭和电工公司的舞弊案件）的牵连被解除职务。1952年8月，吉田内阁解散了国会，福田在本乡的群马县以无党派的身份当候选人。尽管新参加的候选人如果没有党派关系，在选举中是不利的，但福田仍然坚持不加入政党。这是因为当时看不清哪一个政党将来会是怎么样的，福田为保持自己的行动自由，也就决定采取无党派的态度，结果以第二名当选。次年加入自民党，并与岸信介保持着十分牢固的关系，开始了长达25年的通向首相之路。1957年7月，岸信介起用福田担任自民党副干事长，第二届岸内阁成立时，任政务调查会会长。1959年1月任干事长，同年6月任岸信介第三届内阁农林大臣。1960年任自民党政务调查会会长，后因批评经济高速发展政策而辞职。

　　1960年岸信介退出政治舞台后，首先是岸派中的旁系——藤山（爱一郎）派独立了，接着嫡系也分成川岛正次郎率领的"交友俱乐部"川岛（正次郎）派和福田派的党风刷新联盟。社会上把党风刷新联盟看作是岸

一门三首相
—— 安倍晋三家族与日本世袭政治

派的正统。福田在"革新党风"的旗号下竭力主张政治现代化和消除派系。福田本人是反池田勇人的"急先锋",在池田任总裁期间,福田与仓石忠雄、青木正等,曾为扶植佐藤上台、拉池田下马而积极活动。1965年6月任佐藤内阁大藏大臣。1966年12月任自民党干事长。1968年11月任佐藤第二届内阁大藏大臣。1971年7月任佐藤第三届内阁外务大臣。1972年12月任田中第二届内阁国务大臣(行政管理厅长官)。1973年11月任田中改选内阁大藏大臣。后因反对金权政治、肃清党风为名,与三木退出内阁。1974年12月任三木内阁副首相兼经济企划厅长官。1976年9月三木内阁改组后继续留任。三木内阁末期,福田与大平私下达成协议,决定由福田接替三木担任下届总裁,福田之后由大平接班。1976年12月,由于自民党在众议院议员大选中失败,三木引咎辞职,福田担任总裁的愿望现了。

12月24日,福田内阁宣布成立。福田内阁继续沿袭三木前总裁的方针,对党的体制进行改革。1977年春,在他的建议下,自民党成立了"党改革实施本部",福田自任部长。1977年8月发表日本对东南亚的政策宣言,被称为"福田主义"。1978年9月,福田派外相来到北京,与中国政府签订含有"反霸条款"内容的《日中和平友好条约》,使中日和平友好关系又向前迈进了一步。12月因与大平正芳竞选总裁败北而去职。1990年2月众议院选举时退出政坛。1995年7月5日逝世。

3. 安倍派

安倍派是以安倍晋太郎(1924~1991年)为首脑,由岸派和福田派延续下来的,岸派的嫡传。安倍晋太郎为日本自由民主党前干事长,安倍派首脑、"清和会"会长。安倍晋太郎是岸信介的女婿,也是岸信介一手培养起来的保守党政治家,在自由民主党内原属岸派,岸信介下台后属福田派。安倍

安倍晋太郎

晋太郎为福田派嫡系，被视为福田派的"王子"、福田的接班人。福田派一直维持到1986年向安倍晋太郎交班为止。福田因长期受到岸信介的"恩惠"，一直设法为安倍早日登上总裁首相宝座创造条件，为给安倍树立威信，先让安倍担任福田派派会"清和会"代理会长。1986年福田宣布将首相位让给安倍晋太郎，从而成为各派中第一个由元老向下一代交班的派系。

4. 三冢派

三冢派以三冢博（1927～2004年）为首，由安倍派演变而成。该派组织为"青和会"、"博友会"等。三冢博为自民党原安倍派"四大金刚"（森喜朗、加藤六月、盐川正十郎、三冢博）之一，安倍派的第三代会长，安倍派改为三冢派后，三冢成为自民党内第一位昭和年代出生的派系首脑。

三冢博为清贫家庭出身，1927年8月1日生于宫城县仙台市。1948年于日本大学兽医系毕业。1951年于早稻田大学法学部毕业。毕业后曾任自民党众议院议员本间俊一秘书。1959年4月，任宫城县土地改良协会事务局长。任过岸田组股份（有限）公司董事长。1963年4月起两次当选为宫城县议员。1972年12月，初次当选为众议员。在自民党内任过文教部会副部会长、青年局次长、国会对策委员会副委员长、交通部会部会长、调查局长、国铁改革推进本部长代理、政务调查会副会长、会长代理及会长、干事长等职，在国会任过众议院内阁委员会委员、文教委员会理事、运输委员会理事、议院运营委员会理事及委员长、预算委员会委员等职，在内阁任过运输省政务次官（1977年11月福田赳夫内阁）、文部省政务次官（1979年大平正芳内阁）、运输大臣（1985年12月竹下内阁）、外务大臣（1989年6月宇野宗佑内阁）、大藏大臣（1996年11月第二届桥本内阁）。

三冢博当选众议员后便加入福田派，福田派改为安倍派后，三冢博便成为安倍派成员。三冢博由于精明能干，工作有魄力，在派内颇重用，1991年安倍派首脑安倍晋太郎病故时三冢博为该派事务总长。当时安倍派

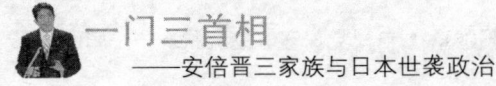

一门三首相
——安倍晋三家族与日本世袭政治

的四位实力人物即所谓"四大金刚"都想接派系的班,围绕派系继承人问题互不相让,掀起一场激烈争夺战。主要争夺对手为三冢博和加藤六月。三冢博得到森喜朗的支持,而加藤六月想推出盐川正十郎替自己,当时将三冢博与加藤的争夺喻之为"三六战争"。

实际上,三冢博与加藤的矛盾由来已久,早在1987年左右国铁民营化时就开始了。当时,加藤为运输委员会委员,对民营化持反对意见;三冢博任重建国铁小委员会委员长,是推进民营化的急先锋。此后,三冢博出任内阁运输大臣,在政界地位亦因此上升。安倍故去后,原安倍派内"四大金刚"三冢博、森喜朗、加藤六月和盐川正十郎分为两大阵营。加藤方面极力推举盐川正十郎,理由是"盐川正十郎虽然身体欠佳,但资格老,曾九次当选众议员,由他坐镇,安倍派内将不会出现对立面"。支持加藤的有原运输大臣石原慎太郎、原劳动大臣大野明、原自治大臣吹田幌;另一方面,"四大金刚"之一的森喜朗及原厚生大臣小泉纯一郎提名由事务总长三冢博任清和会会长,这一提名得到派内半数以上的骨干和年轻议员的支持。经过一个多月派内协调工作,双方虽互不相让,但一致同意老资格众议员安倍派座长长谷川峻作为最终裁定人,长谷川反复征求派内元老及各方意见,最后于6月29日在安倍派联席会议上宣布,由三冢博任第三届清和会会长。由此"三冢派"正式起步。

三冢博出任派首后,为巩固在派内的地位和缓和与对立面的矛盾,在派的领导人事安排上曾下了番功夫。一方面论功行赏安排亲信森喜朗为会长代理,另一方面起用加藤等非主流派推荐的运输大臣大野为事务总长,组成"三人派制"。这样一来,一可加强派系组织机能;二可做到"派内团结";三可确保自己的主导权。因此,三冢能够控制了60%的力量,但要想控制到80%尚需时日。

三冢派的诞生,引起自民党内各派关注。三冢博为争取全派的合作与支持,在出任会长后立即对全派国会议员表示,他将"满腔热情地继承安倍政治,重视派内团结与融洽。被选为会长来领导由前首相福田创业,前干事长安倍殊死奋斗而发展壮大为89人之多的大派系,深感责任重大"。三冢博还强调要继续维护安倍在世时建立的"安竹联盟",他说,"安竹联盟"关系在政界是不多见的信赖关系,必须珍惜。但是,同时也应在竞争中共处,而非一般的从属关系。

三冢博就任派首后,为争取得到各方的支持与合作,于1991年7月2日到党总部及各派进行礼节性拜访,先后拜会了海部首相、小渊干事长以及各派首脑,在拜会竹派事务总长奥田政和时表示,他将继续"安竹关系"维持两派的友好。22日开始,到名古屋、北海道、大阪及仙台等地游说,发表演讲或召开派的研修会,团结内部,扩大影响,为争取在下半年总裁选举时出马竞选创造条件。三冢博在党内或派的研究会上一再强调要团结一致贯彻安倍政治和"清和会"的基本方针,认真研究国内外的政治形势。

1991年9月,三冢博表示将参加竞选总裁,发表自己的政权设想,强调要继承"安倍会长提倡的有风格的国家、有风格的政治,建设和平的国家,对内强调要维持经济活力、实现真正丰富的国民生活、坚决实行政治改革"。对外三冢博强调"要积极参与形成自由、公正的世界秩序,维持日美两国健全的信赖关系,尽可能的协助中国的改革开放,努力帮助苏联向市场经济过渡"。出马竞选总裁,由于得到派内大多数人尤其是年轻国会议员的支持,尽管遭到派内加藤集团的反对,三冢博还是表示要"干到底"。

参加竞选"海部之后"总裁的有宫泽派首脑宫泽喜一、渡边派首脑渡边美智雄以及三冢博3人。10月27日选举投票结果,宫泽以绝对多数当选总裁。11月5日,宫泽在众参两院首相选举中当选第77届内阁首相组新内阁。三冢博在竞选总裁时遭到竹下派代理会长小泽一郎的反对,宫泽当选总裁后组建党领导班子,小泽又力主在"党三领导"(干事长、总务会长和政务调查会长)要排除三冢派,使三冢派处于党的领导核心之外,三冢博本人也未能入阁。直到1992年12月,竹下派分裂为小渊(惠三)派和羽田派后,三冢派上升为自民党第一大派,三冢博才再次出任党的政务调查会长,三冢博也重新开始为将来再次竞选总裁而创造条件。

1993年6月,日本在野党联合提出对宫泽内阁的不信任案,在众参两院表决时自民党内因出了"造反派"结果使不信任案被通过,宫泽拒绝辞

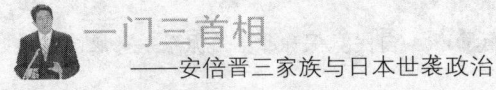

职宣布解散众议院举行选举。对宫泽内阁不信任案被通过后自民党便发生分裂，羽田和小泽等退出自民党另组新生党，武村正义等退出自民党另组新党魁党。7月18日众议院举行选举结果，自民党失去了超过半数的多数地位，长期占据的政权为八个中小党派联合执政取而代之，因选举失败宫泽辞去党总裁和首相职务。

7月30日，河野出任总裁后，为团结各派决定在党领导人事上采取"派系均衡"、"举党一致"的作法，将干事长一职交给第一大派的三冢派代会长森喜朗担任，这就使三冢派在党领导中占据了重要职位。三冢博在1995年河野争取连选连任总裁时，积极支持河野，同年8月河野积极推动村山首相大幅度改组内阁的同时，在安排党的"三领导"人事时，决心启用三冢博为干事长，从而形成原宫泽派、原三冢派及原河本派"三派联合"的体制。后因村山改组内阁对曾积极支持村山政权的内阁成员排除在内阁之外，引起这些人的强烈不满，导致"三派联合"土崩瓦解，河野亦不得不被迫宣布不再争取连选连任。

9月22日，桥本以得票304张的绝对优势当选总裁后，党的新领导班子基本上是论功行赏和照顾"派系均衡"，但坚决不安排三冢博连任干事长，只安排原三冢派的盐川正十郎为总务会长。原三冢派虽争得"党三领导"中的一角，但已无实权。直到1996年11月，桥本在众议院选举后组织第二届桥本内阁时，才任命三冢博出任大藏大臣，这使三冢博又有开展活动争取在未来竞选总裁的机会，三冢博也在为创造重打"翻身仗"的条件而积极开展活动。然而，大藏相三冢博因该省官员涉嫌收取银行利益一事，于1998年1月引咎辞职。三冢博的辞职表明桥本内阁的金融改革全面受挫。2004年4月，三冢博因肺炎去逝。

5. 森派

森派是以森喜朗（1937年～）为首脑的派系，它是由安倍派发展衍生而来的。森喜朗2000年4月～2001年4月担任日本第85、86届首相。森喜朗是日本政界实力人物，连续多次当选众议员，在党内和内阁均任过要职，直至内阁总理大臣。

第⑰章·自民党保守非主流派系——鸠山派系

森喜朗 1937 年 7 月 14 日出生于石川县小松市根上町，其祖父和父亲两代人长期担任町长，是地方实力人物。其祖父森喜平，战前战后担任根上町长约 30 年之久。其父森喜茂，日本进行对外侵略战争期间被征入伍，森喜朗母亲因病去世，森喜朗及其弟妹均由其祖父及母亲胞妹抚养。战后，森喜茂复原回乡，先当选町议会议员，后又连续 9 次当选町长，其间当选过石川县町村会会长 5 次，当选过全町村会副会长，属自民党。1962 年石川县进行知事选

森喜朗

举时，森喜茂被众议院前议长、自民党众议员及石川县联合会会长益谷秀次（前首相鸠山一郎亲信）推举为知事候选人，同时，自民党众议员林屋龟次郎（前首相吉田茂亲信）推举金泽市市长土井为知事候选人，双方争夺激烈，致使自民党石川县联合会陷入分裂边缘，最后双方妥协一致同意副知事为知事候选人，森喜茂才得以体面退出竞选。日本政客在地方争权夺势的斗争深深影响着森喜朗，亦是促使其决心争取做名国会议员的动力。

森喜朗小学就读于根上町小学校，初中和高中在金泽市二中学毕业，1956 年考入早稻田大学商学部。在校期间在同乡校友介绍下参加了早大"雄辩会"，从而结识班上海部俊树、渡部恒三、西冈武夫、藤波孝生及松永光等人，以及小渊惠三、玉泽德一郎等人，这些人均先后当选了国会议员。森喜朗于 1960 年于早稻田大学毕业后，亦考虑将来做一名政治家，考进《产经新闻》社后，希望到政治部工作，以便创造进入政界的机会，但入社后却被分配到经济部任记者，虽曾多次要求调到政治部工作均未获准。森喜朗认为在经济部任记者发展机会不大，从而缺乏兴趣。1962 年森喜朗提出辞职退出《产经新闻》社，经其任记者时结识的井关农机公司经理昌孝的介绍，到爱媛县选出的众议员今松次郎事务所任秘书。今松任过自由党干事长、民主党国会对策委员长、自民党副干事长，当时为总务厅总务长官。系内务省警察官僚，属岸信介派，从此森喜朗也结识了岸

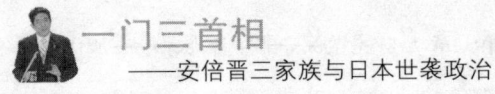
一门三首相
——安倍晋三家族与日本世袭政治

信介。

1967年1月众议院选举时，今松落选后，因失意与疲劳成疾，3个月后病逝。森喜朗失去议员秘书工作后，石川县当选的众议员桂木邀森喜朗担任其秘书，森喜朗因已决定参加下届众议院选举而予以婉拒。森喜朗决定回故乡石川县参加竞选。石川县选区是一处众雄盘据之地，多为自民党和社会党的实力人物，而选区众议员定额只有3人，参加竞选者有10多名，报名申请候选人时，森喜朗虽早在大学时就已参加了自民党并积极进行工作，但没能得到自民党公认，只得以无党派身份参加竞选。森喜朗的竞选经费不多，仅有由其妻子在东京变卖房产的300万元。

对森喜朗来讲竞选形势相当严峻，1969年举行选举前的12月初，森喜朗举行"家族会"研讨其参加竞选问题，其亲属大都认为森喜朗选举资金不足、没有自民党公认、准备不充分，参加竞选也难有希望当选，故劝其退出这次竞选，做好准备参加下届选举，森喜朗自己也在考虑这一问题。正当此时，附近发生大灾，森喜朗拼命跑去救火，从着火的房屋中抢救一座佛坛，当地居民信佛者居多，认为森喜朗勇敢地从大火中抢救出佛坛真是伟大，一下子给森喜朗选举增加了选票。另外在竞选时又得到前首相岸信介的助选等，森喜朗出人意料地获得6.4万张票，以选区的首位得票数当选，时年32岁，为该选区最年轻的众议员。

森喜朗当选众议员后，对前首相岸信介的声援非常感动。为表达谢意立即到岸府拜访，表明今后将尽力向岸信介报恩。岸信介对森喜朗给以鼓励后说，我推荐你参加福田派，今后你要为福田多出力。森喜朗当选还给福田打电话报告当选情况，福田在电话中说："祝贺你当选，请你好好干。"福田对森喜朗的鼓励使森喜朗深受感动。同时，森喜朗当选后接到干事长田中角荣打来的电报，促其到东京报道。第二天，森喜朗便到东京自民党总部报到，会见干事长田中角荣时，田中一口气把话说完便取出用报纸包好的一捆钞票给森喜朗，森喜朗说："请等一下，不说明是什么款，我不能收。"田中听了很生气便出屋去了。森喜朗到东京后，福田把森喜朗当成客人请到家里盛情款待。森喜朗将福田与田中对他的作法作了对比，认为福田先生的诚恳待人态度使他很受感动。

森喜朗参加福田派时,福田派内年轻人较少,所以森喜朗很受重视。福田把森喜朗看成是该派的希望所在,加以大力培养,福田派"王子"、前首相岸信介女婿安倍晋太郎对森喜朗也很赏识并有意进行培养,一般都将森喜朗看成是安倍亲信中的亲信。森喜朗对福田和安倍也积极卖力。1972年7月,内阁首相佐藤荣作宣布辞职后,围绕"佐藤之后"的自民党总裁和内阁首相职位,福田和田中两人展开激烈的争夺。当时党内大多数年轻国会议员都支持田中,而森喜朗则坚决支持福田并为福田进行竞选活动。森喜朗的行动受到福田和安倍的赞赏,福田和安倍对森喜朗更加信任和加以大力培养。1991年5月,安倍派首脑安倍晋太郎病故,派内围绕派首的继承问题展开了激烈的争夺,森喜朗支持三冢博战胜了加藤,最后三冢博当选为派会"清和会"会长,组给成三冢派。

三冢博当选会长后,森喜朗即担任会长代理,成为三冢派的第二把手。所以舆论说这是森喜朗"放眼未来"、"精打细算"的高明之处。除森喜朗认为自己还年轻之外,还有一个原因就是因"利库路特议员"的烙印,不得不暂居幕后多做实事,为日后接派系的班和竞选党总裁打好基础。当三冢派成立、三冢博作"清和会"会长、森喜朗任会长代理时,不少人评论说森喜朗为人宽厚、性格豪爽、处事谨慎、能说善辩、快言快语,让人感到颇有"将来总裁候选人"架势。对此,森喜朗常开玩笑地说:"虽然没想过当总理大臣,还是想干干外务大臣。"他认为"一统天下"要"顺乎自然",由谁来"一统天下",这就要看选举情况了,要综合考虑其在派系中的地位、资金的力量、政策能力等。森喜朗大力支持三冢出任派系首脑,并为继承"安竹联合"争取自民党内有利地位而积极活动。

1993年8月,自民党失去政权后,河野洋平继"宫泽之后"出任党总裁,森喜朗担任了干事长,积极与河野相互配合。森喜朗协助河野同社会党和新党魁党组成联合政权,为自民党复权立了一功后,继续担当干事长。1995年8月,自民党总裁选举河野声明退出竞选后,自民党的地方组织及各派都要求重新推举出第三候选人,以免桥本演独角戏影响自民党的形象,人选的目标便开始投向支持河野阵营的建设大臣森喜朗,因为要开展辩论显示"民主",必须从桥本的对立面选人。跨派系政策集团"新世

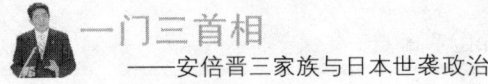

一门三首相
——安倍晋三家族与日本世袭政治

纪集团"的加藤纮一、山崎拓和小泉纯一郎也主张要通过选举产生总裁。加藤还说:"如果森喜朗先生能作总裁候选人,就堂堂正正地作为候选人在政策上进行论争。"在原三冢派内对是否推荐森喜朗为总裁候选人问题上有分歧,一部分积极派的国会议员主张推荐森喜朗为总裁候选人,该派座长盐川正十郎说:"推荐森喜朗为总裁候选人,如森喜朗本人决定出马,全派就要全力给以支持",呼吁采取一致行动。原三冢派小泉纯一郎也说:"为了集结抗衡原'经世会'势力,应该考虑由森喜朗出马竞选总裁。"另一部分慎重派或反对派国会议员主张应持慎重态度。"实现桥本龙太郎总裁会"的核心人物龟井静香则反对森喜朗为"第三候选人",他说:"不要在国民面前演戏",支持桥本的樱井新也说,胜负业已明确,最优先的问题是党内团结。森喜朗对是否接受为第三候选人问题,经过审慎考虑坚决予以拒绝。森喜朗认为,在当时桥本已占优势的形势出马参加竞选总裁是没有取胜可能的,一旦得票过少不仅有失面子,而且还将影响今后的政治生活。原三冢派首脑三冢博也反对将森喜朗推荐为第三候选人。最后,三冢派推出中坚骨干议员小泉纯一郎为总裁候选人。作为桥本龙太郎的陪衬参加竞选,以保全自民党的所谓"民主选举"的面子。

1998年7月,小渊惠三担任自民党总裁时,任命森喜朗为自民党干事长。2000年4月5日,日本自民党推举干事长森喜朗接替因病辞职的小渊惠三,担任自民党新总裁,随后国会两院通过森喜朗接任首相一职,新内阁将延续小渊路线。2001年2月份,日本的一艘船"爱媛"号在夏威夷被美军的一艘潜艇撞沉了,约有十几个日本人死亡,而这时的日本首相森喜朗还在高尔夫球场打球。当森喜朗拿着手机听到了这个消息后,把手机关了以后继续打球。这个消息传出后,在日本社会舆论大哗,日本的反对党全部群起而攻之,日本国会更是猛攻森喜朗,森喜朗的民意支持率一下就跌到了6%,并最终导致两个月之后下台。

6. 町村派

町村派是以町村信孝(1944年~)为首脑的派系,是由森派发展衍生而来的。町村信孝是日本政治家、曾任日本外相,森派重要骨干之一。

314

1944年10月17日，町村信孝在静冈县沼津市出生，曾入读东京都立日比谷高等学校，并于东京大学经济学部毕业。在东京大学就读期间，曾经以交换生身份前往美国韦斯利恩大学留学。父亲是前日本众议院、参议院议员及北海道知事町村金五，前日本参议院议长原文兵卫是他的从兄。1969年6月，他在东京大学经济系毕业后，于7月进入日本通商产业省工作。

町村信孝

1983年，町村首次参加日本众议院竞选，出战北海道五区，并成功当选，至2003年连续7次当选日本众议院议员。1997年9月11日，在第二次桥本改组中出任日本文部大臣，任职到1998年7月30日。其后，在小渊惠三内阁中担任外务政务次官。2000年12月～2001年1月，任文部大臣兼科学技术厅长官。当时任职日本政府文部科学大臣的町村信孝，正式宣布以右翼学者为主体的"新历史教科书编纂会"编写的"新历史教科书"审定"合格"。2001年4月～2002年10月，任自由民主党干事长代理。2004年9月27日，在小泉内阁第三次内阁改组中，町村信孝接替了已经颇为外间所熟悉的无党派人士川口顺子担任日本外务大臣。任内成功与俄罗斯签署有关北方四岛的边境纠纷条约，以及调查日本在二十世纪七八十年代被朝鲜掳走的日本人的事件。2005年4月17日，他在中日关系低潮的时刻访问中国。11月，外相之位被麻生太郎取代。2007年8月再次出任外相。9月任福田康夫新内阁官房长官。

(二) 河野派→中曾根派→渡边派→山崎派

1. 河野派

河野派是以河野一郎（1898～1965年）为首领的自民党内一支派阀，是鸠山派的重要分支。河野一郎为自由民主党前总务会长。

1898年6月2日，河野一郎生于神奈川县。1923年早稻田大学政治经

一门三首相
——安倍晋三家族与日本世袭政治

河野一郎

济科毕业。曾任《朝日新闻》社经济部记者。1931年任农林大臣山本的秘书官。1932年任农林大臣后藤文夫秘书官。东条内阁时期曾任"大政翼赞会"农林委员及农业报国联盟理事、农政恳谈会负责人等。

日本投降后,他同鸠山一郎共组日本自由党,任第一任干事长。1946年被整肃,后任"日鲁渔业"公司总经理,相模铁道公司监事,中央农业协会常务理事等职。1951年解除整肃后回到自由党内,因拥立鸠山执政于1952年9月被吉田茂开除出党,同年12月恢复党籍。1953年与三木共组自由党分党派。1954年与改进党合并成立日本民主党,任总务会长。同年12月任鸠山第一届内阁农林大臣。1955年8月赴美、英、法、德、丹麦和比利时等国访问。1956年10月随同鸠山一郎访问苏联,缔结日苏共同宣言,并恢复了两国外交关系。1957年7月任岸信介第一届内阁经济企划厅长官。1958年任自民党总务会长。1961年任池田勇人第二届内阁农林大臣。1964年任佐藤荣作第一届内阁国务大臣。

河野一郎,是位从农林省起家的政客,先后11次当选过众议员,为战后保守政党的"实力派"人物,曾是鸠山政权的"台柱"及岸信介的主要合作者,与吉田茂等结仇颇深。1965年7月8日病故。河野一郎故去后,原河野派的中曾根康弘继承河野一郎担任了派系首脑,并将河野派改为中曾根派。

2. 中曾根派

中曾根派是以中曾根康弘(1918年~)为首脑的自民党内重要派系之一。中曾根康弘1982年11月~1987年11月担任日本第71、72、73届首相。在当今日本政坛上,中曾根被认为外在形象与内在气质、任内政绩与任后影响均称突出的首相。

1918年5月27日，中曾根康弘出生于群马县一个富有的木材商家庭。出生时正值日本大正天皇在位期间，按照日本通行说法，中曾根属于大正年间出生的政治家。关于"康弘"两字的由来，中曾根略带狂气地回答是德川家康的"康"和弘法大师的"弘"。

中曾根康弘

由于天资聪慧和有着良好的家庭环境，中曾根康弘在小学的学习成绩良好，尤其是国语和作文是其引以自豪的强项。1931年春季，中曾根以名列第二的成绩考取了高崎中学，4年后又考入静冈高中。高中毕业后心满意足地一举跳过龙门，考取了东京帝国大学，而且还是被称为"仕途摇篮"的第一名系——法学系。1941年东京帝国大学法学院毕业后，又是一试通过高等文官考试，如愿进入当时名校毕业生趋之若鹜的内务省工作。然而，当时日本正在准备太平洋战争，迫于形势，在内务省上班仅一周，中曾根康弘就主动请缨转到军校报到，旋即被任命为海军军需主计中尉，开始接受为期4个月的短期培训。由于军需和地勤的第一线作战，中曾根康弘并没有经历什么大规模战争的残酷血腥场面。但对于这段军旅生涯，中曾根康弘说过："海军时期的规范教育和实战经验，奠定了我作为政治家的行为方式的基准。"

1946年2月，中曾根康弘调任香川县警务科长，后任警察厅监察官。他根本无意于行政官员的位子，为此不顾其父一再反对，在1946年12月向警视总监提交辞职书，携家返回故乡群马县高崎市，开始了他的从政生涯，并于1947年4月，首次以最高票数在群马县第三选区当选为众议院议员。

年轻气盛的中曾根，在众院选举初战告捷以后，无论在民主党内、国会之中，还是在家乡群马县，均时有惊人之举，可说是政治新闻不断。1948年2月就任民主党总务政调会副会长。1952年中曾根参加改进党。

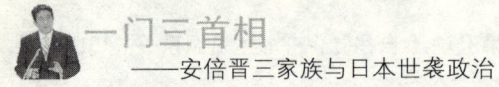

一门三首相
——安倍晋三家族与日本世袭政治

经过数年的磨练，经验愈加丰富而棱角却也愈加锐利的中曾根，在1953年任改进党政策委员会副委员长时，借该党领袖芦田均提出的"根据宪法解释，日本可以拥有自卫力量"为由发难，使时任首相吉田茂半推半就地先将警察预备队改成保安队，后又改为自卫队，日本的军事力量从此逐步得到恢复。

1954年以国会议员身份参加在斯德哥尔摩召开的世界和平大会，同年参加组织民主党，任组织局长。1954年2月，中曾根竭尽全力地对吉田内阁穷追猛打，抓住内阁两名成员的造船贪污案大造舆论，在迫使吉田内阁总辞职的过程中出尽风头。此后不久，中曾根就任新合并成立的日本民主党（总裁鸠山一郎）的副干事长。自民党成立后又担任副干事长。从此，可以说在执政党内备受注目，官运亨通。

在派系上，由于中曾根属原民主党系统，在合并后成立的自民党中加入了河野派。1959年6月，在河野的力荐下出任岸信介内阁的科学技术厅长官。这是他首次进入内阁，是当时内阁里最年轻的大臣。1966年12月，中曾根终于在派系领袖河野一郎去世后，继承其"遗产"及反对佐藤荣作的遗志，当上了名为"新政同志会"的中曾根派首。在"长老政治"的论资排辈传统下，48岁当上派系领袖又创下一个最年轻的记录。此后他还出任运输大臣、防卫厅长官，在佐藤内阁担任自民党三要职之一的总务会长，从而又获得了将来任首相的又一个重要资本。具有戏剧性的是，在1972年田中角荣（比中曾根仅年长一岁）与福田赳夫（与中曾根是群马县同乡）的自民党总裁竞争中，中曾根竟不顾重用过他的前首相佐藤荣作的嘱托与家乡人的期盼，出人意料地在关键时刻以恢复日中邦交为条件，转而支持田中并退出竞选，使53岁的建筑公司老板出身的田中角荣登上了首相宝座。中曾根的这一"变节"行为不但又一次使政界人士瞠目结舌，更令本以为稳操胜券的福田恼羞成怒，大骂中曾根是"风向标"，哪边风硬便往哪边倒。

1982年10月，64岁的中曾根终于等来了渴盼已久的争夺党总裁及首相职务的机会。面对铃木突然辞职后留下的空白，除中曾根外，河本敏夫、安倍晋太郎、中川一郎等均宣布参加竞选。而自民党四巨头协商后竟产生了一个"福田任总裁,中曾根当首相"的折衷方案。对此,中曾根断然拒绝。在预选开票前四天的 11 月 20 日,日本电视台主持人采访中曾根时,又单刀直入地问:"人们说您是'风向标'……"早有准备的中曾根迅即答道:"得此绰号,不胜荣幸。作为政治家,就是应该及早地察知世界的风向,以便制定对策。"这样在自民党众多派系角逐中,中曾根康弘审时度势,权衡利弊,终于登上首相宝座。

连任两届首相后,1987 年 11 月,中曾根的自民党总裁任期届满,在指定原田中派的竹下登为总裁之后卸任。1988 年因涉嫌利库路特案而退党,其派系领袖由渡边美智雄接替。1991 年重新加入自民党,按惯例担任党的最高顾问一职。后成立"世界和平研究所",依然活跃在国际国内政治舞台的台前幕后,继续发挥政治"余热"。中曾根把发展日中友好关系和经济合作看作是日本外交上的一大支柱和亚洲稳定的关键。早在 20 世纪 50 年代中期,他就曾访问过中国。1992 年 9 月 25 日,他第五次访问中国并参加中日邦交正常化 20 周年纪念活动。2001 年 2 月底到中国参加了博鳌亚洲论坛,曾任博鳌亚洲论坛主席。

3. 渡边派

渡边派以渡边美智雄(1923～1995 年)为首脑的自民党派别,继承了中曾根派的衣钵。该派组织有"新政治调查会"、"青山会"、"政策科学研究所"等组织。

1923 年 7 月 28 日,渡边美智雄出生于千叶县习志野市,其父为渡边喜助,渡边出生两年后母亲病故。渡边被送到栃木县那须村的伯父家寄养。在经济拮据的家庭环境中成长起来,上小学时各门课程成绩优秀,以优异成绩考入栃木县立田原中学。1941 年春中学毕业时,因养父病故渡边回到东京帮助已退役的生父经营一家出售报刊的小店,同时准备考大学。渡边于 1952 年加入自民党,1955 年 4 月当选为县议员,1959 年再次当选。1963 年 11 月,第 30 届众议院选举时首次当选为众院议员。在内阁曾任农林政务次官(1970 年 1 月佐藤内阁)、厚生大臣(1976 年 12 月福田内阁)、大藏大臣(1980 年 7 月铃木内阁),在党内任过副干事长、代理干事长、

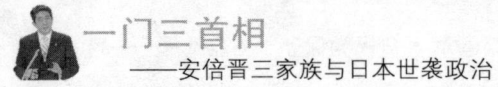

一门三首相
——安倍晋三家族与日本世袭政治

政调会长,在国会任过众议院内阁委员长。渡边性格直爽,待人宽厚,善解人意,同各方建立广泛联系,加之他在农水、厚生、大藏、通产各省任过大臣,与专业领域学者、文化界人士及官僚政治家们建立了多层次的关系。

渡边派属"河野派"系谱。渡边深受河野一郎的熏陶和器重。1960年他开始与在那须拥有牧场、别墅的河野相识,深得河野喜爱,1963年加入河野派。在河野派首脑河野一郎的支持下,当选为众议员。他在跟随河野期间,学会了河野的"把握时机"的本领,他自任"正统河野派",并自诩"本人把河野先生的行动力与自己的合理性结合起来变成科学的政治手段"。1965年7月河野一郎在即将登上总理大臣宝座前夕病死后,河野派"春秋会"内部出现重政诚之(河野派代表)与中曾根康弘的尖锐对立。当时,当选议员一年的渡边明确表示支持中曾根。1966年,河野派分裂为"春秋会"(重政诚之系森清派)与"新政同志会"(中曾根派)两派后,渡边加入中曾根派。渡边又从中曾根那里得到不少政治启蒙,政治素质上大有长进,并以"能攻善战"而崭露头角。

1979年,在大平正芳和福田赳夫为争当内阁首相进行"40天抗争"时,渡边果断地转而支持大平,被中曾根派除名。渡边脱离中曾根派后,组织以原中曾根派成员为主要成员的跨派系"政策集团"、"温和会",其成员很快从成立时(1980年)的30人发展到51人,其中为中曾根派35人、宫泽派10人、田中派3人、河本派1人、无派系2人。1983年渡边重返中曾根派后,"温知会"继续扩大势力。中曾根为保持派内平衡,曾以宇野宗佑为渡边对手与之抗衡,但因宇野在政界能力与威望不高,实力不强,不是渡边对手;继而又以藤波孝生为渡边对手与之抗衡,又因藤波(在河野派分裂为中曾根派与森清派时加入森清派,1973年才加入中曾根派)不是中曾根派出身,也不是渡边的对手。中曾根与渡边的内部斗争出现僵持局面。后来,在推行消费税问题上二人意见一致。中曾根下台后,其本人与亲信藤波孝生因"利库路特贪污案"牵连被捆住手脚,在渡边力争下,中曾根权衡利弊不得不下决心把派系领袖位置让给渡边。1990年3月,樱内义雄(旧中曾根派会长)正式宣布,渡边美智雄为"渡边派"领袖。渡边派的成立,标志着自民党进入了清和会(安倍派)、温知会（渡边派）、经世会（竹下派）、宏池会（宫泽派）"四强时代"。1995年9月，渡边美智雄病逝。

4. 山崎派

山崎派是以山崎拓（1936年～）为首脑的派系，由于受到中曾根派长老们排挤而从中曾根派分裂出来的自民党一个支系。

1936年12月11日，山崎拓生于中国大连市。山崎拓的父亲山崎进，在日本侵华战争期间，到中国东北地区"南满铁道调查部"工作。山崎拓外祖父，在日本福冈县经营煤矿。山崎拓便居住在外祖父家上学。1944年山崎拓9岁时，因战事紧张全家

山崎拓

被疏散到佐贺县居住。山崎拓在屋内玩耍时不慎打碎了窗户上玻璃扎伤了眼睛，虽然迅速即被送到福冈医院医治，但不幸在做手术后左眼便失去了光明，这使幼小的山崎拓遭受一次重大打击。山崎拓在老师和同学们的关心照顾和鼓励下，鼓起勇气同缺少一支眼睛的障碍进行斗争，他不仅拼命学习功课，还积极参加相扑和棒球等体育活动，到中学时还学习柔道。1955年，山崎拓高中毕业后考入东京早稻田大学商学部。

1959年山崎拓大学毕业后，进入一家汽车轮胎工作，负责发展贩卖轮胎的代理店和经营指导，这时他还没有考虑过进入政界的事。不久他听了美国年轻总统肯尼迪的就职演说后很受感动，他想，"作为国民，不应要求政府给自己做什么，而是要考虑为自己的国家能够做些什么"，他把肯尼迪演说录下来在家里反复地听。1962年，山崎拓被选为日本总理府组织的"日本青年海外派遣团"团员，随团访问了东南亚5个国家和欧洲8个国家，历时3个月。这次出国访问使他产生了从政的念头。1967年4月全国统一地方选举时，在亲友的大力支持下参加竞选福冈县议会议员。经过

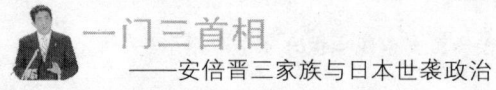

一番拼搏,选举结果却出人预料当选为县议员,而且是福冈县议会最年轻的议员。山崎拓当选县议员后,在担任自民党福冈县联合会政务会长期间,正赶上福冈地区补选参议员,自民党中曾根派首脑中曾根康弘到福冈支援自民党候选人竞选,在发表助选演说时看到了坐在会场前排的山崎拓,演说后中曾根便走到山崎拓面前对山崎拓说:"你不想参加竞选国会议员吗?我可关照你,试试看吧!"劝山崎出马竞选众议员。山崎得到中曾根的鼓励后便开始准备竞选众议员。

1969年12月举行第32届众议院选举前,山崎辞去了任期2年8个月的县议员,在福冈一区出马竞选众议员。当时有些人劝他参加自民党的福田派,但山崎则说:"我听了中曾根讲演后很崇敬的就是中曾根。"山崎竞选众议员因没能得到自民党的公认,结果落选了,再次遭受的挫折。落选后山崎曾有过重新竞选县议员的想法,但在其妻子和亲友们物质和精神两方面的支持下和鼓励下,山崎又振奋精神决心继续竞选众议员。从此,他一心一意不辞劳苦地在选区开展竞选活动。工夫不负有心人,1972年12月举行的第33届众议院选举中,山崎虽仍未被自民党立为候选人,但在其亲友大力支持下,自民党实力人物中曾根、山中贞则(中曾根派老资格议员)及石原慎太郎等亲自到福冈一区为其助选,使山崎在选区5名定员中以第4位当选,终于实现了进入中央政界的宿愿。

1972年山崎当选众议员时,自民党内有田中(角荣)派、大平(正芳)派、福田(赳夫)派、中曾根(康弘)派和三木(武夫)派共五大派。各派首脑为增强实力争相到地方党组织中去物色人才,山崎就是中曾根在福冈地区选中的对象,鼓励和支持其竞选众议员以填补中曾根派在福冈地区的空白。所以山崎一当选众议员便加入中曾根派,并受到中曾根的重用与栽培,山崎也非常尊重中曾根。山崎同其他一些实力人物也联系密切,如被山中拉去参加"山中集团",但山崎未脱离中曾根派。

1979年9月,自民党总裁、内阁首相大平正芳因领导选举失败从"顺境"跌入"困境"时,党内非主流派的福田、中曾根及三木三派联合向大平发难,追究大平的责任并迫其下台,大平则拒不退让,双方争夺达40天之久。最后在国会提名选举内阁首相时,自民党同时推出大平正芳和福田赳夫两名候选人。在选举投票时，中曾根派首脑中曾根为处罚渡边等"造反"议员，将渡边等人除名。渡边离开中曾根派后便组织了跨派系政策集团"温知会"，山崎参加了"温知会"并担任干事工作，成为渡边的得力助手。

山崎因未脱离中曾根派而且同中曾根保持密切联系，从而成为中曾根和渡边两人联系的桥梁。山崎为协助渡边扩大派的实力及其个人的影响力，积极同其他派系的中坚骨干国会议员进行联系，联系最密切的是宫泽派"王子"加藤纮一及三冢派的小泉纯一郎。山崎还参加宫泽喜一主持的"自由社会研究会"的活动。1994年3月，渡边因病住院辞去副首相兼外务大臣职务，渡边派内便开始了争夺"渡边之后"的斗争，其代表人物是渡边系的武藤嘉文和山崎拓，及中曾根系的佐藤孝行和野田毅。

1993年6月，野田毅随小泽一郎等人退出自民党另组新生党后，山崎的主要竞争对手便是佐藤孝行。但是，由于山崎等人于1994年5月组成跨派系政策集团"新世纪集团"，山崎任干事长，这一集团积极推动党领导班子新老交替，从而引起老资格的国会议员的不满，山崎所在的原渡边派长老中曾根、山中贞则及武藤嘉文等同山崎的对立尤为突出。1995年9月原渡边派首脑渡边美智雄病逝后，该派长老们坚决反对山崎出任派的首脑。山崎在原渡边派内主要依靠年轻国会议员的支持，活动余地较小，所以他扩大影响活动的阵地更多地放在"新世纪集团"。山崎拓出任小泉任总裁时期的自民党干事长，后因受丑闻困扰被迫辞职。

（三）三木派→河本派→海部派→高村派

1. 三木派

三木派是以三木武夫（1907～1988年）为首脑的派系，是自民党内一支较弱小的派阀。三木武夫是日本老资格政治家，素称自民党内之鸽派。战后历任自民党干事长、政务调查会长和历届内阁大臣等职，是自民党元老之一。三木武夫1974年12月～1976年12月担任日本第66届首相。

1907年3月17日，三木武夫出生德岛县板野郡御所村一个农业兼营肥料业家庭，是家里的独生子。三木从小是个有正义感、勇于追求真理的

一门三首相
——安倍晋三家族与日本世袭政治

三木武夫

少年。在御所小学的6年中,除图画、手工课外,其他各门功课均属上等,操行分数尤为出众。青年时期考入明治大学商学系,并在学校辩论部以能言善辩而闻名。1929年,三木从明治大学毕业,但他没有凭着显耀的学历谋求理想的工作,而是拿着父亲给他的5000日元,到美国加利福尼亚大学留学。1935年毕业回国时,绕道欧洲,在日内瓦旁听了国际联盟大会。这一切为他毕生从事政治活动打下了思想基础。

三木回国后,又回到母校明治大学学习法律。可以说,在日本,像三木这样为学习投入如此长时间的政治家实不多见。1937年,三木刚从明大法律系毕业,便听到林铣十郎首相"过河拆桥"式地蛮横解散国会的消息,这使他感到非常气愤,下决心参加新的议员大选。同年4月,在自己的家乡德岛县一举当选,当时他刚过30周岁,恰好符合当选议员的年龄规定,从而成为全国最年轻的众议院议员。

日本战败投降后,三木一度静观事态发展。1945年底加入日本协同党,后任该党委员长。1947年3月,协同党与国民党合并,组成国民协同党,三木任该党书记长。片山哲组织社会、民主、国协三党联合内阁时,三木以国协党领袖身份入阁,担任邮政相,当时只有40岁,是战后以来最年轻的内阁大臣。从1950年起,国民协同党几经演变,经过国民民主党(1950年4月)、改进党(1952年2月)、日本民主党(1954年11月),于1955年11月并入自民党。在此期间,三木历任国民民主党和改进党干事长、自民党顾问。1955年3月就任鸠山内阁运输相。此后,又历任石桥内阁时期自民党干事长、政务调查会长。1958年6月就任岸信介内阁经济企划厅长官、科学技术厅长官。1961年7月就任池田内阁科学技术厅长官和原子能委员会委员长。1965年6月就任佐藤内阁通商产业大臣,1966年12月接任外务大臣。1972年8月就任田中内阁副首相兼环境厅长官。1968年和1970年再度与佐藤竞选自民党总裁。

三木的这些经历，确立了他在战后政党政治中堪与吉田茂、鸠山一郎、岸信介、河野一郎、大野伴睦等老一辈领袖人物并驾齐驱的地位，然而却迟迟不能就任党内最高领袖，执政府首相大权。而当他以一党领袖就任片山内阁大臣时只担任次官以下官职的池田勇人、佐藤荣作、田中角荣等党内的"后辈"人物，却捷足先登，先后担任了内阁首相。原因在于池田等人是自民党主流派的后继人物，而三木虽为党内元老，却经常处在党内非主流的"旁系"位置。因此，尽管他几次竞选总裁，总是因寡不敌众而败阵。因为三木派是日本自民党内最小派系，该派反对党内派系争斗，专注于净化政界、政治改革，其政治姿态被人称为"绿色三木"。田中角荣因涉嫌"洛克希德贿赂贿案"表明辞去首相职务之意后，自民党内争夺总裁和首相之位的派系斗争便迅速加剧。田中角荣和大平正芳两派主张通过选举产生总裁，福田赳夫和三木武夫两派则希望采取协商方式，党内出现严重对立，面临分裂的危险。

1974年11月23日，自民党实力人物保利茂和椎名悦三郎通过密谈达成共识：认为在当时形势下，一是应避免公开选举，二是福田和大平都不宜掌握政权，否则将引起党内混乱。有鉴于此，只能是建立"长老暂定"政权，并决定采取协商方式指定继任总裁。12月1日，椎名副总裁指定三木武夫为继任总裁。理由是"新总裁必须是清正廉明、致力于改善党的素质和现代化的人"，而"廉洁的三木"则认为是"最合适的人选"。这次"椎名裁定"三木被指定为总裁，不但使略知自民党"派系力学"的人感到意外，就连三木自己也不禁喊出"晴天霹雳"的叫声。

12月9日，三木内阁成立。由于三木派在自民党内是一个小派系，必须得到其他派系的支持才能维持政权。为了坐稳首相的位子，"以巴尔干政治家自诩"的三木不得不协调各派系之间的关系，照顾各方利益。为此，三木将自民党内三个重要职务——干事长、总务会长、政调会长分别交给了田中派的中曾根康弘、大平派的滩尾弘吉和福田派的松野赖三担任，建立起所谓"举党体制"。阁僚当中，各大派系也均有所获。三木任命福田赳夫为副首相兼经济企划厅长官，大平正芳留任大藏大臣，宫泽喜一为外务大臣。三木内阁因此又被称为"派系均衡内阁"。三木内阁的历

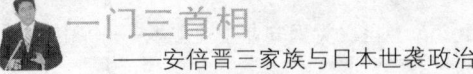

一门三首相
——安倍晋三家族与日本世袭政治

史使命是改变自民党"金权政治"和"派阀政治"的形象,避免派系之争引起的党内分裂。所以三木上台后强调实行"廉洁与诚实的政治",提出"对话与协调",在党内"实行革新"。他的这些主张给人以挽救政治危机的"新鲜感",受到一定的好评,成立之初内阁的支持率达45%。与田中内阁后期12%的支持率相比,还是比较高的。另外,三木内阁为了树立和平国家的形象,规定从1976年开始日本防卫开支每年不得超过国民生产总值的1%。

在任两年间,他大力提倡"确立政治伦理","整肃纲纪","净化政界",对追查"洛克希德贿赂案"持积极态度。尤其在处理"洛克希德贿赂案"的过程中,三木武夫追查到底的举动,触犯了自民党的根本利益,招致一场"倒三木"运动,加剧了自民党的分裂,最终导致在1976年12月的总选举中自民党大败、三木内阁被迫总辞职,由福田赳夫接任首相。三木武夫辞去自民党总裁、内阁首相后,将派系首脑让位给河本敏夫,三木派改为河本派。1988年11月去逝。

2. 河本派

河本派以河本敏夫(1911~2001年)为首的派系,由原三木派演变而来。该派组织有"河友会"、"新政策研究会"等。1976年12月,三木武夫辞去总裁、内阁首相后,将派系首脑让给河本敏夫,三木派改为河本派。

河本敏夫

河本敏夫1911年6月22日生于日本兵库县。1935年日本大学法学文学部德国法律科毕业。1937年至1974年任三光汽船株式会社社长。1948年以来14次当选众议院议员。历任经济企划厅政务次官、众议院法务委员长、内阁委员长、自民党兵库县支部联合会会长等职。1968年任佐藤荣作内阁邮政大臣。1974年至1976年任三木武夫内阁通产大臣,1978年再任自民党政调会长。1980年至1981年任铃木善幸内阁经

326

济企划厅长官。1988年年底任第二届中曾根康弘经济企划厅长官。

1976年12月,三木武夫辞去总裁、内阁首相后,将派系首脑让位给河本敏夫。河本敏夫是"经济通",与田中派是对头。1980年5月20日,自民党的反主流派成立自民党再生协议会,召集人是三木派的河本敏夫,福田派的安倍晋太郎和中川集团的中川一郎。福田赳夫说,这个协议会的性质是"在现阶段,进行体制内的改革,以求党的再生"。这就是说,反主流派目前尚不打算另立新党。后来,三木为支持河本敏夫竞选总裁,宣布解散三木派而成立河本派。河本敏夫继承了"三木政治",对海部也有一定影响。海部成为该派的年轻骨干,被誉为该派的"参谋长",也曾任该派代理会长。2001年,河本敏夫因病逝世。

3. 海部派

海部派是以海部俊树(1931年~)为首脑的派系,承沿铃木派,属自民党内弱小一支派阀。海部俊树1989年8月~1991年11月担任日本首相。

1931年1月2日,海部俊树生于爱知县一宫市,其祖父和父亲两代在名古屋市经营照相馆,初中时曾报考少年航空兵,合格被录取,因日本战败投降而未入伍。海部于东海高中毕业后,1948年考入中央大学专科法律系,1952年进早稻田大学法律系。在学期间开始任民主党众议员河野金升(三木派)秘书。1954年大学毕业,1957年河野金升去世,1960年海部继河野金升选举地盘参加竞选众议

海部俊树

员而当选。历任自民党秘书协会代表、青年部中央常任委员、青年局学生部部长、青年局局长。

海部俊树系三木派嫡系。早在任众议员河野金升秘书时就已开始与三木武夫有所接触,1960年当选众议员后即属三木派。海部年轻有为,政治信念方面尊前首相三木武夫为师,颇得三木青睐和栽培。三木不仅在政治思想方面影响海部,而且在政治活动中也有意培养海部,三木在同自民党

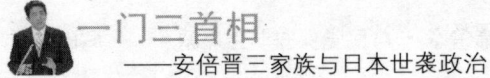
一门三首相
——安倍晋三家族与日本世袭政治

实力人物福田赳夫和大平正芳等人交往或议事时都让海部参加，三木任首相出访美国或参加西方七国首脑会议时也让海部随同左右。海部因长期受到三木的栽培和熏陶，经常表示要继承"恩师"教导，是三木的"得意门生"和"忠臣"。三木派改为河本派后，海部又积极协助派的首脑河本敏夫，深得河本信任，担任了河本派代表召集人。在总裁竞选中，河本因年事已高并受到各方对其出马竞选总裁的压力，不得不忍痛放弃这一千载难逢的大好时机，让给海部参加竞选。因海部与竹下派的竹下登、金丸信及竹下亲信等关系密切，所以被称为河本派中的"新竹下人物"。海部与竹下登及竹下登亲信小渊惠三、渡部恒三均为早大"雄辩会"成员，论辈份，竹下是海部的长辈，小渊和渡部则为海部的下辈。竹下亲信小泽一郎和羽田孜及该派的桥本龙太郎，又是由海部任会长的"昭和会"成员，与海部来往较多。在工作中，海部与竹下派会长金丸信有过多次合作。金丸任行政改革特别委员长时，海部任第一理事长，金丸任干事长时海部任第一副干事长，金丸任税制特别委员长时，海部又任第一理事，是金丸的得力助手。

1974年三木出任总理大臣后，立即提拔海部为内阁官房副长官。海部对实现三木遗言的政治改革，一直抱积极态度。海部与竹下的关系也较深，他们是早稻田大学的校友，早在海部任自民党学生部长、宇野宗佑任青年部长时，竹下任自民党青年局长，是他们的上司，三人同被称为自民党"青年三杰"，曾共同提出过日本版"和平队"，即"产业开发协力队"设想。海部自步入政界以来，始终得到了竹下及"早大"势力的支持。海部属自民党小派系河本派，是该派骨干，有该派"参谋"之称，河本住院期间曾为该派代理会长。海部以自民党"改革派"著称，具有"比较清廉"的形象。上台后对内强调推行"政治改革"。他认为政治改革是自民党最重要的课题，必须通过政治改革弃旧图新，才能克服该党建党以来面临的最大的危机。

1987年竹下登、安倍晋太郎与宫泽喜一争夺总裁时，海部提出与竹下派、安倍派合作联合支持竹下竞选总裁，得到河本派首脑河本敏夫的赞同，从而形成"安、竹、河"三派联合。海部与安倍晋太郎也关系密切，70年代末，海部曾同安倍、竹下三人联合阻止大平上台。安倍亲信森喜朗也是"昭和会"成员，与海部过密甚密。此外，旧中曾根派的松永光（任过通商产业相）、藤波孝生（前内阁官房长官）及宫泽派的西周武夫（前文相）也都是早大"雄辩会"成员，与海部关系密切。海部1989年竞选总裁，除得到实力人物竹下登、金丸信、安倍晋太郎的支持外，各派中的早大"雄辩会"成员也为海部竞选出了力。1989年8月起任总理大臣。

海部是是仅次于田中角荣的第二个最年轻的总裁、首相，也是唯一在党内没有任过干事长、总务会长、政务调查会长三要职、在内阁没有任过大藏相、外务相和通商产业相的总裁、首相。海部系自民党"少壮派"议员领袖之一，靠做青年工作起家，在年轻议员中较有声望。

4. 高村派

高村派是以高村正彦（1942年～）为首脑的派系，承沿河本派属自民党内弱小一支派阀。1995年河本敏夫引退后称旧河本派，一直到2001年7月才选出新会长高村正彦，改称高村派。高村派中鸽派人物较多，但其势力越来越小，今天已经成为弱小的派阀了。由于该派一直是自民党内势力较弱的派系，只有在主要大派发生矛盾，需要折中人选时才有机会由该派成员出任首相。

高村正彦

高村正彦

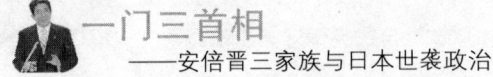

一门三首相
——安倍晋三家族与日本世袭政治

1942年3月15日高村正彦出生于山口县德岛市。中央大学法学部出身。大学毕业后，很快通过了司法考试，并于三年后获得了正式的律师资格。1980年首次当选国会议员，选区为山口县第一区。高村正彦的父亲曾任德山市的市长，也是个议员。因此，他从政与父亲的影响不无关系。迄今为止，他历任防卫政务次官、大藏政务次官、自民党国防部会会长、众议院灾害对策特别委员会委员长、众议院农林水产常任委员长、自民党副干事长、经济企划厅长官、自民党税制调查会副会长、外务政务次官、外务大臣、法务大臣等职。日本驻秘鲁使馆人质事件发生时，他当时正好任外务省政务次官，作为日本政府代表的他为人质的成功救出作出了不少努力。就任外务大臣后，他又为一系列重大法规的出台立下了汗马功劳。2004年2月5日，高村正彦出任日中友好议员联盟会长。

日本历届内阁总理大臣一览表

任届	姓名	任职时间	
1	伊藤博文	1885/12/22—1888/4/30	
2	黑田清隆	1888/4/30—1889/10/25	
	三条实美	1889/10/25—1889/12/24	时任内大臣,临时担任首相职务
3	山县有朋	1889/12/24—1891/5/6	
4	松方正义	1891/5/6—1892/8/8	
5	伊藤博文	1892/8/8—1896/8/31	
	黑田清隆	1896/8/31—1896/9/18	时任枢密院议长,临时代理首相职务
6	松方正义	1896/9/18—1898/1/12	
7	伊藤博文	1898/1/12—1898/6/30	
8	大隈重信	1898/6/30—1898/11/8	
9	山县有朋	1898/11/8—1900/10/19	
10	伊藤博文	1900/10/19—1901/5/10	
	西园寺公望	1901/5/10—1901/6/2	时任枢密院议长,临时代理首相职务
11	桂太郎	1901/6/2—1906/1/7	
12	西园寺公望	1906/1/7—1908/7/14	
13	桂太郎	1908/7/14—1911/8/30	

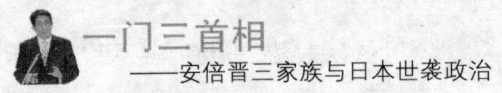
一门三首相
——安倍晋三家族与日本世袭政治

续　表

任届	姓名	任职时间	
14	西园寺公望	1911/8/30—1912/12/21	
15	桂太郎	1912/12/21—1913/2/20	
16	山本权兵卫	1913/2/20—1914/4/16	
17	大隈重信	1914/4/16—1916/10/9	
18	寺内正毅	1916/10/9—1918/9/29	
19	原敬	1918/9/29—1921/11/4	
	内田康哉	1921/11/4—1921/11/13	时任外务大臣，临时代理首相职务
20	高桥是清	1921/11/13—1922/6/12	
21	加藤友三郎	1922/6/12—1923/8/24	
	内田康哉	1923/8/24—1923/9/2	时任外务大臣，临时代理首相职务
22	山本权兵卫	1923/9/2—1924/1/7	
23	清浦奎吾	1924/1/7—1924/6/11	
24	加藤高明	1924/6/11—1926/1/28	
	若槻礼次郎	1926/1/28—1926/1/30	时任内务大臣，临时代理首相职务
25	若槻礼次郎	1926/1/30—1927/4/20	
26	田中义一	1927/4/20—1929/7/2	
27	滨口雄幸	1929/7/2—1931/4/14	
28	若槻礼次郎	1931/4/14—1931/12/13	
29	犬养毅	1931/12/13—1932/5/16	
	高桥是清	1932/5/16—1932/5/26	时任大藏大臣，临时代理首相职务
30	斋藤实	1932/5/26—1934/7/8	
31	冈田启介	1934/7/8—1936/3/9	
32	广田弘毅	1936/3/9—1937/2/2	
33	林铣十郎	1937/2/2—1937/6/4	

续 表

任届	姓名	任职时间
34	近卫文麿	1937/6/4—1939/1/5
35	平沼骐一郎	1939/1/5—1939/8/30
36	阿部信行	1939/8/30—1940/1/16
37	米内光政	1940/1/16—1940/7/22
38	近卫文麿	1940/7/22—1941/7/18
39	近卫文麿	1941/7/18—1941/10/18
40	东条英机	1941/10/18—1944/7/22
41	小矶国昭	1944/7/22—1945/4/7
42	铃木贯太郎	1945/4/7—1945/8/17
43	东久迩宫稔彦王	1945/8/17—1945/10/9
44	币原喜重郎	1945/10/9—1946/5/22
45	吉田茂	1946/5/22—1947/5/24
46	片山哲	1947/5/24—1948/3/10
47	芦田均	1948/3/10—1948/10/15
48	吉田茂	1948/10/15—1949/2/16
49	吉田茂	1949/2/16—1952/10/30
50	吉田茂	1952/10/30—1953/5/21
51	吉田茂	1953/5/21—1954/12/10
52	鸠山一郎	1954/12/10—1955/3/19
53	鸠山一郎	1955/3/19—1955/11/22
54	鸠山一郎	1955/11/22—1956/12/23
55	石桥湛山	1956/12/23—1957/2/25
56	岸信介	1957/2/25—1958/6/12

续 表

任届	姓名	任职时间	
57	岸信介	1958/6/12－1960/7/19	
58	池田勇人	1960/7/19－1960/12/8	
59	池田勇人	1960/12/8－1964/11/9	
60	池田勇人	1963/12/9－1964/11/9	
61	佐藤荣作	1964/11/9－1967/2/17	
62	佐藤荣作	1967/2/17－1970/1/14	
63	佐藤荣作	1970/1/14－1972/7/7	
64	田中角荣	1972/7/7－1972/12/22	
65	田中角荣	1972/12/22－1974/12/9	
66	三木武夫	1974/12/9－1976/12/24	
67	福田赳夫	1976/12/24－1978/12/7	
68	大平正芳	1978/12/7－1979/11/9	
69	大平正芳	1979/11/9－1980/6/12	
69	伊东正义	1980/6/12－1980/7/17	时任内阁官房长官,临时代理首相职务
70	铃木善幸	1980/7/17－1982/11/27	
71	中曾根康弘	1982/11/27－1983/12/27	
72	中曾根康弘	1983/12/27－1986/7/22	
73	中曾根康弘	1986/7/22－1987/11/6	
74	竹下登	1987/11/6－1989/6/3	
75	宇野宗佑	1989/6/3－1989/8/10	
76	海部俊树	1989/8/10－1990/2/28	
77	海部俊树	1990/2/28－1991/11/5	
78	宫泽喜一	1991/11/5－1993/8/9	

续 表

任届	姓名	任职时间
79	细川护熙	1993/8/9－1994/4/28
80	羽田孜	1994/4/28－1994/6/30
81	村山富市	1994/6/30－1996/1/11
82	桥本龙太郎	1996/1/11－1996/11/7
83	桥本龙太郎	1996/11/7－1998/7/30
84	小渊惠三	1998/7/30－2000/4/5
85	森喜朗	2000/4/5－2000/7/4
86	森喜朗	2000/7/4－2001/4/26
87	小泉纯一郎	2001/4/26－2003/11/19
88	小泉纯一郎	2003/11/19－2005/9/21
89	小泉纯一郎	2005/9/21－2006/9/26
90	安倍晋三	2006/9/26－2007/9/12
91	福田康夫	2007/9/25－2008/9/25
92	麻生太郎	2008/9/25－2009/9/15
93	鸠山由纪夫	2009/9/16－2010年/6/4
94	菅直人	2010/6/4－2011/8/31
95	野田佳彦	2011/9/1－2012/12/26
96	安倍晋三	2012/12/26－

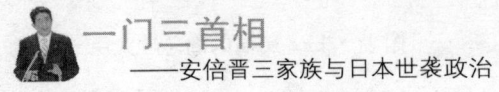

参考文献

1. 宋成有主编：《日本十首相传》，东方出版社，2001年9月版。
2. 王振锁著：《日本战后五十年》，世界知识出版社，1996年2月版。
3. 于清高、华珏等编：《现代日本名人录（上、下）》，时事出版社，1984年1月版。
4. 郑毅著：《铁腕首相吉田茂》，世界知识出版社，2001年1月版。
5. 杨栋梁著：《日本历届首相小传》，新华出版社，1987年10月版。
6. 〔日〕田尻育三等著，北京大学亚非研究所译：《岸信介》，吉林人民出版社，1980年10月版。
7. 〔日〕早坂茂三著，赵宝智、张学之译：《田中角荣秘闻》，中国文联出版公司，1989年10月版。
8. 〔日〕菊池久著，亚岩译，李成宰校：《铃木善幸》，吉林人民出版社，1982年8月版。
9. 〔日〕芳贺绥等著：复旦大学历史系日本史组编译，《三木武夫及其政见》，上海人民出版社，1975年4月版。
10. 复旦大学历史系日本史组编译：《福田赳夫其人》，上海人民出版社，1975年3月版。
11. 周斌译：《官场政界六十年——岸信介回忆录》，商务印书馆，1981年9月版。
12. 〔日〕户川猪佐武著：《田中角荣传》，上海人民出版社，1972年8月版。
13. 〔日〕本泽二郎著：《日本政界的"台湾帮"》，上海译文出版社，2000年版。

14. 〔日〕正村公宏著：《战后史》下卷，筑摩书房，1985年版。

15. 〔日〕岸信介著：《岸信介回想》，文艺春秋社，1981年版。

16. 〔日〕白鸟令编：《日本的内阁》第2卷，新评论社，1986年版。

17. 〔日〕升味准之辅著：《日本政治史》第四册，商务印书馆1997年版。

18. 〔日〕岸信介著：《岸信介回顾录》，广济堂，1983年版。

19. 〔日〕大野伴睦著：《大野伴睦回想录》，弘文堂，1962年版。

20. 〔日〕藤山爱一郎著：《政治：我之道》，朝日新闻社，1976年版。

21. 〔日〕鸠山一郎著，复旦大学历史系日本史组译：《鸠山一郎回忆录》，上海译文出版社，1978年3月版。

22. 〔日〕大下英治著：《安倍家三代——安倍晋三》，德间书店，2004年5月。

23. 〔日〕安倍晋太郎传记编辑委员会：《安倍晋太郎——光辉的政治生涯》。

24. 〔日〕安倍晋三、冈崎久彦合著：《保卫这个国家的决心》，扶桑社。

25. 〔日〕堀幸雄著：《战后的右翼势力（增补）》，劲草书房，1993年。

26. 庚欣："中国人为何不善研究日本"，《环球时报》，2006年8月5日。

27. "日本名人录"，《现代日本》，1988年~1997年相关期刊。

28. 《人民日报》1960年以来相关文章。

29. 《日本学刊》1989年以来相关文章。

30. 《世界知识》1990年以来相关文章。

31. 郑毅："旧金山媾和前后日本政治资源重组与结构演变"，《日本学论坛》，第22~28页，2004年第1期。

32. 姜波："海部与大平"，《经济》，2004年第1期。

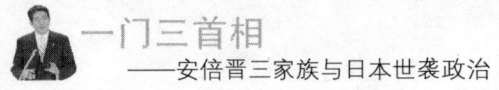
一门三首相
——安倍晋三家族与日本世袭政治

后 记

本书从选题到策划，颇费一番心思。中日两国同为东北亚地区大国，两国一衣带水，两国人民具有传统的友好关系，但也不乏兵戎相见的杀戮。如何让两国的关系向好的方向发展，而不让兵戎相见的杀戮悲剧重演，这是中日两国人民的历史责任，值得两国人民认真思考。第二次世界大战后，日本从一片废墟里迅速崛起，经济飞速发展，到20世纪60年代末就跻身于世界经济大国行列，成为仅次于美国的世界第二经济大国。作为近国，中国30年来的改革开放，经济发展也取得了令世界瞩目的成就。如果两国人民都能够客观地认识对方，准确了解对方，这无疑对发展两国传统的友好关系非常有益。正是基于这种认识，我们对本选题进行了深刻思考和周密策划，力求作一篇对加强中日友好关系有益处的文章。

为此，对参加本书撰写人员进行了遴选，力求使参加人员的知识结构尽可能合理。因而参加本书撰写人员之中，既有研究国际战略和国际关系理论的专家，又有研究日本语言文学并在日本研修的日本问题专家，又有从事新闻和语言研究工作者。然而，由于受掌握材料所限，加之作者才疏学浅，且缺文采，因此书中难免挂一漏万。

在本书付梓之际，我们首先要向学界的专家学者表示感谢，在本书研究和撰写过程中我们大量参阅了他们的学术成果，如果没有这些学术研究和成果，那么本书的完成是难以想象的。同时我们还要感谢对本书的出版给予大力支持的台海出版社，没有他们的支持和鼓励，本书的完成和出版也是很难想象的。

本书虽然奉献给读者了，但由于我们的能力、知识以及时间等各种因素所限，书中内容和文字难免出现文字有欠准确、褒贬失当乃至错漏之处，因此敬请广大读者特别是相关专家学者不吝赐教。

李大光

2013年2月21日

本书通过介绍岸信介、安倍晋太郎、安倍晋三世袭政治家庭祖孙三代的政治生涯，以人物传记的形式描写安倍晋三祖孙三代的人生历程，从中反映出日本政坛特别是自民党的世袭政治，以展现日本政党派阀沿袭的政治生态。本书的基本脉络是：介绍安倍晋三的外公——日本前首相岸信介生平情况，安倍晋三的外叔公——日本前首相佐藤荣作生平情况，安倍晋三的父亲——日本前外相安倍晋太郎生平，最后重点介绍日本现任首相——安倍晋三生平情况，展现日本世袭现象下的特殊政治生态。在此基础上，再介绍一下日本自民党的产生、发展和壮大，自民党的政党政治状况和党内派阀斗争，并对自民党派阀脉络和派系图谱进行梳理，特别突出了日本自民党各派阀之间纵横捭阖与合纵连横的尔虞我诈斗争，以使国人对日本政治特别是自民党内部政治斗争有一个基本的了解，进而对日本世袭政治的产生、发展及其影响进行深度剖析。

　　本书是以具有高中以上文化水平的读者为对象，同时兼顾学界研究的需要，因此既考虑到全国广大读者群对知识普及性的需求，同时又兼顾相关学术研究领域的深度需要，在撰写过程中以通俗读物的写作手法，进行专业性的学术研究，既有考虑到普及相关知识的需要，又注重学术研究的价值，可以说是一本雅俗共赏的通俗性学术读物。总之，本书的写作思想就是希望尽可能多地照顾和满足全国广大读者群的不同需求，以让全国人民更多地了解日本。